Vera Bücker, Bernhard Nadorf, Markus Potthoff
(Hrsg. im Auftrag des Bistums Essen)

Nikolaus Groß
Arbeiterführer – Widerstandskämpfer – Glaubenszeuge

Arbeitsbücher für Schule und Bildungsarbeit

Band 1

LIT

Vera Bücker, Bernhard Nadorf, Markus Potthoff
(Hrsg. im Auftrag des Bistums Essen)

Nikolaus Groß
Arbeiterführer – Widerstandskämpfer – Glaubenszeuge

Wie sollen wir vor Gott und unserem Volk bestehen?
Der politische und soziale Katholizismus im Ruhrgebiet 1927 bis 1949
Zweite Auflage

LIT

Texterfassung und Reproduktionsvorlage durch die Herausgeber

Umschlagseite: Nikolaus Groß vor dem Volksgerichtshof

Photos/Abbildungen:
Bernhard Groß, Dinslaken;
Ruhrlandmuseum (Photoarchiv und Archiv Ernst Schmidt); Stadtbücherei Essen;
Sozialarchiv des Bistums Essen.

Die Deutsche Bibliothek – CIP-Einheitsaufnahme

Nikolaus Groß: Arbeiterführer – Widerstandskämpfer – Glaubenszeuge : Wie sollen wir vor Gott und unserem Volk bestehen? Der politische und soziale Katholizismus im Ruhrgebiet 1927 bis 1949. Zweite Auflage / Vera Bücker, Bernhard Nadorf, Markus Potthoff (Hrsg. im Auftrag des Bistums Essen). – Münster : LIT, 2001
   (Arbeitsbücher für Schule und Bildungsarbeit ; 1.)
   ISBN 3-8258-5680-1

© LIT VERLAG Münster – Hamburg – Berlin – London
   Grevener Str. 179 48159 Münster Tel. 0251–23 50 91 Fax 0251–23 19 72
   e-Mail: lit@lit-verlag.de   http://www.lit-verlag.de

INHALT

BISCHOF DR. HUBERT LUTHE

Geleitwort.. 15

Vorwort... 16

I. Einführung.. 17

    1.   BERNHARD NADORF / MARKUS POTTHOFF
        "wie sollen wir ... bestehen?".. 17

    2.   VERA BÜCKER
        Nikolaus Groß - ein Lebensbild.. 23

    3.   VERA BÜCKER
        **Die Geschichte des politischen und sozialen
        Katholizismus - eine Hintergrundskizze**........................ 31

    4.   **Auswahlbibliographie**.. 53

II. Materialien.. 56

    1.   **Der politische und soziale Katholizismus von
        1927/28 bis März 1933**.. 56

    1.1.   **Die politischen und weltanschaulichen
        Auseinandersetzungen der Parteien**............................... 56

    M 1   Verbandspräses Dr. Otto Müller: Entstehung und Zweck der KAB........ 57

    M 2   Geschichte und Selbstverständnis des Zentrums.............................. 59

    M 3   Das Zentrum und die Arbeiterschaft.. 62

M 4	Die Berufsstruktur des Zentrums im Vergleich	64
M 5	Die Ergebnisse der Reichstagswahlen auf lokaler Ebene	68
M 6	Die Wähler des Zentrums aus SPD-Sicht	71
M 7	Die katholischen Arbeiter und die „Arbeiter"-Parteien	73
M 8	Aus dem Programm der NSDAP von 1920	75
M 9	Das Zentrum und der Nationalsozialismus	77
M 10	Kundgebung der Bischöfe der Paderborner Kirchenprovinz, 28.03.1931	80
M 11	Die NSDAP und die Arbeiterschaft	83
M 12	Die NSDAP und die katholische Kirche in der NS-Darstellung	85
M 13	Werben der NSDAP um katholische Wähler	87
M 14	Eine linkskatholische Einschätzung des Verhältnisses von katholischer Kirche und NSDAP	90
M 15	Stellungnahme der deutschen Bischöfe zum Nationalsozialismus, 19.08.1932	91
M 16	Ausgewählte Karikaturen	93
M 17	Weltanschauliche Beurteilung des Nationalsozialismus	97
M 18	Die SPD im Urteil der KAB	99
M 19	Bewertung der Entwicklung der NSDAP	102
1.2.	**Die Phase der Machtergreifung**	**103**
M 20	Der 30.01.1933 aus der Sicht der NSDAP	103
M 21	Der 30.01.1933 aus der Sicht des Zentrums	104
M 22	Der 30.01.1933 im Urteil der SPD	106

M 23	Der 30.01.1933 im Urteil der KAB	107
M 24	Im Wahlkampf März 1933	109
M 25	Der Ausgang der Märzwahlen aus der Sicht der NSDAP	111
M 26	Das Wahlergebnis vom 05.03.1933 im Kommentar der KAB	113
M 27	Die Reichstagsbrandverordnung im Urteil des Zentrums	115
M 28	Der Tag von Potsdam in Bochum	116
M 29	Anfrage der Zentrumsfraktion am 22.03.1933 zum geplanten Ermächtigungsgesetz und die Regierungserklärung Hitlers am 23.03.1933 im Vergleich	118
M 30	Die Erklärungen der SPD- und Zentrumsfraktion zum Ermächtigungsgesetz in der Reichstagsdebatte am 23.03.1933	121
M 31	Hitler über das Christentum	123
M 32	Kundgebung der deutschen Bischöfe vom 28.03.1933	125
M 33	Das Verhältnis von Politik und Religion	127
M 34	Konkordat zwischen dem Heiligen Stuhl und dem Deutschen Reich vom 20.07.1933 (Auszug)	129

2.	**Zwischen Widerstand und Anpassung: Der Katholizismus in der Zeit von 1933 bis 1945**	132
2.1.	**NS-Totalitätsanspruch und katholischer Selbstbehauptungswille**	132
M 35	"Resistenz, Nonkonformität, Protest, Widerstand und Konspiration"	132
M 36	Ein Bochumer Kaplan im Konflikt mit dem Staat	133
M 37	Carl Klinkhammer: Ein Essener Kaplan über die neue Regierung Hitler	134
M 38	Schreiben des Vorsitzenden der deutschen Bischofskonferenz, Kardinal Bertram, an Hitler, 25.06.1933	136
M 39	Haft für einen Bochumer Vikar	138

M 40	Die Verhaftung des Zentrumspolitikers und stellvertretenden Ministerpräsidenten und Wohlfahrtsministers von Preußen Heinrich Hirtsiefer im September 1933	140
M 41	Protestschreiben Bertrams gegen das Doppelmitgliedschaftsverbot, 03.05.1934, an Reichsinnenminister Frick	144
M 42	Protest der Kölner Geistlichkeit gegen die Konkordatsverletzung, 03.06.1934	145
M 43	Fronleichnamsprozession im Wasserturmviertel am 13.07.1934	147
M 44	Ermittlungen gegen Pfarrer Helmus in Vierlinden am 10.10.1934	149
M 45	Ein Konflikt zwischen HJ und katholischer Jugend	151
M 46	Die Katholische Aktion in der Pfarrgemeinde St. Mariä Empfängnis in Essen-Holsterhausen, 14.08.1935	154
M 47	Bericht der Essener Gestapo über die politische Einschätzung der Geistlichkeit, 1935	158
M 48	Berichte der Gestapo Essen über Kaplan Prohaska vom 04.06.1935 und vom 20.10.1936	160
M 49	Bericht des SD Düsseldorf über einen Vortrag im katholischen Arbeiterverein Oberhausen, 11.05.1937	164
M 50	Rundschreiben des Kaplan Oenning an die männlichen Gemeindemitglieder in Wanheimerort	166

2.2.	**Auseinandersetzung mit der NS-Ideologie**	171
M 51	Alfred Rosenberg, Mythus des 20. Jahrhunderts (Auszug)	171
M 52	Die Katechismuswahrheiten, August 1936	172
M 53	Enzyklika "Mit brennender Sorge", 14.03.1937 (Auszug)	175

M 54	Die Schließung der Druckerei Luthe, 24.04.1937	178
M 55	Das Verbot der Ketteler-Wacht	179

2.3. Konsequenzen der NS-Ideologie ... 182

2.3.1. Judenverfolgung ... 182

M 56	Stationen der Verfolgung jüdischer Bürger in Essen und im Deutschen Reich von 1933 bis 1938	182
M 57	Die „Reichskristallnacht" in Essen	183
M 58	"Mein Traum"	184
M 59	Denk - mal: "... wie sollen wir vor Gott und unserem Volk einmal bestehen"	186

2.3.2. Schule und Unterricht als Instrument nationalsozialistischer Indoktrination ... 187

M 60	Ein NS-Geschichtsbuch über Sparta	187
M 61	Die "zwölf Gebote" des Reichserziehungsministeriums vom 17.12.1941	188
M 62	Aus dem Biologie-Heft eines Schülers der Quinta (Klasse 6) von 1939/40	189
M 63	Aus dem Erdkundeheft eines Schülers der Untersekunda (Klasse 10) und der Untertertia (Klasse 8) von 1941	191
M 64	Zwei Abituraufsätze im Fach Deutsch aus Essen-Borbeck aus dem Jahr 1942	192

2.3.3. Euthanasie am Beispiel des Franz-Sales Hauses ... 197

M 65	Eine Forschungsübersicht	197
M 66	Hitlers Euthanasieerlaß vom 01.09.1939	200

M 67	Paul Nitsches Aussage vom 25.03.1946 vor dem Ermittlungsrichter des Volksgerichtes Sachsen in Dresden	201
M 68	Bayrischer Hungererlaß vom 30.11.1942	201
M 69	Die Verlegungsanordnung der Provinzialverwaltung nach Altscherbitz vom 16.03.1943	202
M 70	Schreiben des katholischen Pfarramtes Schkeuditz vom 18.06.1943	203
M 71	Erzbischof Frings` Anfrage an die Anstaltsleitung Altscherbitz vom 5.07.1943	204
M 72	Antwort des Reichsbeauftragten Herbert Linden vom 14.08.1943	204
M 73	Die Predigt des Münsteraner Bischofs Clemens August Graf von Galen am 03.08.1941	206

2.4. Differenzen im Episkopat 208

M 74	Denkschrift des Berliner Bischofs von Preysing an die Fuldaer Bischofskonferenz vom 7.10.1937	208
M 75	Aus einer Predigt des Bischofs von Münster Clemens August Graf von Galen am 13.07.1941	210
M 76	Brief Bischof von Galens an Bischof Wilhelm Berning, (Osnabrück) vom 26.05.1941	212
M 77	Der Entwurf eines gemeinsamen Hirtenwortes zum NS-Unrecht vom 15.11.1941	212
M 78	Stellungnahme von Bischof Johannes Dietz (Fulda) am 15.11.1941	215
M 79	Stellungnahme von Bischof Buchberger (Regensburg) am 28.11.1941	216

2.5. „Gegen das Vergessen" - Lebensbilder von Priestern und Laien im Widerstand 218

M 80	Bernhard und Maria Kreulich (1890/1889 - 1944)	218
M 81	Gottfried Könzgen (1886-1945)	222

| M 82 | P. Theodor Hartz SDB (1887 - 1942) | 224 |
| M 83 | P. Werner Barkholt SJ (1902-1942) | 226 |

2.6. Der Kölner Kreis - ein Beispiel politischen Widerstands ... 227

M 84	Alfred Delp SJ: Vortrag vor Männerseelsorgern in Fulda (1942)	227
M 85	Leitsätze von Willi Elfes, einem Mitglied des Kölner Kreises (1942)	228
M 86	Bericht von P. Laurentius Siemer, Provinzial der Dominikaner, über den Kölner Kreis vom 16.06.1945	231
M 87	Bernhard Letterhaus vor dem Volksgerichtshof am 15.11.1944	235
M 88	Bericht der Gestapo über Nikolaus Groß vom 12.09.1944	237
M 89	Bericht des NS-Prozeßbeobachters an die Parteikanzlei über den Prozeß von Nikolaus Groß vor dem Volksgerichtshof am 15.01.1945	239
M 90	Zitate zum Widerstandsmotiv von Nikolaus Groß	240
M 91	Das Gnadengesuch von Erzbischof Frings	241
M 92	Weihnachtsbrief von Nikolaus Groß	242
M 93	Abschiedsbrief von Nikolaus Groß	245

3. Das Erbe des deutschen katholischen Widerstandes und der politische Neuaufbau nach 1945 ... 248

3.1. Katholische Stellungnahmen zur Schuldfrage ... 248

M 94	Brief Essener Geistlicher an die Britische Militärregierung, Mitte Mai 1945	248
M 95	Carl Klinkhammer: Die deutschen Katholiken und die Schuldfrage vom Oktober 1946	252
M 96	Predigt des Bischofs Clemens August Graf von Galen am 01.07.1945 in Telgte	255
M 97	Hirtenwort des deutschen Episkopats, Fulda, 23. 08.1945	258

3.2.	Politische Lehren aus der Vergangenheit	261
M 98	Entwurf von Galens für ein politisches Programm, Juni 1945	261
M 99	Entschließungen der Arbeitsgemeinschaft IX "Aufgaben und Grenzen der Staatsgewalt" der Vertretertagung beim 73. Katholikentag in Bochum, September 1949	263
M 100	Gemeinsames Hirtenwort der Bischöfe der Bundesrepublik Deutschland vom 23. Mai 1949	264
M 101	Grundgesetz für die Bundesrepublik Deutschland vom 23. Mai 1949	266

III. ...wie sollen wir vor Gott und unserem Volk bestehen?
- Reflexionen zu einem projektbezogenen und handlungsorientierenden Unterricht ... 268

1.	Beispiele der Erinnerung	269
M 102	Gespräch einer Studierenden des Nikolaus-Groß-Abendgymnasiums und Bernhard Groß, dem jüngsten Sohn von Nikolaus Groß; aufgezeichnet am 16. März 1998	270
M 103	Pax Christi - Gedenkstätte der Menschen „aus allen Völkern + Stämmen + Nationen + Weltanschauungen"	284
M 104	Vergleich der Stadtpläne von 1938 und 1998	287
2.	Christliche Weltverantwortung und Martyrium	290
M 105	Hirtenbrief des Bischofs von Essen, Dr. Hubert Luthe, zur Seligsprechung von Nikolaus Groß (August 2001)	291
M 106	Christliche Weltverantwortung und ihre Märtyrer	296
M 107	Westminster Abbey remembers Christian victims (1998)	298

3.	**Schutz des menschlichen Lebens**...	303
M 108	Gesetz über die Sterbehilfe bei unheilbar Kranken.......................	305
M 109	Drehbuchsequenz aus dem Film: „Ich klage an"...	306
M 110	Christliche Patientenverfügung (Auszug)....................................	308
M 111	Richtlinie der Bundesärztekammer zur Sterbebegleitung...............................	310
M 112	Peter Singer: Euthanasie bei mißgebildeten Säuglingen..	313
M 113	Peter Singer: Aktive und passive Euthanasie.............................	314
M 114	Gedicht verfaßt von Eltern eines behinderten Kindes................	315
M 115	Bischof Dr. Hubert Luthe für eine Kultur des Lebens................	317
4.	**Menschenrechte**...	320
M 116	Für eine Zukunft in Solidarität und Gerechtigkeit: Menschenrechte...	322
M 117	Urgent actions - Internationale Eilaktionen der Menschenrechtsorganisation amnesty international..................	324
5.	**Die Auseinandersetzung mit dem Neonazismus**.....................	328
M 118	Neonazistisches Bild vom Beginn des 2. Weltkrieges.................	329
M 119	Joseph Joos über Nikolaus Groß..	332
M 120	Ein Kapitel in einem Geschichtsbuch des Jahres 2050 über die 90er Jahre dieses Jahrhunderts.....................................	334

6.	Erinnerung und Versöhnung als zukunftsbezogene Aufgaben..	335
M 121	"Ich gedenke: Margot Rosenkranz" - Gedenkblatt.....................	336
M 122	Wort der deutschen Bischöfe aus Anlaß des 50. Jahrestages der Befreiung des Vernichtungslagers Auschwitz am 27.01.1995.........	337
M 123	Die historische Gewissenserforschung der Weltkirche am Ende des 2. Jahrtausends nach Christus...............................	340
M 124	Städte- und Schulpartnerschaften in Europa.............................	341
M 125	Aus dem Vorwort zu einem europäischen Geschichtsbuch........	342
7.	Weitere thematische Optionen auf der Grundlage der vorliegenden Materialien...	344
IV.	Anhang..	345
1.	Verzeichnis ausgewählter Gedenkstätten im Bistum Essen........	345
2.	Zeittafel...	363

BISCHOF DR. HUBERT LUTHE

Geleitwort

Das Ruhrgebiet hat in den vergangenen zweihundert Jahren einen außerordentlichen wirtschaftlichen und gesellschaftlichen Wandel erlebt. Hier entstand ein Ballungsraum mit Großstädten und Industrieanlagen wie in keiner anderen europäischen Region. Dieser Prozess hatte tiefgreifende Folgen für das menschliche Zusammenleben: für die Familie, für die Kultur, für die Religion.

Die katholische Kirche hat dabei mehr als andere gesellschaftlichen Gruppen prägend und gestaltend auf diesen Vorgang Einfluss genommen. Erwähnt seien die vielen Gemeindegründungen sowie der Bau und Betrieb von sozialen und karitativen Einrichtungen wie Krankenhäusern, Kindergärten und Schulen.

Die Kirche war hier also besonders stark in das soziale und politische Leben einbezogen. Viele Männer und Frauen, vor allem geformt und gefördert durch die katholischen Verbände und die Bildungsarbeit des katholischen Volksvereins in Mönchengladbach, waren als aktive Katholiken auch Mandatsträger in den Parlamenten, Funktionäre in den Gewerkschaften und in vielen Einrichtungen tätig. So überrascht es nicht, dass gerade katholische Laien das Anwachsen der nationalsozialistischen Bewegung mit großer Sorge und wachsender Skepsis verfolgten, früh die kirchenfeindliche Ideologie erkannten und sich mit ihr auseinandersetzten.

Eine herausragende Persönlichkeit dieser Zeit war der am 30. September 1898, also vor gut hundert Jahren, in Niederwenigern geborene Nikolaus Groß. Ein Bergmann und Gewerkschafter, der dann später Chefredakteur der Ketteler-Wacht, des Verbandsorgans der Katholischen Arbeiter-Bewegung, wurde.
Seinen Widerstand gegen das menschenfeindliche Regime des Nationalsozialismus bezahlte er mit dem Tod. Am 15. Januar 1945 vom Volksgerichtshof zum Tode verurteilt, wurde er am 23. Januar 1945 in Berlin-Plötzensee hingerichtet. Viele Christen im Ruhrgebiet verehren ihn als einen christlichen Märtyrer. Der Heilige Vater Papst Johannes Paul II. wird Nikolaus Groß am 7. Oktober 2001 selig sprechen, eine große Ehre für das Ruhrgebiet und die Katholische Arbeiterbewegung.

Das Bischöfliche Abendgymnasium im Bistum Essen trägt seit sechs Jahren seinen Namen und fühlt sich darum besonders verpflichtet, das kirchliche, soziale und politische Engagement dieses mutigen Glaubenszeugen weiten Kreisen bekannt zu machen.
Das geschieht in ausgezeichneter Weise durch das hier vorgelegte Arbeitsbuch zur Geschichte des politischen und sozialen Katholizismus im Ruhrgebiet 1927-1949. Ich danke den Herausgebern für diese Arbeit. Sie stellt nicht nur das Leben

von Nikolaus Groß ausführlich dar, sie enthält auch wichtige Dokumente und Materialien aus der Zeit des Dritten Reiches, vor allem über die Auseinandersetzung zwischen der katholischen Kirche und dem Nationalsozialismus. Methodisch und didaktisch gut aufbereitet, kann dieses Arbeitsbuch helfen, die Zeit des Dritten Reiches besser zu verstehen. Zugleich sollte es dazu beitragen, junge Menschen vor den politischen Verführungen der Gegenwart zu schützen.

Dr. Hubert Luthe
Bischof von Essen

Vorwort der Herausgeber

Das vorliegende „Arbeitsbuch zum politischen und sozialen Katholizismus im Ruhrgebiet 1927-1949" entstand im Auftrag des Bistums Essen. Diese Veröffentlichung, die zum Lernen aus der Geschichte anregen will, erschließt am Leitfaden der Biographie von Nikolaus Groß eine Vielzahl (bisher zum Teil unveröffentlichter) regionalgeschichtlicher Quellen für den schulischen Unterricht und die Erwachsenenbildung. Die Quellen wurden von den Herausgebern arbeitsteilig zusammengetragen. Wir sind uns bewußt, daß die Auswahl der Quellen und Materialien auch anders hätte getroffen werden können; unser Arbeitsbuch versteht sich als Ergänzung und Vertiefung anderer Publikationen und Materialsammlungen zum Thema.

Viele haben zum Gelingen der Publikation beigetragen: Frau Sabine Ebert hat zahlreiche Quellen unter didaktischen Gesichtspunkten gesichtet und die Aufgabenstellungen entwickelt. Ein Teil der Quellen wurde von der Fachkonferenz Geschichte des Nikolaus-Groß-Abendgymnasiums und von Herrn Pater Johannes Wielgoß bearbeitet. Herrn Dr. van der Locht danken wir für die Auswahl der Materialien zur Euthanasiethematik. Frau Menne führte das Gespräch mit Bernhard Groß. Bei der mühevollen Arbeit der Texterfassung haben Frau Bodtländer und Frau Nadorf geholfen, beim Ausdruck des Manuskripts konnten wir auf die geduldige Hilfe von Herrn Wegener zählen. Für Hilfe und kritische Begleitung haben wir allen herzlich zu danken. Ohne den großzügigen Druckkostenzuschuß der Bank im Bistum Essen wäre die Drucklegung dieses Buches nicht möglich gewesen.

August 1999

Für die zweite Auflage wurde das Lese- und Arbeitsbuch leicht überarbeitet.

August 2001

| Dr. Dr. Vera Bücker | Bernhard Nadorf | Markus Potthoff |

I. Einführung

1.

BERNHARD NADORF / MARKUS POTTHOFF

" wie sollen wir ... bestehen "?

"Wenn wir heute nicht unser Leben einsetzen, wie sollen wir dann vor Gott und unserem Volk einmal bestehen?" Diese Frage stellt Nikolaus Groß in einem Gespräch mit Caspar Schulte, dem Diözesanpräses der KAB Paderborn am 19. Juli 1944, also am Vorabend des Attentats auf Hitler. Er wird von seinem Gesprächspartner eindringlich vor den persönlichen Folgen gewarnt, die sich mit seinem Widerstand gegen das NS-Regime verbinden. In diesem Gewissenskonflikt sieht er sich in einer Entscheidungssituation, und durch die Wahl des Personalpronomens „wir" in seiner Frage an Caspar Schulte bezieht er seine Zeitgenossen in diese Entscheidungsituation mit ein. Groß verurteilt keineswegs diejenigen, die nicht bereit sind, ihr Leben einzusetzen, aber für ihn persönlich scheint die Unausweichlichkeit des Weges in den Widerstand vorgezeichnet.

Die Frage, mit der Nikolaus Groß sich selbst und seine Zeitgenossen konfrontiert, ist verunsichernd und provokativ zugleich. Aus heutiger Perspektive betrachtet, ist die Frage von Nikolaus Groß nicht nur an seinen Gesprächspartner im Jahre 1944 adressiert; sie weist in die Zukunft. Am Ende dieses Jahrhunderts, das von politischer Megalomanie, Rassenhaß und Krieg geprägt ist, sind wir aufgefordert, diese Frage vor dem Hintergrund unserer Zeit zu bedenken und Antworten zu finden, mit denen wir *„vor Gott und unserem Volk"* bestehen können. Der generationenübergreifende Dialog, den diese Frage impliziert und in Gang setzt, führt zu einer Selbstverständigung über die Geschichte. Nikolaus Groß erinnert uns eindringlich an die Verantwortung, die jeder einzelne für die Zukunft von Staat, Kirche und Gesellschaft trägt. Im Jahr 2050 wird unsere Zeit Geschichte sein, und unsere Kinder werden in ihren Geschichtsbüchern die Geschichte unserer Zeit dokumentiert finden. Werden wir vor ihnen bestehen können? In Todesgefahr gestellt, fordert uns die Frage von Nikolaus Groß auf zu einer moralischen Legitimation unseres persönlichen, sozialen und politischen Handelns. Setzt man sich der Irritation, die von einer solchen Frage ausgehen kann, ernsthaft aus, kann dies zum Impuls für eine selbstkritische Auseinandersetzung mit der Geschichte und zum Impuls für ein Lernen aus der Geschichte werden. In diesem Sinne zielt die Konzeption des vorliegenden Arbeitsbuches nicht nur darauf ab, die Geschichte des politischen und sozialen Katholizismus zu dokumentieren, sondern darauf, den moralisch-legitimatorischen Charakter der Frage von Nikolaus Groß ernst zu nehmen.

Das Leitwort bestimmt auch die inhaltliche Konzeption und den didaktisch-methodischen Aufbau des vorliegenden Arbeitsbuches, das in Auswahl Materialien aus der Geschichte des politischen und sozialen Katholizismus im Ruhrgebiet präsentiert. Die Biographie des Arbeiterführers, Widerstandskämpfers und Glaubenszeugen Nikolaus Groß ist wie ein roter Faden, der die unterschiedlichen Teile der Materialsammlung zusammenhält.

Aus diesen grundsätzlichen Überlegungen zum Leitwort der Arbeitshilfe ergeben sich Konsequenzen für die Auswahl der Quellen und den zeitlichen Rahmen des historischen Teils der Materiliensammlung (Teilbereiche I und II). Zeitlich steht am Ende des Teilbereichs II nicht die Hinrichtung von Nikolaus Groß am 23. Januar 1945 bzw. das Ende des Dritten Reichs am 8. Mai 1945, sondern die Gründung der Bundesrepublik Deutschland am 23. Mai 1949. Der Artikel 1 (1) des Grundgesetzes *"Die Würde des Menschen ist unantastbar"* hat eine historische und eine zukunftsbezogene Dimension. Er ist der geistigen Tradition des deutschen Widerstandes verpflichtet und stellt eine Antwort auf die Unrechtserfahrungen in der Zeit des Nationalsozialismus und auf die Antastbarkeit der menschlichen Würde dar. Die Väter und Mütter des Grundgesetzes rufen die Bürger des neuen Staates auf, aus der Geschichte zu lernen und allen Versuchen, die Würde des Menschen anzutasten, aktiv und engagiert entgegenzutreten. Die projektbezogenen Aufgaben (Teilbereich III), die sich an die Dokumentation der überwiegend regionalgeschichtlichen Quellen aus der Geschichte des politischen und sozialen Katholizismus anschließen, zielen darauf ab, diese Verpflichtung an Hand von gegenwarts- und zukunftsbezogenen Beispielen zu konkretisieren und damit beispielhaft die zeitübergreifende Aktualität der Frage *"(...) wie sollen wir ... einmal bestehen"* deutlich zu machen.

Die personale und regionalgeschichtliche Dimension der Arbeitshilfe

Die Lebensdaten von Nikolaus Groß sind wie eine Folie, die sich über die historische Chronologie legt und dem vorliegenden Arbeitsbuch eine innere Konsistenz verleiht. Die in den Blick genommene Zeitspanne beginnt mit der Endphase der Republik von Weimar, in der Nikolaus Groß als 30jähriger Journalist und Redakteur der Westdeutschen Arbeiterzeitung vor der Gefahr des Nationalsozialismus warnte; als Nikolaus Groß 34 Jahre alt war, übernahmen die Nationalsozialisten die Macht, und die zwölf Jahre bis zu seiner Hinrichtung waren durch Verfolgung und Unterdrückung geprägt. Im Alter von 46 Jahren wurde er zum Tode verurteilt und hingerichtet.

Der Arbeiterführer, Widerstandskämpfer und Glaubenszeuge Nikolaus Groß wurde im Jahre 1898 in Niederwenigern geboren. Er war preußischer Bürger und

Mitglied der Diözese Paderborn. Heute liegt sein Geburtsort in Nordrhein-Westfalen am Schnittpunkt der Regierungsbezirke Münster, Arnsberg und Düsseldorf und inmitten des Bistums Essen, das, wie die drei Quellen des Brunnens auf dem Burgplatz neben dem Essener Münster symbolisch verdeutlichen, aus den Mutterbistümern Köln, Münster und Paderborn zusammengewachsen ist. Die Klammer der Region ist der Fluß, der am Dorf Niederwenigern vorbeifließt, die Ruhr. Sie hat dieser Region und dem neuen Bistum ihren Namen gegeben. Die vorliegende Sammlung ist auch ein Beitrag zur Erschließung bisher zum Teil unveröffentlichter regionalgeschichtlicher Quellen aus dem Bereich des Ruhrgebiets und des Ruhrbistums.

Nikolaus Groß hat die Gründung des Bistums Essen nicht erlebt, aber zweifelsohne gehört er zu denjenigen Persönlichkeiten, die Anteil haben am geistigen Fundament der katholischen Kirche in dieser Region. Nikolaus Groß ist einer von vielen Menschen im Ruhrgebiet, die aus christlicher Überzeugung ihr Leben im Widerstand gegen den Nationalsozialismus eingesetzt haben. Diese Menschen begegnen uns selten oder gar nicht in den Geschichtsbüchern, und so besteht die Gefahr, daß ihr Lebenseinsatz und ihr Glaubenszeugnis in Vergessenheit geraten. Das vorliegende Arbeitsbuch möge auch dazu beitragen, der Gefahr dieses Vergessens entgegenzuwirken. Lebensweg und Glaubenszeugnis von Nikolaus Groß sind für Christen im Ruhrbistum auch heute identifikationsstiftend. Aus diesem Grunde hat der erste Bischof von Essen, Dr. Franz Hengsbach, im Jahre 1988 den Prozeß der Canonisierung eingeleitet.

Lernen aus der Geschichte?

„Inter - esse", das bedeutet „Dazwischen - sein", in diesem Zusammenhang "Betroffen - sein" von historischen Ereignissen und Entwicklungen. Dieses geschichtsdidaktische Prinzip wurde bei der Auswahl der Quellen besonders berücksichtigt. Wer sich zum Beispiel heute mit einem Biologie-Lehrbuchtext aus der Zeit des Nationalsozialismus befaßt oder einen Abituraufsatz untersucht, in dem sich ein Gymnasiast aus Essen-Borbeck auf dem Höhepunkt der Deportationen von Behinderten mit dem Problem der Euthanasie auseinandersetzt und damit das Leitwort dieser Arbeitshilfe auf seine Weise interpretiert, erhält zugleich die Anregung die grundsätzlichen ethischen Fragen, die sich mit dem jeweiligen Problemkomplex heute verbinden, auf dem Hintergrund seiner Zeit kritisch zu reflektieren.

Mit der Frage *"(...) wie sollen wir vor Gott und unserem Volk einmal bestehen?"* betont Nikolaus Groß nicht nur die Verantwortung gegenüber Staat und Gesellschaft; das politische Motiv ist für seine Entscheidung eher von zweitrangiger Bedeutung; an erster Stelle steht für ihn als Christ "das Bestehen vor Gott". Sein persönlicher Weg in den Widerstand ist getragen von der Grundüberzeugung, daß der Nationalsozialismus eine Weltanschauung ist, die mit den zentralen Werten des christlichen Glaubens völlig unvereinbar ist. Diese grundsätzliche Einschätzung erklärt auch die Kompromißunfähigkeit und die Entschlossenheit, mit der er dem NS-System und seinem Totalitätsanspruch entgegentritt. Die Verantwortung vor Gott kommt dabei ausdrücklich als eine Verantwortungsdimension ins Spiel, die das religiöse Fundament des politischen und sozialen Engagements von Nikolaus Groß deutlich werden läßt. Sein politisches Handeln ist nur zu begreifen, wenn die religiöse Triebfeder des Widerstandes aufgearbeitet wird. Zugleich zeigt sein Beispiel, wie im soziokulturellen Kontext der Zeit Christen je neue und eigene Antworten auf die Herausforderung des Evangeliums geben müssen. Am Beispiel von Nikolaus Groß läßt sich exemplarisch auch der Zusammenhang von Glaube und Politik diskutieren, der das christliche Selbst- und Weltverständnis und die kirchliche Sozialverkündigung bis heute wesentlich bestimmt.

Das Arbeitsbuch ist zu verstehen als ein Ergänzungs- und Vertiefungsprogramm, das sich organisch in die schulischen Lehrpläne und Lehrbücher und damit in die Gestaltung des Unterrichts einbinden läßt. Dabei soll das geschichtsdidaktische Prinzip einer multiperspektivischen Betrachtungsweise als Voraussetzung für eine persönliche Urteilsbildung gewahrt bleiben. Zugleich ist es legitim und historisch angemessen, den Focus der historischen Analyse auf die Bedeutung der katholischen Arbeiterbewegung und der Zentrumspartei in der Endphase der Weimarer Republik zu lenken und damit einer politischen Kraft gerecht zu werden, welche die Geschichte des Ruhrgebietes maßgeblich geprägt hat.

Die regionalgeschichtliche Bedeutung der katholischen Arbeiterbewegung kommt auch in den wissenschaftlichen Publikationen der jüngsten Vergangenheit zum Ausdruck (siehe dazu unten den Beitrag von *V. Bücker: Die Geschichte des politischen und sozialen Katholizismus - Eine Hintergrundskizze*). Der Transfer dieser Forschungsergebnisse im Bereich der Katholizismusforschung in die Bildungsarbeit ist ein weiteres Anliegen des Arbeitsbuches.

Die Materialien des Arbeitsbuches können in unterschiedlichen Kontexten eingesetzt werden: in Schule, Studium und Erwachsenenbildung. Primär konzipiert wurde das Arbeitsbuch zur Ergänzung und Vertiefung des schulischen Geschichts- und Religionsunterrichts. Daher sind den einzelnen Materialien auch Aufgabenstellungen angefügt worden, die als Anregungen für die Bearbeitung der Quellen verstanden werden sollten.

Didaktisch-methodische Überlegungen

Die Quellensammlung ist primär für den Einsatz in der Sekundarstufe II des Gymnasiums bestimmt. Nachdem die Schüler im Geschichtsunterricht der Sekundarstufe I in die drei Themenbereiche "Weimarer Republik", "Nationalsozialismus" und "Frühgeschichte der Bundesrepublik Deutschland" eingeführt worden sind und grundlegende Kenntnisse über die historischen Zusammenhänge erworben haben, können sie die drei Teilthemen im Bereich der Sekundarstufe II neu aufgreifen und im Rahmen einer zusammenhängenden diachronen Unterrichtsreihe vertiefen.

Darüber hinaus ist es jedoch auch möglich, einzelne Themen, Materialien und Aufgabenbereiche in der Sekundarstufe I zu behandeln (vgl. Themenoptionen unter III) und damit die vorhandenen Unterrichtsmaterialien durch eine regional- und kirchengeschichtliche Perspektive zu ergänzen und zu bereichern.

Durch die konzeptionellen Vorentscheidungen im didaktisch-methodischen Bereich ist der interdisziplinäre und multiperspektivische Charakter der Unterrichtsreihe vorgezeichnet. Die ausgewählten Themenbereiche eignen sich besonders für ein fächerverbindendes Lernen: Dabei ist vorrangig an die Koordination von Kirchengeschichtsunterricht und profanem Geschichtsunterricht gedacht; aber auch andere Fächer wie der Deutsch-, Politik-, Biologie- und Philosophieunterricht können in gemeinsame Unterrichtsplanungen einbezogen werden. Einzelne Materialien beziehen sich auch auf die Prinzipien der klassischen katholischen Soziallehre (Personalität, Solidarität, Subsidiarität). Als Arbeiterführer und Chefredakteur der Westdeutschen Arbeiterzeitung versuchte Nikolaus Groß, diese Grundsätze in den politischen Alltag umzusetzen. Auch in diesem Themenbereich ergeben sich - in Verbindung mit dem Thema "Industrialisierung und soziale Frage" und den bedeutenden päpstlichen Sozialenzykliken - Chancen für interdisziplinäre Kooperationen.

Der Vergleich aktueller Lehrpläne für den Geschichts- und Religionsunterricht zeigt, daß die Thematik nicht durchgehend auf der gleichen Klassenstufe behandelt wird. Dadurch wird die Realisierung fächerübergreifender Unterrichtssequenzen in entscheidender Weise beeinträchtigt. Im Interesse der Schülerinnen und Schüler wäre es erforderlich, den Unterricht in den Sekundarstufen durch schulinterne Vereinbarungen stärker zu koordinieren. Dabei kommt den Fach- und Klassenkonferenzen eine wesentliche Aufgabe zu. Ein Ziel gemeinsamer Grundlagenarbeit könnte darin bestehen, die jeweiligen Curricula im Rahmen schulinterner Lehrpläne aufeinander abzustimmen und dann Unterrichtsmaterialien für interdisziplinär konzipierte Unterrichtsreihen zu gewinnen. Regelmäßige Konsultationen zur Festlegung und Parallelisierung von Lerninhalten und -zielen, informelle Gespräche mit Schüler/innen und mit Kolleg/innen, die auf der gleichen Klassenstufe unterrichten, Austausch von Lehrbüchern und Unterrichtsmaterialien oder Unterrichtsverfahren im „Team Teaching" - diese Kooperationsformen könnten dazu beitragen, die interdisziplinäre Zusammenarbeit zwischen den Fächern Religion und Geschichte (sowie Politik, Deutsch, Philosophie, Biologie usw.) zu ermöglichen.

Die Behandlung dieser Themen im Geschichts- oder Religionsunterricht kann durch projektbezogene Arbeitsformen erweitert und vertieft werden. Auf dem Gebiet des Bistums Essen gibt es eine Vielzahl von Gedenkstätten an die Opfer des Nationalsozialismus, die zum Ziel von Fachexkursionen gemacht werden können. Das Thema dieser Quellensammlung bietet darüber hinaus vielfältige Möglichkeiten zur eigenständigen Erforschung historischer Quellen - auch in Zusammenarbeit mit Pfarrgemeinden, kirchlichen Verbänden und Einrichtungen. So kann die projektbezogene Arbeit dazu beitragen, die Auseinandersetzung der Schüler mit der Geschichte des Ruhrgebietes zu intensivieren.

Nikolaus Groß

2.

VERA BÜCKER

Nikolaus Groß - ein Lebensbild

Nikolaus Groß[1] wurde am 30. September 1898 in Niederwenigern, heute ein Ortsteil von Hattingen, geboren. Nach dem 8-jährigen Besuch der katholischen Volksschule nahm er Arbeit auf einem Blechwalz - und Röhrenwerk an und wechselte 1915 zum Bergbau, wo er eine Lehre als Bergmann machte. Wegen des Facharbeitermangels unter Tage wurde er im Ersten Weltkrieg nicht zum Militärdienst eingezogen. Bis 1920 arbeitete Nikolaus Groß als Bergmann und trat im Juni 1917 dem Gewerkverein christlicher Bergarbeiter Deutschlands bei. In seiner knapp bemessenen Freizeit bildete er sich fort und nutzte dabei die Möglichkeiten, die das katholische Milieu zur Verfügung stellte. Er besuchte Kurse des Volksvereins für das katholische Deutschland und Abendkurse der christlichen Bergarbeitergewerkschaft. 1918 trat er in die Zentrumspartei und im Juni 1919 in den Antonius - Knappen- und Arbeiterverein (KAB) in seinem Heimatort Niederwenigern ein. Damit hatte er sich in den maßgeblichen Säulen des katholischen Milieus verankert.

Die autodidaktischen Bildungsbemühungen und die durch die Revolution 1918 veränderte politische Situation, die die Gewerkschaften expandieren ließ, ermöglichten Nikolaus Groß im Juli 1920, den Bergmannsberuf für immer aufzugeben. Er wechselte als Sekretär zu den Christlichen Gewerkschaften im Verband „Gewerkverein christlicher Bergarbeiter", in dem er bis 1926 verschiedene Stationen durchlief. So lernte er sowohl die Gewerkschaftsarbeit als auch verschiedene Regionen Deutschlands umfassend kennen (s.u. Zeittafel: Nikolaus Groß).

Silvester 1920 lernte er Elisabeth Koch aus Niederwenigern kennen, die er am 24. Mai 1923 heiratete. Aus der Ehe gingen sieben Kinder, vier Mädchen und drei Jungen, hervor.

Im Januar 1927 wechselte Groß zum Westdeutschen Verband der Katholischen Arbeiterbewegung (KAB) unter der Leitung von Präses Dr. Otto Müller, denn die Verbandsleitung suchte einen neuen Redakteur für die Verbandszeitung "Westdeutsche Arbeiterzeitung" (WAZ), ab 1935 Kettelerwacht (KW). Bald übernahm Groß die Chefredaktion und gehörte damit bis zu seinem Tod gemeinsam

---

[1] Ausführlicher zu Nikolaus Groß siehe: Vera Bücker: Nikolaus Groß - der Weg eines Arbeiters und katholischen Journalisten in den Widerstand, in: „...wie sollen wir vor Gott und unserem Volk bestehen?" Nikolaus Groß und die katholische Arbeiterbewegung in der NS-Zeit. Begleitbuch zur Ausstellung des Bistums Essen in der Alten Synagoge Essen, hg.v. Baldur Hermans, Essen 1995, S. 16-25. Sowie: Vera Bücker: Nikolaus Groß (1898-1945) - aus christlicher Weltverantwortung von der KAB in den Widerstand gegen Hitler, in: Christen an der Ruhr, hg.v. Alfred Pothmann/Reimund Haas 1998, S. 200-220.

mit Müller, dem Verbandsvorsitzenden Joseph Joos und dem ebenfalls 1927 eingestellten, vom christlichen Textilarbeiterverband kommenden, Verbandssekretär Bernhard Letterhaus der Verbandsleitung an.

Die Schriftleitung von Nikolaus Groß war überschattet von Aufstieg und Sieg des Nationalsozialismus, so daß die Auseinandersetzung zwischen der christlichen Weltanschauung und dem Totalitätsanspruch der NSDAP zum Thema seines Lebens wurde. Schon vor den ersten Erfolgen der NSDAP im Herbst 1929 bei den preußischen Provinziallandtagswahlen hatte er vor der Gefährlichkeit der neuen Protestbewegung gewarnt. Bis 1933 bezog er in vielen Artikeln gegen die NSDAP Stellung, wobei er mit religiösen, sozial-, innen- und außenpolitischen Gründen argumentierte.[2]

Die Kirchen - und Christentumfeindlichkeit der NSDAP mit ihrer Orientierung an Germanentum und Rassismus leiteten Groß' Einschätzung des Nationalsozialismus[3] auch nach der Machtübernahme Hitlers am 30.1.1933. Sie führte ihn konsequenterweise in den politischen Widerstand. In den ersten Jahren der NS-Herrschaft lehnte sich Groß allerdings in seiner Redaktionstätigkeit an den um Ausgleich bedachten Kurs des Episkopates gegenüber der NS-Regierung an und beschränkte sich im übrigen auf die Immunisierung seiner Leser und der KAB-Mitglieder gegenüber der NS-Ideologie.

Bis zum November 1938, dem Zeitpunkt des endgültigen Verbotes der Kettelerwacht (KW), hatte die Zeitung insgesamt drei Verbote und fünf weitere Beanstandungen auf sich gezogen. Das erste Verbot, schon nach den Märzwahlen 1933, war befristet gewesen; das zweite vom Februar 1938 unbefristet, aber es war Groß gelungen, seine Aufhebung zu erwirken. Er war bestrebt, die Zeitung so zu gestalten, daß sie nicht mit dem immer restriktiver werdenden NS-Presserecht kollidierte, um sie möglichst lange als Band der KAB-Mitglieder zu erhalten. Doch im November 1938 wurde die KW wegen einer Lappalie - in einem Ortsverein hatten ihr Einladungen zu einem Vortrag über den Eucharistischen Kongreß in Budapest, an dem Deutsche nicht teilnehmen durften, beigelegen - endgültig verboten. Nach dem Wegfall der Verbandszeitung gab Groß zum gleichen Zweck religiös-besinnliche Kleinbroschüren heraus, bis dem Kettelerhaus 1941, angeblich aus Kriegsnotwendigkeiten heraus, die Papierzuteilung gesperrt wurde.

Verstärkt hielt er nun Vorträge in KAB-Ortsverbänden. Dabei sah er in vertraulichen Gesprächen seine Erfahrung bestätigt, daß die Kirche auf bloße Jenseitsbetreuung zurückgedrängt werden und keine Möglichkeit behalten sollte, öffentlich zu wirken.

---

2 Zu seiner Auseinandersetzung mit dem NS vgl. unten in dem Beitrag „Geschichte des politischen und sozialen Katholizismus" das Kapitel „Die Endphase der Weimarer Republik und die Westdeutsche Arbeiterzeitung".

3 Zu seiner Haltung als Hauptschriftleiter der Kettelerwacht und seiner Rolle im politischen Widerstand des Kölner Kreises vgl. unten in dem Beitrag „Geschichte des politischen und sozialen Katholizismus" die Kapitel "Skizze des Kirchenkampfes" und „Der Kölner Kreis".

Die Anstrengungen um das organisatorische Überleben der KAB führten Nikolaus Groß seit 1938 nach Fulda, wo Bischof Dietz im Auftrag der Fuldaer Bischofskonferenz die katholische Männerarbeit reichsweit koordinierte. Nikolaus Groß arbeitete zeitweise im kleinen Vorbereitungsteam mit und nahm - einige Male als Referent - bis 1944 an den jährlichen Konferenzen teil. Beim letzten Treffen am 19. Juli 1944, einen Tag vor Stauffenbergs Attentat, machte der Diözesanpräses der Paderborner KAB ihn auf die Gefährlichkeit seines Tuns aufmerksam, nachdem Groß ihm angekündigt hatte: *„In den nächsten Tagen wird etwas geschehen, was die Weltgeschichte verändern wird."* Und Groß fügte hinzu: *„Wenn wir heute nicht unser Leben einsetzen, wie sollen wir dann vor Gott und unserem Volk einmal bestehen?"*

Groß lernte in Fulda 1941 den Jesuitenpater Alfred Delp vom Kreisauer Kreis kennen, so daß ein Gedankenaustausch zwischen den Kreisen entstand. Einige Male besuchte Groß Delp in seiner Pfarrei in der Münchener Gegend. Er übernahm Kurierdienste zwischen ihm und der zweiten Gruppe, mit der er in Verbindung stand, dem Berliner Kreis um Carl Goerdeler, dem früheren deutschnationalen Oberbürgermeister von Leipzig.

Zur Berliner Gruppe kam Groß 1942 über Jakob Kaiser, der als früherer Kölner christlicher Gewerkschafter in Verbindung zum Kettelerhaus stand, und intensiver über seinen Freund Letterhaus in Kontakt, der sich Goerdeler angeschlossen hatte. Im Februar 1943 kamen er und Kaiser ins Kettelerhaus. Am 25. Oktober beispielsweise fuhr Groß zu ihnen nach Berlin. Für sie übernahm er es, Nachrichten zu übermitteln oder Mitarbeiter zu werben. So versuchte er, einen früheren Zentrumspolitiker aus dem Saarland als Politischen Beauftragten zu gewinnen. Außerdem beteiligte er sich an den Personaldebatten mit Goerdeler und Kaiser und faßte die Zukunftsüberlegungen des Kölner Kreises gemeinsam mit Wilhelm Elfes in zwei Schriften zusammen. Zu den Beratungen stellte er sogar seine Privatwohnung zur Verfügung, denn bei seiner großen Familie - so wohl das Kalkül - würde das Zusammenkommen mehrerer Personen keinen Verdacht erregen. Das Engagement von Nikolaus Groß wertete das Mitglied des Kölner Kreises Leo Schwering in der Rückschau folgendermaßen: "Vor allem kam dem unerschrockenen Nikolaus Groß ein Hauptteil der praktischen Arbeit zu. Er war die Seele der Gruppe."[4]

Nach dem gescheiterten Attentat ereilte die Verhaftungswelle am 12. August 1944 auch Nikolaus Groß. Nach der Verhaftung von Letterhaus am 25.7.1944 hatte ihn Hans Berger, Mitglied im Berliner und Kölner Kreis, gewarnt und ihm zur Flucht geraten. Doch Groß schlug dieses und ein weiteres Angebot aus Rücksicht auf seine Familie aus.[5] Zwei Gestapobeamte verhafteten ihn in seiner Kölner Wohnung um 13.30 Uhr im Beisein drei seiner Töchter. Leni, die jüngste, fragte: *„Vati, wohin gehst du?"* Groß durfte sich noch umziehen - da er gerade durch Bomben entstandene Schäden reparierte, trug er Arbeitskleidung. Dabei gelang es ihm, im

---

4 Nachlass Leo Schwering 1193-18, S. 152 (Stadtarchiv Köln)
5 Berger, Hans: Die katholischen Arbeitervereine Westdeutschlands von 1930-1045, in: Internationale Katholische Zeitschrift Communio 10, 1981, S.490; Interview der Verfasserin mit Elisabeth Even vom 25.7.1989

Schlafzimmer unter der Bettdecke seinen mit Namen gespickten Terminkalender zu verstecken.

Von Köln wurde Groß am 18.8.1944 nach Frankfurt a.M. und von dort in die Polizeischule Drögen in Ravensbrück gebracht, wo alle im Zusammenhang mit dem 20. Juli Verhafteten von einer SD-Untersuchungskommission, notfalls unter Zuhilfenahme der Folter, verhört wurden. Nach Abschluß der Verhöre wurde Groß Ende September ins Berliner Gefängnis Tegel verlegt. Die Haftbedingungen besserten sich, da traditionelle, preußische Wachtmeister und nicht SS-Angehörige den Dienst versahen. Er traf dort auf die Kreisauer Moltke, Delp und Gerstenmaier, mit denen er auch Kontakt aufnehmen konnte, z. B. zum gemeinsamen Gebet.[6]

Noch am Samstag seiner Verhaftung wie auch am Sonntag versuchten die beiden Töchter Marianne und Berny vergeblich, von der Kölner Gestapo-Stelle den Aufenthaltsort ihres Vaters zu erfahren. Der um Hilfe gebetene Priester Valks aus ihrer Heimatgemeinde hatte am folgenden Montag größeren Erfolg. Elisabeth Groß durfte regelmäßig schreiben und erhielt auch Antwort. Sie konnte ihren Mann insgesamt vier Mal besuchen, das erste Mal gemeinsam mit Tochter Berny am 3.12.1944. Anfang Januar 1945 riet ihr der Paderborner Diözesanpräses Caspar Schulte telefonisch dringend zu einem weiteren Besuch, besorgte ihr eine Fahrerlaubnis und half ihr vorsorglich, ein Gnadengesuch aufzusetzen. Bei der Ankunft in Berlin erhielt sie sofort eine Sprecherlaubnis und konnte ihren Mann am 6.1. unbeaufsichtigt mit Einverständnis eines Wächters eine halbe Stunde sprechen. Nach dem Todesurteil erwirkte sie für den 18.1.1945 eine letzte Sprecherlaubnis für 15 Minuten, so daß sich Elisabeth und Nikolaus am 18. Januar im Beisein eines SS-Mannes für immer verabschieden konnten. Elisabeth ging nun mit dem vorsorglich verfaßten Gnadengesuch und mit der Bitte, ein gutes Wort für ihren Mann einzulegen, zur Nuntiatur in Berlin, wurde aber mit dem Hinweis abgewiesen, daß, wer sich in eine solche Situation begebe, mit den Folgen rechnen müsse. Nach ihrer Rückkehr nach Köln am 23. Januar bat Elisabeth Groß den Geistlichen ihrer Heimatgemeinde Ende Januar um Hilfe, denn von der schon erfolgten Hinrichtung ahnte sie nichts. Valks formulierte ein Gnadengesuch und brachte es am 30. Januar persönlich mit dem Fahrrad zu Erzbischof Frings nach Bad Honnef, wohin er vor den Bombenangriffen ausgewichen war. Frings schickte es am nächsten Tag ab.[7] Daß es schon zu spät war, wußte er nicht.

Nach einer einmaligen Verschiebung seines Prozeßtermines stand Nikolaus Groß am 15.1.1945 vor dem Volksgerichtshof unter der Präsidentschaft von Roland Freisler. Sein Prozeß stand im Zusammenhang mit dem gegen den Kreisauer Kreis. Mit Kreisauern stand Groß gemeinsam vor Gericht, obwohl er laut Oberreichsan-

---

6 Delp, Alfred: Gesammelte Schriften, hg. v. Roman Bleistein, Bd. V, Frankfurt a.M. 1984, S. 88
7 Interview der Familie Groß vom 5.11.1992, Ehrle, Gertrud: Licht über dem Abgrund - Aufzeichnungen und Erlebnisse christlicher Frauen 1933-1945, Freiburg 1951, S. 212ff; Wächter, Dietmar: Katholische Arbeiterbewegung und Nationalsozialismus im Erzbistum Paderborn, Paderborn 1989, S.99; Briefe von Valks (Sozialarchiv des Bistums Essen, Dokumentation N. Groß); Brief von Prälat H. Valks an Domkapitular Prof. Dr. Heribert Heinemann, 26.3.1997, in: Sozialarchiv im Bistum Essen

walt wegen Teilnahme und Mitwisserschaft am Verratsunternehmen von Goerdeler und Jakob Kaiser[8], also der Berliner Gruppe, angeklagt war. Seine Zusammenarbeit mit dem Kreisauer Kreis kam im Prozeß überhaupt nicht zur Sprache. Ein Grund für diese Ungereimtheit ist wohl, daß die Nationalsozialisten einen propagandistischen Kirchenprozeß planten, mit dem sie ihren Vernichtungsabsichten der Kirche gegenüber ein gutes Stück näher gekommen wären. Darauf weist ein aus dem Gefängnis geschmuggelter Kassiber Delps vom 14.1.1945 hin, das er nach seinem und Moltkes Prozeß verfaßte. *„Beabsichtigt war ein reiner Kirchenprozeß mit Müller, Groß, Delp, der Beziehungen der Kirche zum 20.7. ergeben sollte. Diese Absicht gelang nicht, da Müller, der mit Goerdeler zu tun hatte, starb und mir keine Beziehungen zum 20.7. nachzuweisen waren."*[9] Dieser gescheiterte Plan eines Kirchenprozesses könnte auch erklären, warum Freisler Nikolaus Groß eher beiläufig mit den Worten zum Tode verurteilte: *„Er schwamm mit im Verrat, muß folglich auch darin ertrinken."* Denn: *"Groß gab seine Tat offen zu."* Er versuchte vergeblich, sich mit dem Hinweis zu verteidigen, daß er *„als Nichtakademiker sich über die Tragweite"* seiner Tat *„nicht klar geworden"* sei.[10]

Ein ähnliches Verteidigungskonzept verfolgte auch der Kreisauer und evangelische Konsistorialrat Eugen Gerstenmaier, mit dem Groß in Tegel Kontakt hatte und dem ähnlich wie ihm Mitwisserschaft vorgeworfen wurde. Er stellte sich erfolgreich als weltfremd und vertrottelt dar, denn er kam mit 7 Jahren Zuchthaus davon. Seiner Schwester war es gelungen, einen privaten Zugang zu Freisler zu finden und so ein mildes Urteil zu erwirken.[11] Ohne solche Möglichkeiten standen die Chancen für Angeklagte vor dem Volksgerichtshof eher schlecht. Nikolaus Groß mußte wie die übrigen einen Verteidiger aus einer beim VGH geführten Liste entnehmen. Dieser war ein überzeugter Nationalsozialist und zu echter Verteidigung von daher nicht geeignet. So konnte das Todesurteil nicht sonderlich überraschen.

Nach der Verhandlung wurde Groß noch einmal nach Tegel zurückgebracht. Am 20. Januar schrieb er seinen letzten offiziellen Brief an seine Familie, und einen Tag später bot sich ihm wohl überraschend noch einmal eine Gelegenheit zum Schreiben des nun endgültigen Abschiedsbriefes, der als Kassiber aus dem Gefängnis geschmuggelt wurde. Vor der Urteilsvollstreckung kam er nach Plötzensee, der zentralen Hinrichtungsstätte für Verurteilte des VGH, wo er am 23. Januar zusammen mit neun anderen, darunter Moltke, erhängt wurde. Nach Aussage des katholischen Gefängnispfarrers Buchholz ging er gefaßt in den Tod. Ihm war es nach ei-

---

8 Bundesarchiv Koblenz, Tonbandmanuskript FA 634
9 Delp a.a.O., S. 359
10 Jacobsen; Hans-Adolf (Bearb.): Opposition gegen Hitler und der Staatsstreich vom 20. Juli 1944. Geheime Dokumente aus dem ehemaligen Reichssicherheitshauptamt, Bd.II, S. 722, hieraus auch die übrigen Zitate zum Prozeß Groß`.
11 Jacobsen a.a.O., S. 706; Zeller, Eberhard: Geist der Freiheit. Der 20. Juli , München 1963, S. 82; Gerstenmaier, Eugen: Der Kreisauer Kreis, in: Vierteljahreshefte für Zeitgeschichte 15, 1967, S. 231

ner Rundverfügung des Reichsjustizministers von 1942 nicht mehr gestattet, der Hinrichtung beizuwohnen, und so konnte er sie nur von fern beobachten.

Die Leichen der Hingerichteten wurden verbrannt, ihre Asche den Angehörigen nicht ausgehändigt, damit an den Bestattungsorten keine Gedenkstätten entstehen konnten. Elisabeth Groß erfuhr von der Hinrichtung ihres Mannes aus privater Quelle Ende Januar 1945 aus dem Brief eines Berliner Bekannten, ungefähr zeitgleich zum Gnadengesuchversuch des Kölner Erzbischofs.

Zeittafel: *Nikolaus Groß*

30. September 1898	geboren in Niederwenigern bei Hattingen an der Ruhr
1905 - 1912	Besuch der achtklassigen katholischen Volksschule in Niederwenigern
April 1912 - Dezember 1914	Jungarbeiter im Blechwalz- und Röhrenwerk der Firma Weppen in Altendorf/ Ruhr (heute Essen)
Januar 1915 - März 1919	Arbeit auf der Zeche "Dahlhauser Tiefbau": angefangen als Schlepper, beendet mit Abschluß der Hauerlehre (Kohlenhauer)
Juni 1917	Eintritt in den "Gewerkverein christlicher Bergarbeiter Deutschlands", Beginn der Besuche von Abendkursen und Rednerschulungen
1918	Eintritt in die Deutsche Zentrumspartei
Juni 1919	Eintritt in den "Antonius-Knappen- (und Arbeiter-) Verein Niederwenigern"
Juli 1920 - Juni 1921	Jugendsekretär beim "Gewerkverein christlicher Bergarbeiter Deutschlands" für den Bezirk Oberhausen
Juli 1921 - Mai 1922	Hilfsredakteur des "Bergknappen" (Organ des Gewerkvereins) in Essen

Februar / März 1922	Gewerkschaftsarbeit im Mansfelder Kupferschieferbergbau (bei Eisleben im Harz): Auszahlen von Streikgeldern
Juni 1922 - Oktober 1922	Gewerkschaftssekretär in Waldenburg, Niederschlesien
November 1922 - November 1924	Bezirksleiter des Gewerkschaftsvereins christl. Bergarbeiter für den Bezirk Zwickau in Sachsen
24. Mai 1923	kirchliche Hochzeit mit Elisabeth Koch aus Niederwenigern
Dezember 1924 - Dezember 1926	Gewerkschaftssekretär in Bottrop
Januar 1927 - April 1927	Hilfsredakteur bei der "Westdeutschen Arbeiterzeitung", dem Organ der KAB in Mönchengladbach
1929	Umzug nach Köln
April 1927 - 1939	Hauptschriftleiter der "Westdeutschen Arbeiterzeitung", ab 1935 "Ketteler - Wacht"; und damit Mitglied des Vorstandes des Westdeutschen Verbandes
ab 1939	Verbandsleitung der KAB im Kettelerhaus in Köln; schriftstellerische Tätigkeiten; Vortragsreisen (im Rahmen der Männerseelsorge, Kontakte zu Bischof Dietz von Fulda)
Oktober 1933	Antrag auf Aufnahme in den Reichsbund der Deutschen Presse
Dezember 1935	Aufnahme in den Reichsbund der Deutschen Presse
ab April 1937	Herausgeber der Zweiwochenzeitschrift "St.-Nikolaus-Blatt" für die Flußschiffermission

November 1938	endgültiges Verbot der "Ketteler-Wacht"; erstmalige Teilnahme am Arbeitskreis zur Männerseelsorge beim Bischof von Fulda, der bis 1944 einmal jährlich tagte
bis 1941	Publizierung religiöser Kleinschriften (Sperrung der Papierzuteilung)
1942	Kennenlernen von Alfred Delp SJ vom Kreisauer Kreis beim Fuldaer Arbeitskreis für Männerseelsorge, von nun an häufigere Treffen
ab Ende 1942	Gespräche mit Bernhard Letterhaus und Jakob Kaiser über Umsturzpläne des Goerdeler-Kreises
Februar 1943	Teilnahme an einer Zusammenkunft von Goerdeler, Kaiser, Prälat Müller im Kettelerhaus
Oktober 1943	Treffen mit Goerdeler und Kaiser in Berlin, Reise nach Wiesbaden zu Bartholomäus Koßmann, um ihn als politischen Beauftragten zu gewinnen
11. August 1944	Besuch bei Frau Letterhaus und Überbringung der Nachricht von der Verhaftung ihres Mannes am 25. Juli
12. August 1944	Verhaftung durch die Kölner Gestapo und Unterbringung im Gefängnis Ravensbrück
zweite Septemberhälfte 1944	Verlegung nach Berlin-Tegel
15. Januar 1945	Verurteilung zum Tode durch den Volksgerichtshof unter dem Vorsitz Roland Freislers
23. Januar 1945	Hinrichtung im Gefängnis Berlin-Plötzensee durch den Strang

3.

VERA BÜCKER

Die Geschichte des politischen und sozialen Katholizismus
- Eine Hintergrundskizze -

Die vorliegende Quellensammlung will die Problematik der Endphase der Weimarer Republik, der Machtergreifung, des Verhaltens im Dritten Reich zwischen Anpassung, Resistenz und Widerstand und des Neubeginns nach 1945 am Beispiel des sozialen und politischen Katholizismus des Ruhrgebietes darlegen, wobei Nikolaus Groß als thematischer Leitfaden dient. Der Zeitrahmen der vorgelegten Quellen ergibt sich aus seinen Lebensdaten. Zum besseren Verständnis erläutert der erste Teil dieses Beitrages als Vorgeschichte die Entwicklung des Katholizismus im Ruhrgebiet seit dem späten Kaiserreich und in der frühen Weimarer Republik.

Die angeführten Materialien stammen überwiegend, wenn auch nicht ausschließlich, aus dem Raum des Bistums Essen - eine Folge der Entstehungsgeschichte dieses Projektes und keine Aussage über die Bedeutung des Katholizismus in anderen Teilen des Ruhrgebietes.

Es ist erhellend, den Fragen nach dem Scheitern der Republik und dem Verhalten im Dritten Reich anhand des Katholizismus nachzugehen, denn er hatte in der Weimarer Republik eine Schlüsselstellung. 1918 bis 1932 war seine politische Vertretung wichtigste Regierungspartei, obwohl sie nie mehr als 20% der Stimmen erreichte; 1919 waren es 19,7%. Das Zentrum stellte sogar viermal den Reichskanzler, insgesamt in der Hälfte der Lebensdauer der Weimarer Republik. In Preußen war es ebenfalls seit 1918 bis zum Preußenschlag Papens 1932 an der Regierung beteiligt.

Die Haltung des politischen Katholizismus hat also einen hohen Erklärungswert für das grundlegende Verständnis der angesprochenen Epoche und geht über die Kirchengeschichte weit hinaus, weil *"sein innerer Zustand gegen Ende der 20er Jahre seismographisch den der Republik widerspiegelte."*[1] Die Konflikte und die Kompromisse um Fragen des Sozialstaates und der Arbeitsverfassung von der staatlichen Zwangsschlichtung im Tarifwesen über den Achtstundentag bis zur Arbeitslosenversicherung waren zentrale Themen der Weimarer Republik, in denen das Zentrum wegen seines eigenen Kompromißcharakters den gesellschaftlichen Kompromiß in sich selbst finden mußte. Dabei standen die katholischen Arbeiter mitten in den Auseinandersetzungen. In abgewandelter Form gilt dies auch für die Zeit nach 1933, denn die anderen sozialen Milieus standen vor ähnlichen Fragen und waren

---
1 Carsten Ruppert: Im Dienst am Staat von Weimar, Das Zentrum 1923-1930, Düsseldorf 1992, S. 417

ähnlichen Handlungsmustern des NS-Regimes ausgesetzt. Diese Beispielhaftigkeit hebt milieuspezifische Unterschiede in der Haltung zum Nationalsozialismus natürlich nicht auf.

Der Katholizismus prädestiniert sich auch als Modell für den Umgang mit den Ereignissen seit 1928, weil das Zentrum - begrenzt auf den katholischen Volksteil, ca. 1/3 der Reichsbevölkerung - als Volkspartei die deutsche Gesellschaft repräsentierte. Der Ruhrgebietskatholizismus wiederum war ein wichtiger Bestandteil des deutschen Katholizismus, denn in ihm fiel die Potentialausschöpfung des katholischen Wählerreservoirs höher als in anderen Regionen Deutschlands aus. Sie lag hier 1914 bei 82%, in München - zum Vergleich - nur bei 24%.[2] Der demokratische, das Zentrum bestimmende Katholizismus war vorherrschend und wurde besonders von der katholischen Arbeiterbewegung geprägt. Sie bestand aus den katholischen Arbeitervereinen (KAB) und den Christlichen Gewerkschaften. Gerade die KAB spiegelte das Verhalten des politischen Katholizismus in der Weimarer Republik.[3] Daher ist es für den Geschichtsunterricht legitim, die Haltung des Katholizismus anhand der Verbandszeitung der KAB, der Westdeutschen Arbeiterzeitung, nachzuzeichnen. Nikolaus Groß, ursprünglich ein Bergmann aus dem Ruhrgebiet (Niederwenigern) und im politischen Widerstand gegen Hitler engagiert, veranschaulicht sie als Chefredakteur.

Die nachfolgende Hintergrundinformation berücksichtigt folgende Gesichtspunkte:

- Überblick über die Forschungslage zum Katholizismus;
- kurze Darstellung der Entwicklung des Ruhrgebietskatholizismus;
- Schlaglichter auf die Endphase der Weimarer Republik, wie sie sich in den Augen der WAZ und ihres Hauptschriftleiters Nikolaus Groß als pars pro toto eines maßgeblichen Teils des politischen Katholizismus darstellte;
- Skizze des Kirchenkampfes bis zum Krieg anhand der KAB-Zeitung;
- Widerstand des Katholizismus am Beispiel des Kölner Kreises, dem Nikolaus Groß angehörte.

Überblick über die Forschungslage zum Katholizismus

Der Bielefelder Soziologe Franz Xaver Kaufmann und der Essener Historiker Wilfried Loth definieren Katholizismus als eine spezifische und an bestimmte histo-

---

2 Rohe, Karl: Zur Geschichte des sozialen und politischen Katholizismus im Ruhrgebiet, in: Berichte und Beiträge 12, hg. v. Bistum Essen, 1990, S. 27
3 Haffert, Klaus: Die katholischen Arbeitervereine Westdeutschlands in der Weimarer Republik, Essen 1994, S. 238

rische wie gesellschaftliche Voraussetzungen geknüpfte Ausprägung des katholischen Christentums in Konfrontation mit der Moderne.[4]

Der Katholizismus begann als Gegenbewegung zu den Ideen der Französischen Revolution und als Freiheitsbewegung für die Rechte der Kirche um 1800, mobilisierte dafür jedoch die Volksmassen und bediente sich auch der neuen Mittel des modernen Rechtsstaates, um seine Ziele durchzusetzen. So verknüpften sich also Modernität in den Mitteln mit Vergangenheitsorientierung in den Zielen. Zumindest sieht die neuere katholische Geschichtsschreibung (Loth, Leugers-Scherzberg)[5] den Katholizismus in dieser Ambivalenz. Sein Spannungsbogen lag zwischen Ultramontanismus und moderner Volksbewegung (Stichwort: Vereinswesen), die im Ergebnis des Kampfes um die Freiheitsrechte der Kirche die Freiheitsrechte des einzelnen erweiterte.

Für diese Volksbewegung ist der Begriff des Milieus konstitutiv. Nach Rainer Mario Lepsius ist ein Milieu von den Faktoren Religion, regionale Tradition, wirtschaftliche Lage, kulturelle Orientierung und schichtenspezifische Zusammensetzung einer Gruppe bestimmt. Er unterscheidet für Deutschland vier Milieus: Die Liberalen, die Konservativen, die sozialistische Arbeiterbewegung und den Katholizismus. Die Milieus sind also dauerhafte, lebensweltlich verankerte gesellschaftliche Gruppierungen mit ähnlichen sozialmoralischen Grundüberzeugungen und Konventionen.[6]

Seit den 80er Jahren findet das Milieukonzept Eingang in die Katholizismusforschung und bricht die alte, apologetische Binnenperspektive auf. Traditionell wurde der Katholizismus in der deutschen Geschichtsschreibung eher wenig beachtet. Grund war die alte national-liberale Dominanz im 19. Jahrhundert, die den Katholizismus ins Abseits gedrängt hatte und die - so die amerikanische Windthorst-Biographin Margaret L. Anderson - von der sozialdemokratischen abgelöst worden sei. Fakt ist auf jeden Fall, daß bis in die 80er Jahre der Katholizismus als Thema der allgemeinen Geschichtswissenschaft kaum wahrgenommen wurde. Zwar gab es seit den 60er Jahren die katholische Kommission für Zeitgeschichte in Bonn mit ihrer - inzwischen umfangreichen - „Blauen Reihe". Sie war nach der Kontroverse zwischen Ernst-Wolfgang Böckenförde und Hans Buchheim um die Haltung der katholischen Kirche zum Dritten Reich und den Angriffen des Theaterstückes „Der Stellvertreter" von Rolf Hochhuth auf Pius XII von der Deutschen Bischofskonferenz in den 60er Jahren ins Leben gerufen worden, um das Verhältnis der Katholiken zum Nationalsozialismus zu erforschen. Ihre Ergebnisse

---

4 Loth, Wilfried: Entwicklungslinien und Forschungsprobleme des sozialen und politischen Katholizismus, in: Berichte und Beiträge, Heft 12. Zur geschichtlichen Erforschung und Dokumentation des sozialen und politischen Katholizismus im 19. und 20. Jahrhundert im Ruhrgebiet, Essen 1990, S. 7f

5 Loth, Wilfried, 1990, S. 8, Leugers-Scherzberg, August H.: Der deutsche Katholizismus und sein Ende, in: Kath. Akademie Schwerte (Hg.), Ende des Katholizismus oder Gestaltwandel der Kirche, 1993, S.13ff

6 Rohe, Karl: Das christlich-soziale Milieu und sein Gedankengut am Vorabend des Nationalsozialismus, in: Verfolgung des Geistes - Aufstand des Gewissens, Berichte und Beiträge, Bd. 24, hg. vom Bistum Essen, 1996, S. 8

wurden jedoch von der allgemeinen Geschichtswissenschaft nur am Rande wahrgenommen, wie umgekehrt die Kommission für Zeitgeschichte sich kaum an den Fragestellungen der Profanhistorie beteiligt hatte. Den Anfang einer besseren Integration der Katholizismusforschung in die Profanhistorie machte Wilfried Loth mit seiner Untersuchung über das Zentrum im Kaiserreich (1984). In den letzten Jahren wird der Katholizismus immer besser erforscht.[7] Nicht zuletzt liegt das an der Renaissance der Kulturgeschichte, die die Religiösität in den modernen Industriegesellschaften als fortdauerndes Strukturelement erkannt hat.

Das Zentrum verstand sich seit Windthorsts Tagen als politische, überkonfessionelle Partei. Dennoch war die überwältigende Mehrheit seiner Wähler Katholiken. Somit gehörte es zum katholischen Milieu und war sein verlängerter Arm in die Politik. Damit stand es im Spannungsverhältnis zwischen der kirchlichen Autorität und dem Emanzipations- und Autonomiestreben des Demokratisierungsprozesses.

Zusammengehalten wurde das Zentrum durch die katholische Konfession, die es im Kulturkampf zusammengeschmiedet hatte. Es umfaßte soziographisch alle Bevölkerungsgruppen und war somit eine auf den katholischen Volksteil beschränkte Volkspartei. Drei katholische Sozialmilieus lassen sich ausmachen:

- *das bürgerliche Milieu*: Dieses hat Julius Bachem mit seinem Schlagwort charakterisiert: *"Wir müssen aus dem Turm heraus"*. Damit wollte er um die Jahrhundertwende das Zentrum aus der katholischen Inferiorität herausführen und bewies die Aufgeschlossenheit des katholischen Bürgertums für die Moderne.

- *das populistische Milieu*: Dazu zählen die ländlichen Mittel- und Unterschichten sowie das traditionelle Handwerk. Sie waren die Verlierer der wirtschaftlich-technologischen Modernisierung und erwachten im Wilhelminismus zum politischen Bewußtsein. Sie forderten eine Demokratisierung - im politischen Katholizismus und in der Gesellschaft. Ihr Prototyp war Reichsfinanzminister Matthias Erzberger, der zu Beginn der Weimarer Republik den linken Zentrumsflügel repräsentierte und als Mitunterzeichner des Versailler Friedensvertrages 1921 von Rechtsradikalen ermordet wurde.

- *die Arbeiterbewegung:* Sie hatte - um 1848 - seelsorgerisch-caritative Anfänge, blieb aber nicht auf den Betreuungsaspekt beschränkt.[8] Mit Hilfe der Christlichen Gewerkschaften und der Volksbildung durch den Volksverein für das katholische Deutschland wurde sie seit den 1890er Jahren zu einer autonomen Bewegung, die vom emanzipatorischen Verlangen der Befreiung von der Not und nach Gleichbehandlung geprägt war. Damit stellte sie, wenn auch auf andere

---

7 Z.B.: Schneider, Michael: Die Christlichen Gewerkschaften 1894-1933, Bonn 1982; Blaschke, Olaf; Kuhlemann, Frank-Michael (Hg.): Religion im Kaiserreich. Milieus - Mentalitäten - Krisen, Religiöse Kulturen der Moderne Bd.2, Gütersloh 1996
8 Brüggemann, Walter / Heitzer, Horstwalter (Hg.): 100 Jahre Rerum Novarum. Die Antwort der katholischen Kirche auf die soziale Frage im 19. Jahrhundert, Bochum 1991

Weise als die sozialistische Arbeiterbewegung, ebenfalls die herrschenden, ungleichen Verhältnisse in Frage. Die Arbeiterbewegung ist das hier am meisten interessierende katholische Teilmilieu. Diese Beschränkung legitimiert sich zum einen aus der Sozialstruktur des Ruhrgebietes und zum anderen durch das Faktum, daß 56% der männlichen, katholischen Reichsbevölkerung Arbeiter waren.

Der Katholizismus war eines der Milieus, das sich den Schwierigkeiten der Weimarer Republik stellen mußte. Auch mußte er sich natürlich mit seinen eigenen Problemen auseinandersetzen. Sie waren begründet im Verhältnis zwischen katholischer Religion und Moderne, zwischen religiöser Bildung und Emanzipation. Nikolaus Groß bietet die Möglichkeit eines biographischen Zuganges zu diesen Fragen - neben anderen Repräsentanten der katholischen Arbeiterschaft wie z.B. dem Gewerkschaftler Heinrich Imbusch.[9] Außerdem ist an einem solchen biographischen Zugang der regionalgeschichtliche Bezug zum Ruhrgebiet herzustellen.

Die Entwicklung des Ruhrgebietskatholizismus

Eine regionalgeschichtliche Beschäftigung mit dem Ruhrgebietskatholizismus stößt bisher auf Schwierigkeiten.[10] Er ist im öffentlichen Bewußtsein des Ruhrgebiets kaum präsent. Mit der Herausbildung der Universitätslandschaft begann zwar eine Regionalgeschichtsschreibung, aber sie widmete sich beinahe ausschließlich der sozialdemokratischen Arbeiterbewegung. Auch in der Katholizismusforschung ist das Ruhrgebiet bis in die 80er Jahre fast unbekannt gewesen. Das ist jedoch überhaupt nicht gerechtfertigt, wie die Auflagenhöhe der Zentrumspresse als Indikator belegt. So hatte 1913 die renommierte Kölner Volkszeitung eine Auflagenhöhe von nur 30.000, die EVZ (Essener Volkszeitung) dagegen 70.000 und die Dortmunder Tremonia immerhin 40.000.

Erst in den letzten Jahren änderte sich die Forschungslage allmählich, nicht zuletzt dank des Essener Politikwissenschaftlers Karl Rohe. Er hat nachgewiesen, daß die Vorstellung vom linearen Wachstum der SPD im Ruhrgebiet seit den 1870er Jahren bis heute ein Mythos ist. Besonders in Orten, die traditionell katholisch geprägt waren, wie es im westlichen und nördlichen Ruhrgebiet der Fall war, hatte sie kaum eine Chance. Erst als um 1900 die Integrationskraft des traditionellen katholischen Milieus durch die rasche Zuwanderung überstrapaziert wurde, entstanden besonders in den nördlichen Orten (Kreis Recklinghausen) für sie günstige Umstände; ihre Einfallspforte wurde der Gegensatz zwischen altem Dorf und neuer Kolonie.

---

9 Schäfer, Michael: Heinrich Imbusch. Christlicher Gewerkschaftsführer und Widerstandskämpfer, München 1990
10 Ein Überblick auch bei: Bücker, Vera: Katholizismus im Ruhrgebiet, in: Brakelmann, Günter; Jähnichen, Traugott; Friedrich, Norbert (Hg.), Kirche im Revier, Essen 1998, S. 70-75

Neben der Wahlanalyse hat sich in letzter Zeit als weiterer Zugang zum Ruhrgebietskatholizismus ein biographischer Zugriff in ersten Ansätzen eröffnet. Beispiel dafür ist die Arbeit von Michael Schäfer über Heinrich Imbusch und von Claudia Hiepel über August Brust, sowie Aufsätze über Johannes Gronowski.[11] Institutionsgeschichtlich kann man sich dem Ruhrgebietskatholizismus über die Arbeiten von Michael Schneider zu den Christlichen Gewerkschaften und Claus Haffert über die KAB nähern. Die Christlichen Gewerkschaften hatten reichsweit zwar nur ca. 1/3 der Mitglieder der freien Gewerkschaften, aber in Ruhrgebietsstädten wie Duisburg, Essen oder Oberhausen waren sie sogar stärker. Gerade hier waren sie die prägende Kraft der Arbeiterbewegung.

Nikolaus Groß verknüpft beide Ansätze, denn er war sowohl „Hauptamtlicher" der KAB als auch der christlichen Gewerkschaften - und zwar der stärksten Gewerkschaft, des Gewerkvereins christlicher Bergarbeiter. Auch deswegen erscheint dieses Projekt weit über die singuläre Lebensgeschichte lohnend. Die christlichen Gewerkschaften, für die er hauptamtlich von 1919-1926 tätig war, entstanden im Ruhrgebiet. 1894 gründete August Brust den Gewerkverein christlicher Bergarbeiter für den Oberbergamtsbezirk Dortmund, der seinerseits auf den christlich-sozialen Arbeitervereinen beruhte. Letztere bestanden seit den späten 1860er Jahren im Industrierevier, waren nach dem Pfarrprinzip organisiert und unterstanden der Leitung eines Geistlichen. Ihren ersten Erfolg errangen sie 1877, als ihr Kandidat Gerhard Stötzel sich im Wahlkreis Essen gegen den bürgerlichen Kandidaten des Zentrums durchsetzte. Damit war er der erste Arbeitervertreter überhaupt im Reichstag, schloß sich dort der Zentrumsfraktion an und war fortan der offizielle Essener Zentrumsvertreter.

Das Beispiel Stötzel weist darauf hin, daß im Ruhrgebietskatholizismus das christlich-soziale Teilmilieu mit ca. 25% der Zentrums-Wähler besonders stark war. Bei der Konkurrenz der Sinn- und Deutungsangebote auf engstem Raum war das katholisch-soziale Milieu erfolgreich. Ihm kam dabei zu Hilfe, daß die Arbeiterschaft in einem erheblichen Umfang katholisch, die Unternehmerschaft dagegen beinahe ausschließlich protestantisch war. Die Ruhrgebietskirche identifizierte sich somit nicht mit dem Unternehmerlager und konnte folglich den alten Mittelstand und die neue Arbeiterschaft ansprechen, die wie die katholische Kirche im Modernisierungskonflikt mit der liberalen Gesellschaft standen. Das Ausscheiden aus der repräsentativen deutschen Nationalkultur seit dem 18. Jahrhundert und die Herausbildung einer katholischen Subkultur waren somit die entscheidenden Voraussetzungen für den Integrationserfolg des Katholizismus.[12]

Das christlich-soziale Teilmilieu bewegte sich zwischen den Polen eines vorpolitischen, religiös-kulturellen Integrationsbemühens und der politischen Mitarbeit im

---

11 Teppe, Karl: Johannes Gronowski (1874 - 1958), in: Jürgen; Morsey, Rudolf; Rauscher, Anton (Hg.): Zeitgeschichte in Lebensbildern, Bd. 8, Mainz 1997. Gronowski war Arbeitersekretär in Dortmund und in den 20er Jahren Oberpräsident von Westfalen. Hiepel, Claudia: Arbeiterkatholizismus an der Ruhr. August Brust und der Gewerkverein christlicher Bergarbeiter, Stuttgart 1999

12 Rohe, Karl: Vom Revier zum Ruhrgebiet, Essen 1986, S. 20-23

sich demokratisierenden Staat. Die katholische Arbeiterbewegung kämpfte unter strikter Absage an den Marxismus um Emanzipation und Gleichberechtigung. Es ging ihr mit den Kategorien von Gerechtigkeit und sozialer Anerkennung um Reformen.[13]

Die Erosion des katholischen Milieus begann im bürgerlichen Lager. Abspenstige bürgerliche Wähler wanderten zu wirtschaftlichen Interessenparteien ab und von dort teilweise zur NSDAP. Arbeiter wechselten zur KPD, wenn sie das katholische Milieu verließen, weniger zur SPD oder gar zur NSDAP. Ihr gegenüber blieb das katholische Arbeitermilieu resistenter als SPD und KPD (Rohe).[14] Diese Bedeutung sowie die Stellung der KAB innerhalb des Arbeitermilieus und des Zentrums legitimiert es, die KAB (und Nikolaus Groß) mit ihren politischen Positionen in weiten Teilen als pars pro toto zu nehmen. 1925 waren 17% der katholischen Arbeiter im Ruhrgebiet Mitglieder der KAB - das war der höchste Organisationsgrad im Reich. Oberhausen-Osterfeld und Sterkrade standen dabei an der Spitze.[15]

Die KAB verfügte in der Weimarer Zeit über einen größeren tagespolitischen Spielraum als die Christlichen Gewerkschaften, obwohl letztere nicht unter direktem Einfluß der Amtskirche standen. Doch sie mußten Rücksicht auf die nationale evangelische Arbeiterschaft im DGB (Deutsche Gewerkschaftsbund) nehmen. Der DGB war ein Zusammenschluß christlicher und nationaler Gewerkschaften unter dem Vorsitz des Vorsitzenden der Christlichen Gewerkschaften Heinrich Imbusch. Die sozialistischen Gewerkschaften waren im ADGB (Allgemeiner Deutscher Gewerkschaftsbund) organisiert.

Auch konnte die KAB gegen die kapitalistische Wirtschaft grundsätzlicher argumentieren, da sie ihrer Argumentation sozialnormative Begründungen und nicht ökonomische Rationalitätskriterien zugrunde legte. Dennoch ist die Position der KAB selbst in der Weimarer Republik in der Forschung umstritten. Hans Mommsen bezeichnete sie im Kontext der Wahl von Ludwig Kaas zum Zentrumsvorsitzenden 1928 als die *„überwiegend rechtsstehenden katholischen Arbeitervereine"*.[16] Am anderen Ende der Beurteilungsskala beschrieb Helga Grebing die KAB *„mit ihrer konsequent republikanischen Einstellung in politischen Fragen"* als den linken Eckpfeiler der christlichen Arbeiterbewegung in der Weimarer Republik[17] im Gegensatz zu den Christlichen Gewerkschaften. Nach Claus Haffert verteidigte die KAB die Republik nicht entschlossen genug - trotz ihres späteren Widerstands im Nationalsozialismus -, da die Kirche die Kräfte der Distanz bestärkt habe. Die KAB spiegelte, so Haffert, das Dilemma des politischen Katholizismus in der Weimarer Republik.

---

13 Weichlein, Siegfried: Sozialmilieus und politische Kulturen in der Weimarer Republik, Göttingen 1996, S. 129
14 Rohe, Karl: Zur Geschichte des sozialen und politischen Katholizismus im Ruhrgebiet, in: Berichte und Beiträge 12, 1990, S. 35; Jäger, Wolfgang: Bergarbeitermilieus und Parteien im Ruhrgebiet. Zum Wahlverhalten des katholischen Bergarbeitermilieus bis 1933, München 1996
15 Claus Haffert, 1994, S.39
16 Mommsen, Hans: Die verspielte Freiheit, Frankfurt a.M. / Berlin 1989, S. 268
17 Grebing, Helga: Geschichte der deutschen Arbeiterbewegung, München 1970, S. 189

Die Endphase der Weimarer Republik
und die Westdeutsche Arbeiterzeitung

In der Endphase der Weimarer Republik mit beginnender Weltwirtschaftskrise und der letzten parlamentarischen Regierung der großen Koalition unter dem sozialdemokratischen Reichskanzler Hermann Müller 1928 spitzten sich die Fragestellungen der deutschen Allgemeingeschichte wie des politischen Katholizismus zu. Außerdem korrespondiert die Biographie von Nikolaus Groß in etwa zum Ausgangsjahr der Krise 1928 durch die Anfänge seiner Redaktionstätigkeit bei der WAZ 1927. Für das Zentrum war 1928 ein Schlüsseljahr durch den Wechsel im Vorsitz von Wilhelm Marx zu Prälat Ludwig Kaas. Damit wurde erstmals in der Zentrumsgeschichte ein Geistlicher Vorsitzender der Partei.

Daran lassen sich die wachsenden Schwierigkeiten des Zentrums ablesen, zu einem parteiinternen Ausgleich der auseinanderstrebenden sozialen und wirtschaftlichen Interessen zu finden. Der Interessenausgleich war aber ein entscheidendes Merkmal des Zentrums, denn der Zwang zu parteiinternem Ausgleich prädestinierte die Partei seit jeher zur Flexibilität und Kompromißfähigkeit nach links und nach rechts. Damit trug das Zentrum seit 1918 wesentlich zur Funktionsfähigkeit der Weimarer Republik bei.

Die Offenheit des Zentrums bezog sich auf die Wirtschafts- und Sozialpolitik wie auch auf das Verhältnis zur Republik. Es legte sich nicht fest, weder auf die Monarchie, an der Teile der Wählerschaft hingen, noch auf die Republik. Die Brisanz der Republikfrage wurde schlaglichtartig beim Münchener Katholikentag 1922 deutlich, als der Münchener Kardinal Faulhaber die Revolution verurteilte und der Kölner Oberbürgermeister Konrad Adenauer die Republik verteidigte. Noch Mitte der 20er Jahre mußte das Zentrum bei den Fragen des Flaggenstreites und der Fürstenenteignung[18] auf die Monarchisten in den eigenen Reihen Rücksicht nehmen.

Faktisch hatte das Zentrum die Republik seit der Nationalversammlung dank der weitgehenden Durchsetzung eigener, katholischer Ziele in der Verfassung akzeptiert. Dennoch ließ es sich nicht vom republikanischen Flügel um Joseph Wirth, der als Reichskanzler 1921 das geflügelte Wort *„Der Feind steht rechts"* geprägt hatte, zur Identifikation mit der Republik drängen, denn es befürchtete den Verlust seiner rechten Wähler.

Mit der Zunahme der zentrifugalen sozialen und wirtschaftlichen Interessenkonflikte im Zentrum gewann das spezifisch Katholische als Kitt an Bedeutung und nahm die Identifikation mit der liberalen Republik und ihrer „Verfassung ohne Gott" - so ein milieuinterner Vorwurf nach 1918 - ab. Um die widerstrebenden Interessen der Partei zusammenzuhalten, mußten spezifisch katholische Politikfelder

---

18 Dabei ging es um die Frage, ob die ehemals regierenden Fürstenhäuser entschädigungslos enteignet werden sollten. Ein entsprechendes Volksbegehren strengten KPD und SPD Anfang 1926 an, dem anschließend ein Volksentscheid mit ähnlichen Ergebnissen folgte. Die katholische Kirche sprach sich dagegen aus, aber weite Kreise der katholischen Arbeiterschaft sympathisierten mit dem Volksbegehren. Gerade in den Zentrumshochburgen erreichte es Zustimmungsraten, die das Potential von SPD und KPD deutlich übertrafen.

betont werden - wie zum Beispiel die Schulpolitik. Bei ihr ging es um die Bewahrung der konfessionellen Volksschule gegen die Vorstellungen von SPD und Liberalismus. Verbündeter im Kampf für das letztlich gescheiterte Projekt eines Schulgesetzes war die protestantisch und monarchistisch orientierte DNVP in den sog. Bürgerblockregierungen bis 1928 unter dem Zentrumskanzler Wilhelm Marx, gegen die Josef Wirth vergeblich opponierte.

Mit der Wahl von Kaas erhöhte sich die Konzentration auf die Catholica. Das Ziel der Zentrumspolitik blieb nicht mehr wie bisher defensiv die Bewahrung des katholischen Milieus vor staatlicher Bevormundung oder Unterdrückung, sondern es wurde offensiv ersetzt durch die Absicht, die Säkularisierung unter dem Stichwort der „christlichen Gesellschaftspolitik" zurückzudrängen. Dieses Ziel war aber in Koalitionen mit SPD und DDP nicht zu erreichen, so daß sich das Verhältnis zu ihnen lockerte und das Zentrum sich den protestantisch-konservativen Parteien annäherte.

Diese zentrumsinterne Situation spielte eine Rolle, als Brüning als Reichskanzler den schleichenden Verfassungswandel in Richtung eines Präsidialsystems in Angriff nahm. Die Sackgasse, in die sich die demokratischen Parteien mit dem Scheitern der Regierung Hermann Müller 1930 manövriert hatten, ermöglichte Brünings Absichten.

Die vorliegenden Quellen erschließen die Motivation und Handlungsspielräume der Zentrumsakteure während der Präsidialregierungen hauptsächlich aus Sicht der KAB und damit des demokratisch-sozialen Flügels des Zentrums. Sie streifen außerdem mit der Dortmunder „Tremonia" auch die Sicht des bürgerlichen Zentrums, wie auch die der Ruhrgebiets-SPD anhand der „Westfälischen Allgemeinen Volkszeitung". Artikel aus der nationalsozialistischen „Roten Erde" aus Dortmund sollen die Argumentationsstrategie der NSDAP erschließen und zeigen, womit das Zentrum sich auseinandersetzen mußte. So entsteht ein erster multiperspektivischer Blick auf die parteipolitische Auseinandersetzung in den letzten Jahren der Weimarer Republik.

Das Verhältnis zur NSDAP steht somit im Mittelpunkt der Quellensammlung, aber es kann besser verstanden werden, wenn auch die Haltung zu den übrigen Parteien berücksichtigt wird.

Da sich die Westdeutsche Arbeiterzeitung (WAZ) an Arbeiter richtete, spielte für sie naturgemäß die Auseinandersetzung mit den Arbeiterparteien eine besondere Rolle. Sowohl die KPD wie auch die SPD wurden abgelehnt, wobei das Hauptaugenmerk auf die SPD gelegt wurde. Der Kommunismus galt so sehr als traditioneller Feind der Kirche und der Bolschewismus Rußlands wirkte so abschreckend, daß er als absolute Negativfolie zur Verfügung stand, und die Ablehnung nicht immer neu begründet werden mußte. Mit der SPD bildete das Zentrum auf Reichsebene, in Preußen und in vielen Ruhrgebietskommunen eine schwarz-rote, bzw. zusammen mit der kleinen, linksliberalen DDP die sog. Weimarer Koalition. Die WAZ befürwortete dieses Zusammengehen mit der SPD wegen der gemeinsamen sozialpolitischen Interessen. Um so wichtiger war es, die katholischen Arbeiter davon abzuhalten, für die SPD zu votieren, die für Arbeiterinteressen wegen ihrer weitgehend homogenen Wählerschaft kompromißloser eintreten konnte als das Zentrum. Das Hauptargument gegen die SPD lieferte der WAZ ihre marxistische Weltanschauung.

Auf die Wahlniederlage der Reichstagswahl 1928 als Quittung für die unpopulären Bürgerblockregierungen mit den Rechtparteien reagierte das Zentrum mit einer personellen und inhaltlichen Neuorientierung. Mit dem Prälaten Ludwig Kaas wählte es zum ersten Mal in seiner Geschichte einen Geistlichen an die Parteispitze, um die internen Flügelkämpfe auszugleichen. Inhaltlich verstärkte es die religiös-kulturellen Programmpunkte als Klammer der auseinanderstrebenden Interessengruppen. Als Folge davon verstärkte sich in den nächsten Jahren das Gefühl einer kulturpolitischen Minusbilanz, denn die Konstellation im Weimarer Parteiwesen machte es traditionell schwer, "katholische", kulturpolitische Ziele durchzusetzen, und die Konzentration auf sie verstärkte das Gefühl politischer Erfolglosigkeit.

Je mehr die religiösen Aspekte betont wurden, desto stärker geriet die Parteiführung, besonders in Preußen, unter Rechtfertigungszwang wegen der Koalitionen mit der SPD, zumal auch der Vatikan befürchtete, daß die katholischen Arbeiter durch die Zusammenarbeit mit der SPD in ihrem Glauben gefährdet werden könnten.[19] Um der Kritik entgegenzuwirken, stellte die WAZ die SPD mit der KPD auf eine Stufe und bewertete ihre Unterschiede nur als graduell-taktisch. So erhielt sie angesichts von 80% aus der Kirche ausgetretenen SPD-Funktionären in Preußen zwar ein schlagkräftiges Argument gegen die SPD im Kampf um katholische Arbeiterstimmen, gleichzeitig verwischte sie aber den klaren Blick auf den totalitären Charakter der KPD im Unterschied zur SPD.

Durch die Hinwendung Brünings zu konservativen Partnern auf Wunsch von Reichspräsident von Hindenburg verlor das Zentrum seinen bisherigen Partner der Weimarer Koalition, die SPD, mit der es das Interesse an sozialpolitischen Zielen verbunden hatte. Die SPD bewertete es zunehmend unter weltanschaulichen Gesichtspunkten, wobei sich keine Gemeinsamkeiten fanden.

Die weltanschauliche Gegnerschaft war auch für die Beurteilung der NSDAP sehr wichtig, der die WAZ schon nach den preußischen Provinziallandtagswahlen von 1929 ihre Aufmerksamkeit schenkte. Ihr wurde auch sehr früh die Unvereinbarkeit von Nationalsozialismus und Christentum klar, die sie am 6.9.1930 erklärte - bevor es ein Bischof öffentlich tat. Doch beschränkte die WAZ ihre NS-Ablehnung nicht auf die weltanschauliche Ebene. Sie begründete sie auch politisch: die NSDAP bedeute Diktatur, Krieg und sozialpolitische Reaktion. Die Angst vor Verlust der mühsam erkämpften sozialen Errungenschaften der Weimarer Republik war der WAZ für die Beurteilung der NSDAP besonders wichtig - und hier sah sie diese Partei im Schlepptau der sozialreaktionären DNVP Hugenbergs. Daher teilte sie dessen Irrtum und hielt Hitler im wesentlichen für seinen Trommler einer rechtsstehenden „Bewegung", nicht aber für eine wirklich eigenständige politische Kraft.

Nach dem Sturz Brünings Mitte 1932 wurde die modifizierte Schwerpunktsetzung der WAZ in der Beurteilung der NSDAP bedeutsam. Auf Brüning folgte mit

---

[19] Morsey, Rudolf: Das Verhältnis von Zentrum und SPD in der Weimarer Republik, hg. v. Ludwig-Windthorst-Haus 1978, S. 39

Papen ein Reichskanzler, der sich beinah ausschließlich auf die DNVP stützte und fast den gesamten Reichstag gegen sich hatte. Von ihm und seinem „Kabinett der Barone" befürchtete die KAB massiven Sozialabbau, das Zentrum trug ihm - als ehemaligem Zentrumsmitglied - den Sturz Brünings nach. Unter diesen Umständen änderte es vorsichtig seine bislang strikt ablehnende Einstellung zur NSDAP, mit der es eine rechnerische Mehrheit im Reichstag gehabt hätte. An den Sondierungsgesprächen war als stellvertretender Zentrumsvorsitzender der KAB-Vorsitzende Josef Joos beteiligt. Neuere Forschungen folgern daraus: „*Gerade der linke Zentrumsflügel stand der NS-Bewegung wesentlich aufgeschlossener als der Papen-Regierung gegenüber: die Christlichen Gewerkschaften erblickten in Papen mit einem gewissen Recht einen Sozialreaktionär, während sie - ebenfalls durchaus zutreffend - der NSDAP ein wesentlich höheres Maß an* (scheinbarer - d. Verf.) *sozialer Sensibilität nachsagten."*[20] Eine ähnliche Fehl- bzw. Unterschätzung der NSDAP fand sich auch in der sozialdemokratischen Presse. Auch sie sah die Nationalsozialisten als kapitalistische Erfüllungsgehilfen. Diese Veränderung in der Politik des Zentrums schlug sich naturgemäß auch in der WAZ nieder. Das soll nun nicht heißen, daß sie eine solche Koalition befürwortet hätte - das tat sie nicht. Aber die Schilderung und Einschätzung der NSDAP verschob sich - zwar nur leicht, aber auf eine entscheidende Weise. Deutlich wird dies an der argumentativen Vergleichsebene. Bis zum Sturz Brünings wurde die NSDAP mit der KPD auf eine Stufe gestellt - und das heißt als totalitär und in den bestehenden Staat nicht integrierbar bekämpft. Nun häuften sich Vergleiche mit der SPD, die sich seit dem Kaiserreich von einer auf Umsturz bedachten zu einer staatstragenden Partei entwickelt hatte.

Der von der KPD auf die SPD verschobene Bezugspunkt bedeutete zweierlei: 1. die weltanschauliche Unvereinbarkeit wurde besonders betont. Sie bestand zu SPD und NSDAP; trotzdem konnte das Zentrum mit der SPD zusammenarbeiten - und insofern war sie irrelevant. 2. wurde dem Zentrum an der Regierungsfähigkeit der SPD ein entscheidender Anteil zugesprochen - es habe auf den viel größeren Partner nach 1918 einen mäßigenden Einfluß ausgeübt. Es ist klar, was nun die Verschiebung der Vergleichsgröße für die NSDAP von der KPD auf die SPD bedeutete: Gleiches wie 1918 bei der SPD traute man dem Zentrum auch mit der NSDAP zu.

Nun ist diese Konstellation 1932/33 nicht zum Tragen gekommen, aber dennoch schwächten solche Überlegungen die Widerstandskraft des Zentrums. Die WAZ trug diese Parteilinie mit - und ist insofern repräsentativ. So kann man an ihr die Zentrumspositionen nachzeichnen.

Das Zentrum und auch die WAZ mußten in der letzten Phase der Weimarer Republik ihre positive Haltung zur Republik und zur SPD immer häufiger verteidigen - gerade auch in den Wahlkämpfen und der Auseinandersetzung mit der NSDAP. Zumindest das Dortmunder Beispiel der „Roten Erde" zeigt, daß die NSDAP sich als christliche Partei darzustellen versuchte, dem Zentrum die Zusammenarbeit mit

---

20 Pyta, Wolfram: Die deutsche Parteienlandschaft in der Weimarer Republik unter besonderer Berücksichtigung der Zentrumspartei, in: Verfolgung des Geistes - Aufstand des Gewissens, Berichte und Beiträge 24, Essen 1996

Atheisten vorwarf und mit christlichen Argumenten um Katholiken warb. Der Antisemitismus spielte dabei anscheinend kaum - in den untersuchten Artikeln nur an einer Stelle - eine Rolle. Auch unter dem Gesichtspunkt, die eigene Katholizität beweisen zu müssen, geriet die republikfreundliche Linie der WAZ unter Rechtfertigungsdruck und wurde das katholisch Weltanschauliche immer wichtiger, denn der katholische Anspruch des Zentrums mußte sogar gegenüber der NSDAP verteidigt werden.

Skizze des Kirchenkampfes

Nach der Machtübernahme Hitlers am 30. Januar 1933, besonders nach den Märzwahlen, wurde die Situation der WAZ - wie die der KAB und der Kirche insgesamt[21] - schwieriger. Die WAZ traf das Schicksal der nichtnationalsozialistischen Presse: das NS-Presserecht knebelte sie. Mit dem von ihr eingeschlagenen Kurs, der sich eng an der Linie der Hierarchie orientierte, zeigte sie einige, für den Katholizismus charakteristische, inhaltliche Merkmale:

- Die WAZ, seit 1935 umbenannt in Ketteler-Wacht, behielt ihre weltanschauliche Gegnerschaft zum Nationalsozialismus bei und suchte hierbei zu keinem Zeitpunkt nach Gemeinsamkeiten. Im weltanschaulichen Bereich entsprach sie damit der mehrheitlichen katholischen Haltung. Dies äußerte sich in kritischen Beiträgen zu Rosenbergs „Mythos des 20. Jahrhunderts" und zur deutschen Glaubensbewegung.

- Die Ketteler-Wacht wehrte sich gegen die Behauptung der NS-Propaganda, daß das katholische Christentum undeutsch sei. Sie versuchte, die Vereinbarkeit mit dem Deutschtum anhand mittelalterlicher Beispiele zu beweisen.

- Sie versuchte, so gut es ging, katholische Interessen zu vertreten und engagierte sich besonders für die Bekenntnisschule.

Mit dieser Linie suchte sie ihre Leser gegen den Nationalsozialismus zu immunisieren, bis sie 1938 endgültig verboten wurde. Damit endete auch ihre Repräsentanz für das katholische Milieu. Der Weg der KAB - Leitung führte über das katholische Milieu, ohne es zu verlassen, in den politischen Widerstand gegen Hitler. Vorher sei aber ein Blick auf den nationalsozialistischen Kirchenkampf und die Reaktion der Kirche geworfen.

---

21 Soweit im folgenden die Geschichte der KAB im Dritten Reich geschildert wird, stützt sich die Darlegung weitgehend auf J. Aretz (s. Auswahlbibliographie). Auf ihn wie auf weitere Standardliteratur (Repgen, Hürten) wird in Anmerkungen nicht weiter verwiesen. Das Augenmerk liegt stärker auf neueren Forschungsarbeiten der letzten 15 Jahre.

In der Weimarer Zeit hatten die deutschen Bischöfe mehrheitlich vor dem Nationalsozialismus als antikirchliche Weltanschauung gewarnt, nachdem nach den Septemberwahlen 1930 das Ordinariat Mainz der NSDAP-Gauleitung von Hessen bestätigt hatte, daß es Katholiken unter Androhung der Exkommunikation verboten sei, Mitglied der NSDAP zu sein. Mit der Regierungsübernahme Hitlers geriet die Kirche in ein Dilemma, denn nach ihrem Staatsverständnis konnte die NS-Regierung als rechtmäßige Obrigkeit staatsbürgerlichen Gehorsam verlangen. Daher ergriff die Kirche bereitwillig Hitlers scheinbar zum Frieden ausgestreckte Hand, als er in seiner Regierungserklärung nach den Märzwahlen 1933 die Bedeutung der christlichen Kirchen für das neue Deutschland unterstrich und dem Vatikan sogar ein Reichskonkordat anbot, das der Vatikan seit 1919 vergeblich angestrebt hatte. Auch der Tag von Potsdam mit der propagandawirksamen tiefen Verbeugung Hitlers vor Hindenburg und damit der scheinbaren Unterordnung der Nationalsozialisten unter das alte Preußentum bekräftigte die Illusion, der NS-Staat ließe sich konservativ-christlich-autoritär einbinden. Daher reagierte die Fuldaer Bischofskonferenz schnell und nahm mit ihrem Hirtenwort vom 28. März 1933 ihre Warnungen weitgehend zurück, indem sie den Gläubigen die Mitarbeit im neuen Staat freigab. Mit dem Abschluß des Reichskonkordates im Juni 1933 glaubte sie sich am Ziel langersehnter Wünsche, denn die neue Regierung war zu mehr Zugeständnissen als die demokratischen Regierungen Weimars bereit. So sicherte sie beispielsweise den Bestand der Konfessionsschulen zu. Dagegen erschien dem Vatikan die Konzession, den Klerus aus der Parteipolitik herauszuhalten, als gering. Hitler wollte damit den in der Stabilität überschätzten Zentrumsturm zum Einsturz bringen. Die Entpolitisierung kam auch gewissen innerkirchlichen Tendenzen der Katholischen Aktion entgegen. Die Katholische Aktion war ein aus Italien importiertes Konzept, das dort den Zweck verfolgte, den katholischen Einfluß im öffentlichen Leben unter klerikaler Leitung wiederherzustellen. In Deutschland sollten dagegen die bestehenden Verbände unter bischöflicher Leitung zusammengefaßt werden. So schrieb ihr der Breslauer Erzbischof Bertram am 27.11.1928 die Funktion zu, gegen die Gefahren eines zu großen Selbständigkeitsgefühls in der Laienwelt[22] zu schützen. Nach den Fuldaer Richtlinien von 1929 sollte sie die Priorität auf Familie und Schule legen und die Liebe zur Kirche stärken. Damit schlug sie den Weg zur Innerlichkeit und zur Entpolitisierung ein. Daher konnte Bischof Kaller von Ermland 1933 erklären, daß das Führerprinzip dem Wesen der Katholischen Aktion entspreche.[23]

Nationalsozialistische Attacken auf katholische Verbände, die ihre Zähmung oder Ausschaltung beabsichtigten, oder auf Einzelpersonen interpretierten die Bischöfe mehrheitlich als quasi-revolutionäre Übergriffe. Sie durchschauten nicht die nationalsozialistische Taktik, durch Behinderung und Zerstörung von Strukturen Fakten zu schaffen und dabei absichtlich lokal bzw. regional unterschiedlich vorzugehen. Bei kirchlichen Beschwerden reagierten die Vertreter der staatlichen Behörden oft bedauernd oder ausweichend und erklärten sich für das Handeln der

---

22 Köhler, Joachim: Kath. Aktion und politischer Katholizismus in der Endphase der Weimarer Republik, in: Rothenburger Jahrbuch für Kirchengeschichte 2/1983, S. 145
23 Köhler a.a. O., S. 151

NS-Organisationen wie SA, HJ, Partei nicht zuständig. Auch behauptete die NS-Propaganda, der NS-Staat wende sich nicht gegen die katholische Kirche, sondern nur gegen den politischen Katholizismus als unzulässige Einmischung in die Politik. So verdrängten sie den Katholizismus immer mehr aus der Gesellschaft und versuchten, ihn auf die Sakristei, auf eine wirkungslose „Jenseitsbetreuung" zu begrenzen. Nach der Selbstauflösung des Zentrums im Juli 1933 richtete sich der Druck auf die gesellschaftspolitisch relevanten, katholischen Verbände wie die Jugend- und Sozialverbände. Besonders zwischen katholischer Jugend und HJ entspann sich ein Kleinkrieg mit - bis 1935 - durchaus lokal verschiedenen Ergebnissen. Ein Teil des (jüngeren) Klerus setzte sich vehement für die katholischen Jugendverbände ein und geriet dafür selbst in Konflikt mit den Nationalsozialisten - z.T. bis zu Anklagen vor Gericht. Wie sehr die Jugend zwischen Kirche und Nationalsozialisten umkämpft war, zeigt sogar das diesbezügliche Engagement des Altenessener Kaplans Prohaska, der im übrigen mit seiner Informationstätigkeit für die Gestapo eine seltene Ausnahme im katholischen Klerus darstellte. Aufschlußreich an seinem Fall ist stärker das Verhalten der NS-Seite und die - auch an einigen anderen Quellen sichtbare - Bedeutung der Denunziation für das Funktionieren des NS-Staates.[24] Neben der Jugend geriet besonders die KAB unter Druck, denn das katholische Arbeitermilieu hatte die größte Resistenz gegenüber der NSDAP bewiesen.[25] Mit Doppelmitgliedschaftsverboten versuchte der Führer der Deutschen Arbeitsfront (DAF), Robert Ley, vergeblich, sie personell auszutrocknen, indem er die KAB zu einer „staatsfeindlichen" Organisation stempelte. Das Doppelmitgliedschaftsverbot von 1934 besagte, daß Mitglieder eines konfessionellen Standesverbandes nicht gleichzeitig in der DAF sein konnten. Die DAF hatte aber nach Auflösung der Gewerkschaften die in ihnen erworbenen Rechte und Ansprüche übernommen, die bei Nichtmitgliedschaft verloren gingen. Viele KABler waren in den Christlichen Gewerkschaften organisiert gewesen. Außerdem waren bei der noch hohen Arbeitslosigkeit Erhalt oder Erwerb eines Arbeitsplatzes oft an die Zugehörigkeit zur DAF gebunden.

Zu den „Außenbezirken" der Kirche, gegen die die Nationalsozialisten zuerst vorgingen, zählte ebenfalls die katholische Presse. Als erstes wurden bis 1935 die zentrumsnahen Tageszeitungen gleichgeschaltet oder in den wirtschaftlichen Ruin getrieben, bevor die Verbandspresse und die Kirchenzeitungen immer mehr eingeengt wurden. So verbot im Juli 1935 ein Erlaß den katholischen Zeitschriften, politische Fragen zu behandeln. Auf diese Weise sollte verhindert werden, daß sie den Platz der katholischen Tagespresse einnehmen würden. Im März 1937 wurden die inhaltlichen Beschränkungen verschärft. Verbandsblätter - wie die Ketteler-Wacht - durften nur noch Angelegenheiten ihrer Organisation behandeln. Ziel solcher Re-

---

24 Die Bedeutung des Denunziantenwesens wurde in letzter Zeit genauer erforscht, vgl. Diewald-Kerkmann, Gisela: Politische Denunziation im NS-Regime oder die Macht der Volksgenossen, Bonn 1995; Gellately, Robert: "In den Klauen der Gestapo". Die Bedeutung von Denunziation für das nationalsozialistische Terrorsystem, in: Faust, Anselm (Hg.): Verfolgung und Widerstand im Rheinland und in Westfalen 1933-1945, Köln 1992, S. 40ff.
25 Rohe 1996 a.a.O., S. 11

striktionen war, die Zeitschriften für die Leser uninteressant werden zu lassen und sie so von innen auszutrocknen.

Die Ketteler-Wacht trafen von 1933 bis zu ihrem endgültigen Verbot im November 1938 drei (befristete) Verbote und fünf weitere Beanstandungen. Damit hatte sie weniger Schwierigkeiten als das Verbandsorgan des katholischen Jungmänner-Verbandes, Junge Front/Michael, das schon 1935 endgültig verboten wurde. Das erste unbefristete Verbot des Artikels „Weltanschauung und Leben" von 1938 zeigt, wie eng der Rahmen geworden war. Inzwischen ging es den Nationalsozialisten um Ausschaltung allen nicht-nationalsozialistischen Gedankengutes, auch wenn es sie nicht attackierte. Darin ist eine parallele Radikalisierung zur Ausschaltung der konservativen Eliten z.B. in der Wehrmachtsführung zu erblicken. Ein ähnliches Ziel verfolgten die Nationalsozialisten mit den Devisen- und Sittlichkeitsprozessen der Jahre 1935-1937.[26] Hierbei ging es darum, das Vertrauen der Gläubigen in den Klerus zu zerstören und sie von der Kirche und ihren Lehren zu lösen. Parallel lief eine - nicht sonderlich erfolgreiche - Kirchenaustrittspropaganda. Die Nationalsozialisten warben dafür, sich „gottgläubig" zu nennen. Mit diesem Begriff verschleierten sie ihre Religionsfeindlichkeit und wollten sich vor dem Vorwurf des Atheismus schützen, für den die Mehrheit des deutschen Volkes nicht zu gewinnen war.

Mit der - konkordatswidrigen - Entkonfessionalisierung des Volksschulwesens seit 1936 suchten die Nationalsozialisten den Einfluß der Kirche auf die Erziehung zu unterbinden.

Im Krieg wurden offene Angriffe auf die Kirche reduziert und mit angeblichen Kriegsnotwendigkeiten bemäntelt. Dies geschah beim Bestreben, kirchliche Bräuche wie die Fronleichnamsprozession einzuschränken und zu behindern wie auch bei der deutlichsten Attacke auf Kircheneigentum im sogenannten Klostersturm seit 1941. Den Konflikt um Menschenwürde und -rechte, wie er sich in der Galen-Predigt gegen die Euthanasie anbahnte, verschoben die Nationalsozialisten bewußt auf die Zeit nach dem „Endsieg", um die Loyalität der katholischen Bevölkerung nicht aufs Spiel zu setzen. Die Kirche reagierte in ihren Abwehrmaßnahmen auf das Vorgehen der Nationalsozialisten, ohne dabei aber ihre grundsätzliche Loyalität zur Obrigkeit aufzukündigen.

Man kann dabei drei Phasen[27] unterscheiden: in der ersten bis 1935/36, als es um die Beseitigung der „Außenwerke" ging, reagierte die Kirche mit - von der Öffentlichkeit nicht wahrzunehmenden - Eingaben bei Regierungsstellen und mit Verteidigung ihres Glaubensgutes gegen Angriffe von Rosenberg. Die Abwehrstelle „Teusch" im Kölner Generalvikariat verfaßte die „Katechismuswahrheiten", die in Frage- und Antwortform die dem katholischen Glauben widersprechenden Lehren des Nationalsozialismus widerlegten. Sie wurden reichsweit verteilt, nachdem der Münsteraner Bischof von Galen sie als erster seinem Amtsblatt beigefügt hatte. In

---

26 Siehe Hockerts, Hans-Günther: Die Sittlichkeitsprozesse gegen katholische Ordensangehörige und Priester 1936/37, Mainz 1971

27 Gotto, Klaus; Hockerts, Hans-Günther; Repgen, Konrad: Nationalsozialistische Herausforderung und kirchliche Antwort. Eine Bilanz in: Repgen/Gotto (Hrsg.): Die Katholiken und das Dritte Reich, Mainz 1983, S. 122ff

der zweiten Phase (bis ca. 1940) griff der Papst mit der Enzyklika „Mit brennender Sorge" 1937 in den Kirchenkampf ein und prangerte sowohl Rechtsbrüche als auch Irrlehren der Nationalsozialisten an. Die Kirche mußte sich gegen die Entkonfessionalisierung des öffentlichen Lebens wehren, indem sie - vergeblich - die katholischen Eltern für die Bekenntnisschule in Unterschriftenaktionen mobilisierte und um ihre moralische Glaubwürdigkeit - erfolgreich - kämpfte. In der letzten Phase ging es nicht mehr nur um kirchliche Besitzstände, sondern auch um die Geltung der Fundamente des christlichen Sittengesetzes, und damit implizit um die universalen Menschenrechte.[28] Für sie setzte sich partiell mit seinem Euthanasie-Protest als erster öffentlich wirksam Galen ein, ohne daß damit der Gesamtepiskopat seine vorsichtige Linie, wie sie von Bertram bestimmt wurde, änderte. Die einzuschlagende Art der Abwehr der NS-Angriffe war im Episkopat bis 1945 umstritten. Für eine die Öffentlichkeit einbeziehende Strategie plädierte als Wortführer der Berliner Bischof Konrad Graf Preysing schon 1937 in einer Denkschrift, mit der er die Taktik und Zielsetzung der Nationalsozialisten aufdeckte. Doch konnte er sich in der Bischofskonferenz nicht durchsetzen, denn die Mehrheit stellte sich hinter die Eingabepolitik des greisen Vorsitzenden Bertram.

Als sich mit der Ermordung Geisteskranker im Euthanasieprogramm und dem „Klostersturm" 1941 die Lage verschärfte, diskutierten die Bischöfe erneut ihr Vorgehen. Im November 1941 lag ein Entwurf eines Hirtenbriefes vor, der u.a. die Menschenrechtsverletzungen des NS-Regimes anprangerte. Obwohl sich eine Mehrheit der Bischöfe für die Verlesung aussprach, wurde er auf Initiative der Teilkonferenz der Bischöfe der Kölner und Paderborner Kirchenprovinzen Ende November 1941 in Paderborn in eine bei Hitler einzureichende Denkschrift umgewandelt. Erst als sie unbeantwortet blieb, beschlossen die Bischöfe, das November - Hirtenwort im März 1942 zu verlesen. Dies taten aber nicht alle, nicht am gleichen Tag und nicht in der gleichen Fassung. Ähnlich erging es 1943 dem von den westdeutschen Bischöfen verlesenen Dekalog-Hirtenbrief, im dem sich nach langem internen Tauziehen die Bischöfe öffentlich von der menschenverachtenden NS-Politik distanzierten. Dahinter stand der wegen des „Klostersturms" gegründete Ausschuß für Ordensangelegenheiten, der die Bischöfe zu öffentlichkeitswirksamen Protesten bewegen wollte und zu Widerstandsgruppen wie dem Kreisauer und dem Kölner Kreis in Kontakt stand.

Mit Bertram sah jedoch die Mehrheit des Episkopates seine Hauptaufgabe in der Bewahrung der Kirche als Vermittlerin der Glaubenslehre und der Heilsmittel, nicht in der Anwaltfunktion für die Menschenrechte.[29] Dementsprechend konzen-

---

28 Gotto, Klaus; Hockerts, Hans-Günther; Repgen, Konrad: Nationalsozialistische Herausforderung und kirchliche Antwort. Eine Bilanz in: Repgen/Gotto (Hrsg.): Die Katholiken und das Dritte Reich, Mainz 1983, S. 122ff. Zur Frage der Verteidigung der Menschenrechte s. auch: Breuer, Thomas: Kirche und Fremde unter dem Hakenkreuz. Zur Frage nach dem Selbstverständnis der katholischen Kirche in der NS-Zeit, in: Fuchs, Ottmar (Hg.): Die Fremden, Düsseldorf 1988, S. 183-193, hier: S. 186ff.
29 Leugers, Antonia: Gegen eine Mauer bischöflichen Schweigens, Frankfurt a.M. 1996, S. 241ff

trierte sich die kirchliche Hauptaktivität auf die Immunisierung der Gläubigen gegenüber der durch ihren quasi-religiösen Anspruch konkurrierenden NS-Ideologie.

Der Kölner Kreis

Neben der Auseinandersetzung der Hierarchie mit dem NS-Staat ist auch die Haltung der Laien zu beachten. Gemeint ist hier nicht einfach die weitere aktive Teilnahme am Gemeindeleben vieler Gläubiger, auch wenn sie auf den Unwillen von NS-Vorgesetzten stoßen mochte, und auch nicht das vielfache Mitläufertum. Dargestellt wird statt dessen ein wesentlicher katholischer Beitrag zum politischen Widerstand. Mit dem Kölner Kreis soll das Augenmerk auf ein Netzwerk von Katholiken gelenkt werden, das im Rheinland und in Westfalen beheimatet war und langsam aus einer religiös motivierten Ablehnung des Nationalsozialismus zum politischen Widerstand gegen das NS-Regime kam, indem es in Kontakt zu den zivilen Gruppen des aktiven Widerstandes trat. Er baute Verbindungen nicht nur zum Kreisauer Kreis um den Grafen Hellmuth J. v. Moltke auf, sondern auch zum Zentrum des zivilen Widerstandes in Berlin. Dessen Kopf war der ehemalige Leipziger Oberbürgermeister Carl Goerdeler (DNVP), der seit den späten 30er Jahren konservative Oppositionelle um sich geschart hatte und auch Verbindungen zu Arbeiterführern sämtlicher Couleur wie auch zum militärischen Widerstand aufgenommen hatte. Da die Berliner Widerstandsgruppe aufgrund ihrer soziologischen Zusammensetzung kaum Verbindungen in den Westen Deutschlands hatte, wurde der Kölner Kreis, dem Nikolaus Groß angehörte, so etwas wie dessen westliches Standbein.[30] Er entstand aus ursprünglich rein katholischen Diskussionszirkeln, die sich aus einzelnen Mitgliedern der katholischen Verbände, christlichen Gewerkschaften und der Zentrumspartei zusammensetzten und sich über die kirchenpolitische Lage austauschten. Allmählich entwickelten sich Verbindungen zu anderen oppositionellen Zirkeln in Städten wie Düsseldorf, Bonn, Bochum oder Duisburg. Mit der KAB verfügte der Kreis nämlich über ein organisatorisches Gerüst, denn die KAB-Ortsverbände bildeten ein Netz von Vertrauenspersonen, da die KAB wohl der katholische Verband mit der größten Resistenz gegenüber dem Nationalsozialismus war. Zumindest war der westdeutsche Verband der einzige, dessen gesamte Führung - Präses Dr. Otto Müller, Verbandssekretär Bernhard Letterhaus und Hauptschriftleiter Nikolaus Groß - im Dritten Reich ums Leben kam. Der Vorsitzende Joseph Joos entging dem gleichen Schicksal nur, weil er seit 1940 im KZ Dachau inhaftiert war.

Die KAB-Sekretäre hielten neben ihrer häufigen Beteiligung an lokalen Oppositionszirkeln in den Städten soweit wie möglich das Verbandsleben aufrecht. Damit bewahrten sie ein von der NS-Ideologie nicht infiltriertes Personalreservoir, das sie

---

30 Bücker, Vera: Der Kölner Kreis und seine Konzeption für ein Deutschland nach Hitler, in: Historisch-politische Mitteilungen. Archiv für Christlich-demokratische Politik, Heft 2, 1995, S. 53ff.

in den 40er Jahren für den politischen Widerstand interessant machte. Einige gerieten wegen ihrer Verbandsarbeit in Konflikt mit der Gestapo, der z.B. für Gottfried Könzgen aus Duisburg tödlich endete, als er im August 1944 nach dem gescheiterten Attentat im Rahmen der "Aktion Gewitter" verhaftet wurde. Im Zuge dieser Aktion verbrachte die Gestapo nach einer schwarzen Liste Angehörige früherer oppositioneller Parteien und weitere Personen, die mißliebig aufgefallen waren und als alternative Elite in Frage kamen, ins KZ. Könzgen kam im März 1945 in Mauthausen ums Leben.

Der sich so herausbildende Kölner Kreis knüpfte Verbindungen über das katholische Milieu heraus. Der Düsseldorfer Gruppe gehörten beispielsweise außer dem früheren Kartellsekretär der Christlichen Gewerkschaften und späteren Ministerpräsidenten von NRW, Karl Arnold, auch der ehemalige deutschnationale, protestantische Düsseldorfer Oberbürgermeister (und CDU-Mitgründer) Robert Lehr an. Außerdem stand die Düsseldorfer Gruppe spätestens seit 1935 in Verbindung zu General von Hammerstein, einem oppositionellen Militär mit Beziehung zu Generaloberst Ludwig Beck, dem langjährigen Kopf des militärischen Widerstandes und designierten Reichsverweser, d.h. Staatsoberhaupt. Damit knüpften die Düsseldorfer für den Kölner Kreis eine der verschiedenen Beziehungen in die Mitte des aktiven Widerstandes gegen Hitler. Jahre später, 1941, vermittelte von Hammerstein eine Begegnung zwischen Beck und Präses Otto Müller. Über sie berichtete Müller wohl, als er 1943 den Besuch eines *„sehr hohen Herrn vom Militär"* erwähnte, der sich nach dem Organisationszustand und der NS-Immunität der KAB-Mitglieder erkundigt habe. *„Es könnte mal etwas eintreten, daß wir in vielen Orten Menschen brauchen, auf die wir uns verlassen können, die die Leitung der Gemeinde in ihre Hand nehmen und die richtigen Leute für die Verwaltung sowie für Ruhe und Ordnung aussuchen können. Ich kann also in einem solchen Fall auf Sie und Ihre Organisation zurückgreifen."*[31] Weiter zeichnete sich die Düsseldorfer Gruppe dadurch aus, daß aus ihr die Flugblätter des „Michael Germanicus" hervorgingen, die besonders während der Sittlichkeitsprozesse die Goebbelsche Propaganda entlarvten. Die Gruppe im Kölner Kettelerhaus dagegen hatte mehr Kontakte zu Sozialdemokraten. Direkt an ihr beteiligt war der frühere Oberbürgermeister von Solingen, Joseph Brisch, der als praktizierender Katholik der gleichen Gemeinde wie Groß und Letterhaus angehörte. Er sorgte zu Verbindungen zum früheren preußischen Innenminister Carl Severing und dem freien Gewerkschafter Wilhelm Leuschner (beide SPD), der wiederum dem Kreis um Goerdeler angehörte.

Sodann hatte das Kettelerhaus viele Verbindungen in den engen kirchlichen Bereich hinein. Zum einen ist hier das Dominikanerkloster Walberberg zu nennen, dessen Provinzial Laurentius Siemer häufig an den Beratungen im Kettelerhaus teilnahm. Nikolaus Groß und der ehemalige christliche Gewerkschafter Heinrich Körner waren an ihn mit der Bitte herangetreten, der Runde im Kettelerhaus die katholische Soziallehre vorzutragen, damit sie diese ihren Beratungen über die Ausgestaltung eines künftigen Deutschlands zugrunde legen könnten. Solche zu-

---

31 Brüls, K.H. (Bearb.): Arbeit und Opfer, Köln 1972, S. 143

kunftsweisenden Diskussionen fanden im Kettelerhaus statt, seit es sich mit anderen Widerstandskreisen vernetzt hatte.

Zum anderen ging die zweite innerkirchliche Verbindung nach Fulda, wo Bischof Dietz seit 1936 im Auftrag der Fuldaer Bischofskonferenz die Männerseelsorge reichsweit koordinierte. An den jährlichen Treffen war Nikolaus Groß für die KAB beteiligt. Hier lernte er 1941 den Jesuitenpater Alfred Delp kennen, der ein Referat hielt, in dem er auf die gesamtgesellschaftliche Verantwortung von Christentum und Kirche hinwies. Am Rande der Fuldaer Treffen fanden weitergehende Gespräche statt, in deren Rahmen Delp Nikolaus Groß und Otto Müller über den Kreisauer Kreis, dem er angehörte, unterrichtete. So entwickelte sich ein Austausch zwischen den Kölnern und den Kreisauern, der durch gegenseitige Besuche intensiviert wurde.

Die wichtigere Beziehung des Kölner Kreises ging jedoch nach Berlin, zur Goerdeler-Gruppe. Sie lief über Bernhard Letterhaus, der sich, als er 1942 als Hauptmann ins OKW zur Abwehr nach Berlin versetzt wurde, der Gewerkschaftsgruppe um Goerdeler angeschlossen hatte. Ihr gehörten Vertreter der drei ehemaligen Richtungsgewerkschaften - der freien, der christlichen und des deutschnationalen Handlungsgehilfenverbandes - an. Für den letzten stand Max Habermann, für die freien Gewerkschaften Wilhelm Leuschner, und für die christlichen der spätere Minister für gesamtdeutsche Aufgaben unter Adenauer, Jakob Kaiser, der sowieso den Kölner Kreis kannte. Kaiser war Sekretär der Leitung der Christlichen Gewerkschaften gewesen und kannte die Führungsriege der KAB noch aus Weimarer Zeiten. Im Berliner Widerstand widmete er sich der Aufgabe, ein Netz christlich-sozialer Personen aus Christlichen Gewerkschaften und KAB aufzubauen, die in der Lage wären, nach erfolgtem Putsch Verwaltungsfunktionen zu übernehmen. Er zählte wie Letterhaus zum engeren Kölner Kreis wie auch unter anderem Wilhelm Elfes, früherer WAZ-Chefredakteur und Krefelder Polizeipräsident, Andreas Hermes, ehemaliger Reichslandwirtschaftsminister des Zentrums, Johannes Albers, Johannes Gronowski, Christine Teusch, Heinrich Körner und die Dominikaner Laurentius Siemer und Eberhard Welty. Kaiser wie Letterhaus waren wichtige Bindeglieder für den Kölner Kreis an das Zentrum des aktiven Widerstandes in Berlin. Sie sorgten dafür, daß der Kölner Kreis sowohl in die inhaltlichen Überlegungen als auch die Personalplanungen der Berliner einbezogen waren. Sie stärkten den sozialpolitischen Flügel des Widerstandes. Als einer seiner Exponenten war Letterhaus auf einer der letzten von Goerdelers Kabinettslisten als Wiederaufbauminister vorgesehen.

Im Herbst 1943 kam Goerdeler ins Kettelerhaus, um über die personelle Besetzung von Schlüsselpositionen nach dem Sturz Hitlers zu beraten. Danach reiste Groß nach Saarbrücken, um den ehemaligen Regierungskommissar im Saarland, Bartholomäus Koßmann (Zentrum), als Politischen Beauftragten zu gewinnen. Diesen war die wichtige Aufgabe zugedacht, erst als politische Berater der Generalkommandeure, dann als Oberpräsidenten zu fungieren.

Dem Kölner Kreis kam somit im Widerstand gegen Hitler die wichtige Rolle zu, ihm gerade im Westen Deutschlands, wo die traditionellen preußischen Eliten als

Hauptträger des aktiven, politisch-militärischen Widerstandes kaum vertreten waren, ein personelles Standbein zu verschaffen. Der Kontakt half, die alten sozialen, konfessionellen und weltanschaulichen Barrieren zwischen rheinisch-westfälischem Katholizismus und preußisch-protestantischem, liberalkonservativem Bürgertum einerseits und sozialdemokratischer Arbeiterschaft andererseits zu durchbrechen, die die Konsensbildung in der Weimarer Republik so erschwert hatten. Auch stärkte der Kölner Kreis im aktiven Widerstand den Flügel, der sozialen und demokratischen Ideen eher aufgeschlossen gegenüberstand.

Der Kölner Kreis hat sich ähnlich wie die Kreisauer und Berliner Gedanken über den künftigen Staatsaufbau Deutschlands gemacht. Er befindet sich für die heutige Rezeption allerdings in einem fundamentalen Nachteil im Vergleich zu den beiden anderen, denn seine Ausarbeitungen, die von Nikolaus Groß und Wilhelm Elfes zusammengefaßt wurden, mit den Titeln *„Ist Deutschland verloren?"* und *„Die großen Aufgaben"* existieren nicht mehr. So bleiben nur Texte von einzelnen Mitgliedern wie Wilhelm Elfes und Eberhard Welty, die aber nicht mit den Ansichten des gesamten Kölner Kreises identisch sind. Dennoch lassen sich Grundlinien der Kölner Vorstellungen rekonstruieren. An ihnen fällt, gerade im Vergleich mit Kreisau und Berlin, auf, daß der Kölner Kreis eine wie auch immer geartete Demokratie als selbstverständlich voraussetzte. Elfes kommentierte die Pläne Goerdelers in einem Brief an Otto Müller vom März 1943: *„(...) die Wahl einer parlamentarischen Volksvertretung muß alsbald in die Wege geleitet und nach demokratischen Grundsätzen durchgeführt werden, damit eine wirkliche Volksregierung gebildet werden kann."*[32] Parteien und ihre dominierende Rolle für die Regierungsbildung waren den Kölnern selbstverständlich. Daher machten sie sich hauptsächlich Gedanken über Gestalt und Programmatik einer ihre Interessen vertretenden Partei statt über die Institutionen des Staatsaufbaus. Zwei Parteimodelle konkurrierten miteinander: eine Partei der Arbeit nach dem Vorbild der englischen Labour-Party, in der der Gegensatz zwischen christlichen und sozialistischen Arbeitern überbrückt werden sollte, und eine christliche, interkonfessionelle Volkspartei, wie sie 1945 in etwa in der CDU Wirklichkeit wurde. Einig war man sich, das Zentrum nicht wiederzubeleben.

Der Schwerpunkt der Kölner Beratungen lag jedoch auf sozial- und wirtschaftspolitischen Fragen, wie es auch der Ausrichtung der katholischen Soziallehre entsprach, die sich traditionell kaum mit Fragen der Staatsverfassung beschäftigte. Zwischen den Vorstellungen der beiden Protagonisten Wilhelm Elfes und Eberhard Welty lagen Unterschiede, die freilich zum guten Teil aus dem Faktum resultierten, daß Welty Theoretiker und Elfes politischer Praktiker war. Beide wollten eine arbeiterfreundliche Gesellschaft auf der Basis der Vorschläge der katholischen Soziallehre schaffen.

Elfes forderte, daß die menschliche Arbeitsleistung Vorrang vor den Kapitalinteressen haben solle. Dafür sei es notwendig, eine Einheitsgewerkschaft zu gründen

---

32 StA Mönchengladbach, NL W. Elfes, 1518-1577, S. 67

und den Arbeitern maßgebenden Einfluß auf die Wirtschaft zu sichern. Er schlug ein weitreichendes Sozialisierungsprogramm vor, zu dem die Aufteilung des Großgrundbesitzes in lebensfähige Bauernhöfe, staatliche Kontrolle der Großbanken, Zerlegung der aus verschiedenartigen Betrieben gebildeten „kapitalistischen Großunternehmungen" in ihre Teile oder ihre Überführung in Genossenschaften sowie eine Höchstgrenze für Aktienbesitz zählten. Dabei setzte Elfes auf die Marktwirtschaft, da er nach Kriegsende optimistisch mit einem wirtschaftlichen Aufschwung rechnete. An ihm sollte die Arbeiterschaft materiell durch Eigentumsbildung partizipieren.

Welty dagegen strebte eine statische Bedarfsdeckungswirtschaft an, da er es für notwendig hielt, für lange Zeit den Mangel zu verwalten. Auch entsprach sie stärker dem traditionellen katholischen Mißtrauen gegen die liberal-kapitalistische Wirtschaft und ließ sich besser mit der alten Vorliebe für berufsständische Lösungen vereinbaren. Berufsstände und Genossenschaften sollten für die gelenkte Wirtschaft verantwortlich sein. Sein Modell ähnelte damit dem der Kreisauer, die ebenfalls auf diesem Wege den Einfluß der Arbeiter stärken wollten. Elfes' Vorstellungen dagegen gingen stärker mit denen der Berliner konform. Vermutlich neigten die KAB-Vertreter im Kölner Kreis eher den Ideen von Elfes zu, denn Otto Müller unterstützte Jakob Kaisers Aktivitäten - als wichtiges Mitglied der Goerdeler-Gruppe - finanziell.[33]

Der Kölner Kreis spielte somit als Personalreservoir im Westen mit seinen Ideen und Personen eine wichtige Rolle im Widerstand gegen Hitler. Er hatte weitreichende Beziehungen zu den bekanntesten Widerstandskreisen von Kreisau und Berlin. Daher kann es auch nicht verwundern, daß seine führenden Köpfe - Letterhaus, Groß und Müller - mit in den Strudel der NS-Rachejustiz nach dem mißglückten Attentat von Stauffenbergs gerissen wurden. Groß und Letterhaus wurden vom Volksgerichtshof zum Tode verurteilt und hingerichtet, Otto Müller starb in der Haft. Am Prozeß von Groß wurden dabei weiterreichende, kirchenfeindliche Absichten der NS-Machthaber sichtbar. Obwohl er wegen Beteiligung an der Verschwörung Goerdelers verurteilt wurde, stand er mit Kreisauern vor Gericht. Seine Beziehung zu Kreisau, die über Delp bestanden hatte, kam aber im Prozeß überhaupt nicht zur Sprache. Der Hintergrund war, daß die Nationalsozialisten einen Kirchenprozeß planten mit Delp und Otto Müller, in dem seine Mittlerrolle zwischen den Kreisen eine wichtige Rolle hätte spielen können. Das Vorhaben scheiterte freilich an Müllers vorzeitigem Tod. Inhaltlich liegt die Bedeutung des Kölner Kreises in seinem demokratischen Pragmatismus, der bei den überlebenden Mitgliedern nach dem Zusammenbruch zum Tragen kam. Viele von ihnen beteiligten sich an der Gründung der Einheitsgewerkschaft und der Christlich-Demokratischen Union. Hierfür stehen u.a. die Namen Jakob Kaiser, Andreas Hermes, Johannes Albers, Karl Arnold.

---

33 Vera Bücker: 1995 (wie Anm. 30), S. 79ff

Die allgemeinen Grundsätze der christlichen Weltverantwortung, die den christlich motivierten politischen Widerstand getragen hatten, wirkten als Erbe nach 1945 in der naturrechtlichen Herleitung der Grundrechte und der allmählichen Anerkennung der Menschenrechte fort, die somit als gottgegeben begriffen wurden. Diese Sicht des deutschen Katholizismus schlug sich in der Präambel des Grundgesetzes mit seinem Bezug auf Gott und im Artikel I nieder.

Die Überzeugung des katholisch-politischen Widerstandes, zur christlichen Weltverantwortung verpflichtet zu sein, gewann nach der Katastrophe Hitler-Deutschlands an Boden. Ein Aspekt der Diskussion war die Frage nach Mitschuld und Haltung der katholischen Kirche zum Dritten Reich. Auf dem Hintergrund der vollständigen Niederlage, von Zerstörung und Besatzung und der alliierten Kollektivschuldanklage aller Deutschen wurde darum leidenschaftlich im deutschen Katholizismus gerungen. Dabei standen sich idealtypisch zwei Anschauungen gegenüber, die teilweise mit einem verschiedenen Schuldverständnis operierten.

Die eine verstand Schuld eher religiös im Sinne von (Erb-)Sünde, betonte die gesellschaftliche Verantwortung der Christen und war überzeugt, daß eine auch religiöse Umkehr und Buße für eine bessere Zukunft Deutschlands nötig sei. So begriff sie die politische Geschichte als Teil der göttlichen Heilsgeschichte. Die andere verstand Schuld eher im strafrechtlich-moralischen Sinn als aktives Verschulden, nicht als passives Nicht-Verhindern. Sie sah es als eine ihrer Aufgaben an, die Deutschen auch moralisch vor Pauschalverurteilungen und befürchteten negativen Folgen zu schützen. Diese wurden aus der alliierten Kollektivschuldanklage, der Angst vor bürgerlicher Existenzvernichtung durch die Entnazifizierung und die Industriedemontagen hergeleitet. Die strafrechtlich-moralische Argumentation dachte daher stärker von dem politisch Wünschenswerten her und sah die spezifisch kirchliche Aufgabe stärker auf die Seelsorge beschränkt.[34] In der Beschäftigung mit solchen Fragen setzte sich der Katholizismus mit seinem eigenen Verhalten im Dritten Reich auseinander und ermöglichte seinen überlebenden Vertretern des Widerstandes, in die Zukunft hineinzuwirken.

---

34 Bücker, Vera: Die katholische Publizistik zwischen Vergangenheitsbewältigung und Neubeginn, in: Zeitschrift für Geschichtswissenschaft 10/1998, S. 889-914; dies.: Die Schulderklärungen der (deutschsprachigen) Kirchen zwischen Gewissen und Politik, in: Kirchliche Zeitgeschichte 11, 2/1998, S. 355-377

4. Auswahlbibliographie

Aretz, Jürgen: Katholische Arbeiterbewegung und Nationalsozialismus, Mainz 1978

Aretz, Jürgen (Hg.): Nikolaus Groß. Christ - Arbeiterführer - Widerstandskämpfer. Briefe aus dem Gefängnis, Mainz 1993

Bistum Essen (Hg.): Annäherungen - Christen jüdischer Herkunft unter dem Nationalsozialismus, Berichte und Beiträge Bd. 27, Essen 1996

Bücker, Vera: Der Kölner Kreis und seine Konzeption für ein Deutschland nach Hitler, in: Historisch-Politische Mitteilungen. Archiv für Christlich-Demokratische Politik, Heft 2, 1995, S. 49 - 82

Bücker, Vera: Nikolaus Groß (1898-1945). Aus christlicher Weltverantwortung von der KAB in den Widerstand gegen Hitler, in: Pothmann, Alfred; Haas, Reimund (Hg.): Christen an der Ruhr, Bd.1, Essen 1998, S. 200-220.

Bücker, Vera: Bernhard Letterhaus (1894-1944), in: Zeugen einer besseren Welt. Christliche Märtyrer des 20. Jahrhunderts, hg.v. Karl Joseph Hummel, Christoph Strohm (im Auftrag der Kath. Bischofskonferenz und der Evangelischen Kirche in Deutschland), Leipzig, S. 276-296.

Bücker, Vera: Nikolaus Groß, in: Zeugen für Christus. Das deutsche Martyrologium des 20. Jahrhunderts, hg.v. Helmut Moll im Auftrag der Deutschen Bischofskonferenz, Paderborn u.a. 1999, S. 165-169.

Bücker, Vera: Der politische und soziale Katholizismus im Ruhrgebiet. Ein Überblick in: Kirche im Revier, hg.v. Günter Brakelmann, Traugott Jännichen, Norbert Friedrich, Essen 1998, S. 70-75.

Cinka, Peter: Gottfried Könzgen, Köln 2001

Damberg, Wilhelm: Moderne und Milieu 1802-1997. Die Geschichte des Bistums Münster Bd. 5, Münster 1998

Damberg Wilhelm: Abschied vom Milieu? Katholizismus im Bistum Münster und in den Niederlanden 1945-1980, Paderborn u.a. 1997

Faust, Anselm (Hg.): Verfolgung und Widerstand im Rheinland und in Westfalen 1933 - 1945. Landeszentrale für politische Bildung NRW, Köln 1992

Gotto, Klaus; Repgen, Konrad (Hg.): Die Katholiken und das Dritte Reich, Mainz 1983

Haffert, Claus: Die katholischen Arbeitervereine Westdeutschlands in der Weimarer Republik, Essen 1994

Hiepel, Claudia (Bearb.): Sozialer und politischer Katholizismus im Ruhrgebiet. Eine Bibliographie, in: Berichte und Beiträge Bd. 21, hg. v. Bistum Essen, Essen 1994

Hiepel, Claudia: Arbeiterkatholizismus an der Ruhr. August Brust und der Gewerkverein christlicher Bergarbeiter, Stuttgart 1999

Hürten, Heinz: Verfolgung, Widerstand und Zeugnis. Kirche im Nationalsozialismus, Mainz 1987

Hürten, Heinz: Deutsche Katholiken 1918 - 1945, Paderborn 1992

Kuropka, Joachim (Hg): Clemens August Graf von Galen. Neue Forschungen zum Leben und Wirken des Bischofs von Münster, Münster 1993

Leugers, Antonia: Gegen eine Mauer bischöflichen Schweigens, Frankfurt a.M. 1996

Matthias, Erich; Morsey, Rudolf (Hg): Das Ende der Parteien 1933, Düsseldorf 1984

Möller, Horst u.a. (Hg.): Nationalsozialismus in der Region, München 1996

Morsey, Rudolf: Von Windthorst bis Adenauer. Ausgewählte Aufsätze zu Politik, Verwaltung und politischem Katholizismus im 19. und 20. Jahrhundert, Paderborn u.a. 1997

Mommsen, Hans: Die verspielte Freiheit, Frankfurt a.M. / Berlin 1989

Ruppert, Carsten: Im Dienst am Staat von Weimar, Das Zentrum 1923-1930, Düsseldorf 1992

Schäfer, Michael: Heinrich Imbusch. Christlicher Gewerkschaftsführer und Widerstandskämpfer, München 1990

Schmädecke, Jürgen; Steinbach, Peter (Hg.): Der Widerstand gegen den Nationalsozialismus, München 1986

Schmiechen-Ackermann, Detlef (Hg.): Anpassung, Verweigerung, Widerstand. Soziale Milieus, politische Kultur und der Widerstand gegen den Nationalsozialismus in Deutschland im regionalen Vergleich, Berlin 1997

Schneider, Michael: Die Christlichen Gewerkschaften 1894 - 1933, Bonn 1982

Scholder, Klaus: Die Kirchen und das Dritte Reich, 2 Bde., Frankfurt a. M. 1986 und 1988

Steinbach, Peter; Tuchel, Johannes (Hg.): Widerstand gegen den Nationalsozialismus, Bonn 1994

Verfolgung des Geistes - Aufstand des Gewissens, Berichte und Beiträge, Bd. 24, hg. v. Bistum Essen, Essen 1996; darin: Vorträge von Karl Rohe, Wolfram Pyta, Wilfried Loth, Hans Mommsen u.a.

Volk, Ludwig: Katholische Kirche und Nationalsozialismus. Ausgewählte Aufsätze, Mainz 1987

Voraussetzungen und Umfeld der katholisch-sozialen Gegnerschaft zum Dritten Reich. Ein Begleitheft zur Ausstellung Nikolaus Groß von Vera Bücker; Berichte und Beiträge, 2, hg. v. Bistum Essen, Essen 1989

Weichlein, Siegfried: Sozialmilieus und politische Kultur in der Weimarer Republik, Göttingen 1996

" (...) wie sollen wir vor Gott und unserem Volk bestehen?" Nikolaus Groß und die kath. Arbeiterbewegung in der NS-Zeit. Begleitbuch zur Ausstellung des Bistums Essen in der Alten Synagoge, hg. v. Bistum Essen, Essen 1995 (mit Beiträgen zum politischen und sozialen Ruhrgebietskatholizismus, Nikolaus Groß, Heinrich Hirtsiefer)

Zur geschichtlichen Erforschung und Dokumentation des sozialen und politischen Katholizismus im 19. und 20. Jahrhundert im Ruhrgebiet, Berichte und Beiträge, Bd. 12, hg. v. Bistum Essen, Essen 1990 (mit Beiträgen von Wilfried Loth und Karl Rohe)

II. Materialien

1. Der politische und soziale Katholizismus von 1927/28 bis März 1933

1.1 Die politischen und weltanschaulichen Auseinandersetzungen der Parteien

Otto Müller

| M 1 |

Verbandspräses Dr. Otto Müller: Entstehung und Zweck der KAB

Wachsen und Werden
Blicke in die Vergangenheit und Zukunft unserer Arbeitervereine

Die katholische Arbeiterbewegung hat ihre Anfänge, oder genauer gesagt, ihre Vorstufe, in den christlich-sozialen Vereinen der 60er und 70er Jahre des 19. Jahrhunderts. Dem Bischof Ketteler waren sie zu verdanken. Sie sollten die Träger seiner Gedankenwelt sein. Er wollte das wirtschaftliche Leben, das durch die liberale Wirtschaftsauffassung dem Christentum entfremdet war, wiederum zu diesem zurückführen. Das wirtschaftliche Leben hat nicht die Aufteilung von Reichtum, sondern die Beglückung der Menschen zum Zwecke. Und diese ist wiederum die Vorbereitung auf sein ewiges Endziel, darauf, daß der Mensch sich würdig macht, dereinst mit Gott vereinigt zu werden. Hierauf muß die wirtschaftliche Tätigkeit jedes Menschen wie auch eines ganzen Volkes eingestellt sein. Eine Wirtschaftsordnung ist nötig, in welcher der Arbeiter als Mensch leben kann, in welcher er seine äußere Existenz findet und zugleich geistig und sittlich emporsteigt. Das waren Kettelers Forderungen. Die christlich-sozialen Vereine haben sie energisch vertreten, haben den Kampf gegen den Geist des Kapitalismus mit einer Rücksichtslosigkeit geführt, wie wir ihn heute kaum kennen. Der Kulturkampf zwang sie auf das Gebiet des kirchenpolitischen Kampfes, nahm ihnen dadurch Kraft für soziale Ziele. Die Regierung Bismarcks unterdrückte sie sogar, wo sie es nur konnte, weil sie als soziale Vereine sozialistischer Bestrebungen verdächtig erschienen. Ende der 70er Jahre bestanden sie nicht mehr.

Dann kamen katholische Arbeitervereine in den 80er Jahren auf. Sie verdankten vorzugsweise Professor Hitze ihr Entstehen. Er blickte in die Zukunft voraus. Er sah, daß der staatliche Gewaltkampf auf dem Wege des Sozialistengesetzes die Sozialdemokratie doch nicht beseitigen werde, empfand zugleich aus seinem tiefreligiösen Gefühl heraus die Notwendigkeit, auch für den Arbeiter "die soziale Frage zu lösen". Diese Lösung sah er in der staatlichen Fürsorge für den Arbeiter, (...) auch in einem christlichen Verhältnis der Arbeitgeber gegenüber dem Arbeiter. (...) Hitze wollte die Arbeitervereine als Organisation der katholischen Arbeiter, auf daß gegenüber den sozialistischen Organisationen auch eine gläubig organisierte Arbeiterschaft stände. Die religiöse Erhaltung der Arbeiter schien ihm sonst auf die Dauer nicht möglich. Mit Hilfe dieser Organisationen wollte er auch einen beruflichen Zusammenschluß der christlichen Arbeiter heranbilden, um auch den übrigen

Fragen des Standes nahetreten zu können. Im Kernpunkte dieser Fragen stand ihm die Mitwirkung beim Arbeitsvertrag zwecks Erringung sonstiger Arbeitsbedingungen. (...)

Erst die 90er Jahre brachten die Verwirklichung des letzten Ziels. Nach Beseitigung des Sozialistengesetzes konnten die freien Gewerkschaften sich entfalten. (...) Es kam zur Gründung von christlichen Gewerkschaften neben den sozialistischen; (...) Nun standen zwei Organisationen der christlichen Arbeiter nebeneinander: die Gewerkschaften auf der einen, die Arbeitervereine auf der andern Seite. Wenn die Lohnfrage die einzige Frage einer deutschen Arbeiterbewegung gewesen wäre, hätten sich die katholischen Arbeitervereine jetzt als überflüssig erklären können, hätten höchstens als religiöse Bewegung, die über die Grundsätze einer Gewerkschaftsbetätigung sicher belehrt, eine Daseinsberechtigung gehabt. Solche Belehrung war freilich geboten, wo eine ungläubige Arbeiterbewegung daneben stand. Doch die Ziele einer Arbeiterbewegung sind mit der Lohnbewegung nicht erschöpft. Die Volksgemeinschaft ist nicht bloß eine wirtschaftliche, sie ist auch eine staatliche und kulturelle. In diese war der Arbeiterstand nicht eingegliedert.

(...) Wir müssen als Arbeiter mitwirken an der Gestaltung der staatlichen Fragen, und zwar nicht nur an den materiellen, sondern auch den geistigen und sittlichen.

(...) Das war damals vor dem Kriege rechtlich nicht gegeben; man braucht nur an das ungleiche Wahlrecht in Staat und Gemeinde zu erinnern. In den Arbeitervereinen fanden alle diese Bestrebungen ihre Förderung und Klärung. Die staatliche Schulung, das Sichdurchsetzen in der Partei wurden Programmforderungen der Arbeitervereine. Dann aber kam der Krieg. Er hat die gesetzlichen Fesseln, (...) die die Arbeiterschaft bedrückten, beseitigt. Freiheit des Koalitionsrechtes, gesetzliche Anerkennung der Organisationen, allgemeines und gleiches Wahlrecht. Nun haben wir den freien Volksstaat, der auch dem Arbeiter rechtliche Freiheit bringt.

Aber ist nun die Aufgabe der Arbeitervereine erschöpft? Nein, sie ist vielmehr noch umfassender und dringender geworden. Im Volksstaat übt das Volk die Staatsgewalt aus. (...) So ist denn die Frage die: Wie gelingt es der Arbeiterschaft, in dem gegenwärtigen Volksstaate, und zwar in seiner wirtschaftlichen, staatlichen und kulturellen Gemeinschaft, ein "Stand" zu sein und als solcher sich durchzusetzen. Wir sagen ein Stand, also nicht eine Erwerbsgruppe, sondern eine Volksschicht, die gleiche wirtschaftliche Ziele hat, aber auch gleiche Ziele des geistigen und sittlichen Aufstiegs. (...) Aber ein Stand muß mehr sein als eine Lohnbewegungsmaschine. Er muß den Staat sehen in seinen gesamten Aufgaben; ihm ist der Staat nicht bloß die Erhaltung der äußern und innern Ordnung, sondern auch die Förderung der leiblichen und geistigen Wohlfahrt der Bürger. Darum reden wir von einem Wohlfahrts- und Kulturstaat. Ein Stand der Arbeiter muß an diesen über das wirtschaftliche Gebiet hinausgehenden Aufgaben des Staates mitwirken. Hiermit sind seine Aufgaben nicht erschöpft. Der Staat soll und kann nicht alles regeln. Der freien Betätigung seiner Bürger fällt letzten Endes die Hauptarbeit in der Fortführung des materiellen wie kulturellen Fortschritts der Materie zu. Solche Arbeit an sich selbst und am Volksganzen hat auch der Arbeiterstand zu leisten. (...)

O(tto) M(üller)

Quelle: Westdeutsche Arbeiterzeitung, 04.06.1927

Aufgaben:

1. Fassen Sie zusammen, was der Verfasser über die historische Entwicklung der katholischen Arbeiterbewegung im 19. und 20. Jahrhundert aussagt.
2. Setzen Sie sich kritisch mit seiner Auffassung vom historischen Liberalismus auseinander.
3. Womit begründet der Präses der westdeutschen KAB, *Otto Müller*, die Notwendigkeit für eine eigenständige katholische Arbeiterbewegung?
4. Beurteilen Sie das Verhältnis des Verfassers zur Moderne und zur Weimarer Republik.

| M 2 | **Geschichte und Selbstverständnis des Zentrums** |

Die politische Ideenwelt des Zentrums

Gilt von den deutschen Parteien insgesamt - vielleicht einige kleine, neuentstandene Interessenparteien ausgenommen, - daß sie Politisches und Weltanschauliches in eine Verbindung zu bringen suchen, so dann von der Zentrumspartei in besonderen. Die Zentrumspartei war und blieb bis heute die Weltanschauungspartei schlechthin.[1] Das ist aus den Umständen, unten denen sie wurde, aus denen sie ihr inneres und äußeres Gefüge erhielt, verständlich. Dieses Eigenartige in Wesen, das Bestimmende in der Geschichte und das Charakteristische in der Struktur der Zen-

---

1 *Weltanschauungspartei* war ein zeittypischer Begriff. Er bedeutet, daß eine Partei an einer Ideologie bzw. an umfassenden Welterklärungsansätzen orientiert war, woraus sich zumindest grundsätzlich ein Absolutheitsanspruch ableitete. Typische Weltanschauungsparteien waren die mit einem eigenen Milieu, also SPD, KPD, die auf dem Marxismus fußten, und das Zentrum. Eingeschränkt galt dies auch für die liberalen Parteien, soweit sie sich zur Wissenschaft als alleiniger Weltdeutung bekannten und das dogmatische Christentum bekämpften. Die Orientierung an einer Weltanschauung forderte die Beachtung der reinen Lehre, dagegen stand die Notwendigkeit des politischen Kompromisses in der Demokratie und Überschneidungen der wirtschaftlichen oder sozialen Interessen bei der jeweiligen Wählerklientel.

trumspartei gaben ihr einen sicheren Rückhalt im Volk und einen dauerhaften Bestand bei Wahlen.

Zentrumsprogramme früher und heute

Wenn man von Zentrumsprogrammen spricht, dann muß man von vorn herein eine Einschränkung machen. Ein Programm etwa im Sinne und nach Art der Programme der sozialdemokratischen Partei, in welchem alles bis aufs letzte theoretisch fein ausgeklügelt ist, und in das nun das pulsierende, in ständiger Erneuerung befindliche Leben mit seinen immer neuen Situationen und Aufgaben hineingepresst wird, ein Programm dieser Art hat das Zentrum in der Vorkriegszeit nie besessen und besitzt es auch heute nicht. (...) Erst der Berliner Reichsparteitag der deutschen Zentrumspartei, Anfang 1922, bestätigte neuformulierte Richtlinien, die noch heute die Grundlage der politischen Ideenwelt des Zentrums bilden.[2] Danach ist das Zentrum eine christliche Volkspartei, die bewußt zur deutschen Volksgemeinschaft steht und fest entschlossen ist, die Grundsätze des Christentums in Staat und Gesellschaft, in Wirtschaft und Kultur zu verwirklichen. Sie sieht in einer zielklaren christlich-nationalen Politik die sichere Gewähr für die Erneuerung und die Zukunft des deutschen Volkes.[3] Weltpolitisch ist ihr Ziel die wahre christliche Völkergemeinschaft. In ihrer Stellung zu innerstaatlichen Fragen geht sie aus von einer christlichen Staatsauffassung und ihrem Charakter als Verfassungspartei.[4] Das Zentrum bekennt sich zum deutschen Volksstaat.[5] Sein Ideal in Bezug auf Reichsgliederung ist eine starke Reichseinheit, die doch das Eigenleben der Länder zu schützen

---

2 Das neue Programm des Zentrums von 1922 wurde nötig wegen der geänderten politischen Lage nach der Revolution von 1918. Außerdem beendete es eine innerparteiliche Diskussion um die Zukunft der Partei, die nach der Revolution ausgebrochen war. Darin hatte der Vorsitzende der Christlichen Gewerkschaften, Adam Stegerwald, 1920 in Essen gefordert, das Zentrum zugunsten einer neuen, nun auch tatsächlich interkonfessionellen, national und sozial ausgerichteten Christlichen Volkspartei aufzugeben. Diese Diskussion spiegelte sich in den Formulierungen von *christlich-nationaler Politik* und *christlicher Volkspartei* sowie der Bekräftigung des Anliegens der Überkonfessionalität.

3 Die Begriffe *christliche Staatsauffassung, deutsche Volkspartei, Verfassungspartei* sind auf dem Hintergrund dieser und anderer innerkatholischer Diskussionen zu verstehen. Besonders rechtskatholische Kreise, die teilweise das Zentrum verließen und sich der DNVP anschlossen (Martin Spahn) griffen die Weimarer Verfassung wegen ihrer Fundierung auf dem Gedanken der Volkssouveränität als *Verfassung ohne Gott* an, was ihrer Meinung nach einer christlichen Staatsauffassung widerspreche.

4 *Verfassungspartei* war die Vokabel, mit der das Zentrum schon im 19. Jahrhundert sein Verhältnis zum Staat umschrieben hatte. Es beinhaltet ein passives Bekenntnis zum jeweils existenten Staat. Gerade der linke Zentrumsflügel, dessen Exponent Josef Wirth war, forderte seit dem Mord am Zentrumsminister Matthias Erzberger im August 1921 vergebens ein deutliches Bekenntnis zur Republik.

5 Das Zentrum mied den Begriff Demokratie, der einigen als aufklärerisch-liberalistisch belastet galt, und sprach lieber vom *Volksstaat*. Die Wählerstruktur des Zentrums, besonders im Ruhrgebiet mit seinem hohen Arbeiteranteil, machte es notwendig, auf die Belange breiter Bevölkerungskreise politisch Rücksicht zu nehmen (vgl. M 5).

und pflegen bereit ist.[6] Das organische Wachstum der deutschen Volksgemeinschaft beruht auf dem Bewußtsein der Verbundenheit aller Stände und Berufsschichten, das zu entwickeln und zu pflegen besonders wichtig ist.[7] Die in christlich-sozialem Geiste betriebene Wirtschafts- und Sozialpolitik muß dem Gemeinwohl dienen, den Menschen als Mittelpunkt, um den sich alles Wirtschaften im letzten drehen muß, zivilisatorisch und kulturell höher zu führen. Die deutsche Kulturpolitik muß auf die Erneuerung und Festigung der geistig-sittlichen Volksgemeinschaft abzielen, das christlich-deutsche Geisteserbe schützen, die religiöse und sonstige Freiheit wahren und die Unabhängigkeit der kirchlichen Gemeinschaften sichern.

Politische Partei und Partei der Mitte

Nicht selten glaubt man in der Zentrumspartei eine konfessionell-katholische und keine politische Partei sehen zu müssen. Dieses Urteil wird daraus herzuleiten versucht, daß sich das Wählervolk des Zentrums weitaus überwiegend aus dem katholischen Volksteil rekrutiert. Das ist ein Trugschluß. „Das Zentrum ist grundsätzlich politische und nicht konfessionelle Partei." Es hat seine politische Selbständigkeit nicht nur immer nach allen Seiten hin behauptet, sondern praktisch immer auch nicht katholische Anhänger und manche nicht katholische Abgeordnete gehabt (...) Joos bringt die Eigenart des Zentrums inmitten der anderen Parteien auf die begrifflich richtige Formel "sowohl - als auch". „Das Wörtchen 'und' ist kennzeichnend für die geistige Welt des Zentrums und seine Politik. Konkret angewandt auf die Welt geistespolitischer Begriffe: Religion und Vaterlandsliebe, Vaterland und Menschheit, Deutschland und Europa, Zentralismus und Federalismus, Macht und Recht, Wahrhaftigkeit und Klugheit, Gerechtigkeit und Liebe. Das eine und das andere. Nicht das eine oder das andere. Beides in lebensnotwendiger Verbindung."
So ist das Zentrum nicht eine künstliche Parteikonstruktion, getragen von Ideen und Kräften, die aus anderen Parteien entnommen und zusammengestoppelt wurden, sondern als Partei der Mitte eine Partei der Synthese, der organischen Zusammenfassung und als solche selbstschöpferisch und aus eigenen Kräften lebend. Seine Politik zielt nicht auf dieses oder jenes Extrem, sondern auf die Gemeinschaft. Seine Struktur ist so, daß sie alle Stände und Volksschichten umfassen kann und umfaßt. Dieser besondere Wesenszug des Zentrums gab ihm auch die Möglichkeit, alle die - in den letzten Jahren gegenüber früher oft besonders schweren - Aufgaben im politischen Leben Deutschlands zu erfüllen, die Kriegs- und Nachkriegszeit, wirtschaftliche und soziologische Umschichtungen, außenpolitische Einflußlosig-

---

6 Prinzipiell war das Zentrum traditionell föderalistisch orientiert, aber 1921 hatte sein Reichsfinanzmimister, Matthias Erzberger, aus Gründen der sozialen Gerechtigkeit eine Reichsfinanzreform eingeführt, die die Länderkompetenzen zugunsten des Reiches beschnitt.
7 Schlüsselbegriffe des Zentrumsvokabulars waren: *Volksstaat, Stand, Gemeinschaft, organisch*.

keit und innerstaatliche Zerissenheit, materielle Not und geistig-sittliche Verworrenheit mit sich brachten.[8]

ng [= Nikolaus Groß]

Quelle: Westdeutsche Arbeiterzeitung, 09.06.1928

Aufgaben:

1. Erarbeiten Sie mit Hilfe des Textes und weiterer Literatur eine Geschichte der Zentrumspartei von den Anfängen bis zum Ende der Weimarer Republik.
2. Was versteht der Verfasser dieses Zeitungsartikels unter dem Begriff "Weltanschauungspartei" und wie beschreibt er die politische Programmatik des Zentrums?
3. Wodurch unterscheidet sich nach Ihrer Auffassung das Zentrum von den anderen politischen Parteien?

M 3   Das Zentrum und die Arbeiterschaft

[Hinweis: Am 1.4.1927 gründete der Zentrumsabgeordnete im Reichstag Joseph Joos, Vorsitzender des westdeutschen Verbandes der KAB, eine Tageszeitung, das "Westdeutsche Volksblatt". Der Name erinnert an die Wochenzeitung der KAB, die Westdeutsche Arbeiterzeitung. Mit der Neugründung wollte er den Arbeiterinteressen im Zentrum besser Geltung verschaffen.

Seit Ende Januar 1927 regierte das Zentrum mit DVP und DNVP, die erklärte, sie fühle sich durch die Regierungsbeteiligung nicht an die Republik gebunden. Damit provozierte sie das Zentrum, besonders den linken, republikanischen Flügel um Josef Wirth. Von der übrigen Zentrumspresse, auch von der Essener Volkszeitung, wurde die Zeitungsgründung durch Joos äußerst kritisch beurteilt. Der folgende, in der WAZ abgedruckte Artikel aus dem "Mülheimer Volksblatt" verteidigt Joos und wirft dabei ein Licht auf die verschiedenen Flügel der Partei.]

---

8 Seit der Revolution stand das Zentrum mit der linksliberalen DDP und dem zweiten "Reichsfeind" des Kaiserreiches, der SPD, in der Regierung und trug die Verantwortung während der bürgerkriegsähnlichen Turbulenzen der ersten Jahre nach 1918, der Hyperinflation und des Friedensschlusses mit seinen finanziellen Belastungen.

Lebenselemente im Zentrum

Die soziale Struktur der Wählermassen des Zentrums hat von jeher in der Politik einen Ausgleich gefordert. Daß eine solche Ausgleichspolitik in der heutigen Zeit äußerst schwer ist, leuchtet jedem ein. Auch heute noch ist eine religiöse Kulturpolitik[9] im Zentrum die Grundlage aller Politik überhaupt, aber man darf nicht verkennen, daß sich die Zeiten seit dem Kriege gewandelt haben. Wie im übrigen deutschen Volke hat der Krieg auch in der Zentrumspartei eine Umschichtung vorgenommen und zahlreiche Mittelständner und Rentner durch die nachfolgende Inflation proletarisiert. Die Massen der Arbeitnehmerschaft im Zentrum sind in diesem Verhältnis gewachsen.

Neben der Kulturpolitik ist heute die Sozialpolitik in den Vordergrund getreten; darüber muß man sich klar werden, wenn man die Zeit erfassen will. Die in der Inflation im Zentrumslager angeschwollenen Arbeitnehmerschichten standen zuerst der Partei planlos gegenüber, fanden sich aber in den letzten Jahren zu einer regsamen Aktion zusammen, um auch ihre Leute in die wichtigen Parteiposten zu bringen. Dieser Vorgang vollzieht sich ganz organisch im Zusammenhang mit der neuen Zeit. Der politische Sinn und Instinkt der Arbeitnehmerschichten des Zentrums ist erwacht. Sie, die früher ohne zu wägen und zu fragen ihren Stimmzettel für die ihnen unbekannten Kandidaten in die Wahlurne legten, verlangen heute ein politisches Betätigungsrecht in der Zentrumspartei. Diesem Gesichtspunkt wird nicht genügend Rechnung getragen, weil sich viele leitende Persönlichkeiten nicht von der Konstellation der Vorkriegszeit freimachen können. Sie glauben eben, alles habe sich gewandelt, das deutsche Volk, die Staatsform, die sozialen Verhältnisse (...) nur nicht die Zentrumspartei; sie allein sei von einem organischen Wachstum und einer Entwicklung nach dieser oder jener Richtung ausgeschlossen. Eine derartige Kurzsichtigkeit muß sich früher oder später rächen zum Schaden der Partei.
Die Zeit ist vorbei, wo wenige Leute im Zentrum einen Kandidaten bestimmten und die große Masse dann getrost ihre Stimmzettel zur Urne schleppte; heute verlangt diese große Masse ein Mitbestimmungsrecht in politischen und besonders in parteipolitischen Fragen (...)
Es ist einfach untragbar nach Zentrumsgrundsätzen, daß in einem Wahlbezirk, in dem 90 % Arbeitnehmer des Zentrums wohnen, diese von einem großindustriellen Direktor auf der Reichstagung der Partei und gegenüber den Parteiinstanzen selbst vertreten werden (...)
Die politisch erwachte Arbeitnehmerschaft im Zentrum wird weiter für ihr gutes Recht kämpfen und genau wie jene Leute, die nicht genug bremsen können, verlangen, daß sie in den Parteiinstanzen ihrer Stärke entsprechend berücksichtigt wird. Man mag da zetern, wie man will.

---

9 *Religiöse Kulturpolitik* bedeutet, sich für die Rechte der Kirche im öffentlichen Leben und für die gesetzliche Garantie auch ihrer Wertvorstellungen einzusetzen. Eine wichtige Rolle während der gesamten Weimarer Republik spielte das Engagement für die Beibehaltung der Bekenntnisschule als staatliche Regelschule im Volksschulwesen.

Die Arbeitnehmerschaft wird auch heute noch Verständnis für eine solche Ausgleichspolitik haben, aber man soll nicht von Klassengegensätzen sprechen, wenn nun auch die Arbeitnehmer ihr zahlenmäßiges Recht mehr als bisher beanspruchen, um in der Gesamtpartei auch den Stimmen ihrer Wählermassen zum Durchbruch zu verhelfen. Man kann heute nicht mehr alles auf den Buckel des Arbeitnehmers laden, ihn als Stimmvieh gebrauchen und ihn dann zur politischen Bedeutungslosigkeit verurteilen, nachdem er seine Pflicht getan hat.
Hoffentlich wird man auch in leitenden Zentrumskreisen die Zeichen der Zeit richtig zu deuten wissen.

ng

Quelle: Westdeutsche Arbeiterzeitung, 07.05.1927

Aufgaben:

1. Wie wirkt sich der soziale Strukturwandel auf das Zentrum aus?
2. Fassen Sie zusammen, was der Artikel über interne Konflikte in der Partei, ihre Ursachen und Auswirkungen aussagt. Untersuchen Sie am Beispiel dieses Zeitungsartikels, wie diese Konflikte ausgetragen werden.
3. Welche Konsequenzen ergeben sich daraus für die Politik der Zentrumspartei in der Endphase der Weimarer Republik?

M 4 — Die Berufsstruktur des Zentrums im Vergleich

Die Dortmunder Zentrumsliste
Wahlvorschlag zur Dortmunder Stadtverordnetenwahl

1. Petri, Heinrich, Berufsberater
2. Koch, Otto, Oberstudienrat
3. Klein, Maria, Fürsorgerin
4. Fähnrich, Hugo, Holzarbeiter
5. Scherer, Josef, Syndikus
6. Hase, Heinrich, Gewerkschaftssekretär
7. Arens, Heinrich, Hauptlehrer
8. Niggemeier, Hermann, Bergmann
9. Stockhausen, Josef, Kaufmann
10. Schröer, Gertrud, Hausfrau
11. Bitter, Ludwig, Metallarbeiter
12. Größchen, Willi, Kaufmann
13. Dr. Korling, Heinrich, Rechtsanwalt
14. Ritterbecks, Nicolaus, Gewerkschaftssekretär
15. Steup, Paul, Parteisekretär
16. Mais, Karl, Bankbeamter

17. Stock, Friedrich, Betriebsleiter
18. Grimm, Johann, Hauer
19. Klügge, Hermann, Tischlerobermeister
20. Dr. Wagener, Hermann, Rektor
21. Küster, Helene, Hausfrau
22. Peters, Wilhelm, Gewerkschaftssekretär
23. Scholtissel, Herbert, Rechtsanwalt
24. Pohl, Julius, Schreinermeister
25. Benzien, Wilhelm, Oberverwaltungssekretär
26. Wethmar, Eduard, Landwirt
27. Dr. Vogel, Franziska, Hausfrau
28. Richter, Friedrich, Rangiermeister
29. Nimm, Hans, Lehrer
30. Dr. Niemeyer, Lore, Studienrätin
31. Ludmann, Wilhelm, Bergmann
32. Stiehl, Kasper, Schreiner
33. Rekus, Else, Hausfrau
34. Ernst, August, Gewerkschaftssekretär
35. Trudewind, Josef, Kaufmann
36. Finger, Elisabeth, Hausfrau
37. Kaltenbach, Heinrich, Ingenieur
38. Hermeling, Erich, Prokurist
39. Klocke, Julius, Schreiner
40. Heitkamp, Willy, Arbeitersekretär
41. Flessenkämper, Karl, Eisenbahnsekretär i. R.

Quelle: Tremonia 28.02.33

Die gewählten Stadtverordneten in Wuppertal bei der Kommunalwahl vom 17.11.1929

Sozialdemokratische Partei Deutschlands

1. Wilhelm Ullenbaum,
2. Karl Haberland, Rentner
3. Thekla Landé, Hausfrau
4. Max Jörgens, Bandwirker
5. Ernst Schüßler
6. Gustav Picard
7. Rudolf Bamberger, Rektor
8. August Hoff
9. Hugo Landé, Rechtsanwalt
10. Olga Heubeck, Hausfrau
11. Robert Daum
12. Alfred Lehmann, Arbeitersekretär
13. Oskar Hoffmann, Redakteur
14. Hermann Heidtfeld, Schreiner
15. Emil Quitzau, Redakteur
16. Oswald Strutz,
17. Franz Landowski,
18. Karl Dabringhausen, Betriebsleiter

Kommunistische Partei Deutschland

1. Otto Dattan, Kaufmann
2. Emil Witte, Heizer
3. Paula Sauer, Haspelerin
4. Willi Erlemann, Anstreicher
5. Josef Nellessen, Kassenbote
6. Hulda Schäfer, Zwirnerin
7. Robert Kothe, Drechsler
8. Otto Michels, Arbeiter
9. Alma Görgen, Hausfrau
10. Karl Kimpel, Schleifer
11. Georg Gottschalk, Schleifer
12. Marta Locke, Seidenwinderin
13. Wilhelm Spicher, Dreher

Deutschnationale Volkspartei

1. Dr. Paul Wesenfeld, Justizrat
2. Paul Dülfer, Kaufmann
3. Otto Büchsenschütz, Geschäftsführer
4. Maria Dahm, Oberfürsorgerin
5. Eduard Molineus, Fabrikant
6. Otto Wülfing, Kaufmann
7. Auguste Hartmann, Lyzeallehrerin
8. Fritz Merg, Gewerkschaftssekretär
9. Walter Gries, Bauunternehmer
10. Otto Hildebrand, Fabrikdirektor
11. Julius Kotthaus, Landwirt
12. Dr. Bruno Funccius, Prosektor

Zentrum

1. Dr. Hermann Dichgans, Apotheker
2. Anton Küppers, Rektor
3. August Leclercq, Angestellter
4. Jean Schlösser, Gewerkschaftssekretär
5. Ernst Paffrath, Kaufmann
6. Anna Stecher, Näherin
7. Jakob Friedrich Teck, Auto- / Wagenlackiermeister

8. Peter Görres, Kerzenfabrikant
9. August Gilsbach, Lüstrierer
10. Anton Henning, Landwirt

Reichspartei des deutschen Mittelstandes (Wirtschaftspartei)

1. Karl Rahmann, Bäckermeister
2. Georg Jung, Gastwirt
3. Robert Homberg, Telegrapheninspektor
4. Johann Fix, Großhändler
5. Reinhard von Hagen, Einzelhändler
6. Albert Boeker, Syndikus
7. Dr. Georg Rosochacki, Syndikus
8. Otto Schmahlsen., Konditor

Deutsche Volkspartei

1. August Hermann Tillmanns, Handelsvertreter
2. Carl Herbst, Fabrikdirektor

Aufgaben:

1. Arbeiten Sie heraus, aus welchen Berufsgruppen die Kandidaten des Zentrums für die Dortmunder Stadtverordnetenwahl stammen. Berücksichtigen Sie besonders, ob bestimmte Berufsgruppen über - oder unterrepräsentiert sind, bzw. ganz fehlen.
2. Vergleichen Sie die Berufsstruktur des Zentrums mit der der übrigen Parteien anhand der Wuppertaler Stadtverordnetenliste. Achten Sie auch hier auf Über- bzw. Unterpräsentation einzelner Berufsgruppen!

| M 5 | Die Ergebnisse der Reichstagswahlen auf lokaler Ebene |

Angaben in %

6.6.1920									
Stadt	Zentrum	SPD	KPD	DNVP	DVP	DDP	USPD	Sonstige[1]	Wahlbeteiligung
Essen	33,7	11,6	1,4	8,3	13,0	3,2	26,8	2,0	83,8
Dortmund	24,0	19,0	1,0	1,9	19,8	3,5	28,0	2,8	81,8

20.5.1928									
Stadt	Zentrum	SPD	KPD	DNVP	DVP	DDP	NSPDAP	Sonstige	Wahlbeteiligung
Essen	28,4	17,7	21,2	8,7	6,6	2,7	3,4	11,3	75,0
Dortmund	18,8	37,1	12,8	5,6	13,9	4,6	0,6	6,6	76,9

---

1 Unter *Sonstige* sind zusammengefaßt: nicht namentlich erwähnte Splitterparteien und die Christlich-Soziale Volkspartei (1920), die Reichspartei des deutschen Mittelstandes (1928); der Christlich-soziale Volksdienst (1928-1933), das Deutsche Landvolk (1930-1932).

14.9.1930									
Stadt	Zentrum	SPD	KPD	DNVP	DVP	Dt. Staatspartei	NSDAP	Sonstige	Wahlbeteiligung
Essen	27,1	13,9	24,5	3,8	3,8	1,4	14,5	11,0	83,3
Dortmund	17,4	28,4	20,2	3,95	8,6	2,55	8,3	10,7	81,1

31.7.1932									
Stadt	Zentrum	SPD	KPD	DNVP	DVP	Dt Staatspartei	NSDAP	Sonstige	Wahlbeteiligung
Essen	30,7	12,75	25,1	4,0	0,7	0,2	24,0	2,6	83,3
Dortmund	18,6	23,7	27,9	4,9	1,4	0,6	19,65	3,3	86,6

6.11.1932									
Stadt	Zentrum	SPD	KPD	DNVP	DVP	Dt Staatspartei	NSDAP	Sonstige	Wahlbeteiligung
Essen	31,0	11,7	25,4	6,2	1,4	0,1	21,5	2,7	79,0
Dortmund	18,2	20,3	31,3	6,8	1,8	0,4	17,7	3,5	84,4

5.3.1933									
Stadt	Zentrum	SPD	KPD	DNVP	DVP	Dt. Staatspartei	NSDAP	Sonstige	Wahlbeteiligung
Essen	30,1	10,8	19,9	6,1	0,8	0,3	30,6	1,4	87,3
Dortmund	18,4	20,8	23,1	6,7	1,4	0,7	27,6	1,9	90,6

Quelle: Zusammengestellt nach: Beiträge zur Statistik des Landes Nordrhein-Westfalen, Heft 244. 50 Jahre in Nordrhein-Westfalen 1919-1968, hg. vom Statistischen Landesamt Nordrhein-Westfalen, Düsseldorf 1969

Konfessionsstruktur vom 16.6.1925:

Konfession	Essen	Dortmund
katholisch	53,3	43,8
evangelisch	41,7	50,7

Reichstagswahlen im Reichsgebiet und im Ruhrgebiet ausgewählte Parteien im Vergleich:

Jahr	Zentrum		SPD		KPD		NSDAP	
	Deutschland	Ruhr	Deutschland	Ruhr	Deutschland	Ruhr	Deutschland	Ruhr
19.01.19	19,7	-	37,9	-	0	-	0	-
06.06.20	13,6	21,9	21,6	13,8	2	3,5	0	0
04.05.24	13,4	19,6	20,5	11,3	12,6	21	6.,6	2,1
07.12.24	13,6	21,6	26	17,4	9	12,8	3	0,9
20.05.28	12,1	18,6	29,8	19,6	10,6	14,5	2,6	1,1
14.09.30	11,8	18,8	24,5	15	13,1	19,3	18,3	11
31.07.32	12,5	21,2	21,6	13,8	14,6	22,4	37,4	20,6
06.11.32	11,9	19,6	20,4	11,9	16,9	22,4	33,1	17,2
05.03.33	11,2	21,3	18,3	12,7	12,3	18,4	43,9	27,7

Aufgaben:

1. Analysieren Sie auf der Grundlage der vorliegenden Wahlergebnisse die Entwicklung der politischen Parteien auf nationaler, regionaler und lokaler Ebene.
2. Berücksichtigen Sie im Rahmen Ihrer regionalgeschichtlichen Untersuchung die konfessionelle Struktur im westlichen und östlichen Ruhrgebiet.

| M 6 | Die Wähler des Zentrums aus SPD-Sicht |

Die Zentrumslegende
Wer wählt Zentrum und wer nicht?

Das Organ der christlichen Gewerkschaften, der "Deutsche", der Wert darauf legt, kein Zentrumsblatt zu sein, hat diese überraschende Behauptung dieser Tage durch eine wichtige Tat bestätigt; er veröffentlichte die Zuschrift einer Frau Baronin von Brackel, ein unbezahlbares Dokument, dessen Kernstück die Feststellung ist, daß bei der Reichstagswahl von 1928 etwa zwei Millionen deutscher Katholiken für die Deutschnationale Volkspartei gestimmt haben.
Den Kennern der Wahlstatistik ist dieser Tatbestand nicht neu, neu aber dürfte er für die überwiegende Zahl der katholischen Arbeiter sein, die bisher geglaubt haben, daß, wer katholisch ist, auch Zentrum wählen müsse. Die Wahlstatistik hat von jeher erkennen lassen, daß nur ein Bruchteil der deutschen Katholiken dem Zentrum die Stimme gibt. (...) Das Zentrum hat aber nur 3601980 Stimmen aufgebracht. Wo waren die übrigen Katholiken? Es ist kaum anzunehmen, daß die katholische Geistlichkeit, die den katholischen Arbeiter, im besonderen die katholische Arbeiterfrau, mit allen Mitteln der kirchlichen Disziplin zwingt, sich politisch zum Zentrum zu bekennen, den Gläubigen eröffnet hat, daß Millionen von Katholiken, ohne dem Kirchenbann und besonders harten Strafen Gottes zu verfallen, sich vom Zentrum ferngehalten haben, ja sogar eine Partei wählten, die bewußt evangelische Kirchenpolitik macht und deren Mitglieder die Gustav Adolf Vereine und des Evangelischen Bundes, dieser Kampforganisationen gegen Rom füllen. Dem Proletariat gegenüber ist die Zentrumslegende zur vollen Auswirkung gekommen. Wer unter katholischen Arbeitern für die Sozialdemokratie wirbt, erhält zuverlässig die Antwort, daß der Katholik verpflichtet sei, dem Zentrum die Stimme zu geben. Von dieser Legende lebt das Zentrum. Von seinen 3600000 Wahlstimmen sind zum mindesten zwei Millionen Arbeiterstimmen enthalten.
Welchen Standes und welcher Klasse aber sind die Katholiken, die ungestraft und unbedroht deutschnational wählen durften?

Die Freiheit, sich politisch nach eigenem Gutdünken, d.h. nach den Interessen dieser Erde zu entscheiden, war allein den Besitzenden und Edelblütigen katholischen Glaubens, der katholischen Bourgeoisie eingeräumt. So ist es noch heute und so soll es, nach dem Wunsch der Kirche, vorzüglich des Episkopats, immer bleiben (...) Nun könnte der Umstand, daß die Besitzenden katholischen Glaubens dem Zentrum sich nicht anvertrauen wollten, dafür sprechen, daß das Zentrum keine einheitliche Politik des Besitzes gemacht hat noch machen wollte; das ändert aber nichts an der Tatsache, daß die katholische Arbeiterschaft durch die Zentrumslegende von der freien politischen Entschließung abgedrosselt ist (...)

Niemand (...) wird uns hindern können, den katholischen Proletariern mitzuteilen und immer wieder mitzuteilen, daß, unbekümmert um das Seelenheil, zwei Millionen Katholiken, zwei Millionen Besitzende und Vornehme, einer Partei der Ketzer ihre Stimme gegeben haben. Und dann werden wir die katholische Arbeiterschaft noch auf etwas weiteres aufmerksam machen müssen. Wenn von den zwei Millionen katholischer Bourgeoisie wirklich ein erheblicher Teil sich von Hugenberg lösen und zum Zentrum kommen sollte, wiederum nicht aus religiösen, sondern aus taktischen Gründen, so müßte dies eine erhebliche Stärkung des rechten Flügels des Zentrum bedeuten. Gewiß, das Zentrum hat auf die katholischen Arbeiter Rücksicht nehmen müssen; aber der Sozialpolitik des Zentrums ist noch immer ihre Grenze durch die kapitalistische Gruppe der Partei gezogen worden. Wenn jetzt eine irgendwie erhebliche Zuwanderung katholischer Bourgeoisie erfolgt, wird das Zentrum in erhöhtem Grade die Interessen des Besitzes und der Tradition gegenüber der aufsteigenden Arbeiterschaft wahren müssen. Ein neuer und tiefer Grund für das katholische Proletariat, von der Zentrumslegende erlöst zu werden.

Die Sozialdemokratie gewährt allen ihren Mitgliedern und Freunden vollkommene religiöse Freiheit; die katholische Kirche sollte sich entschließen, nicht zuletzt zu ihrem Heil, den Gläubigen, aber auch denen des Proletariats, die politische Freiheit einzuräumen.

Quelle: Westdeutsche Dortmunder Arbeiterzeitung, 23.07.1930

Aufgaben:

1. Was versteht der Verfasser dieses Artikels unter der "Zentrumslegende"?
2. Welchen innerparteilichen Konflikt legt er mit seiner Argumentation offen?
3. Welche Gründe könnten einen katholischen Arbeiter bewogen haben, das Zentrum oder die sozialdemokratische Partei zu wählen?

| M 7 | Die katholischen Arbeiter und die „Arbeiter"-Parteien |

Klare Fronten

Wir haben Wahlen erlebt[1], wo das demagogische Schlagwort, wo eine kleine, nebensächliche Frage die Entscheidung gab. Der letzte Wahlkampf war mit seiner Kinderspeisungs- und Panzerkreuzerparole[2] dafür ein Schulbeispiel.
In solcher Entscheidung muß die katholische Arbeiterschaft klar die Grundlinien erkennen, um die es geht. Sie muß das Wichtige von dem Aufgebauschten, das Richtige von dem Verzerrten, das Wesentliche von dem Nebensächlichen, das Schlagwort von der ernsten Parole unterscheiden.
In der Hauptsache sind es drei Parteien, die an die katholische Arbeiterschaft herantreten, um sie von der Zentrumspartei abzusplittern und für sich zu gewinnen. Das ist zunächst die Sozialdemokratie. Sie gibt sich gern als die "Arbeiterpartei" aus. Damit will sie an die Klasseninteressen der katholischen Arbeiterschaft appellieren. Sie unterstützt ihre Werbung durch eine geschickte Schlagwortpropaganda. Ihre religionsfeindliche Haltung sucht sie gegenüber den katholischen Arbeitern, die sie umwirbt, durch Ableugnung zu verdecken. "Für uns ist die Religion Privatsache," so sagt die Sozialdemokratie, um gleichzeitig zu verschweigen, dass sie für weltliche Schule, für gottlose Kindererziehung, für Auflockerung der Ehe, für Straffreiheit der Abtreibung, für die Zurückdrängung des Christentums aus dem öffentlichen Leben eintritt. (...) Gegenüber diesen Täuschungsabsichten muß die katholische Arbeiterschaft die klare Front wahren; eine klare Front der Ablehnung gegenüber den unwahrhaftigen Methoden und den falschen Zielen der Sozialdemokratie. Die zweite Gruppe, die werbend an die katholischen Arbeiterwähler herantritt, sind die Kommunisten. In steigendem Maße führen die Kommunisten seit einigen Monaten in allen Teilen des Reiches den Zersetzungskampf gegen Erziehung

---

1 Die September - Wahl 1930 war nötig geworden, weil der Reichstag mit den Stimmen der SPD die Notverordnung der Präsidialregierung Brünings aufhob und Brüning daraufhin von Reichspräsident v. Hindenburg den Reichstag auflösen ließ. Im Wahlkampf befand sich das Zentrum wegen des Sozialabbaus Brünings sozialpolitisch in der Defensive, so daß andere Themen in den Vordergrund traten.

2 Mit dem Schlagwort "Kinderspeisung statt Panzerkreuzer" hatte die SPD im Frühjahr 1928 ihren Wahlkampf bestritten. Sie stellte sich damit gegen einen schon im Reichsrat genehmigten Beschluß der zurückgetretenen bürgerlichen Regierung. Nach der gewonnenen Wahl unter ihrer Regierungsbeteiligung im Kabinett des Sozialdemokraten Hermann Müller (Große Koalition) brachte sie dies in ein Dilemma, denn ihre Koalitionspartner, auch das Zentrum, hielten am Panzerkreuzer A fest. Daher war Reichskanzler Müller dafür, seine Fraktion aber dagegen. Dies führte zu der paradoxen Situation, daß bei der Abstimmung im Reichstag Müller und die SPD-Minister die Regierungsbank verließen und als Abgeordnete gegen die Regierungsvorlage stimmten und sich so selbst das Mißtrauen aussprachen.

und Religion, gegen Sittlichkeit und Kultur. Sie beschränken sich nicht darauf, die christliche Kirche und ihre Anhänger in Wort und Schrift zu bekämpfen. (...) Auf der Tagung der "Kampfgemeinschaft gegen Kulturreaktion" am 10. Mai 1930 in Berlin wurden folgende Richtlinien für die Arbeit dieser Organisation aufgestellt: "Verstärkung des Kampfes gegen die gesamte Kulturreaktion, gegen Konkordatsschacher, gegen Schulfaschismus. Ausbau der "Kampfgemeinschaft gegen Kulturreaktion" zu einer Massenbewegung. Mobilisierung der werktätigen Frauen zum Kampf gegen die Kirche und die gesamte Kulturreaktion. Herausarbeitung der besten Agitationsmethoden zur Arbeit unter den Frauen. Verstärkte Fortführung der Kirchenaustrittskampagne einschließlich Abmeldung der Kinder vom Religionsunterricht, Mobilisierung der Betriebe, Erwerbslose und Hausfrauen gehören zum geschlossenen Massenaustritt aus der Kirche."

Auch gegen die Bestrebungen der Kommunisten, die in den Methoden vielleicht anders sein mögen, in den Zielen aber mit denen der Sozialdemokratie weitgehend gleich sind, muß die katholische Arbeiterschaft im Wahlkampfe eine ablehnende Front einnehmen. Die kommunistische Zerstörungsarbeit ist weniger antikapitalistisch, sie ist vorwiegend antireligiös und christentumsfeindlich. Dem Kapitalismus tut der Kommunismus mit seinem Wortradikalismus nicht weh. Aber er untergräbt und zerstört Religion und Sitte, Christentum und Kultur.

Die dritte Gruppe endlich, die sich im Wahlkampfe um die katholische Arbeiterschaft bemüht, sind die Nationalsozialisten. Wie bei den Sozialdemokraten und Kommunisten, so hat auch bei den Nationalsozialisten das demagogische Schlagwort die Herrschaft. (...)

Der Nationalsozialismus würde, wenn er einmal zur Herrschaft käme, uns wirtschaftlich nicht frei und gesichert machen. Seine Haltung in den Fragen der Freiheit religiöser Betätigung, in der Sicherung der Rechte der Kirche und des Religionsunterrichtes, in den Fragen der Kultur steht zu unserer Auffassung in vielfachem und grundsätzlichen Gegensatz. "Politik geht über Kultur", diese Rangordnung stellten die nationalsozialistischen Studenten der Handelshochschule Leipzig in einem Wahlaufruf kürzlich auf. Eine solche Rangordnung, die Religion und Kultur unter die Politik stellt - "Politik", wie sie die Nationalsozialisten verstehen -, können wir nie billigen. Wenn dieser Grundsatz die nationalsozialistische Einstellung zur Kultur wiedergibt, dann steht es bestimmt um die Freiheit der persönlichen religiösen Überzeugung und der Rechte der Kirche und der konfessionellen Schule unter der Herrschaft des Nationalsozialismus schlecht. Dann wird alle religiöse Lehre und Überzeugung, alle religiöse Erziehung, die sich nicht der politischen Meinung des Nationalsozialismus beugt, genau solche Unterdrückung erfahren wie im bolschewistischen Rußland oder unter der Herrschaft der "frei"-denkerischen Sozialdemokratie.

Hier müssen wir eine dritte klare Front ziehen: Wir lehnen als katholische Arbeiter den Nationalsozialismus nicht nur aus politischen und wirtschaftlichen Gründen, sondern entscheidend auch aus unserer religiösen und kulturellen Haltung entschieden und eindeutig ab[3]. (...) Die Front der katholischen Arbeiterschaft im Wahlkampf und bei der Entscheidung des 14. September ist klar: Wir setzen uns aus politischen, wirtschaftlichen, sozialen und kulturellen Gründen für die Einigkeit und Geschlossenheit der Deutschen Zentrumspartei ein. Wir werben für die Zentrumspartei!

Wir wählen Liste 3!

Quelle: Westdeutsche Arbeiterzeitung, 06.09.1930

Aufgaben:

1. Arbeiten Sie heraus, mit welchen Argumenten sich die Westdeutsche Arbeiterzeitung mit den angesprochenen Parteien auseinandersetzt!
2. Arbeiten Sie die Zielsetzung des Verfassers heraus.

| M 8 | **Aus dem Programm der NSDAP von 1920** |

1. Wir fordern den Zusammenschluß aller Deutschen auf Grund des Selbstbestimmungsrechtes der Völker zu einem Groß-Deutschland.

2. Wir fordern die Gleichberechtigung des deutschen Volkes gegenüber den anderen Nationen, Aufhebung der Friedensverträge von Versailles und St. Germain.

3. Wir fordern Land und Boden (Kolonien) zur Ernährung unseres Volkes und Ansiedlung unseres Bevölkerungsüberschusses.

4. Staatsbürger kann nur sein, wer Volksgenosse ist. Volksgenosse kann nur sein, wer deutschen Blutes ist, ohne Rücksichtnahme auf Konfession. Kein Jude kann daher Volksgenosse sein.

5. Wer nicht Staatsbürger ist, soll nur als Gast in Deutschland leben können und muß unter Fremdengesetzgebung stehen. (...)

8. Jede weitere Einwanderung Nicht-Deutscher ist zu verhindern. Wir fordern, daß alle Nicht-Deutschen, die seit dem 2. August 1914 in Deutschland eingewandert sind, sofort zum Verlassen des Reiches gezwungen werden.

---

3 Im September 1930 gab es noch keine bischöfliche Stellungnahme gegen die NSDAP.

(...)

11. Abschaffung des arbeits- und mühelosen Einkommens, *Brechung der Zinsknechtschaft*.

12. Im Hinblick auf die ungeheuren Opfer an Gut und Blut, die jeder Krieg vom Volke fordert, muß die persönliche Bereicherung durch den Krieg als Verbrechen am Volke bezeichnet werden. Wir fordern daher restlose Einziehung aller Kriegsgewinne.

13. Wir fordern die Verstaatlichung aller (bisher) bereits vergesellschafteten (Trusts) Betriebe.

14. Wir fordern Gewinnbeteiligung an Großbetrieben.

15. Wir fordern einen großzügigen Ausbau der Altersversorgung. (...)

19. Wir fordern Ersatz für das der materialistischen Weltordnung dienende römische Recht durch ein deutsches Gemeinrecht. (...)

22. Wir fordern die Abschaffung der Söldnertruppe und die Bildung eines Volksheeres.

23. Wir fordern den gesetzlichen Kampf gegen die bewußte politische Lüge und ihre Verbreitung durch die Presse. Um die Schaffung einer deutschen Presse zu ermöglichen, fordern wir, daß:

    a) sämtliche Schriftleiter und Mitarbeiter von Zeitungen, die in deutscher Sprache erscheinen, Volksgenossen sein müssen;

    b) nichtdeutsche Zeitungen zu ihrem Erscheinen der ausdrücklichen Genehmigung des Staates bedürfen. Sie dürfen nicht in deutscher Sprache gedruckt werden;

    c) jede finanzielle Beteiligung an deutschen Zeitungen oder deren Beeinflussung durch Nicht-Deutsche gesetzlich verboten wird, und fordern als Strafe für Übertretungen die Schließung eines solchen Zeitungsbetriebes sowie die sofortige Ausweisung der daran beteiligten Nicht-Deutschen aus dem Reich. - Zeitungen, die gegen das Gemeinwohl verstoßen, sind zu verbieten. Wir fordern den gesetzlichen Kampf gegen eine Kunst- und Literaturrichtung, die einen zersetzenden Einfluß auf unser Volksleben ausübt, und die Schließung von Veranstaltungen, die gegen vorstehende Forderungen verstoßen.

24. Wir fordern die Freiheit aller religiösen Bekenntnisse im Staat, soweit sie nicht dessen Bestand gefährden oder gegen das Sittlichkeits- und Moralgefühl der germanischen Rasse verstoßen. - Die Partei als solche vertritt den

Standpunkt eines positiven Christentums, ohne sich konfessionell an ein bestimmtes Bekenntnis zu binden. Sie bekämpft den jüdisch-materialistischen Geist *in* und *außer* uns und ist überzeugt, daß eine dauernde Genesung unseres Volkes nur erfolgen kann von *innen* heraus auf der Grundlage: *Gemeinnutz vor Eigennutz.*

25. Zur Durchführung alles dessen fordern wir: Die Schaffung einer starken Zentralgewalt des Reiches. Unbedingte Autorität des politischen Zentralparlaments über das gesamte Reich und seine Organisationen im allgemeinen. - Die Bildung von Stände- und Berufskammern zur Durchführung der vom Reich erlassenen Rahmengesetze in den einzelnen Bundesstaaten. - Die Führer der Partei versprechen, wenn nötig unter Einsatz des eigenen Lebens für die Durchführung der vorstehenden Punkte rücksichtslos einzutreten.

München, den 24. Februar 1920

Quelle: Hofer, Walter: Der Nationalsozialismus, Dokumente 1933-1945, Frankfurt/M. und Hamburg 1957, S. 28 ff.

| M 9 | Das Zentrum und der Nationalsozialismus |

Grundsätzliche Auseinandersetzungen auf dem Westfälischen Zentrums = Provinzial = Parteitag

Dortmund, 27. Januar.
In seiner großangelegten Rede auf dem Westf. Provinzialparteitag in Dortmund am Montag, über die wir schon kurz berichtet haben, kam Abg. Reg. Direktor Dr. Heß[1], der Vorsitzende der Preuß. Zentrumsfraktion, weiter auf

die Fragen der Weltanschauung

---

1 Heß war ein innerparteilicher Verteidiger der schwarz-roten Koalition in Preußen, die seit 1919 bestand. Ministerpräsident war ein Sozialdemokrat, Otto Braun, sein Stellvertreter der aus Essen stammende Zentrumspolitiker Heinrich Hirtsiefer. Nach der Wahl des Prälaten Ludwig Kaas zum Parteivorsitzenden rückten weltanschauliche Forderungen beim Zentrum in den Vordergrund, was Kompromisse mit der Weltanschauungspartei SPD erschwerte.

zu sprechen. Er führte dazu aus: "Wenn hier und da gesagt wird, das Zentrum sollte seine weltanschauliche Linie schärfer herausarbeiten, dann muß ich darauf hinweisen, daß es selbstverständlich ausgeschlossen ist, anderen Menschen seinen Willen aufzunötigen. Wir unterscheiden uns weltanschaulich von jeder Partei, von jeder Partei gleich stark. Wir haben nach zwei Seiten zu kämpfen. Nach der Linken für unsere Weltanschauung, nach der Rechten für unsere Konfession[2] (...).

Redner setzte sich dann eingehend mit dem Nationalsozialismus

auseinander und betonte: Das Zentrum kann aus grundsätzlichen Erwägungen in eine Koalition mit den Nationalsozialisten nicht eintreten und würde eine Regierung, an der die Nationalsozialisten beteiligt sind, nicht stützen oder unterstützen können. Zunächst sprechen schon praktisch - logische parlamentarische Erwägungen dagegen. Eine Zusammenarbeit mit den Nationalsozialisten hätte zur Folge, daß damit die Sozialdemokratie, der gemäßigte Marxismus, an die Seite der Kommunisten gedrängt würde. Die Sozialdemokratie würde sich nicht ungern in dieses Fahrwasser drängen lassen.
Uns wäre es nicht unbequem gewesen, wenn wir uns auch einmal in die oppositionellen Büsche hätten schlagen können. Wenn auf diesem Wege die Sozialdemokratie an die Seite der Kommunisten gedrängt würde[3], dann hätten wir das Bild, daß zwei große Gruppen von rechts und von links als Kämpfer sich mit Messern gegenüberstehen. Die Kosten bei diesem Experiment hätten vor allem jene zu tragen, die zwischen diesen Haufen stehen, auch das Bürgertum, das zur Zentrumspartei gehört. Die Mission, die die Deutsche Zentrumspartei von der Vorsehung nach der Revolution mit auf den Weg bekommen hat, besteht nicht darin, sich auf irgendeine extremistische Seite zu stellen, sondern sie kann nur darin bestehen,

die beiden Extreme durch taktische Maßnahmen auseinanderzuhalten.

Daraus folgt, daß das Zentrum, für fernste Zukunft geschaut, nur eine Politik der Mitte treiben kann. Beide Fraktionen der Zentrumspartei haben sich bisher bemüht, wenigstens die Idee der großen Koalition zu erhalten. In der Opposition hat man die Zentrumspartei seit 1918 noch nicht gesehen. Wir haben unsere Schlüsselstellung niemals zu unserem Vorteil mißbraucht, niemals mehr herausgeholt, als uns unter Zugrundelegung des Bevölkerungsanteils zugestanden werden muß.

---

2 Auf der Rechten gab es antikatholische Vorbehalte aus protestantischem Geist. Der Nationalismus bezog sich im 19. Jh. auf Luther und ließ die Katholiken dadurch randständig und national unzuverlässig erscheinen.
3 Die SPD war bis 1915 verbal auf Umsturz bedacht, aber spaltete sich 1917, wobei die MSPD eine gemäßigte, parlamentarische Politik mit Beteiligung des Zentrums einschlug.

Ich möchte davor warnen, den Nationalsozialismus zu unterschätzen. Er hat seinen Kulminationspunkt noch nicht erreicht und wird uns noch viel zu schaffen machen. Zweitens soll man den Gegner auch nicht überschätzen. Man soll ihn nehmen, wie er ist, mit ruhiger, nüchterner Überlegung. Die Sozialdemokraten standen 1919 nicht mit 107 wie heute die Nationalsozialisten, sondern mit 165 Mandaten da und wir sind trotzdem mit ihnen fertig geworden.
Der Nationalsozialismus nimmt gelegentlich, wenn es ihm paßt, für sich in Anspruch,

"Vertreter des positiven Christentums"

zu sein. Das kann in unsere Reihen Verwirrung bringen, obwohl er hier mit der gleichen Doppelzüngigkeit spricht wie bei materiellen Fragen auch. Nun hat allerdings zur richtigen Zeit Kardinal Bertram den Nationalsozialisten die Maske vom Gesicht gerissen. Es muß schon Gefahr im Verzuge sein, wenn ein deutscher Kirchenfürst einen solchen Schritt unternimmt. Es handelt sich hier um einen Vorgang, der auf innenpolitischem Gebiete als Ereignis allerersten Ranges angesprochen werden muß.
In dem großen Auftrieb der nationalsozialistischen Partei besteht für uns politisch organisierte deutsche Katholiken eine unmittelbare konfessionelle Gefahr.

Ein deutscher Faszismus wird mit Naturnotwendigkeit antikatholisch eingestellt sein.

Einer der Hauptgründe für das Anschwellen des Nationalsozialismus besteht darin, daß viele in ihm eine antikatholische Welle sehen. Die antikatholische Stimmung ist unverkennbar. Wenn wir das nicht klar sehen und uns der großen Gefahr nicht bewußt werden, dann könnte allerdings ein Augenblick kommen, wo es eine Marneschlacht für die Deutsche Zentrumspartei gäbe. Wir haben eine Waffe, die keiner hat. Wir haben den Betonboden der in sich geschlossenen Weltanschauung (...)
Die Kampftruppe, die wir stellen, ist geschlossen, sie folgt ihren Führern, ohne mit den Wimpern zu zucken. Mit einer solchen Truppe haben wir die Aussicht, als Sieger aus dem Kampfe hervorzugehen (...).

Quelle: Münstersche Zeitung, 28.01.1931

Aufgaben:

1. Ordnen Sie die Quelle in den historischen Kontext ein und erschließen Sie die politischen Konsequenzen der Weigerung, mit der NSDAP zusammenzuarbeiten.

2. „Wir haben nach 2 Seiten zu kämpfen. Nach der Linken für unsere Weltanschauung, nach der Rechten für unsere Konfession". Erklären Sie mit Hilfe der übrigen Aussagen des Textes und des historischen Kontextes, was der Vorsitzende der Zentrumsfraktion im preußischen Landtag mit diesen Aussagen meint.
3. Untersuchen Sie die Sprache des letzten Abschnitts und deuten Sie ihre Funktion („Kampftruppe").
4. Schätzt Heß den Nationalsozialismus richtig ein? Erörtern Sie diese Frage differenziert!

| M 10 | **Kundgebung der Bischöfe der Paderborner Kirchenprovinz Paderborn, 28.03.1931** |

Tiefernste Sorgen um die nächste Zukunft trüben den Blick eines jeden Katholiken, der nicht teilnahmslos dem Treiben der Feinde unserer höchsten Güter zuschaut, sondern mit Aufmerksamkeit die Entwicklung auf dem Gebiete des religiös-kirchlichen und öffentlichen Lebens verfolgt und ebenso die Fortschritte, die jene in ihren unreligiösen Bestrebungen aufzuweisen haben.

Schwerer noch lasten die Sorgen auf den Schultern der Priester, da sie die Pläne der Gegner in diesem Kampfe tiefer durchschauen und klar erkennen, daß es sich bei ihnen um die Grundlagen der kirchlichen, sittlichen und staatlichen Ordnung handelt. In ihrer väterlichen Liebe und Sorgfalt fürchten sie nicht so sehr für sich als vielmehr für die ihnen anvertrauten Gläubigen, deren zeitliches und ewiges Heil nach Kräften zu schützen und zu sichern ihnen als heilige Lebensaufgabe zugewiesen ist.

Noch drückendere Sorgen aber und tiefere Wunden hinterlassen die vielen traurigen Erlebnisse im Herzen eines jeden Bischofs, denn seine Verantwortung ist größer, sein Wirkungskreis ausgedehnter, und - so darf hinzugefügt werden - seine Erfahrungen sind bitterer.

Als wir das Hirtenamt übernahmen, haben wir uns diese schweren Sorgen und die schon damals drohenden Stürme durchaus nicht verhehlt (...) Wie haben sich auch - mit Wehmut sei es gesagt - in den letzten Jahren gerade in unserem Vaterlande die Kämpfe gegen alles, was uns heilig ist oder den katholischen Namen trägt, verschärft! Die Zahl der Anhänger der Freidenkerverbände, die linksradikalen, ja direkt gottlosen Vereinigungen ist in stetem Wachstum begriffen. Ihr Auftreten wird mit jedem Tag kecker und herausfordernder. (...) Unsere Parlamente, die Stätten der Tagungen unserer Volksvertreter, hallen wider von Gotteslästerungen schlimmster Art. (...) Wer könnte und wollte leugnen, daß es ob solch' trauriger Erscheinungen und Erlebnisse in unseren Tagen der Bischöfe heiligste Pflicht ist, ihre belehrende, mahnende und warnende Stimme zu erheben. (...)

Im Anschluß an diese kurzen Ausführungen über den Geist der Zeit können wir eine Bewegung nicht unerwähnt lassen, die seit einigen Jahren unter dem Namen

"Nationalsozialismus"

in Deutschland sich verbreitet und eine zahlreiche Anhängerschaft in allen Kreisen, nicht zuletzt in der Jugend, gefunden hat. Wenn Irreführung und Verwirrung in einem so bedenklichen Maße um sich greift, wie es bei der vorerwähnten nationalsozialistischen Bewegung der Fall ist, erwartet das katholische Volk mit Recht, daß die Hirten der Kirche sich nicht in Schweigen hüllen, sondern öffentlich Stellung nehmen. Gar leicht könnte ja in solchen Fällen völliges Schweigen als Billigung der Ziele und Grundsätze der gerade herrschenden Kulturströmung ausgelegt werden. Und so reden wir denn als katholische Bischöfe, folgend unserem Gewissen, in allem Freimute:
"Der Nationalsozialismus ist nicht nur eine politische Partei, sondern auch eine Weltanschauung."
In dieser Eigenschaft nimmt er zur Religion Stellung und erhebt Forderungen auf religiösem Gebiete. Das ist ersichtlich aus dem amtlichen Programm der NSDAP, ferner aus den Kundgebungen hervorragender Führer der Partei und endlich aus der durch das Programm geleisteten Bestätigung großer Mengen der Parteimitglieder.
"Das Programm der NSDAP" steht namentlich im § 24 im offenen Gegensatz zur katholischen Religion. Schon die Worte 'soweit religiöse Bekenntnisse nicht den Bestand des Staates gefährden', sind sehr dehnbar und im Lichte anderer Kundgebungen bedenklich; auch ist das Bekenntnis zum 'positiven' Christentum recht inhaltarm. Wenn man auch über diese Bedenken allein hinwegsehen wollte, so ist doch der Satz:
'Freiheit aller religiösen Bekenntnisse, soweit sie nicht gegen das Sittlichkeits- und Moralgefühl der germanischen Rasse verstoßen', direkt gegen die christlichen Grundsätze gerichtet; denn er macht das Gefühl einer Rasse zum Richter über religiöse Wahrheiten, über Gottes Offenbarung und über Zuverlässigkeit des von Gott gegebenen Sittengesetzes. In seinen letzten Konsequenzen leugnet er den universalen Charakter der katholischen Kirche.
Das Reich Christi gilt uns Katholiken aber als international, universal, katholisch. Christi Geist ist erfüllt von dem Gedanken der Katholizität. Christi Gebot kennt keinen Unterschied des Standes, der Person und der Nationalität (...).
Indem wir aber an dem internationalen Charakter mit aller Entschiedenheit festhalten, wird das Nationalbewußtsein in uns in keiner Weise aufgehoben.
Wir lieben das Vaterland, das Land unserer Wiege, das Land unserer Sprache, das Land unserer Ahnen, das Land unserer Gräber. Ja, wir betrachten die Erfüllung der bürgerlichen Pflichten gegen das Vaterland und die Mitarbeit an der Ausbildung des Eigenlebens und der Größe unseres Volkes als Gottes Gebot, und dieses Gebot ist für uns als Ausfluß des göttlichen Willens stets von höchster Weihe und tiefster Verpflichtungskraft.
Leider ist diese durch Gottes Gebot geheiligte Vaterlandsliebe überall in der Welt zu einem schrankenlosen Nationalismus ausgeartet, zu einem extremen völkischen Individualismus, zu einem Pharisäertum im internationalen Volksleben. Und die

Folge? Trennende Scheidewände haben sich unter den Völkern der Erde gebildet, gegenseitiges Mißtrauen, gegenseitige Verachtung und Verleumdung, internationaler Zwist und Hader haben Platz gegriffen. Viele Ursachen liegen dem Hypernationalismus zugrunde. Die allerletzte Ursache aber ist in der Gottentfremdung der Völker zu suchen. Wo der wahre Gott nicht mehr gekannt und angebetet wird, da werden falsche Götter angebetet, da ist es unausbleiblich, daß in Sachen, die das Volks- und Völkerwohl betreffen, die ganze Beurteilung eine rein weltliche bleiben wird.

Bei den Nationalsozialisten vermissen wir das bestimmte unwandelbare religiöse Programm. Ihnen erscheint das Christentum mehr als ein Gebilde mit einem von rein natürlichen Voraussetzungen und wechselnden Zeitverhältnissen bestimmten Inhalt. Kein Wunder, daß bei einer solchen religiösen Einstellung Anhänger der nationalsozialistischen Bewegung wieder und wieder über fundamentale christliche Glaubenswahrheiten und über einzelne christliche Grundsätze, ferner über das Verhältnis von Kirche und Staat, von Religion und Rasse Anschauungen zum Ausdruck bringen, die als schief und falsch, zum Teil als dem Christentum entgegengesetzt bezeichnet werden müssen.

Mit tiefem Bedauern muß auch darauf hingewiesen werden, daß Vertreter der nationalsozialistischen Bewegung von der maßlosen, jeder Ehrfurcht entbehrenden Kritik an kirchlichen Maßnahmen und Anordnungen, wie sie bei den linksradikalen Kreisen üblich ist, sich nicht frei gehalten haben (...)

Da jeder, der einer Partei beitritt, das ganze Programm der Partei und die Arbeit in ihrem Geiste unterstützt, so ist für katholische Christen die Zugehörigkeit zur NSDAP unerlaubt, solange und soweit sie kulturpolitische Auffassungen kundgibt, die mit der katholischen Lehre nicht vereinbar sind. (...)

Quelle: Stawieski, Bernhard (Bearb): Akten deutscher Bischöfe über die Lage der Kirche 1933-1945, Bd.I, Mainz 1968, S. 818-824

Aufgaben:

1. Ordnen Sie die Quelle historisch ein!
2. Geben Sie die Position der Bischöfe zur NSDAP wieder. Analysieren Sie, wie diese Position begründet wird!
3. Erläutern Sie, welche Rollenverteilung die Bischöfe am Beginn des Textes herstellen. Erschließen Sie, was diese für die politische Verantwortung des einzelnen Kirchenmitgliedes bedeutet.

M 11	Die NSDAP und die Arbeiterschaft

Der "Eroberungssturm" auf die Betriebe

Die Nationalsozialisten künden einen neuen "Eroberungssturm" an. Sie wollen die Betriebe politisch für den Nationalsozialismus gewinnen. (...) Über die Angestellten- und Beamtenschaft haben wir in unserem letzten Aufsatz bereits gesagt, daß sie sich vielfach als wenig widerstandsfähig erwiesen habe. (...) Hingegen ist der Nationalsozialismus an die irgendwie politisch, gewerkschaftlich und in Standesvereinen dauernd organisierte Arbeiterschaft nicht recht herangekommen. In Summa: Es haben sich aus allen Bevölkerungsschichten die weltanschaulich festverwurzelten und aus sicherer weltanschaulicher Grundhaltung politisch und wirtschaftlich orientierten Menschen als am stärksten widerstandsfähig gegen nationalsozialistisch-revolutionäre Ideen erwiesen.
Die Nationalsozialisten fühlen selbst, daß sie bei der standesbewußten Arbeiterschaft weder politisch noch in den Betrieben weitergekommen sind. Sie stehen hier vor einem Widerstand, den sie nicht brechen konnten. Bei den vorjährigen Betriebsratswahlen haben sie nur einen Anteil von 0.5 v.H. der gesamten Betriebsratsmandate für sich zu erobern vermocht. Deshalb sind sie jetzt dazu übergegangen, zur Eroberung der Arbeiterschaft eine speziell diesem Zwecke dienende Zellenorganisation in den Betrieben aufzubauen, die sie NSBO (Nationalsozialistische Betriebszellen-Organisation) nennen.
Nach dem für die Betriebszellen-Organisation maßgeblichen offiziellen Organisationsplan der Reichsparteileitung der Nationalsozialisten soll die Betriebszellen-Organisation "dem einen ausschließlichen Zweck" dienen, "die Weltanschauung des Nationalsozialismus unter der Arbeiterschaft zu verbreiten". (...) Die Art und Zusammenstellung dieser Aufgaben der nationalsozialistischen Betriebszellen zeigen, daß es den Nationalsozialisten nicht darum zu tun ist, den wirtschaftlichen und betrieblichen Interessen der Arbeiter zu dienen. Von den 7 Aufgaben sind 4 ausgesprochen agitatorischen Inhalts: Die Propaganda im Betrieb, die Herausgabe der Betriebszellen-Zeitung, die Sammlung der Sympathisierenden und die Abhaltung von Versammlungen und Demonstrationen. Auch die beiden wirtschaftlich scheinenden Aufgaben, "Beteiligung an den Betriebsrätewahlen" und "Durchführung von Lohnstreiks", sind ebenfalls nur unter dem Gesichtspunkt der Erleichterung der Propaganda zu sehen. Sie sollen der Arbeiterschaft vortäuschen, der Nationalsozialismus wolle durch Betriebsräte und Lohnstreiks ihre wirtschaftlichen Interessen im Betriebe vertreten. (...)
Wie in der Frage der betrieblichen Interessenvertretung, so ist auch in der Gewerkschaftsfrage das Verhalten des Nationalsozialismus einzig von taktischen Erwägungen bestimmt. Die Richtlinien sagen darüber: "Die NSDAP besitzt keine eigenen Gewerkschaften und wird diese auch aus einer Reihe von bestimmten Gründen in

Zukunft nicht gründen." Die Gründe sind im einzelnen nicht genannt. Aber man wird wohl nicht weit daneben raten, wenn man annimmt, daß die Nationalsozialisten in erster Linie mit Rücksicht auf die industriellen und großagrarischen Geldgeber der Partei von der Gründung eigener Gewerkschaften ablassen müssen (...).
Die entscheidende Stellungnahme zu den Gewerkschaften ist in den Richtlinien in den folgenden, wörtlich zitierten Sätzen niedergelegt:
"Der Nationalsozialismus stellt es dem Einzelmitglied frei, aus einer den nationalsozialistischen Zielen feindlich oder sonstwie mißgünstig gesinnten Gewerkschaft von selbst auszutreten. Aus taktisch-politischen Gründen wird ein Einzel- oder Massenaustritt aus den Gewerkschaften nicht empfohlen. Das Ziel des Verbleibens von Nationalsozialisten in den Gewerkschaften ist, in großem Maßstabe gesehen, die Durchsetzung bzw. völlige Eroberung derselben. Die Gewerkschaften bedeuten für uns wichtige Faktoren zur Verbreitung unserer Weltanschauung. Eine Parole der NSDAP gegen die Gewerkschaften wäre nicht nur ideell unhaltbar, sondern würde uns auch praktisch den Weg zur Arbeitnehmerschaft versperren, da sie uns als willfährige Werkzeuge des gewerkschaftlichen Unternehmers ansehen würde."
(...)
Diese Auffassungen zeigen klar, was neueste Absicht und Ziel der Nationalsozialisten ist. Sie wollen die Betriebe und Gewerkschaften erobern, um so an die organisierte Arbeiterschaft, die allen ihren agitatorischen Anstrengungen trotzt, heranzukommen. Sie wollen ihre politischen Ideen in die Betriebe hineintragen, um die Arbeiterschaft von ihren wirtschaftlichen Interessen abzulenken. Zugleich sollen die Gewerkschaften "in ihren ideellen Fundamenten durchlöchert werden" (wörtlich zitiert aus den Richtlinien), d.h. sie sollen in nationalsozialistischem Sinne politisiert werden. Politisierte Gewerkschaften würden aber ihren Charakter als wirtschaftliche Interessenvertretung der Arbeiterschaft verlieren. Gewerkschaften, die in erster Linie für politische Zwecke als Mittel dienen, können ihre Wesensaufgabe, die wirtschaftlichen Rechte und Ansprüche der Arbeiterschaft wirksam und erfolgreich zu vertreten, nicht mehr nachkommen. Sie wären ausgehöhlt. Damit hätte der Nationalsozialismus auch den Wünschen der ihn mit mächtigen Geldsummen unterstützenden Wirtschaftskreise Rechnung getragen: Die gewerkschaftliche Bedeutung wäre vernichtet, die Macht der Gewerkschaften gebrochen. Auf dieses Ergebnis kommt der "Eroberungssturm" in den Betrieben hinaus. Der Nationalsozialismus will die Arbeiterschaft für seine politischen Ideen gewinnen, um sie vom Wirtschaftlichen abzubringen. Das gibt dann eine hübsche Machtverteilung: Die Nationalsozialisten herrschen in der Politik, die Unternehmer in der Wirtschaft. Der Arbeiter ist beider Packesel.

ng

Quelle: Westdeutsche Arbeiterzeitung, 06.02.1932

Aufgaben:

1. Fassen Sie die Aussagen des Verfassers über das Verhältnis der NSDAP zur Arbeiterschaft thesenartig zusammen.
2. Arbeiten Sie heraus, wie der Verfasser die wirtschafts- und sozialpolitischen Ansätze der NSDAP beurteilt.
3. Ordnen Sie die Quelle in den historischen Kontext (der Ära Brüning) ein und erschließen sie die Intention des Verfassers.
4. Hat die WAZ mit ihren Thesen zu Anhängerschaft und wirtschaftspolitischer Zielsetzung der NSDAP Recht?
5. Begründen Sie Ihre Meinung, indem Sie auf zeitgenössische und moderne Untersuchungen zu diesem Thema zurückgreifen.

| M 12 | NSDAP und die katholische Kirche in der NS-Darstellung |

Katholikin, mußt du Zentrum wählen?

Wir entnehmen das folgende Kapitel der im nationalsozialistischen "Führer-Verlag" Karlsruhe erschienenen, für den Wahlkampf überaus wichtigen und empfehlenswerten Schrift: „Die katholische Frau im Banne des Zentrumsgeistlichen. Ja oder Nein?" (...)
Nein, und nochmals nein! Und warum nicht? Darum nicht, weil der Papst in Rom selbst diese Forderung nicht an Dich stellt. Ja, er verbietet sogar, daß sich eine politische Partei als die katholische Partei bezeichnet.[1].
Geh zu Deinem Ortspfarrer, fordere ihn auf, er möge Dir einen Befehl des Papstes vorlegen oder des Bischofs, worin steht, daß eine Katholikin nur Zentrum wählen darf. Die Schamröte muß ihm in Gesicht steigen, wenn er die Stirne hätte zu behaupten, es wäre ja einmal von der Kirche aus dieser Befehl ergangen.
Verlange aber, daß Dein Ortsgeistlicher Dir die Enzyklika über die christliche Staatsordnung (immortale dei) vom 1. November 1885 des Papstes Leo XIII vorlegt. Darin steht: "Kommen rein politische Fragen in Betracht, wie über die beste Staatsverfassung, diese oder jene Art der Staatsverwaltung, so kann hierüber ganz gut Meinungsverschiedenheit bestehen. Darum ist es nicht recht, wenn einer in diesen

---

[1] Anders als der Artikel suggeriert, bezeichnete sich das Zentrum nicht als katholische Partei, sondern verstand sich als überkonfessionell und politisch. Dennoch aber bestand seine Wählerschaft fast vollständig aus Katholiken. Allerdings wählten nicht alle getauften Katholiken Zentrum, sondern gut 60% der Kirchgänger. In rein katholischen Regionen waren es weniger, in gemischt konfessionellen wie dem Ruhrgebiet eher mehr. Protestanten oder Juden wählten nur selten Zentrum.

Fragen abweichende Meinung hat, ihn darüber anzuklagen, wie wohl seine Hingabe an den apostolischen Stuhl und sein Gehorsam allen Vorschriften desselben gegenüber hinlänglich bekannt ist; noch größeres Unrecht aber ist es, wenn man ihn in Verdacht bringt, als sei er weniger glaubenstreu."[2]

Und in seiner Enzyklika über die wichtigsten Pflichten christlicher Bürger (saptientiae Christianae) von 10. Januar 1890 sagt derselbe Papst: "Zweifellos ist es den Katholiken auf dem politischen Gebiet erlaubt, unbeschadet der Wahrheit und Gerechtigkeit ihre Kräfte einzusetzen und dafür zu kämpfen, daß jene Anschauungen durchdringen, welche nach ihrer Meinung dem Gemeinwohl nützlicher sind."

Genau nach der Weisung des Papstes Leo XIII hat der jetzt regierende Papst Pius XI sich gegenüber dem italienischen Faschismus verhalten, der nichts anderes ist als der deutsche Nationalsozialismus. Der Papst hat sogar mit dem Oberhaupt des italienischen Faschismus, mit Mussolini, den Frieden mit der Kirche geschlossen (...).[3]

Katholische Zentrumsfrau: laß Dich nicht verblüffen, wenn ein Weihbischof oder gar ein Erzbischof der Zentrumsfraktion im badischen Landtag einen Besuch abstattet. (...) Ein Bischof hat nie das Recht in Parteipolitik zu machen.[4] Er muß Bischof-Pontifex für alle Katholiken sein. Es wird den deutschen Bischöfen nicht unbekannt sein, das weit über 50 % der deutschen Katholiken nicht Zentrum wählen. (...) Es wird gut sein, jeder Bischof forscht nach den Gründen, warum über 50 Prozent der deutschen Katholiken - und es sind dies die Besten - nicht mehr Zentrum wählen. Katholische Zentrumsfrau:

Höre auf den Papst in Rom. Sei Du ein Vorbild für jene Bischöfe und Priester, die die mahnende Stimme des Papstes nicht hören wollen. Du hast ein Recht, jede Partei zu wählen, die die heiligsten Gefühle der Religion schützt und durch ihre Grundsätze der Kirche dient.

Das scheinheilige Zentrum, das vor lauter Machthunger seit 14 Jahren in wilder Ehe mit der gottlosen Sozialdemokratie lebt[5], hat sein Recht verwirkt, Anspruch auf Deine Stimme zu erheben, falls Du selbst noch ein verantwortungsvolles Gewissen hast.

Der Nationalsozialismus, der die christliche Religion schützt, wird nie vom Papst verboten werden, - dafür garantiert seiner Haltung gegenüber dem italienischen Faschismus.[6]

---

2   1918, in der Zeit revolutionären Umbruchs in vielen Staaten Europas, wollte der Papst vermeiden, daß der Streit um die Staatsform Republik oder Monarchie zu einer Frage des Glaubens gemacht wurde.

3   Der Vatikan schloß 1929 ein Konkordat mit dem von Mussolini regierten italienischen Staat, in dem der Kirchenstaat wiederhergestellt wurde, der seit der Gründung des italienischen Staates in der 2. Hälfte des 19. Jahrhunderts nicht mehr existierte, da er der italienischen Einigung zum Opfer gefallen war.

4   Die Bischöfe unterstützten das Zentrum. Seit 1931 sprachen sich mehrere Oberhirten öffentlich gegen die NSDAP aus, als erster Erzbischof Bertram von Breslau, der Vorsitzende der Fuldaer Bischofskonferenz, in seiner Silvesterpredigt 1931.

5   Das Zentrum regierte häufig in Preußen seit 1918 gemeinsam mit der SPD, im Reich und in vielen Ländern. Beide Parteien waren die wichtigsten Stützen des Weimarer Staates.

6   Der Faschismus ähnelte zwar dem NS ideologisch, aber es gab einen wichtigen Unterschied. Der NS betonte die Rasse, der Faschismus den Staat.

Zentrumsfrau erwache! Kein Papst verbietet Dir - dem Nationalsozialismus Deine Stimme zu geben. Komm mit uns.

Quelle: Rote Erde, 26.07.1932

Aufgaben:

1. Zeichnen Sie den Argumentationsgang des Artikels nach.
2. Welche Zielgruppe soll mit diesem Artikel angesprochen werden?
3. Untersuchen Sie, wie um diese Zielgruppe geworben wird.
4. Ziehen Sie Rückschlüsse von diesem Artikel auf die Wahlkampftaktik der Nationalsozialisten gegenüber dem Katholizismus.
5. Waren die Nationalsozialisten erfolgreich mit ihrer Taktik? Stellen Sie eine Hypothese auf und überprüfen Sie diese Hypothese an Hand der Wahlstatistik (M 5). Beziehen Sie auch die besondere Situation Dortmunds bzw. des östlichen Ruhrgebietes in Ihre Überlegungen mit ein.

M 13	Werben der NSDAP um katholische Wähler

Der katholische Pfarrer Senn[1] geißelt die Judenfreundlichkeit des Zentrums

"Halt! Katholizismus und Nationalsozialismus", die neue streitbare Kampfschrift eines mannhaften katholischen Geistlichen (...)

Die "Kölnische Volkszeitung", das "unfehlbare Lehramt in Deutschland", spottet über meinen - Antisemitismus. Man wird mir daher nicht verübeln können, wenn ich bei der Behandlung dieses Punktes gerade die KV ein wenig bevorzuge (...)

---

1 Wilhelm Senn war Pfarrer des Erzbistums Freiburg. Er verfaßte seit 1931 eine Reihe NS-freundlicher Schriften und wurde von den Nationalsozialisten reichsweit propagandistisch eingesetzt. Von seinem Vorgesetzten, seit 1932 Erzbischof Gröber, wurde er zweimal kurzfristig - bei Gehaltsfortzahlung - vom Dienst suspendiert, weil er antisemitische Schriften ohne kirchliche Druckerlaubnis veröffentlicht hatte. Im März 1934 wurde er beurlaubt, um seiner nazifreundlichen Vortragstätigkeit nachgehen zu können. Vgl. Weis, Roland: Würden und Bürden. Katholische Kirche im Nationalsozialismus, Freiburg i. Br. 1994, S. 35-38.

[Hinweis: Hier und an weiteren Textstellen folgen einige lokale Beispiele über die angebliche judenfreundliche Berichterstattung der Kölner Volkszeitung, die Senn deswegen heftig angreift. Dazu zählt auch der weiter unten zitierte „Fall Kareski".]

Man möchte das Haupt verhüllen und weinen um - verlorene katholische Ehre. (...)

Der Fall Kareski

Ich will hier wieder Alfred Rosenberg zitieren, der in seiner Schrift "Wesensgefüge des Nationalsozialismus" Seite 45 folgendes darüber sagt: „Der Talmud beschäftigt sich an mehreren Stellen mit Jesus, und zwar in unsagbar beschimpfender Weise. (...) Der Talmud ist heute noch für den überwiegenden Teil der Judenschaft verpflichtendes Sittengesetzbuch; das hatte das Zentrum nicht gehindert, seiner antichristlichen Praxis dadurch die Krone aufzusetzen, daß es 1930 den Vorsitzenden der Berliner jüdischen Kultusgemeinde, Georg Kareski, seinen Wählern als Reichstagskandidaten vorzusetzen wagte. Kareski ist dazu noch eingewanderter Ostjude, ist also ganz besonders talmudtreu, dazu ist er Zionistenführer, d.h. Vertreter des jüdischrassigen extremen Nationalismus; während also der deutsche Nationalismus vom Zentrum giftig als Häresie bekämpft wird, anerkennt man das Alljudentum durch Aufnahme seiner Extremisten in die Führung der Zentrumspartei. Als letztes - klingendes - kommt hinzu, daß Kareski Direktor beim jüdischen Devisenspekulanten Jakob Michael ist (...).
Eine schlimmere Verhöhnung Jesu Christi als die Kandidatur des Talmudjuden Kareski läßt sich überhaupt nicht vorstellen. (...) "
So weit Alfred Rosenberg. Ich habe dem nichts hinzuzufügen. - (...)

Ich bin sehr gespannt, auf die Belohnung, die dereinst am jüngsten Tage die "Kölner Volkszeitung" und das Zentrum für die aller Beschreibung spottende Größe ihrer "christlichen Lieb" auch dem "jüdischen Mitmenschen und Mitbürger" gegenüber erhalten werden und - welche Strafe der arme Pfarrer Senn wird einstecken müssen für seinen - "Antisemitismus"!!

(...) Und wenn das Zentrum wirklich seine heutige Machtstellung beibehalten, wenn es auch in Zukunft das "Zünglein an der Waage" bilden würde - mit wem würde es wohl seine Politik machen?
Zweifellos - mit der Sozialdemokratie.
Der furchtbarste "Dies ater" in der Geschichte des Zentrums und damit des deutschen Katholizismus ist zu suchen im Juli 1917, wo Matthias Erzberger - hinter dem Rücken der Zentrumsfraktion - das unselige Bündnis mit der Sozialdemokratie und - dem Liberalismus und Freimaurertum anbahnte und darin den "Ausgangspunkt

und das feste Band für eine stetige Mehrheit im Reichstag" und den "Anfang des parlamentarischen Regimes" erblickte.
Der "rechte Flügel" im Zentrum versagte. Das Zentrum ließ sich von Matthias Erzberger auf die schiefe Bahn drängen, und - als man einmal auf der schiefen Bahn war - gab es keinen Halt mehr.
Und diesen Matthias Erzberger, diesen unseligen Kuppler einer widernatürlichen Ehe, muß man heute noch als kleinen Hl. Märtyrer und als Zentrumsgröße ersten Ranges anerkennen - wenn man ein waschechter Zentrumsmann sein will.
An jenem furchtbarem "Dies ater" hat man es aufgegeben, charaktervolle, katholische Politik zu treiben, und hat bis heute nicht mehr zu charaktervoller katholischer Politik zurückgefunden. (Höchstens mußte man die Bemühungen, dieses widernatürliche Bündnis aufrecht zu erhalten - als charaktervolle - auf der Lehre von der Unauflöslichkeit der Ehe beruhende katholische Politik bezeichnen!!)
An jenem furchtbarem "Dies ater" wurde das Zentrum vom Herrgott verworfen. Von jener Stunde an, mußte der Herrgott sich umschauen - nach einem anderen Werkzeug - nach einem anderen Retter!
Wo diese 'Christusfront' in einer Schlachtreihe steht mit der Marxistenfront der Juden- und Freimaurerfront - da steht Christus nie und nimmer mehr und - wenn er auch tausendmal hineingelogen wird!

Wir wollen Hitler wählen und verlangen, daß wir deutsche Katholiken Hitler wählen dürfen! Und dieses Verlangen lassen wir millionenstimmig durch Deutschland brausen bis - an den Thron des hl. Vaters.

Wir wollen Hitler wählen, weil wir ihn - wie Mussolini in Italien - als das Werkzeug der ewigen Vorsehung betrachten.
Wir wollen Hitler wählen, weil er der Held ist, der dem Marxismus, dieser 'Pest' unserer Zeit und den dunklen internationalen Mächten, den 'Führern' des Satansreiches auf Erden den Kampf auf Leben und Tod angesagt hat.
Wir wollen Hitler wählen, weil er unser armes Vaterland wieder frei und groß machen, weil er den deutschen Augiasstall endlich einmal ausmisten, weil er den Materialismus - den Tod alles Übernatürlichen - niederringen und Ströme eines neuen Idealismus in unser Volk gießen wird. Wo aber Idealismus herrscht - da öffnen sich laufend Wege zum Evangelium Jesu Christi.

Kein Katholik wählt das atheisten- und judenfreundliche Zentrum,
sondern
Liste 2, Hitler!

Quelle: Rote Erde, 20.07.1932

Aufgaben:

1. Charakterisieren Sie die Art des Antisemitismus!
2. Welches Bild wird vom Zentrum vermittelt?
3. Ermitteln Sie die Zielgruppen und beschreiben Sie die Argumentationstaktik, mit der um sie geworben wird.
4. Die Zeitschrift heißt 'Rote Erde'. Setzen Sie den Titel in Beziehung zu Leserschaft und Inhalt.

| M 14 | **Eine linkskatholische Einschätzung des Verhältnisses von katholischer Kirche und NSDAP** |

„So wenig Verständnis der Katholizismus für jede Form von Wotanskult und für die Deutschkirche hat, so nahe liegen ihm doch gewisse, weniger plumpe Formen der faschistischen Ideologie. Die Worte "Autorität", "Vertrauen zum Führer", "Ruhe und Ordnung" finden ein geneigtes Ohr. Vom Wirtschaftsprogramm der NSDAP zum "Solidarismus", zum "Ständestaat" und ähnlichen, im Katholizismus weitverbreiteten Vorstellungen ist kein sehr weiter Weg. Die Front gegen den "Liberalismus und Materialismus", die der NS auch behauptet, deckt sich zu einem Teil mit der entsprechenden katholischen Front, auch der Antimarxismus wird lebhaft verstanden".

Die schwache Stelle des politischen Katholizismus stecke darin, daß er zwar gefeit sei "gegen abenteuerliche Putsche, gegen die Diktatur des Proletariats (...) gegen den NS Rosenbergs und der Straße - aber ob sein beunruhigtes Kleinbürgertum, seine Bauern, seine arbeitslosen Angestellten und Intellektuellen in entscheidender Stunde gegen den Reiz eines ideologisch gemäßigten "Dritten Reiches" sich wehren könnten, eines Dritten Reiches, das auf religiöse Verbrämung verzichtet, das in etwas weniger blutrünstigen Worten verkündet wird und auch sonstige Empfindlichkeiten schont, das ist eine ernste Frage. Was geschieht, wenn sich jene "Erwartung" der Bischöfe, "daß es den Führern der Bewegung gelingen werde, ihre Ziele und Grundsätze so zu entwickeln und zu klären, daß sie zu begründeten Mißverständnissen oder zu Bedenken bei gläubigen Katholiken keinen Anlaß mehr gäben", was geschieht, wenn sich jene rein auf die Ideologie bezogene Erwartung zwar nicht in Bälde, aber doch allmählich erfüllt?"

Quelle: Walter Dirks[1]: Die Arbeit, März 1932; zitiert nach: Schatz, Klaus: Zwischen Säkularisation und Zweitem Vaticanum. Der Weg des deutschen Katholizismus im 19. und 20. Jahrhundert, Frankfurt a. M. 1986, S. 240

Aufgaben:

1. Fassen Sie Walter Dirks` Aussage zu diesem Thema knapp zusammen.
2. Hatte Walter Dirks mit seiner Warnung recht? Überprüfen Sie seine Aussagen über den Nationalsozialismus und den politischen Katholizismus anhand der bisher erworbenen Kenntnisse und nehmen Sie Stellung.
3. Setzen Sie Dirks´ Hypothese in Bezug zu Hitlers kirchenpolitischer Taktik.

M 15	**Stellungnahme der deutschen Bischöfe zum Nationalsozialismus, 19.08.1932**

[Hinweis: In vielen Hirtenbriefen und Kundgebungen haben deutsche Bischöfe vor 1933 ihre Gläubigen vor dem Nationalsozialismus gewarnt und die Zugehörigkeit zur NSDAP als unvereinbar mit der Treue zur katholischen Kirche erklärt. Die Fuldaer Bischofskonferenz vom 17.-19. August 1932 hat diese Stellungnahmen zusammenfassend festgehalten.]

Votum betr. Stellungnahme der deutschen Bischöfe zur nationalsozialistischen Partei. Sämtliche Ordinariate haben die Zugehörigkeit zu dieser Partei für unerlaubt erklärt, weil

1. Teile des offiziellen Programms derselben, so wie sie lauten und wie sie ohne Umdeutung verstanden werden müssen, Irrlehren enthalten,

2. weil die Kundgebungen zahlreicher führender Vertreter und Publizisten der Partei glaubensfeindlichen Charakter, namentlich feindliche Stellung zu grundsätzlichen Lehren und Forderungen der katholischen Kirche, enthalten und diese Kundgebungen keine Ablehnung oder Widerspruch seitens der obersten Parteileitung erfahren haben. Es gilt dies auch von der Stellungnahme in Fragen der konfessionellen Schule, der christlichen Ehe u.a.m.

---

1 Walter Dirks war Redakteur bei der linkskatholischen Rhein-Mainschen Volkszeitung, die den republikanischen Zentrumsflügel um Josef Wirth unterstützte.

3. Es ist das Gesamturteil des katholischen Klerus und der treu katholischen Vorkämpfer der kirchlichen Interessen im öffentlichen Leben, daß, wenn die Partei die heiß erstrebte Alleinherrschaft in Deutschland erlangt, für die kirchlichen Interessen der Katholiken die dunkelsten Aussichten sich eröffnen.

4. Es ist nicht entschuldbar, wenn weite Kreise der Partei sich anschließen in der Absicht, nur die wirtschaftlichen Interessen und die Ziele des weltlich-politischen Gebietes, wie sie in der Partei vertreten sind, damit unterstützen zu wollen. Denn die Unterstützung der Partei selbst schließt, man mag wollen oder nicht, die Förderung ihrer Gesamtziele ein. Es kommt hinzu, daß die Verheißungen der Partei als unerfüllbar erscheinen.

Quelle: Krumwiede, Hans-Walter, u.a. (Hg.): Kirchen- und Theologiegeschichte in Quellen, Neukirchen-Vluyn 1980, Nr. 147

Aufgaben:

1. Ordnen Sie die Quelle in die historische Entwicklung ein.
2. Fassen Sie die Stellungnahme der Bischöfe und ihre Argumente zusammen.
3. Vergleichen Sie die Argumentation im vorliegenden Text mit der Kundgebung der Bischöfe in der Paderborner Kirchenprovinz (M 10).
4. Vergleichen Sie die Stellungnahmen der Bischöfe mit denen der WAZ oder des preußischen Zentrumsvorsitzenden (M 9). Überlegen Sie auch, welche Argumente in der Auseinandersetzung mit dem Nationalsozialismus Sie vermissen.

| M 16 | Ausgewählte Karikaturen |

Quelle: Aus den Veröffentlichungen des Volksvereins, 2. Hälfte 1932, Stadtarchiv Mönchengladbach 14/578

Fauler Zauber

Goebbels: „Nur immer hereinspaziert, meine Herrschaften!
Ein jeder kommt auf seine Kosten!"

Aufgaben:

1. Wie bewertet der Karikaturist das politische Programm der NSDAP?
2. Setzen Sie die Karikatur und den Text in Beziehung zum Parteiprogramm der NSDAP von 1920 (M 8)

Hugenberg:
„Nicht ohne mich, Herr Hitler!"

Däumling Hugenberg. „Die Angst beflügelt den eilenden Fuß."

Aufgaben:

1. Wie schätzt der Zeichner die Kräfteverhältnisse in der Harzburger Koalition ein?
2. In welchen Texten spiegelt sich diese Einschätzung in gleicher Weise wider?
3. Welche Konsequenzen ergeben sich aus dieser Einschätzung für die Strategie der Zentrumspartei und der Katholischen Arbeiterverbände?

| M 17 | Weltanschauliche Beurteilung des Nationalsozialismus |

Wie stehen wir zur "Einheitsfront"?
Der Nationalsozialismus als Einigungsbewegung

(...) Der Nationalsozialismus stellt weltanschaulich ein wildes Durcheinander aus den verschiedensten Weltanschauungen dar. Seinem Wesen nach ist er zutiefst liberalistisch.[1] Auf diesem (brüchigen) Fundament baute er eine waaghalsige Ideenpyramide auf. Teils Weltanschauung, teils Religionsersatz, dazu ein Stückchen Parteiprogramm, Wirtschaftsreform, gesellschaftliche Heilsbotschaft, Rassenlehre, Kollektivismus, Individualismus u.a.m. heidnisch-germanische Sittenbegriffe wurden vereinigt mit falsch verstandenen oder zu Irrlehren umgebogenen Gedanken des Christentums: Mal ist dieses "Christentum" völlig undefinierbar, mal schillert es lebhaft in antikatholischen Farben: von Luther wurde viel entliehen für die sittliche Grundlegung des Nationalsozialismus. Nietzsche steuerte seine Philosophie des Über- und Herrenmenschentums und den von ihm entwickelten Protest des Willens gegen die Vernunft bei, Lagarde ist mit seiner Forderung nach einer deutschen Kirche und seinem Antisemitismus in der nationalsozialistischen "Weltanschauung" vertreten. Chamberlain wurde als Verfechter des nordischen Rasseideals übernommen, von dem sozialistischen (jüdischen!!!) Altmeister Karl Marx entlieh man Teile seines modernen Sozialismus, Mussolini lieferte das Vorbild des Faschismus, nur Christus in seiner unverfälschten Lehre kommt wenig zu Wort. Das ist die Weltanschauung des Nationalsozialismus - zusammengesucht, widerspruchsvoll, opportunistisch, verschwommen, utopisch, Pathos ohne Ethos, potemkinsche Dörfer[2] im Geistig-Weltanschaulichen. Die nationalsozialistische Weltanschauung ist nicht einmal eindeutig christlich, geschweige denn katholisch.
Politisch ist der Nationalsozialismus Gegner des Volksstaates und der Demokratie und Verfechter des Diktaturgedankens.[3] Deshalb ist der Nationalsozialismus auch

---

1 Diese Einschätzung des Nationalsozialismus war in dieser oder ähnlicher Form im deutschen Katholizismus weit verbreitet und wurde auch nach 1945 häufig wiederholt. Der Liberalismus galt der katholischen Kirche als achristlich und antikirchlich mit einem Fortschrittsglauben, der an der Wissenschaft orientiert war. Nicht gottgegebene ewige Werte, sondern menschliche Übereinstimmung sah er als Grundlage gesellschaftlichen Zusammenlebens an. Die Kirche begriff daher den Liberalismus hauptsächlich als Positivismus und wirtschaftlichen Kapitalismus und nahm sein Eintreten für Rechtsstaatlichkeit, Gewaltenteilung und Verfassung kaum wahr.
2 Potemkinsche Dörfer waren reine Fassaden, die der russische Gouverneur Potemkin beim Besuch der Zarin Katharina der Großen errichten ließ, um ihr ein wohlgeordnetes ländliches Leben vorzuspielen.
3 In der NSDAP fanden sich einige Mitglieder ehemals regierender deutscher Fürstenhäuser, allerdings nicht in herausragenden Führungspositionen. Sie wie überhaupt die alten Eliten des Adels, des Militärs und der Beamtenschaft fanden ihre politische Heimat mehrheitlich in der DNVP. Mehrere bekannte Schwerindustrielle unterstützten seit der Harzburger Front die NSDAP finanziell.

das Sammelbecken der politisch Unreifen und Unmündigen geworden. Wirtschaftlich pendelt er haltlos zwischen Kollektivismus und Privatkapitalismus. Seine wirtschaftlichen Lehren sind teils nicht ernst gemeint und nur für die Propaganda bestimmt (Scheidung zwischen raffendem und schaffendem Kapital), teils sind sie wirklichkeitsfremd (die Federsche Geld- und Währungstheorie) oder dem Vorbild des italienisch-faschistischen Wirtschaftssystems entnommen (Forderung einer berufsständischen Ordnung). Sozialpolitisch fehlt dem Nationalsozialismus jede eindeutige Linie. Er verspricht allen alles, ohne auch nur einen Teil davon verwirklichen zu können. Seine Anhänger und Nachläufer, soweit sie aus der Arbeiterschaft kommen, haben in der Vergangenheit immer zu den Unorganisierten, den gewerkschaftlichen Drückebergern gehört. Man kann deshalb zu ihrem sozialpolitischen Wollen und Können kein großes Vertrauen haben. Auch gesellschaftspolitisch verzichtet der Nationalsozialismus auf jedes eigene, ausreichend begründete und geschlossene Bild.

Dieser in jeder Beziehung uneinheitliche und widerspruchsvolle Nationalsozialismus erhebt nun Anspruch darauf, Einigungsbewegung der deutschen Arbeiter zu sein. Für uns ist er das nicht. Soweit er das Ansinnen stellt, als Weltanschauung, etwa gar noch als christlich-weltanschauliche Bewegung angesprochen zu werden, müssen wir ihn als Katholiken entschieden und scharf ablehnen. Die Fuldaer Bischofskonferenz hat festgestellt, daß der Nationalsozialismus zu fundamentalen Wahrheiten des Christentums in schroffem Gegensatz steht.[4] Das genügt. Und was unsererseits politisch und wirtschaftlich, was sozialpolitisch und gewerkschaftlich zum Nationalsozialismus zu sagen ist, das ist hier in den vergangenen Jahren mit der notwendigen Eindeutigkeit gesagt worden. Es ist ganz undenkbar, daß der Nationalsozialismus, der sich "Arbeiterpartei" nennt, in der aber die Arbeiter nichts oder kaum etwas zu sagen haben für uns als Einigungsbewegung gelten kann. Eine von ehemaligen Fürsten, Adel, Schwerindustriellen, Großlandwirten, alten Militärs geführte und in Programm und Praxis wesentlich beeinflußte Partei, wie die nationalsozialistische, kann nie Einigungsbewegung der deutschen Arbeiter sein.

ng

Quelle: Westdeutsche Arbeiterzeitung, 27.08.1932

Aufgaben:

1. Arbeiten Sie heraus, wie der Verfasser den Nationalsozialismus beurteilt.
2. Überprüfen Sie, ob das Urteil des Verfasser zutreffend ist.

---

4 Die Fuldaer Bischofskonferenz verfaßte auf ihrer Jahrestagung vom 17.-19.8.1932 eine Stellungnahme gegen den NS (vgl. M 15), in der sie die wichtigsten Argumente der einzelnen Bischöfe zusammenfaßte, die in unterschiedlicher Form Christentum und Nationalsozialismus für unvereinbar erklärt hatten.

3. Vergleichen Sie den Argumentationsgang dieses Artikels mit den übrigen Ihnen bekannten Beurteilungen des Nationalsozialismus aus der Sicht des politischen Katholizismus. Berücksichtigen Sie dabei auch die politische Entwicklung des Jahres 1932!

M 18   Die SPD im Urteil der KAB

Wie stehen wir zur 'Einheitsfront'?
II. Die Sozialdemokratie und die 'Einheitsfront'.

Die ältesten Verfechter des 'Einheitsgedankens' sind die Sozialdemokraten. Schon bei der Gründung der christlichen Arbeiterbewegung[1] glaubten sie mit diesem Schlagwort den Nachweis führen zu können, daß eine selbständige christliche Arbeiterbewegung ebenso überflüssig wie schädlich sei. (...) Die christlichen Arbeiter aber ließen sich nicht täuschen. Sie merkten, daß die politische und gewerkschaftliche Mitgliedschaft nur ein Vorhang sein sollte, hinter dem sich still und möglichst unbemerkt auch die Durchsäuerung mit der atheistisch-materialistischen Weltanschauung des Sozialismus vollziehen sollte. Weil die christlichen Arbeiter das merkten, deshalb widerstanden sie.
Auch der Sozialismus, so wie er politisch in der Sozialdemokratie vor uns steht, wurzelt weltanschaulich im Liberalismus.[2] Er stand von Anfang an und steht heute noch in scharfer Front gegen Christentum und Kirche. Seine Begründer waren Atheisten, Gottlose, und seine Führer und Verfechter sind es bis auf wenige Ausnahmen auch heute noch (...).
Die Sozialdemokratie ist eine ausgesprochene Diesseitsbewegung mit heftiger Abneigung gegen jede Jenseitsreligion geblieben.
Politisch hat die Sozialdemokratie unzweifelhaft Wandlungen durchgemacht.[3] Unter dem erzieherischen Einfluß vornehmlich des Zentrums sind die sozialdemokra-

---

1 Die christlichen Gewerkschaften entstanden in den 1890er Jahren, weil sie sich in den sozialdemokratischen freien nicht repräsentiert fühlten, da die freien Gewerkschaften antikirchlich agitierten und antimonarchisch waren.
2 Die Ansicht, der Sozialismus wurzele im Liberalismus, geht auf den Mainzer Sozialbischof v. Ketteler zurück. Ketteler hatte den Sozialismus als illegitimen Sohn des Liberalismus bezeichnet (vgl. M 1).
3 Die SPD war im Kaiserreich verbal revolutionär gewesen, hatte die monarchische Staatsordnung abgelehnt und die Diktatur des Proletariats und Revolution gepredigt. In der Novemberrevolution 1918, die sie nicht aktiv herbeigeführt hatte, rief der Mehrheitssozialist Philip Scheidemann (SPD) dann aber gegen den Unabhängigen Sozialisten Karl Liebknecht (USPD) die parlamentarische statt die sozialistische Republik aus. Nachdem MSPD und USPD in den Arbeiter- und Soldatenräten meist die Regierung auf allen staatlichen Ebenen ausgeübt hatten, setzte die MSPD die Wahl zur verfassunggebenden Nationalversammlung durch. In ihr ging die MSPD, die die

tischen Massen weitgehend an den demokratischen Staat herangebracht worden. Wenn wir das anerkennen, dann dürfen wir nicht verabsäumen, zu betonen, daß trotz dieser Wandlungen große politische Gegensätze zwischen uns und der Sozialdemokratie bestehen. Wir wollen den christlichen Volksstaat, die Sozialdemokratie will nach wie vor einen aus der Idee des Sozialismus gewachsenen und aufgebauten Staat. Wirtschaftlich sind die Gegensätze nicht geringer. Sein Ideal ist die sozialistische, kollektivistische Planwirtschaft - eine Wirtschaftsform, wie sie zu verwirklichen nicht möglich und wegen ihrer Persönlichkeitsfeindschaft auch zu verwerfen ist. Die Klassenhaltung der Sozialdemokratie, die Propagierung des Klassengedankens muß auf unsere grundsätzliche Gegnerschaft stoßen. Wir vertreten den Standes- und Volksgemeinschaftsgedanken. Gesellschaftspolitisch schwebt dem Sozialismus als letztes Ziel die klassenlose Gesellschaft vor. Dieses Ideal ist ein Falsches und widerspricht der Natur des Menschen und der Gesellschaft. Schichtungsunterschiede in der Gesellschaft sind durch die Verschiedenartigkeit von Veranlagung, Beruf, Arbeit, Interessenkreis der einzelnen Menschen naturgegeben - wenngleich schon die Überwindung des heutigen allzuschroffen Klassengegensatzes auch ein von uns heiß erkämpftes Ziel ist (...)

Die nächste Zeit wird die Sozialdemokraten als Verfechter des Einheitsgedankens wieder stärker in Front sehen. Unter Hinweis auf die vergangene Zusammenarbeit in politischen Koalitionen im Reich und in den Ländern werden sie an uns herantreten und die christlichen Arbeiter zu gewinnen suchen. Hier und da ist das bereits geschehen. Sie werden auf die politische Zusammenarbeit mit dem Zentrum hinweisen, werden davon reden, daß sie doch dem Konkordat in Preußen zugestimmt hätten. Damals hätte man zusammengestanden. Diese Zusammenarbeit müsse sich auch jetzt erproben, wo es gelte, den geschlossenen, einheitlichen Kampf gegen den vordringenden Faschismus und die wiedererstarkte soziale Reaktion zu führen. Es hätte sich doch herausgestellt, daß sie, die Sozialdemokraten, garnicht so schlimm seien wie ihr Ruf, auch ihre Christentumsfeindlichkeit sei nicht mehr da, wie die Annahme des Konkordatsvertrages beweise (...).

Diese sozialdemokratischen Lockungen werden dringlicher werden, je mehr die Sozialdemokratie vom Druck der Verantwortung entlastet wird.[4] (...) Sie will nur neue Mitglieder und Anhänger gewinnen. Zugleich hofft sie, den Nationalsozialisten, wenn diese zur Regierung kommen, durch ihre Anträge das Leben schwer zu machen und sie vor den eigenen Wählern bloßzustellen. Täuschen wir uns nicht, die Lockung der Sozialdemokratie mit der 'Einheitsfront' und auch diese und jene Maßnahme, die sie aus der Opposition herausstellen wird, sind auch dazu bestimmt, den christlichen Arbeiter zu gewinnen. Die christlichen Arbeiter werden

---

absolute Mehrheit mit 37,9% verfehlt hatte, dann eine Koalition mit DDP und Zentrum ein, die sie in den Folgejahren fortsetzte. Dabei schloß sie mit ihren Koalitionspartnern politische Kompromisse und rückte weiter von revolutionären Zielen ab.

4 Seit dem Scheitern der Großen Koalition im Reich 1930 und dem Preußenschlag der Präsidialregierung von Papen im Juli 1932, der die letzte Weimarer Koalitionsregierung aus dem Amt entfernte, war die SPD nicht mehr an wichtigen Regierungen beteiligt.

sich eine ähnliche Oppositionsstellung wie die Sozialdemokratie nicht erlauben können, wenn sie nicht wollen, daß der Nationalsozialismus eine Alleinherrschaft antritt und diese schrankenlos ausnützt. Die Alleinherrschaft des Nationalsozialismus kann einzig das Zentrum und mit dem Zentrum die christliche Arbeiterschaft in ihren Schlüsselstellungen hindern. Das aber heißt: Verantwortung übernehmen, notfalls auch, selbst unter dem heftigen Trommelfeuer der gegnerischen Agitation, bei Regierungsbildungen dabei sein. Die Sozialdemokraten kennen die schwierige Aufgabe und Situation des Zentrums und der christlichen Arbeiterschaft ganz genau. Das Zentrum und die in ihm politische organisierte Arbeiterschaft sind für die Sozialdemokratie ein Schutz gegen Übermacht und Übermut der Nationalsozialisten und zugleich ein Angriffsobjekt für ihre politische oder gewerkschaftliche Agitation (...)

Wenn wir mit der Sozialdemokratie in der Vergangenheit Koalitionen gebildet haben, dann taten wir das, weil das Volks- und Staatsinteresse und die Notwendigkeiten einer geordneten Gesetzgebung solches geboten. Der gleiche Beweggrund war bei der Sozialdemokratie maßgebend. Nie ist daran gedacht worden, weder bei uns noch bei der Sozialdemokratie, daß diese Zusammenarbeit zu einer Aufgabe der Selbstständigkeit führen und in einer geistigen und organisatorischen Gemeinschaft enden müsse. Wir sind aus Staatsnotwendigkeiten zusammenmarschiert - aber in getrennten Heerhaufen. Sind die Notwendigkeiten oder Möglichkeiten des Zusammengehens entfallen, dann kann erst recht nicht die Rede davon sein, daß wir die Selbstständigkeit unserer eigenen politischen und Arbeiterorganisationen aufgeben und ins andere Lager gehören. Wir bleiben, was wir sind und immer waren, katholische Arbeiter mit eigenen Anschauungen (...) . (...)

Die 'Einheitsfront', wie sie von der Sozialdemokratie propagiert wird, muß von uns abgelehnt werden, denn sie wird von den Sozialdemokraten nicht um ihrer selbst willen gefordert, sondern mit dem Hintergedanken, die katholischen und christlichen Arbeiter für den Sozialismus zu gewinnen - für einen Sozialismus, der mit unserer weltanschaulichen, gesellschaftlichen, politischen und wirtschaftlichen Auffassung unvereinbar ist.

ng

Quelle: Westdeutsche Arbeiterzeitung, 03.09.1932

Aufgaben:

1. Fassen Sie die Argumente des Verfassers gegen eine Zusammenarbeit mit der SPD systematisch zusammen.
2. Untersuchen Sie, wie das Zentrum seine eigene politische Rolle während der Weimarer Republik und in der Auseinandersetzung mit dem Nationalsozialismus sieht.
3. Beurteilen Sie die hier dargelegte politische Taktik vor dem Hintergrund der wirklichen politischen Entwicklung der Jahre 1930 - 1933.

| M 19 | Bewertung der Entwicklung der NSDAP |

Jahres-Bilanz

(...) - In einer anderen Hinsicht bleibt das Jahr 1932 noch bemerkenswert: Der Nationalsozialismus hat seine äußersten Grenzen erreicht und flutet bereits wieder zurück. An ein neues Vordringen über seinen höchsten Stand hinaus glauben wir nicht. Der Rückgang von 13.7 Millionen Wähler auf 11.7 Millionen ist zwar nicht katastrophal, aber symptomatisch. Die unbedingte Siegeszuversicht hat einen entscheidenden Stoß erhalten. In diesem Zusammenhang ist eine andere Seite erwähnenswert. Der Nationalsozialismus hat es immer abgelehnt, lediglich als politische Partei angesprochen zu werden. Er wollte mehr sein, wollte als Lebensbewegung, als Weltanschauung gelten, d.h. er wollte nicht nur den Staat, sondern auch die Betriebe, die Erziehung, die Schule, das geistige Leben, ja selbst die Kirchen erobern. Das ist ihm in keiner Weise gelungen. Im Augenblick seiner größten Fortschritte bei politischen Wahlen ist er bei den Studentenwahlen an den Hochschulen, bei den evangelischen Kirchenvorstandswahlen, bei Elternbeirats- und Betriebsvertreter-Wahlen nicht nur nicht vorangekommen, er hat zumeist sogar sehr kläglich abgeschnitten. Die Weltanschauungsbewegung des Nationalsozialismus ist zu einer, wenn auch gegenwärtig noch großen Partei zusammengeschrumpft, hat sich also ideologisch verengt.

In einer letzten Hinsicht ist noch eine Bemerkung notwendig: das Volk muß sich der Gefahr des drohenden Bolschewismus stärker bewußt werden. Die Umstände sind nicht so, daß man diese Gefahr auf die leichte Schulter nehmen könnte. Bolschewismus ist für ein hochentwickeltes Volk wie das deutsche in keiner Hinsicht Fortschritt, auch in sozialer Hinsicht nicht für den deutschen Arbeiter. Bolschewismus ist für ein kulturell hochstehendes Volk ein Rückfall in ein Stück Barbarei und Unfreiheit (...)

ng

Quelle: Westdeutsche Arbeiterzeitung, 31.12.1932

Aufgaben:

1. Geben Sie mit eigenen Worten wieder, wie der Verfasser den Nationalsozialismus einschätzt.
2. Untersuchen und beurteilen Sie, inwieweit diese Einschätzung zutreffend war.
3. Stellen Sie dabei auch eine begründete Vermutung über die Ursache etwaiger Fehleinschätzungen des Verfassers an!

1.2. Die Phase der Machtergreifung

M 20   Der 30.1.1933 aus der Sicht der NSDAP

Deutsche Schicksalswende

Der Tag, den wir in tausend und abertausend Versammlungen ersehnten, für den wir Terror, Verfolgung und Verspottung auf uns niederprasseln ließen, für den wir bluteten und für den die besten Freiheitssoldaten ihr Leben gaben, er ist da. Der Führer zur deutschen Freiheit Adolf Hitler hat das erste große Teilziel seines welthistorischen Kampfes erreicht. Legal, gesetzlich, wie es die einzige realpolitische Möglichkeit in der parlamentarischen Demokratie war, ist er verantwortlicher Kanzler des deutschen Reiches geworden und hat damit die Staatsmacht erobert. In triumphalem Siegeszug, gegen eine Welt von Neidern und Feinden, gegen die Mächte des Geldes und gegen die bolschewistische Unterwelt hat er, titanischer Willensmensch, den Stuhl Bismarcks bestiegen, er, der kleine Herr Hitler aus Braunau, über den der ganze jüdische Chorus der ewig Gestrigen und Systeminteressenten nicht genug spotten konnte. Was alle die Kleingeister, Liberalisten und Berufsparlamentarier in ihrer Engstirnigkeit nie für möglich gehalten hätten, der Frontsoldat Hitler hat es geschafft, getragen vom heroischen Glauben an die Mission für sein Volk, erfüllt von Tatkraft und Energie, er, der nach Ansicht aller "klugen" Köpfe nur ein Schwätzer, Narr und Agitator sein sollte: Er ist an der Macht! Der Beweis ist erbracht: Männer machen die Geschichte.

Seit Jahrzehnten ist es in der Geschichte unseres Volkes nicht vorgekommen, daß ein politisches Ereignis mit solchem Jubel begrüßt wurde. Wer nahm sonst von einem Regierungswechsel sonderlich Notiz? Die Ernennung eines Adolf Hitler zum Kanzler wirkte wie ein Fanal. Mit einem Male war dieses 60-Millionen Volk, war die Welt elektrisiert. Jeder, ob Freund oder Feind, verspürte es: Eine Wende ist da: Der Mann kommt, nach dessen kräftiger Hand sich alle sehnen, die geistig, seelisch und materiell im chaotischen Strudel der Novemberschande zu ersticken drohten.

Und unsere Blicke schweifen zurück, 11 Jahre rückwärts, als in Italien Benito Mussolini nach seinem Marsch auf Rom die erste nationale Regierung seines Volkes bildete, die Italien zu einer neuen Blüte verhalf. Auch er regierte damals noch zusammen mit Männern, die außerhalb der faschistischen Partei standen. Aber er wurde getragen von der Autorität seines Königs und er setzte sich durch.

Wir gehen, dem Führer folgend, an die Arbeit (...).
Der 9. November wird ausgelöscht. Der Marxismus ist nun zur Ohnmacht verurteilt und nur noch zu hämischen Glossen und prahlerischen Schreiereien fähig. Auch das wird vergehen, wenn das deutsche Volk erkannt hat, daß endlich der Mann da ist, der regiert und wahrhaft führt, der die Ehre der Nation wiederherstellt und das Lebensrecht der Nation sichert.
An die Arbeit! Für Deutschland! Für Freiheit und Brot!
Eine neue Epoche in der Geschichte Deutschlands beginnt. Der Nationalsozialismus wird dieser Zeit seinen Stempel aufdrücken.

Wir geloben in dieser Stunde dem Führer die unverbrüchliche Treue bis zum Letzten!

Quelle: Rote Erde, 31.01.1933

Aufgaben:

1. Worin liegt nach Auffassung des Autors die historische Bedeutung des 30.1. 1933?
2. Der Verfasser behauptet, Hitler sei legal an die Macht gelangt. Wie beurteilen Sie diese These?
3. Welche Feindbilder werden in diesem Artikel sichtbar?
4. Worin liegt die Bedeutung des 9. November für die Geschichte der Weimarer Republik?
5. Wie beurteilen Sie den Satz: "Männer machen die Geschichte"?

M 21	Der 30.01.1933 aus Sicht des Zentrums

Die Harzburger Front am Ziel

(...) Allem Anschein nach muß Hitler sehr stark von seinen Forderungen zurückgewichen sein. (...) Hitler ist Reichskanzler, aber durchaus nicht der allein maßgebende Mann im Reichskabinett, sondern da er nur noch zwei von seinen Parteifreunden als Reichsminister neben sich hat, stets abhängig von den anderen Vertretern der Harzburger Front und den Ministern, die aus dem Kabinett von Schleicher in das neue Kabinett eingetreten sind. Das von den Nationalsozialisten angekündigte Dritte Reich bricht somit noch nicht an. Hitler ist nicht der alleinige Diktator, ausgestattet mit aller Macht, sondern nur ein Beteiligter an dem Spiel, das die Harzburger Front jetzt in der Öffentlichkeit spielen muß.

Der Auftrag, den Reichspräsident von Hindenburg dem früheren Reichskanzler von Papen erteilt hatte, im Rahmen der Reichsverfassung und in Zusammenarbeit mit dem Reichstag die Möglichkeiten einer Regierungsbildung zu "prüfen", ließ darauf hindeuten, daß eine Reichsregierung hätte gebildet werden sollen, die sich auf die Parteien vom Zentrum bis zu den Nationalsozialisten hin erstreckte. Herr von Papen hat jedoch geglaubt, das Zentrum vollkommen übersehen zu können. Es muß, um aller Zweideutigkeit vorzubeugen, festgestellt werden, daß Reichspräsident von Hindenburg sich von der Idee leiten ließ, daß mit allen in Betracht kommenden Parteien verhandelt werden müsse. Mit dem Zentrum wurde jedoch in keiner Weise Fühlung aufgenommen, weder von den Nationalsozialisten noch vom Herrn von Papen (...). Der Zweck dieses Vorgehens liegt klar auf der Hand. Man wollte unter sich einig werden, um das Zentrum dann vor vollendete Tatsachen zu stellen (...). Reichskanzler Hitler, der sich ohne Zutun und Befragen des Zentrums mit Hugenberg, Seldte und von Papen verbunden hat, muß zusehen, wie er mit der Harzburger Front ohne das Zentrum auskommt. Selbst wenn in nationalsozialistischen Kreisen offen und versteckt erklärt wird, man wolle doch das Zentrum nicht vor den Kopf stoßen, so gelten diese verspäteten Liebeserklärungen nichts. Die Ehe zwischen dem Sozialisten Hitler und dem Kapitalisten Hugenberg ist geschlossen! (...) Das neue Kabinett verfügt im Reichstag über keine Mehrheit. Es könnte somit ohne weiteres durch eine Reichstagsmehrheit gestürzt werden. Die Kommunisten haben bereits einen Mißtrauensantrag eingebracht, und auch die Sozialdemokraten haben heute nachmittag beschlossen, einen solchen Antrag einzubringen. Was das Zentrum anlangt, so ist es der Auffassung, daß der neuen Regierung Zeit zu geben ist, um zunächst einmal ihre Pläne in Ruhe auszuarbeiten. Erst wenn bekannt ist, welchen Weg die neue Reichsregierung einzuschlagen gedenkt, wird das Zentrum seine Entscheidung treffen. (...)

Quelle: Tremonia, 31.01.1933

Aufgaben:

1. Wie beurteilt die "Tremonia" die neue Regierung?
2. Wie steht das Zentrum dem Machtwechsel gegenüber?
3. Welche Perspektiven ergeben sich für die weitere politische Arbeit?

| M 22 | Der 30.01.1933 im Urteil der SPD |

Hitler Reichskanzler
Der Naziführer schwört auf das "System von Weimar"
und wird Gefangener Hugenbergs

Hitler ist Kanzler und das deutsche Volk hat das in aller Gelassenheit registriert. Als um die Mittagszeit die Kunde durch den Rundfunk kam, horchte man wohl auf, aber auf den Straßen, in den Straßenbahnen und wohin man auch sonst blickte, nahm man die Tatsache von Hitlers Kanzlerschaft gelassen auf, bis in den späten Abendstunden die Kommunisten "Nieder, nieder!" zu rufen begannen und gegen Abend hier und da Nazis und Stahlhelmer jubelten.
Den Kommunisten blieb es vorbehalten, aus der Kanzlerschaft Hitlers so etwas wie eine Sensation zu machen und das mit den üblichen Hetzreden gegen die Sozialdemokraten, das Reichsbanner und die Gewerkschaften zu verbinden.
Was ist geschehen, das einen Grund zur Erregung geben könnte? Bisher gar nichts. Der Reichspräsident hat den Führer der stärksten Partei, Adolf Hitler, nach langem Zögern mit der Bildung einer verfassungsmäßigen Regierung beauftragt. Das ist alles, und ähnliches hat er auch vor Jahren schon einmal getan, als er einem Kabinett die Zustimmung gab, in dem neben dem Zentrum und anderen Parteipolitikern Deutschnationale als Minister saßen.
Auch was sich seit Montagmittag abgespielt hat, liegt ganz im Rahmen des regelrechten parlamentarischen Betriebes. Wir haben gestern mit aller Deutlichkeit darauf hingewiesen, daß ein Minderheitskabinett der Rechten, das unter "Notstandsrecht" und unter Ausschaltung des Reichstags regieren sollte, Verfassungsbruch begehe. Zunächst aber bewegt sich Adolf Hitler durchaus nicht auf dieser Linie. (...)

Quelle: Westfälische Allgemeine Volkszeitung, 31.01.1933

Aufgaben:

1. Warum reagiert die sozialdemokratische Presse auf die Machtergreifung Hitlers mit "Gelassenheit"?
2. Wie interpretieren Sie unter diesem Gesichtspunkt die Überschriften auf der ersten Seite der Volkszeitung?
3. Worin unterscheidet sich der vorliegende Kommentar von dem Leitartikel der Zeitung "Rote Erde"?
4. Versetzen Sie sich in die Situation eines neutralen Zeitungslesers im Jahre 1933 und versuchen Sie, sich auf der Grundlage der Presseberichterstattung zum 30. Januar ein objektives Urteil zu bilden.

| M 23 | Der 30.01.1933 im Urteil der KAB |

Das Dritte Reich ist ausgebrochen

Es ist erreicht! Herr Hitler ist Reichskanzler. Zwei seiner Unterführer, Göring und Frick, sind Minister. Über jede weitere Auskunft wende man sich vertrauensvoll an Herrn Hugenberg.
Das Dritte Reich ist da. Sein Ausbruch erfolgte etwas unprogrammgemäß und entgegen allen Hoffnungen selbst der Nationalsozialisten. Es ist sozusagen ausgebrochen, als seine besten Anhänger schon nicht mehr so recht daran glaubten. (...)
Wie ganz anders hatte man sich in seinen kühnen Wunschträumen den Anbeginn des Dritten Reiches ausgemalt. Am Tage nach der Machtübernahme sollten alle Notverordnungen aufgehoben, jede Lohn- und Rentenkürzung rückgängig gemacht, jede Ungerechtigkeit beseitigt werden. Der Führer sollte sein großes, welterrettendes Programm dem aufhorchenden Volke kundtun. Man würde Arbeit und Brot schaffen. Der Plan lag - nach den feierlichen Erklärungen des höchsten Parteiführers - fix und fertig in der Schublade. Alles war aufs beste vorbereitet. "Darum (...) Alle Macht an Hitler!"
Statt dessen begann es mit neuen Notverordnungen. Keine alte wurde außer kraft gesetzt, keine Ungerechtigkeit ausgeräumt. Man wartete auf das große Wirtschaftsprogramm und wurde mit einem zu nichts verpflichtenden Aufruf abgespeist. (...) Statt sofortiger Hilfe, die man versprochen, vertröstet man Arbeiter und Bauern nach bolschewistischer Methode auf zwei Vierjahrespläne. Einem klaren Bekenntnis zu einem sachlichen Programm, so wie es das Zentrum forderte, ist die Regierung ausgewichen. Statt Brot und Arbeit brachte man dem Volke Neuwahlen. Die Leistung der letzten 14 Jahre wurde schlecht gemacht, zugleich fordert man vom Volke einen Wunderglauben an das Heilsrezept der Harzburger.[1] Wer skeptisch ist und dieses äußert, dem rückt man mit Presseverboten zu Leibe. So brachte uns das Dritte Reich bisher nur viele Worte, Proklamationen, Heilsbotschaften und Parlamentsauflösungen - nur auf etwas Greifbares über Programm und Weg der Harzburger wartet man vergebens.
Das hat seinen guten Grund. Die Harzburger Front ist eine Koalition zwischen einer nationalistisch getarnten, kapitalistischen Reaktion und einem nationalrevolutionären Sozialismus. Das ist ein unnatürlicher Bund. Der eine Teil der Harzburger Front muß notwendigerweise den anderen betrügen. Man arbeitet zusammen, aber jeder will sich einen möglichst großen Anteil an der Beute sichern. Die einen rech-

---

1 Gemeint ist die sog. Harzburger Front. Im Oktober 1931 hatten sich in Bad Harzburg die DNVP, NSDAP und Stahlhelm in einem Aktionsbündnis zusammengeschlossen, um gemeinsam gegen die Regierung Brüning zu agitieren, deren Plan einer Zollunion mit Österreich gerade gescheitert war. Die NSDAP machte das Zusammengehen mit den Deutschnationalen gesellschaftsfähig; die DNVP glaubte, Hitler als "Trommler" für ihre Ziele eingespannt zu haben.

nen mit Osthilfe und Subventionen, die anderen mit den Amtsstellen. Die einen wollen Privatkapitalismus, die anderen rufen nach Sozialismus. (...)
In amtlichen und nichtamtlichen Erklärungen wird unterschieden zwischen national und nichtnational. Alles, was zur Harzburger Front zählt, ist - bis auf weiteres - national, alles, was draußen steht, gilt als nichtnational. Durch solche Unterscheidungen spaltet man das Volk in zwei Lager. Man belastet den einen, größeren Teil des Volkes mit dem Vorwurf unnationaler Gesinnung und Haltung und erhebt den anderen, kleineren Teil über seinen tatsächlichen Wert hinaus zum Hort aller nationalen Güter. Auf diese Weise kann man nicht *Volksgemeinschaft* und Nation schaffen; auf solche Weise bringt man es dahin, daß das Vaterland zu einem dauernden Bürgerkriegsgebiet wird.
In den Erklärungen und Aufrufen ist viel die Rede von Gott, Gottesglaube und Christentum. Wir wünschen, daß man weniger christliche Gesinnung deklamiere, als sie vielmehr durch den Inhalt der Regierungsmaßnahmen und durch die Art der Regierungsführung beweise.
Was die Arbeiterschaft von dem neuen "System" zu erwarten hat, das dürfte jedem denkenden Arbeiter ziemlich klar sein. Zu denjenigen, die jederzeit ihre Abneigung gegen die Rechte der arbeitenden Menschen bekundet haben, gehört der Wirtschaftsdiktator im Kabinett Hitler, Herr Hugenberg. Er hat seine sozialreaktionäre Haltung nie verleugnet, er hat nie verschwiegen, daß er ein Feind einer aufrechten, selbständigen Arbeiterbewegung und ein Freund unselbständiger, gegängelter gelber Arbeiterscharen ist. Es ist die Rede davon, daß das Arbeits- und Tarifrecht - später, nach den Wahlen - dem Arbeitsministerium entzogen und Herrn Hugenberg unterstellt werden soll. Was das bedeuten würde, ist klar. Das wäre der Anfang vom Ende des Arbeits- und Tarifrechts. Eine solche Maßnahme müßte von der Arbeiterschaft als schärfste Kampfansage aufgefaßt werden.
Noch sind die letzten Dinge in der Harzburger Front und in der Regierung nicht abzuschätzen. Wenn - was die Zusammensetzung der Regierung und die größere Zielklarheit Hugenbergs andeutet - Herr Hugenberg der starke Mann im Kabinett ist, dann ist das nicht nur für die politische und taktische Situation der Nationalsozialisten von entscheidender Bedeutung, sondern ein Übergewicht Hugenbergs wird auch sozial gesehen sich in schärfster Kampfstellung der Regierung gegen die deutsche Arbeiterschaft ausdrücken.

Über eines muß sich das nicht zur Harzburger Front gehörende Volk, vor allem auch die deutsche Arbeiterschaft klar sein: Freiwillig wird das neue Regime so leicht seinen lange und heiß ersehnten Platz nicht räumen. Auch dann nicht, wenn bei der Wahl das Volk in seiner Mehrheit gegen die Harzburger entscheidet. Der Hugenbergsche "Tag" vom 5. Februar spricht bereits ganz unverblümt aus: "Die Wahl am 5. März entscheidet nicht etwa über die Frage, ob die deutsche Nationalregierung am Ruder bleiben soll oder nicht. Diese Frage ist bereits entschieden."

(...) Die Nationalsozialisten - sie sind in dieser Frage die Treiber - wollen mit allen erdenklichen Mitteln ihre eroberte Machtstellung unterbauen. Wir sind nicht bange, daß sich solchen Versuchen, wenn sie sich über die Volksmeinung hinwegsetzen und diese mißachten, das deutsche Volk nicht mit geneigtem Haupte fügen wird. (...)

ng

Quelle: Westdeutsche Arbeiterzeitung, 11.02.1933

Aufgaben:

1. Fassen Sie die wichtigsten Kritikpunkte an der Regierung Hitler knapp zusammen.
2. Beobachten Sie am Textwortlaut, wie die Kritik am neuen Regime zum Ausdruck gebracht wird.
3. Wie wird die politische Situation, insbesondere die Machtverteilung in der "Harzburger Front", eingeschätzt? Ist diese Einschätzung zutreffend?
4. Vergleichen Sie die Aussagen des Textes mit den Karikaturen in M 16!

M 24   **Im Wahlkampf März 1933**

Nationale Revolution?

Harzburger Front ist Trumpf! Neuwahlen sind die Folge.
Wie schrieb doch seinerzeit Herr von Papen (...): "Nach Brüning kommt das Chaos!" So sieht`s aus, nur nennt man`s anders. Diejenigen, die das Bürgertum revolutioniert, das Denken verwirrt, das rechtliche Empfinden ausgehöhlt und den Gewaltgedanken gepredigt haben, sind dabei, einen Staatsnotstand zu schaffen, den sie zum Ausgangspunkt nehmen zur Gegenrevolution.
Nationale Revolution? Nein! Einstweilen nur Signal dafür, daß (...) rechts und links (...) Rachegeschrei zunimmt, politische Morde sich häufen, die allgemeine Unsicherheit wächst. Fürwahr - ein seltsamer Aufbruch! (...)
Niemand kann verkennen, daß es jetzt wirklich ums Ganze geht. Nämlich darum, ob bestimmte Parteien und Gruppen die Macht an sich reißen, die Staatsgewalt in ihren Dienst stellen und sie andere fühlen lassen. Das wäre ein Sieg nicht des Nationalen, sondern des Parteigedankens, das wäre die Verewigung der Kluft, die unser Volk verhindert, eine Einheit zu werden. Das kann nicht sein und das darf nicht sein. Darum setzen wir bewußt den Kampfparolen dieser Tage eine andere entgegen. Nicht links oder rechts! Weder das eine noch das andere!

Der gesunde Sinn, die Vernunft, die Möglichkeit der Verständigung liegt in der Mitte. Wer "rechts" sagt, verkündet die Todfeindschaft gegen links. Und wer "links" sagt, die Todfeindschaft gegen rechts. (...) Wenn wir dieser falschen Parole "entweder-oder" eine klare und entschlossene Absage erteilen, so wollen wir damit verhindern, daß unser Deutschland auf lange Zeit ein Bürgerkriegsgebiet wird, in dem Generäle und Truppen aufgehetzter Menschen gegeneinander wüten, um sich selbst zu vernichten. Was wir brauchen, ist nicht Selbstvernichtung, sondern Selbstbesinnung. Es kann kein Zweifel sein, wo katholische Arbeiter in dieser entscheidenden Auseinandersetzung über alle kommenden Dinge zu stehen haben. Wir stehen da, wo unser altbewährtes Zentrum steht. Sein Geist, seine Auffassung von Staat und Volk, ist auch die unserige. Mit ihm kämpfen wir den Kampf. Für Volkseinheit. Wir sehen diejenigen am Werk, die unser Volk heillos zerklüften und zerspalten. Wir sind so weit, daß ein Teil den anderen als vogelfrei erklärt und verkündet, daß, wer seine Ansicht nicht teilt, ein Landesverräter sei. Wer so spricht und tut, ist ein Feind der Volkseinheit, ein Feind Deutschlands. (...)

Für Volksfreiheit. Der Philosoph der nationalen Konzentration, Spengler, erklärt irgendwo, Rechte des Volkes seien lächerlich. Es gäbe nur ein Volksrecht, das auf die Leistungen derer, welche regieren. Wir wissen, was er damit meint. Das heißt, die Regierung hinnehmen, einerlei, wie sie aussieht und woher sie kommt. So haben wir nicht gewettet. Wir können uns nur eine Regierung denken, die aus höchster Gewissenhaftigkeit heraus den Staatsgedanken als sittliche Idee und nicht als ein Machtinstrument ansieht. Wir verwerfen den Staat, der den Einzelnen, den Familien, den freien Verbänden keinen Atem mehr lassen und den Untertan für sich allein beschlagnahmen will. Und dieser falsche Staat will heute werden. Was ein Freiherr vom Stein vor hundert Jahren geschaut, daß es kein Volk geben kann ohne freie Bürger und daß diese Freiheit Mitbestimmung im Staate heißt, das kann heute nicht falsch sein. Wir wollen keine Heloten sein, keine unselbständigen Massenmenschen werden, die vor jedem Briefkasten stramm stehen müssen.
Für das Recht, das niemals eine Erfindung von Parteien und Gruppen und das Ergebnis ihrer Macht sein kann. Wir sind heute in einer Verwirrung des Rechtsbewußtseins wie nie zuvor. Weite Kreise des Volkes haben den Eindruck, daß Regierende keine Hochachtung vor den verfassungsmäßigen Volks- und Landesrechten haben. Damit ist der Glaube an die Allgewalt des Rechtes ins Wanken gekommen. Das nennen wir die größte Gefahr der Stunde. (...) Wo kein Recht mehr ist, wird Gewalt und Gewalttätigkeit sein. Wir aber können nicht anders, als kämpfen

> für das Recht - gegen das Unrecht
> für das Gesetz - gegen die Gesetzwidrigkeit
> für die Verfassung - gegen den Verfassungsbruch.
> Für soziale Gerechtigkeit.

Es darf nicht sein, daß wirtschaftliche Gruppen, - und wären sie noch so stark - daß Schwerindustrie und Großgrundbesitz des Ostens den deutschen Staat beherrschen

und das deutsche Volk niederzwingen. (...) Für diese Ideen gehen wir in den Wahlkampf, mit dem klar erkannten Ziel, denen die Herrschaft zu verwehren, die danach trachten. Sie sollen am 5. März die Mehrheit nicht haben.
Sie sollen nicht die Möglichkeit bekommen, zu tun, was ihnen beliebt. Sie sollen mit uns rechnen müssen, so oder so. Der Kampf wird hart und schwer. Das kann Opfer kosten wie noch nie. Wir sind dazu bereit. (...) Mit uns das Recht.
Mit uns alle, die zu wahrem Christentum und gesundem nationalem Sinn, zur Verfassung, zur Republik, zu einem freien Volke und zum sozialen Volksstaat stehen.

Quelle: Westdeutsche Arbeiterzeitung, 17.02.1933

ng

Aufgaben:

1. Wie wird in dieser Quelle die politische Situation vor den Märzwahlen eingeschätzt? Geben Sie knapp die wichtigsten Aspekte wieder!
2. Unterscheiden Sie, in welchen Punkten die Erwartungen des Verfassers zutreffend sind, in welchen nicht.
3. Vergleichen Sie die Artikel vom 11. und 17.2.1933 miteinander. Suchen Sie nach einer Erklärung für Unterschiede und Gemeinsamkeiten.

M 25

Der Ausgang der Märzwahlen aus der Sicht der NSDAP

Überwältigender Sieg des Nationalsozialismus

Hitler bleibt an der Macht! Und wird sie niemals wieder abgeben! Die erwachende Nation bekennt sich zur nationalen Aufbau-Regierung Hitler! NSDAP gewinnt über 5 Millionen Stimmen - Volksgericht über den Mordbrenner-Marxismus - Schwere Verluste der franz. SPD-Fremdenlegion - Moskaus Fremdenlegion vom Volke abgelehnt - Verluste des bolschewistenfreundlichen Zentrums - Geldsack-Splittergruppen in Klump gehauen
Das Reich muß uns doch werden! Der Triumph Adolf Hitlers

Die Wahlschlacht ist geschlagen, die schicksalsschwerste, die das deutsche Volk je erlebt hat. Es ging am 5. März 1933 um den Bestand der Nation schlechthin, um die Entscheidung zwischen Freiheit und Knechtschaft, Nation und Internationale, deutsch und undeutsch, Kultur und Bolschewismus. Der 5. März war mehr als eine Wahl. Er war die gigantische Krönung einer vierzehnjährigen Erhebung des geknechteten, gequälten und gemarterten deutschen Volkes. Der 5. März war Ge-

richtstag über ein fluchwürdiges, verbrecherisches und meineidiges Regierungssystem, das sich erfrechte, ein Volk wie das deutsche zu beherrschen. Das deutsche Volk hat gestern gerichtet über das schwarz-rot-goldene Deserteurgesindel. In überwältigender Mehrheit hat das Volk sich dazu bekannt, daß die Novemberschande ausgelöscht werden soll. Und während am 9. November 1918 ein notorischer Schwätzer, beauftragt vom internationalen Börsenkapitalismus, das Volk auf der ganzen Linie siegen ließ - diesmal hat das deutsche Volk im wahrsten Sinne auf der ganzen Linie gesiegt! Die Nation ist erwacht, das deutsche Volk hat sich wiedergefunden. Das Wahlergebnis vom 5. März bedeutet, und daran vermag keine Krittelei der November- und Moskauer-Fremdenlegionärsparteien etwas zu ändern, ein überwältigendes Vertrauensvotum zu dem ersten Volkskanzler Adolf Hitler, zur ersten deutschen Nationalregierung.
Dieser 5. März ist eingebrannt als historischer Tag in die deutsche Geschichte. An diesem Tage hat sich Deutschland die Bahn freigemacht für seinen Wiederaufbau. Ein vierzehnjähriger unerhörter Kampf der nationalsozialistischen Freiheitsbewegung hat mit dem triumphalen Sieg Adolf Hitlers geendet, der diesen Kampf gewollt und geführt hat. Und wenn Europa seit zehn Jahren das Werk eines Mussolini bewundert! In Hitler hat Mussolini vor der Geschichte seinen Meister gefunden. Beispiellos war die Tatkraft und Energie des Führers, dessen Energie und Wollen jetzt dazu führte, daß der beste Teil der Nation, Arbeiter, Bauern, Jugend und Frontsoldatentum Hitler das eindeutige Mandat gegeben hat, den Wiederaufbau Deutschlands in seine Hand zu nehmen, und, getragen von der Schlagkraft der nationalsozialistischen Freiheitsbewegung, vollbrachte der von den jüdischen Dreckschleuderern der internationalen Geldmächte einst geschmähte und verfolgte Hitler eine der gewaltigsten Taten der Weltgeschichte. Der 5. März ist der "Triumph des Willens".

Quelle: Rote Erde, 06.03.1933

Aufgaben:

1. Untersuchen Sie, welche Informationen der Artikel enthält! Stellen Sie - davon ausgehend - Rückschlüsse auf die Textintention an!
2. Untersuchen Sie, wie die "Rote Erde" mit der Weimarer Republik umgeht und wie sie auf der anderen Seite Hitler und die NSDAP darstellt.
3. Ziehen Sie Rückschlüsse auf die Tendenz und die Leserschaft der Zeitung "Rote Erde". Beziehen Sie auch den Namen "Rote Erde" in Ihre Überlegungen ein.

| M 26 | Das Wahlergebnis vom 05.03.1933
im Kommentar der KAB |

[Hinweis: Den folgenden Artikel hat wahrscheinlich Joseph Joos geschrieben. Er war Vorsitzender der westdeutschen KAB, Reichstagsabgeordneter und stellvertretender Zentrumsvorsitzender. In einer internen Probeabstimmung der Zentrumsfraktion über das Ermächtigungsgesetz gehörte er zur Minderheit der 12 Abgeordneten, die bei dieser Probeabstimmung dagegen stimmten. Bei der offiziellen Abstimmung im Reichstag folgte er freilich wie die übrigen der Fraktionsdisziplin und stimmte dem Ermächtigungsgesetz zu.]

Rauschwahlen

Die Wahl vom 5. März kann nicht mit den Maßstäben vergangener Wahlkämpfe gemessen werden. Schon eine solch unerhörte Wahlbeteiligung hat es nie gegeben, seitdem das Deutsche Reich besteht (...)
Frühere Nichtwähler haben das Wahlresultat, insbesondere den Auftrieb des Nationalsozialismus, entscheidend beeinflußt.
Noch nie, weder vor dem Kriege, noch in den Tagen des Umsturzes, noch in den folgenden 14 Jahren hat es eine Regierung gegeben, die den modernsten Propagandaapparat, und zwar den amtlichen und nichtamtlichen, für sich so spielen ließ und die Freiheit der anderen so einengte wie die jetzige (...).

Wie ist nun das Ergebnis?
Hugenberg hatte wohl eine Ahnung davon, welchen Verlauf die Dinge nehmen könnten, darum sträubte er sich gegen die Reichstagsauflösung. Der Vizekanzler v. Papen war auch diesmal optimistischer. Er glaubte offenbar, die Wahlen würden Zeugnis ablegen für die Kraft, die den "drei tragenden Säulen" der "nationalen Regierung" innewohnen sollte. Als Säulen nannte er in seiner Rede vor der Studentenschaft der Berliner Universität den Nationalsozialismus, den Stahlhelm und die christlich-konservativen Kräfte. Betrachtet man das Wahlergebnis unter dem Gesichtspunkt der drei tragenden Säulen, dann ergibt sich ein schreiendes Mißverhältnis. Nach den vorläufigen Zahlen haben Nationalsozialisten und Kampffront Schwarzweißrot 20.4 Millionen Stimmen bekommen. Davon entfallen 85 Prozent auf die Nationalsozialisten und 15 Prozent auf den Hugenberganhang. So war es sicherlich nicht gemeint. Von fast 40 Millionen Wählern haben sich 3 Millionen in der Kampffront zusammengefunden. Das also ist die große überparteiliche Zusammenfassung der christlich-konservativen Kräfte und des Stahlhelms. Papen fügte sich in die Sendung, das Werk der Sammlung zu vollziehen. Die Parteitaktiker Hugenbergs hatten ihm, wie es der "Reichsbote" formulierte, die besondere Aufgabe zugedacht, den Einbruch in die Front der konfessionellen Mitte vorzunehmen. Sie hofften nach dem "Reichsboten" aus dem Gefüge des Zentrumsturmes Steine herauszu-

brechen. Diesmal müsse sich zeigen, daß eine wirkliche Lücke in das Mauerwerk des Zentrums gerissen werde (...)
Die Treue des Zentrumsvolkes ist nie auf eine härtere Probe gestellt worden als in diesem Wahlkampf. Sie hat sich glänzend bewährt. Insbesondere in Westdeutschland haben die breiten Massen dem stärksten Druck standgehalten. Ein Großangriff von ungeheurer Gewalt, mit ungleichen Waffen, nach einem Jahr ermüdender Wahlen, in der Werbung behindert, mit einem geringen Ausmaß an finanziellen Möglichkeiten - und dennoch bestanden und dennoch vorangekommen. Vom Zentrum kann man sagen: Im Feuer gestählt, auf alles, was auch immer kommen mag, gerüstet. Das Vertrauen seiner Anhänger zur Führung ungebrochen.

Worauf müssen wir gerüstet sein? Die Regierung kann sagen: Wir brauchen auch das ungebrochene Zentrum nicht. Wir lesen in den Zeitungen der Rechten: „Voller Erfolg der Regierung!" Worin besteht er? Zahlenmäßig haben Nationalsozialisten und Hugenberg eine knappe einfache Mehrheit von über 51 Prozent. Zahlenmäßig überwog die linke Seite 1919 noch stärker. Die "Marxisten" hatten zusammen mit den Demokraten 64.1 Prozent. Die Linke suchte dennoch das Zentrum. Insbesondere wagten die Demokraten, obschon sie doppelt so stark waren wie heute die Schwarzweißroten, nicht allein das Spiel mit dem starken Partner. Sie holten sich Verstärkung und Ausgleich bei uns. Frage: was mutet sich der Herr Hugenberg in dieser Schicksalsstunde, die vergleichbar ist mit 1919, zu? (...)
Unsere politische Gesamtlage ist überaus ernst. In dieser Stunde ist nicht vorauszusehen, was die nächsten Wochen bringen werden. Mit Stolz stellen wir fest, daß das Zentrum unverwundbar war. 14 Jahre stand diese Partei in härtester Verantwortung. Nie hat sie ihre Mitarbeit versagt. Auch diesmal tut sie es nicht. Glaubt man auf uns verzichten zu können, gut, dann werden wir nach all den opfervollen Kämpfen eine Stellung beziehen, in der wir die Kampfbataillone neu formieren und die Front stärken. Wir sind gewiß, unsere Stunde wird wiederkommen. Sie wird schneller kommen, als die heute noch von einem Siegesrausch Befangenen annehmen. Für diese Stunde rüsten wir.

Quelle: Westdeutsche Arbeiterzeitung, 11.03.1933

Aufgaben:

1. Fassen Sie zusammen, wie der Verfasser das Wahlergebnis des 05.03.1933 beurteilt.
2. Untersuchen Sie, welche Schlußfolgerung er daraus für das Zentrum zieht und nehmen Sie dazu Stellung.

| M 27 |

Die Reichstagsbrandverordnung
im Urteil des Zentrums

Tagesfragen - Das Vorgehen gegen die KPD

Reichsminister Göring hat gestern in einem Rundfunkvortrage, in dem er die Begründung für die Notverordnung gegen die kommunistische Gefahr gab, erklärt, das Ziel der Reichsregierung sei es, den Kommunismus in Deutschland mit Stumpf und Stiel auszurotten. Wenn das gelänge, so wäre in der Tat etwas außerordentlich Gutes erreicht. Denn daß dieser Partei jedes Mittel recht ist, mit dem sie glaubt, aus Deutschland ein Sowjetdeutschland zu machen, daß sie, um dieses Ziel zu erreichen, auch vor den furchtbarsten Verbrechen nicht zurückschreckt, dafür hat man jetzt die Beweise in die Hand bekommen. Vorläufig scheint sich die Aktion der Regierung darauf zu beschränken, die kommunistischen Nester auszuheben, von denen aus die politische Propaganda ins Land hinausgeht und diese gesamte Agitation restlos zu unterbinden. Was danach geschehen soll, darüber sieht man noch nicht klar.

Man weiß noch nicht, ob die Regierung heute noch zu ihrem Wort steht, daß sie die KPD nicht verbieten werde, oder ob sie unter dem Eindruck der jüngsten Aufdeckungen und Vorgänge inzwischen zu einer anderen Ansicht gekommen ist. Uns würde als das Klügste erscheinen, wenn man die Partei nicht verbieten würde. Denn durch ein Verbot würde sie zwar aus der politischen Öffentlichkeit verschwinden, aber im geheimen sicherlich fortbestehen, und ihr unterirdisches Wühlen würde dann weitaus schwerer zu kontrollieren sein als jetzt, aber wahrscheinlich noch gefährlicher werden. Ihre große Anhängerzahl, die bei den letzten Wahlen im Reiche bis zu nahezu 6 Millionen Stimmen angewachsen ist, verdankt die KPD ohne Frage der allgemeinen wirtschaftlichen Notlage, die die Menschen nun einmal radikalisiert und allzu bereit macht, Ideen zu folgen, die ihnen von beredten Emissären als Weg ins Paradies hingestellt werden. Bessern sich aber die wirtschaftlichen Verhältnisse in Deutschland, dann werden die Menschen bei uns wieder zufriedener, und von selbst ergibt sich auch eine politische Entradikalisierung, daran kann gar kein Zweifel bestehen. Und darum wird das beste Mittel zur Vernichtung des Kommunismus wohl weniger in der Einkerkerung seiner Führer und Funktionäre zu sehen sein, da ja die von ihnen kolportierte Ideenwelt nicht mit hinter Schloß und Riegel gesetzt werden kann, es wird vielmehr die konzentrierteste Anstrengung zur Besserung der wirtschaftlichen Lage Deutschlands als dieses beste Mittel angesehen werden müssen. Diese Erkenntnis darf natürlich nicht das energische Zupacken lähmen, das gegen die Gesellschaft am Platze ist, die irgendwie an den jetzt aufgedeckten Plänen teil hatte. Gegen diese Verbrecher muß selbstverständlich mit aller Strenge und Rücksichtslosigkeit vorgegangen werden.

Daß man es daran fehlen lassen wird, ist ja wohl nicht zu besorgen. Humanitätsduselei wäre auch in diesem Falle wohl am allerwenigsten am Platze.

Quelle: Tremonia, 22.03.1933

Aufgaben:

1. Ordnen Sie die vorliegende Quelle in den historischen Kontext ein!
2. Der Verfasser dieses Artikels betrachtet die Kommunisten als die Urheber des Reichstagsbrandes. Stellen Sie fest, ob sich diese Einschätzung mit den Erkenntnissen der historischen Forschung deckt.
3. Wie bewertet die Tremonia die Maßnahmen, die von der Reichsregierung getroffen wurden?
4. In welchen Punkten sehen Sie weltanschauliche Übereinstimmungen und Parallelen zwischen Katholizismus und Nationalsozialismus? Vergleichen Sie dazu auch die Argumentation von Walter Dirks (M 14).

| M 28 | **Der Tag von Potsdam in Bochum** |

Bochum im Zeichen des erwachten Deutschlands

Tausende aller Stände marschieren - Unübersehbare Menschenmassen in den Straßen - Zehntausende grüßen die Fahnen der Revolution - Eine Kundgebung, wie sie Bochum noch nicht gesehen hat!

Bochum stand gestern im Banne des Nationalfeiertages.[1] Festlich waren die Straßen der Stadt in den Fahnen der ruhmreichen Vergangenheit und der deutschen Revolution geflaggt. (...) Hakenkreuzfahnen und schwarz-weiß-rote Fahnen wehten von den öffentlichen Gebäuden. Geschäfte und staatliche Dienststellen waren geschlossen. Das Straßenbild war belebt von den braunen Uniformen der SA. Die dienstfreien Polizeibeamten in ihren Uniformen unterstrichen die Bedeutung des Tages.
Eine große, unzählige Menschenmenge harrte schon in den Vormittagsstunden in den anliegenden Straßen des Kaiser Friedrich-Platzes auf dem gestern mittag ein feierlicher Gottesdienst der Schutzpolizei stattfand. (...) Pfarrer Heimhardt von der katholischen Gemeinde sprach von dem neuen Glauben, der in das deutsche Volk

---

1 Gemeint ist der "Tag von Potsdam", an dem Hitler in einem feierlichen Akt im Reichstag den Anschein erwecken wollte, daß er sich in die alte preußische Tradition einfüge und sich symbolisch tief vor dem Reichspräsidenten, der das alte Preußen verkörperte, verneigte.

eingezogen ist und dem neuen Tatchristentum. Pfarrer Hardt, der Vertreter der evangelischen Gemeinde, erinnerte an die Aufgaben der neuen Reichsregierung und forderte zur Einigkeit und Volksgemeinschaft auf. Nach den erhebenden Ansprachen spielte die Kapelle der Schutzpolizei das niederländische Dankgebet.
Dann ergriff Polizeipräsident Sarazin das Wort und sprach über die historische Bedeutung der Stunde, in der sich der greise Feldmarschall und der "jugendfrohe, sieghafte Reichskanzler" die Hand reichen. Nach einem begeistert aufgenommenen Heilruf auf Volk und Vaterland und dem gemeinsam gesungenen Deutschlandlied, nahm der Parademarsch vor dem Polizeipräsidenten und dem Kommandeur der Bochumer Polizei seinen Anfang. (...)
Deutschland ist aufgebrochen! In den vielen Tausenden, die auf der Straße hinter den Symbolen der deutschen Revolution marschierten, verkörperte sich der Geist der neuen Volkseinheit. Alle marschierten, alle Stände, alle Berufe. Hinter den disziplinierten Reihen der SA und SS-Stürme marschierte die Hitlerjugend! (...) Dort marschierten die Schüler in ihren bunten Mützen. Vor Jahren durften sie nicht einmal ein Abzeichen tragen, ohne von der Schule zu fliegen.
In grauen Militärmänteln marschieren hinter den Fahnen der deutschen Revolution die Kolonnen des freiwilligen Arbeitsdienstes, die Pioniere deutscher Arbeit. Der Stahlhelm marschiert (...). Unter dem Marschrhythmus preußischer Märsche marschieren die endlosen Reihen. (...) Der gewaltige Fackelzug, der einzig in der Geschichte der Stadt Bochum dasteht und selbst die Begeisterung in den Augusttagen des Jahres 1914 in den Schatten stellte, bewies, daß sich der deutsche Arbeiter wieder zur Nation bekennt.
Zu Tausenden waren die Angehörigen der nationalsozialistischen Betriebszellenorganisation vertreten. Bergleute (...). Daneben die Angestellten von der Stadtverwaltung, vom Gericht, die Beamtenarbeitsgemeinschaft, Lehrer, Postbeamte, Straßenbahner, die Betriebszellen des gewerblichen Mittelstandes, alle fanden sich zusammen. (...) Der Zug erstreckte sich auf eine Länge von zwei Stunden. (...) Der Fackelzug am 21. März war mehr als ein gut organisierter Aufmarsch. Er war ein spontanes und überwältigendes Bekenntnis zur Idee der deutschen Einheit, zur Volksgemeinschaft aller schaffenden Stände, ein einhelliges Treuegelöbnis der Bevölkerung unserer Stadt zur deutschen Reichsführung und zu ihrem Führer, Adolf Hitler!

Quelle: Rote Erde / Groß-Bochumer Nachrichten, 22.03.1933

Aufgaben:

1. Welche Resonanz findet die Machtergreifung in Bochum?
2. Welche gesellschaftlichen Gruppen sind an der Kundgebung beteiligt?
3. Wie erklären Sie die Euphorie der Bevölkerung, die offensichtlich nur zum Teil von der NSDAP gesteuert ist?

| M 29 | **Anfrage der Zentrumsfraktion vom 22.03.1933 zum geplanten Ermächtigungsgesetz und Regierungserklärung Hitlers vom 23.03.1933 im Vergleich** |

Bedingungen für die Zustimmung des Zentrums zum Ermächtigungsgesetz[1] und Antwort Hitlers in der Regierungserklärung vom 22./23.3.1933

22.3.
Forderungen des Zentrums
Die Regierung denkt nicht daran, den Bestand der deutschen Länder anzutasten. Ebenso beabsichtigt sie in keiner Weise, von der vom Reichstag erteilten Ermächtigung zum Zwecke der Durchführung der Reichsreform oder der Schaffung einer neuen Verfassung Gebrauch zu machen. Vielmehr wird sie zu gegebener Zeit für diese Dinge den normalen Gesetzgebungsweg einhalten.
Die Regierung wird sich angelegen sein lassen, in einer noch zu vereinbarenden Form für die Durchberatung der auf Grund des Ermächtigungsgesetzes von ihr beabsichtigten oder noch in Aussicht zu nehmenden Einzelgesetze einen Arbeitsausschuß zu schaffen zur Durchberatung dieser Einzelgesetze (...)

23.3.
Aus der Regierungserklärung Hitlers
Die Reichsregierung beabsichtigt daher nicht, durch das Ermächtigungsgesetz die Länder aufzuheben. Wohl aber wird sie diejenigen Maßnahmen treffen, die von nun ab und für immer eine Gleichmäßigkeit der politischen Intention in Reich und Ländern gewährleisten (...). Eine weitergehende Reform des Reiches wird sich nur aus der lebendigen Entwicklung ergeben können. Ihr Ziel muß die Konstruktion einer Verfassung sein, die den Willen des Volkes mit der Autorität einer wirklichen Führung verbindet. Die gesetzliche Legalisierung einer solchen Verfassungsreform wird dem Volke selbst zugebilligt (...)

---

1 Die Zentrumsfraktion stimmte nach kontroverser, innerer Debatte dem Ermächtigungsgesetz einstimmig zu. In einer internen Probeabstimmung hatte zuvor eine Minderheit gegen die Zustimmung votiert. Zu diesen Gegnern zählten u.a. Joos und Brüning. Um ihren Bedenken entgegenzukommen, formulierte die Fraktion einen Fragekatalog an Hitler, von dessen Beantwortung sie ihr Abstimmungsverhalten abhängig machen wollte. Hitler beantwortete die Fragen zwar nicht, ging aber indirekt in seiner Regierungserklärung darauf ein. Das Zentrum hielt diese öffentliche Form für mindestens so wirksam wie die gewünschte nichtöffentliche Antwort und stimmte daraufhin dem Ermächtigungsgesetz zu.

22.3.
Forderungen des Zentrums
Die Reichsregierung wird sich angelegen sein lassen, die bestehenden Rechte der christlichen Konfessionen auf dem Gebiete der Schule und Erziehung zu wahren. (...)
Die in der Reichsverfassung und in den Länderverfassungen, sowie in den Kirchenverträgen der verschiedenen Länder gewährleisteten Rechte der christlichen Kirchen bleiben gesichert.
In diesem Zusammenhange legt die Regierung Wert darauf zu erklären, daß die gelegentlich aufgetauchten Meldungen, als ob auch eine Antastung der richterlichen Unabhängigkeit beabsichtigt sei, jeder Grundlage entbehrt (...)

23.3.
Aus der Regierungserklärung Hitlers
Die nationale Regierung sieht in den beiden christlichen Konfessionen die wichtigsten Faktoren zur Erhaltung unseres Volkstums. Sie wird die zwischen ihnen und den Ländern abgeschlossenen Verträge respektieren. Ihre Rechte sollen nicht angetastet werden. Sie erwartet aber und hofft, daß die Arbeit an der nationalen und sittlichen Erneuerung unseres Volkes, die sich die Regierung zur Aufgabe gestellt hat, umgekehrt die gleiche Würdigung erfährt. Sie wird allen anderen Konfessionen in objektiver Gerechtigkeit gegenübertreten. Sie kann aber nicht dulden, daß die Zugehörigkeit zu einer bestimmten Konfession oder einer bestimmten Rasse eine Entbindung von allgemeinen gesetzlichen Verpflichtungen sein könnte oder gar ein Freibrief für straflose Begehung oder Tolerierung von Verbrechen. Die Sorge der Regierung gilt dem aufrichtigen Zusammenleben zwischen Kirche und Staat: Der Kampf gegen eine materialistische Weltanschauung, für eine wirkliche Volksgemeinschaft dient ebenso den Interessen der deutschen Nation wie dem Wohl unseres christlichen Glaubens (...)

Der Unabsetzbarkeit der Richter auf der einen Seite muß eine Elastizität der Urteilsfindung zum Wohl der Gesellschaft entsprechen. Nicht das Individuum kann Mittelpunkt der gesetzlichen Sorge sein, sondern das Volk (...)

Ebenso legt die Reichsregierung, die im Christentum die unerschütterlichen Fundamente der Moral und Sittlichkeit

22.3.
Forderungen des Zentrums

Es ist für die Regierung eine Selbstverständlichkeit, bei den von ihr auf Grund des Ermächtigungsgesetzes zu treffenden Maßnahmen neben der ausdrücklich erwähnten Wahrung der Rechte des Reichspräsidenten auch jene vertrauensvolle Fühlungnahme und Übereinstimmung mit dem obersten Repräsentanten des Rechtes zu wahren, die in dieser Zeit der Umbildung und Neuschöpfung zur Sicherung des Vertrauens der weitesten Volksmassen unerläßliche Voraussetzung ist.

23.3.
Aus der Regierungserklärung Hitlers

des Volkes sieht, größten Wert auf freundschaftliche Beziehungen zum Heiligen Stuhl und sucht sie auszugestalten (...)

Die Regierung wird von diesem Ermächtigungsgesetz nur insoweit Gebrauch machen, als dies zur Durchführung der lebensnotwendigen Maßnahmen erforderlich ist. Es ist weder die Existenz des Reichstages noch die des Reichsrates bedroht. Stellung und Rechte des Reichspräsidenten bleiben unberührt. Die innere Übereinstimmung mit seinen Zielen herbeizuführen, wird stets die oberste Aufgabe der Regierung sein.

Quelle: Raem, Heinz-Albert (Hg.): Katholische Kirche und Nationalsozialismus, Paderborn 1980, S.30-32

Aufgaben:

1. Vergleichen Sie die Forderungen des Zentrums mit der Regierungserklärung Hitlers.
2. Sind die von Hitler gegebenen Zusagen und Garantien ausreichend, um eine Zustimmung der Zentrumsfraktion zu rechtfertigen?
3. Wie beurteilen Sie unter diesem Gesichtspunkt die Erklärung von Prälat Kaas (M 30)?

| M 30 | Die Erklärungen der SPD- und Zentrumsfraktion zum Ermächtigungsgesetz in der Reichstagsdebatte am 23.03. 1933 |

Otto Wels (Vorsitzender der SPD-Fraktion)

(...) Nach den Verfolgungen, die die Sozialdemokratische Partei in der letzten Zeit erfahren hat, wird billigerweise niemand von ihr verlangen oder erwarten können, daß sie für das hier eingebrachte Ermächtigungsgesetz stimmt. Die Wahlen vom 5. März haben den Regierungsparteien die Mehrheit gebracht und damit die Möglichkeit gegeben, streng nach Wortlaut und Sinn der Verfassung zu regieren. Wo diese Möglichkeit besteht, besteht auch die Pflicht (...). Wir deutschen Sozialdemokraten bekennen uns in dieser geschichtlichen Stunde feierlich zu den Grundsätzen der Menschlichkeit und der Gerechtigkeit, der Freiheit und des Sozialismus. Kein Ermächtigungsgesetz gibt Ihnen die Macht, Ideen, die ewig und unzerstörbar sind, zu vernichten. Sie selbst haben sich ja zum Sozialismus bekannt. Das Sozialistengesetz hat die Sozialdemokratie nicht vernichtet. Auch aus neuen Verfolgungen kann die deutsche Sozialdemokratie neue Kraft schöpfen.
Wir grüßen die Verfolgten und Bedrängten. Wir grüßen unsere Freunde im Reich. Ihre Standhaftigkeit und Treue verdienen Bewunderung, ihr Bekennermut, ihre ungebrochene Zuversicht verbürgen eine hellere Zukunft.

Quelle: Verhandlungen des Reichstags, Bd. 457, S. 32

Prälat Dr. Kaas (Vorsitzender der Zentrumsfraktion)

Die gegenwärtige Stunde kann für uns nicht im Zeichen der Worte stehen, ihr einziges, ihr beherrschendes Gesetz ist das der raschen, aufbauenden und rettenden Tat. Und diese Tat kann nur geboren werden in der Sammlung. Die deutsche Zentrumspartei, die den großen Sammlungsgedanken schon seit langem und trotz aller vorübergehenden Enttäuschung mit Nachdruck und Entschiedenheit vertreten hat, setzt sich zu dieser Stunde, wo alle kleinen und engen Erwägungen schweigen müssen, bewußt und aus nationalem Verantwortungsgefühl über alle parteipolitischen und sonstigen Gedanken hinweg (...)

Im Angesicht der brennenden Not, in der Volk und Staat gegenwärtig stehen, im Angesicht der riesenhaften Aufgaben, die der deutsche Wiederaufbau an uns stellt, im Angesicht vor allem der Sturmwolken, die in Deutschland und um Deutschland aufzusteigen beginnen, reichen wir von der deutschen Zentrumspartei allen, auch früheren Gegnern, die Hand, um die Fortführung des nationalen Aufbauwerkes zu sichern. Wiederherstellung eines geordneten Staats- und Rechtslebens zu beschleunigen, chaotischen Entwicklungen einen festen Damm entgegenzusetzen, zusammen mit allen denen, gleich aus welchen Lagern und Gruppen der deutschen Volksgenossen sie kommen mögen, mit allen denen, die ehrlichen, auf Aufbau und Ordnung gerichteten Willens sind (...) Manche der von Ihnen, Herr Reichskanzler, abgegebenen sachlichen Erklärungen geben (...) bezüglich einzelner wesentlicher Punkte des deutschen Staats- Rechts- und Kulturlebens die Möglichkeit, eine Reihe wesentlicher Bedenken, welche die zeitliche und sachliche Ausdehnung des Ermächtigungsbegehrens bei uns ausgelöst hatten und auslösen mußten, anders zu beurteilen.

In der Voraussetzung, daß diese von Ihnen abgegebenen Erklärungen die grundsätzlichen und praktischen Richtlinien für die Durchführung der zu erwartenden Gesetzgebungsarbeit sein werden, gibt die deutsche Zentrumspartei ihre Zustimmung.

Quelle: Frankfurter Zeitung vom 24. März 1933

Aufgaben:

1. Vergleichen Sie die vorliegenden Erklärungen zum Ermächtigungsgesetz!
2. Wie bewerten Sie das Abstimmungsverhalten der Zentrumsfraktion im Vergleich zu den Erklärungen der deutschen Bischofskonferenz vor 1933 und zur politischen Grundeinstellung der Westdeutschen Arbeiterzeitung? Wie ist es zu erklären, daß die Zentrumsfraktion trotz grundlegender weltanschaulicher und politischer Differenzen diesem Gesetz zustimmte?

| M 31 | Hitler über das Christentum |

Aus der Regierungserklärung Hitlers vom 23.3.1933

(...) Indem die Regierung entschlossen ist, die politische und moralische Entgiftung unseres öffentlichen Lebens durchzuführen, schafft und sichert sie die Voraussetzungen für eine wirklich tiefe, innere Religiosität.
Die Vorteile personalpolitischer Art, die sich aus Kompromissen mit atheistischen Organisationen ergeben mögen, wiegen nicht annähernd die Folgen auf, die in der Zerstörung der allgemeinen religiös-sittlichen Grundwerte sichtbar werden.
Die nationale Regierung sieht in den beiden christlichen Konfessionen wichtigste Faktoren der Erhaltung unseres Volkstums. Sie wird die zwischen ihnen und den Ländern abgeschlossenen Verträge respektieren; ihre Rechte sollen nicht angetastet werden. Sie erwartet aber und hofft, daß die Arbeit an der nationalen und sittlichen Erhebung unseres Volkes, die sich die Regierung zur Aufgabe gestellt hat, umgekehrt die gleiche Würdigung erfährt. Sie wird allen anderen Konfessionen in objektiver Gerechtigkeit gegenübertreten. Sie kann aber niemals dulden, daß die Zugehörigkeit zu einer bestimmten Konfession oder einer bestimmten Rasse eine Entbindung von allgemeingesetzlichen Verpflichtungen sein könnte oder gar ein Freibrief für straflose Begehung oder Tolerierung

Hitler im Gespräch mit Parteifunktionären, 6.4.1933

Mit den Konfessionen, ob nun diese oder jene: das ist alles gleich. Das hat keine Zukunft mehr. Für die Deutschen jedenfalls nicht. Der Faschismus mag in Gottes Namen seinen Frieden mit der Kirche machen. Ich werde das auch tun. Warum nicht? Das wird mich nicht abhalten, mit Stumpf und Stiel, mit allen seinen Wurzeln und Fasern das Christentum in Deutschland auszurotten (...). Für unser Volk aber ist es entscheidend, ob sie den jüdischen Christenglauben und seine weichliche Mitleidsmoral haben oder einen starken, heldenhaften Glauben an Gott in der Natur, an Gott im eigenen Volke, an Gott im eigenen Schicksal, im eigenen Blute (...) Ob nun Altes Testament oder Neues, ob bloß Jesuworte, wie der Houston Stewart Chamberlain will: alles das ist doch nur derselbe jüdische Schwindel. Es ist alles eins und macht uns nicht frei. Eine deutsche Kirche, ein deutsches Christentum ist Krampf. Man ist entweder Christ oder Deutscher. Beides kann man nicht sein (...) Was soll werden, fragen Sie? Das will ich Ihnen sagen: verhindern, daß die Kirchen etwas anderes tun, als was sie jetzt tun. Nämlich Schritt für Schritt Raum verlieren. Was glauben Sie, werden die Massen jemals wieder christlich werden? Dummes Zeug. Nie wieder. Der Film ist abgespielt (...) Was sollen von Verbrechen. Die nationale Regierung wird in Schule und Erziehung den christlichen Konfessionen den ihnen zukommenden Einfluß einräumen und sicherstellen.* Ihre Sorge gilt dem aufrichtigen Zusammenleben zwischen Kirche und Staat.

Der Kampf gegen eine materialistische Weltauffassung und für die Herstellung einer wirklichen Volksgemeinschaft dient ebensosehr den Interessen der deutschen Nation wie denen unseres christlichen Glaubens (...).

Ebenso legt die Reichsregierung, die im Christentum die unerschütterlichen Fundamente des sittlichen und moralischen Lebens unseres Volkes sieht, den größten Wert darauf, die freundschaftlichen Beziehungen zum Heiligen Stuhle weiter zu pflegen und zu vertiefen.

Der Bestand der Länder wird nicht beseitigt, die Rechte der Kirchen werden nicht geschmälert, ihre Stellung zum Staate nicht geändert (...)

* Der Satz über Schule und Erziehung fehlte in der Wiedergabe der Erklärung im Völkischen Beobachter, dem Presseorgan der NSDAP (vgl. Dokumente, G. Kretschmar / C. Nicolaisen, 1971, S. 24)

Quelle: Verhandlungen des Reichstages, Bd. 457, S. 28f

wir tun? Was die katholische Kirche getan hat, als sie den Heiden ihren Glauben aufgepfropft hat: erhalten, was zu erhalten geht und umdeuten. Wir werden den Weg zurückgehen: Ostern ist nicht mehr Auferstehung, sondern die ewige Erneuerung unseres Volkes, Weihnachten ist die Geburt unseres Heilandes: des Geistes der Heldenhaftigkeit und Freiheit unseres Volkes (...) Die Schwarzen sollen sich nichts vormachen (...) Ihre Zeit ist um. Sie haben verspielt (...) Ich bin Katholik. Das hat die Vorsehung schon so eingerichtet. Nur ein Katholik kennt die schwachen Punkte der Kirche. Ich weiß, wie man den Brüdern zu Leibe gehen muß. Der Bismarck ist blöd gewesen. Er ist halt Protestant gewesen. Die wissen eh' nicht, was Kirche ist. Da muß man schon mit dem Volke fühlen und wissen, woran die Leute hängen und was ihnen zuwider ist. Der Bismarck hat seine Paragraphen gehabt und den preußischen Wachtmeister. Damit hat es nicht gelangt. Ich laß mich auf einen Kulturkampf schon gar nicht ein. Das war eine Blödheit, als wenn's den Schwarzen nicht darum zu tun war, vor den armen Weiblein mit der heiligen Märtyrerkrone zu glänzen. Aber ich werde mit ihnen fertig, dafür garantiere ich (...) Ich werde bestimmt keine Märtyrer aus ihnen machen. Zu simplen Verbrechern werden wir sie stempeln. Ich werde ihnen die ehrbare Maske vom Gesicht reißen. Und wenn das nicht genügt, werde ich sie lächerlich und verächtlich machen. Filme werde ich schreiben lassen.

Wir werden die Geschichte der Schwarzen im Film zeigen. Da kann man dann den ganzen Wust von Unsinn, Eigennutz, Verdummung und Betrug bewundern.

Quelle: Raem, Heinz-Albert (Hg.): Katholische Kirche und Nationalsozialismus, Paderborn 1980, S. 24f

Aufgaben:

1. Fassen Sie die Aussagen über das Verhältnis des Nationalsozialismus zur Kirche jeweils knapp zusammen.
2. Vergleichen Sie die Aussagen in sprachlicher und inhaltlicher Hinsicht miteinander. Suchen Sie nach Erklärungen für Gemeinsamkeiten und Unterschiede; berücksichtigen Sie dabei auch den historischen Zeitpunkt, Autoren und Adressaten.
3. Beurteilen Sie zusammenfassend die Haltung der NSDAP zur Kirche.

M 32	**Kundgebung der deutschen Bischöfe vom 28.03.1933**

Aufhebung der allgemeinen Verbote und Warnungen

Die Oberhirten (...) haben aus triftigen Gründen (...) in ihrer pflichtmäßigen Sorge für Reinerhaltung des katholischen Glaubens und für Schutz der unantastbaren Aufgaben und Rechte der katholischen Kirche in den letzten Jahren gegenüber der nationalsozialistischen Bewegung eine ablehnende Haltung (...) eingenommen, die solange und insoweit in Geltung bleiben sollen, wie diese Gründe fortbestehen.
Es ist nunmehr anzuerkennen, daß von dem höchsten Vertreter der Reichsregierung, der gleichzeitig autoritärer Führer jener Bewegung ist, öffentlich und feierlich Erklärungen gegeben sind, durch die der Unverletzlichkeit der katholischen Glaubenslehre und den unveränderlichen Aufgaben und Rechten der Kirche Rechnung getragen, sowie die vollinhaltliche Geltung der von den einzelnen deutschen Ländern mit der Kirche abgeschlossenen Staatsverträge durch die Reichsregierung ausdrücklich zugesichert wird. Ohne die in unseren früheren Maßnahmen liegende Verurteilung bestimmter religiös-sittlicher Irrtümer aufzuheben, glaubt daher der Episkopat das Vertrauen hegen zu können, daß die vorbezeichneten allgemeinen Verbote und Warnungen nicht mehr als notwendig betrachtet zu werden brauchen.

Für die katholischen Christen, denen die Stimme ihrer Kirche heilig ist, bedarf es auch im gegenwärtigen Zeitpunkte keiner besonderen Mahnung zur Treue gegenüber der rechtmäßigen Obrigkeit und zur gewissenhaften Erfüllung der staatsbürgerlichen Pflichten unter grundsätzlicher Ablehnung allen rechtswidrigen oder umstürzlerischen Verhaltens.

In Geltung bleibt die so oft in feierlicher Kundgebung an alle Katholiken ergangene Mahnung, stets wachsam und opferfreudig einzutreten für Frieden und soziale Wohlfahrt des Volkes, für Schutz der christlichen Religion und Sitte, für Freiheit und Rechte der katholischen Kirche und Schutz der konfessionellen Schule und katholischen Jugendorganisationen.

In Geltung bleibt ferner die Mahnung an die politischen und ähnlichen Vereine und Organisationen, in Gotteshaus und kirchlichen Funktionen aus Ehrfurcht vor der Heiligkeit derselben zu vermeiden, was als politische oder parteimäßige Demonstration erscheinen und daher Anstoß erregen kann. In Geltung bleibt endlich die so oft und eindringlich ergangene Aufforderung, für Ausbreitung und Wirksamkeit der katholischen Vereine, deren Arbeit so überaus segensreich ist für Kirche, Volk und Vaterland, für christliche Kultur und sozialen Frieden, stets mit weitblickender Umsicht und mit treuer opferwilliger Einigkeit einzutreten.

Für die Diözese N. / Unterschrift

Quelle: Stasiewski, Bernhard (Bearb.): Akten deutscher Bischöfe über die Lage der Kirche 1933-1934, Bd. 1, S. 30-32

Aufgaben:

1. Ordnen Sie den vorliegenden Text in den historischen Kontext ein.
2. Versetzen Sie sich in die Lage eines politisch interessierten, informierten, engagierten Katholiken im März 1933! Hören Sie genau zu, wenn einer Ihrer Mitschüler den Text des Hirtenwortes verliest, wie das im Gottesdienst üblich war und ist! Geben Sie nach dem Verlesen wieder, was Ihnen als Kernaussagen des Hirtenwortes im Gedächtnis geblieben ist!
3. Setzen Sie Wortlaut und Wirkung des Textes in Beziehung zu den Verboten der NSDAP vor 1930!
4. Wie beurteilen Sie die Haltung, die die deutschen Bischöfe mit dieser Erklärung gegenüber dem neuen Regime einnehmen?
5. Stellen Sie Vermutungen darüber an, wie die Nationalsozialisten dieses Hirtenwort aufnahmen!

| M 33 | Das Verhältnis von Politik und Religion |

(...) Es bleibt zuletzt noch die praktische Frage, ob und inwiefern die Vertreter des Klerus sich an der Politik beteiligen können oder sollen. Von einem Sollen kann zunächst keine Rede sein, weil Jesus nirgends ein solches Sollen ausgesprochen hat. Ein Können und Dürfen ist diskutabel und wird - schon mit Rücksicht auf die rezente Vergangenheit - wenigstens in Deutschland, in anderen Ländern war und ist die Lage anders und deshalb auch kaum ein Problem -, in verschiedener Weise beantwortet. Obschon jeder rechtlich Denkende auch dem Klerus seine vollen politischen Rechte zuerkennen muß, kann man doch der Meinung sein, daß er wegen seines erhabenen Amtes auf weltliche Geschäfte und Handel verzichten muß, sich auch der aktiven Politik enthält.

Wir denken dabei nicht an die volle Beteiligung als Abgeordneter, die ja von der ausdrücklichen Erlaubnis der kirchlichen Behörde abhängig ist, sondern an die kleine, jedermann bekannte und von zahlreichen Klerikern eifrig und gern geübte Teilnahme an der Diskussion der vielen politischen Fragen, wie sie die Tagespolitik immer neu aufs Tapet bringt.

Unsere Gründe sind diese:

1. Die Seelsorge wie das Kirchen- und Schulamt erfordert immer, zumal heute, den Einsatz des ganzen Mannes und all seiner Kräfte. Niemand kann aber zwei Herren dienen. 2. In dem Maße, als der Seelsorger sich der Politik widmet, wird er innerlich für seine erhabene Berufsaufgabe unfähig. Die politische Lektüre verdirbt seinen Geschmack für ernstes theologisches Schrifttum, zumal für die Lesung der Heiligen Schrift. Der homo religiosus behält im homo politicus keinen Lebensraum, sondern wird in ihm welk und krank. 3. Die Ausübung der Seelsorge oder des Lehramtes wird äußerst schwierig und belastet wegen der politischen Verschiedenheit derer, die er amtlich betreut. Das paulinische Ideal: Allen alles werden, bleibt ihm unerschwinglich, ja unverständlich. Seine eigene politische Ansicht wird er auch dort zum Einfluß bringen, wo er die allgemeinen Fragen des Heils vertreten soll. So wird allmählich eine verhängnisvolle Verwechslung eintreten: Wo er meint, die Sache Gottes zu vertreten, wird er seine eigene Sache treiben. Und wo er sich einredet, in christlichem Idealismus zu handeln, ahnt er nicht, daß es in Wirklichkeit oft ganz ordinärer Egoismus ist, der ihn beseelt; vielleicht sogar gewöhnlichster Geschäftskatholizismus. 4. Zuletzt ist auch daran zu erinnern, daß die Politik eine Kunst ist, die nicht in jedermanns Vermögen liegt; selbst von Päpsten sagt man, daß sie darin bisweilen wenig glücklich waren. 5. Man überlasse sie also bewährten katholischen Laien, die dafür in der Öffentlichkeit ihren Beweis erbracht haben,

und begnüge sich mit der Geltendmachung der allgemeinen katholischen Wahrheiten, wie sie ja auch von den Päpsten von Zeit zu Zeit in ihren Rundschreiben veröffentlicht werden. 6. Bei solch kluger Enthaltung bleibt der Klerus dann auch von den Nackenschlägen verschont, die bei verfehlter Politik den homo politicus immer treffen, den homo religiosus nie oder höchstens indirekt, nicht im Gewissen (...)
Es gibt kein Land der Welt, wo der Klerus so stark politisch eingestellt ist als Deutschland. Etwas mehr religiöser Katholizismus und etwas weniger direkt politischer[1], das käme hinaus auf die vorletzte der acht Seligkeiten Jesu: "Selig sind die Friedensstifter; denn sie werden Söhne Gottes heißen."

Quelle: Bernhard Bartmann, in: Akademische Bonifatius-Korrespondenz, 19.06.1933

[Hinweis: Die Akademische Bonifatius-Korrespondenz war eine Zeitschrift des Erzbistums Paderborn, die sich an Kleriker richtete. Dem Autor waren die Regelungen im Reichskonkordat über die Entpolitisierung des Klerus noch nicht bekannt.]

Aufgaben:

1. Fassen Sie Bartmanns These sowie ihre Begründung zusammen.
2. Vergleichen Sie Bartmanns Aussage mit den einschlägigen Bestimmungen des Reichskonkordates.
3. Ordnen Sie die Quelle in den historischen Zusammenhang der Etablierung des NS-Systems ein.
4. Nehmen Sie persönlich Stellung zu der Frage, ob Kleriker politisch aktiv sein sollten. Berücksichtigen Sie dabei auch M 36.

---

1 Die Nationalsozialisten bekämpften mit dem Schlagwort *Politischer Katholizismus* das Zentrum, aber auch katholische Verbände sowie später alle mißliebigen Äußerungen von Priestern oder exponierten Laien. Sie wollten die Kirche vollständig aus dem gesellschaftlichen Leben herausdrängen.

| M 34 | Konkordat[1] zwischen dem Heiligen Stuhl und dem Deutschen Reich vom 20. Juli 1933 (Auszug) |

(...) Art. 1: Das Deutsche Reich gewährleistet die Freiheit des Bekenntnisses und der öffentlichen Ausübung der katholischen Religion.
Es anerkennt das Recht der katholischen Kirche, innerhalb der Grenzen des für alle geltenden Gesetzes, ihre Angelegenheiten selbständig zu ordnen und zu verwalten und im Rahmen ihrer Zuständigkeit für ihre Mitglieder bindende Gesetze und Anordnungen zu erlassen.

(...)

Art. 4: Der Heilige Stuhl genießt in seinem Verkehr und seiner Korrespondenz mit den Bischöfen, dem Klerus und den übrigen Angehörigen der katholischen Kirche in Deutschland volle Freiheit (...).

Art. 5: Zur Ausübung ihrer geistlichen Tätigkeit genießen die Geistlichen in gleicher Weise wie die Staatsbeamten den Schutz des Staates. Letzterer wird gegen Beleidigung ihrer Person oder ihrer Eigenschaft als Geistlicher sowie gegen Störungen ihrer Amtshandlungen nach Maßgabe der allgemeinen staatlichen Gesetzgebung vorgehen und bedarfsfalls behördlichen Schutz gewähren.

Art. 6: Kleriker und Ordensleute sind frei von der Verpflichtung zur Übernahme öffentlicher Ämter und solcher Obliegenheiten, die nach den Vorschriften des kanonischen Rechtes mit dem geistlichen Stand bzw. dem Ordensstand nicht vereinbar sind.

(...)

Art. 9: Geistliche können vor Gerichtsbehörden und anderen Behörden nicht um Auskünfte über Tatsachen angehalten werden, die ihnen bei Ausübung der Seelsorge anvertraut worden sind und deshalb unter die Pflicht der seelsorgerischen Verschwiegenheit fallen.

(...)

Art. 15: Orden und religiöse Genossenschaften unterliegen in Bezug auf ihre Gründung, Niederlassung, die Zahl und (...) die Eigenschaften ihrer Mitglieder, ihre

---

1 Ein Reichskonkordat strebte die katholische Kirche seit 1918 ohne Erfolg an, denn die Regierungen der Weimarer Republik waren nicht bereit gewesen, ihr die gewünschten Rechte, besonders die Konfessionsschule zuzugestehen.

Tätigkeit in der Seelsorge, im Unterricht (...) staatlicherseits keiner besonderen Beschränkung.

(...)

Art. 23: Die Beibehaltung und Neueinrichtung katholischer Bekenntnisschulen bleibt gewährleistet.

(...)

Art. 31: Diejenigen katholischen Organisationen und Verbände, die ausschließlich religiösen, rein kulturellen und karitativen Zwecken dienen und als solche der kirchlichen Behörde unterstellt sind, werden in ihren Einrichtungen und in ihrer Tätigkeit geschützt. Diejenigen katholischen Organisationen, die außer religiösen, kulturellen oder karitativen Zwecken auch anderen, darunter auch sozialen oder berufsständischen Aufgaben dienen, sollen, unbeschadet einer etwaigen Einordnung in staatliche Verbände, den Schutz des Artikels 31 Absatz 1 genießen, sofern sie Gewähr dafür bieten, ihre Tätigkeit außerhalb jeder politischen Partei zu entfalten. Die Feststellung der Organisationen und Verbände, die unter die Bestimmungen dieses Artikels fallen, bleibt vereinbarlicher Abmachung zwischen Reichsregierung und dem deutschen Episkopat vorbehalten. Insoweit das Reich und die Länder sportliche oder andere Jugendorganisationen betreuen, wird Sorge getragen werden, daß deren Mitgliedern die Ausübung ihrer kirchlichen Verpflichtungen an Sonn- und Feiertagen regelmäßig ermöglicht wird und sie zu nichts veranlaßt werden, was mit ihren religiösen und sittlichen Überzeugungen und Pflichten nicht vereinbar wäre. (...)

Art. 32: Aufgrund der in Deutschland bestehenden besonderen Verhältnisse wie im Hinblick auf die durch die Bestimmungen des vorstehenden Konkordates geschaffenen Sicherungen einer die Rechte und Freiheiten der katholischen Kirche im Reich und seinen Ländern wahrenden Gesetzgebung erläßt der Heilige Stuhl Bestimmungen, die für die Geistlichen und Ordensleute die Mitgliedschaft in politischen Parteien und die Tätigkeit für solche Parteien ausschließen.

Art. 33: Sollte sich in Zukunft wegen der Auslegung oder Anwendung einer Bestimmung dieses Konkordates irgendeine Meinungsverschiedenheit ergeben, so werden der Heilige Stuhl und das Deutsche Reich im gemeinsamen Einvernehmen eine freundschaftliche Lösung herbeiführen. (...)

Schlußprotokoll:

Zu Art 32: (...) Das den Geistlichen und Ordensleuten Deutschlands in Ausübung des Artikels 32 zur Pflicht gemachte Verhalten bedeutet keinerlei Einengung der pflichtmäßigen Verkündung und Erläuterung der dogmatischen und sittlichen Lehren und Grundsätze der Kirche.

In der Vatikanstadt, am 20. Juli 1933

Franz von Papen
Eugenio Cardinale Pacelli

Quelle: Dieter Albrecht (Bearb.), Der Notenwechsel zwischen dem Hl. Stuhl und der Deutschen Reichsregierung, Bd. 1. Von der Ratifizierung des Reichskonkordats bis zur Enzyklika "Mit brennender Sorge" (=Veröffentlichungen der Kommission für Zeitgeschichte, Reihe A, 1) Mainz 1965, S. 379-390

Aufgaben:

1. Stellen Sie Vermutungen an, welche Motive auf beiden Seiten für den Abschluß des Konkordats ausschlaggebend gewesen sein mögen!
2. Stellen Sie zusammen, welche Vereinbarungen die Vertragspartner treffen!
3. Überlegen Sie, inwieweit das Konkordat der Gleichschaltungspolitik des NS-Regimes zugeordnet werden kann (vgl. M 31).

2. Zwischen Widerstand und Anpassung: Der Katholizismus in der Zeit von 1933 bis 1945

2.1 NS-Totalitätsanspruch und katholischer Selbstbehauptungswille

| M 35 | "Resistenz, Nonkonformität, Protest, Widerstand und Konspiration" |

Resistenz meint die aus sozialen Lebensbedingungen, Milieus, Glaubenshaltungen entstehende Reserve, Zurückhaltung, Nichtbegeisterung einzelner und Gruppen.

Dissidenz und Nonkonformität steht für die Behauptung und Verwirklichung eines eigenen sozialen Raumes, für Handlungen, die über die mentale Reserve hinausgehen und sich z.B. in der Pflege von Kontakten und der Aufrechterhaltung alter Beziehungsnetze ausdrücken können.

Protest meint in den bisherigen Definitionen übereinstimmend den verbal geäußerten Widerspruch, das im Zwischenfeld von privat und öffentlich geäußerte Wort, den Zwischenruf, die Verständigung suchende Seitenbemerkung, das Gespräch als Versicherung einer gemeinsamen Option.

Widerstand kennzeichnet die Widerstandshaltung im engen Sinne als geplante Aktion gegen Einrichtungen und persönliche Repräsentanten des Regimes mit dem Ziel seiner/ihrer Beseitigung unter der Bedingung des Risikos für das eigene Leben. Dieser Begriff von Widerstand verbindet sich notwendig mit dem Begriff der *Konspiration* als einer verdeckten Maßnahme.

Quelle: Piraten, Swings und Junge Garde, Jugendwiderstand im Nationalsozialismus, hg. von Wilfried Breyvogel, Bonn 1991, S. 9f

| M 36 | **Ein Bochumer Kaplan im Konflikt mit dem Staat** |

Unwürdiges Verhalten eines katholischen "Seelsorgers"
"In einem Hause, wo die Hakenkreuzfahne weht, kann ich nicht unterrichten!"

In Langendreer gibt der katholische Vikar Lange an der Mädchenmittelschule Religionsunterricht. Was sich am Mittwoch dort abspielte, ist so kennzeichnend für die politische und kulturelle Einstellung des Zentrums, daß wir es nicht versäumen wollen, den Fall an dieser Stelle besonders hervorzuheben. Uns sind viele Fälle derartiger Entgleisungen katholischer Zentrumsgeistlicher im Bochumer Gebiet bekannt. Dieser Vorfall ist aber bestimmt ein Höhepunkt an Verhetzung und engstirnigem Parteidogmatismus.
Auf Anordnung des preußischen Innenministers Pg. Göring war bekanntlich angeordnet worden, daß in der Zeit vom 13. bis 15. März sämtliche öffentliche Gebäude, also auch die Schulen, die schwarz-weiß-rote Fahne und die Hakenkreuzfahne zu flaggen haben. Als am Mittwoch Herr Vikar Lange an der Mädchenmittelschule die Hakenkreuzfahne erblickte, sagte er: "In einem Hause, wo die Hakenkreuzfahne weht, kann ich nicht unterrichten" und weigerte sich, den Religionsunterricht in der Schule zu geben. Er forderte seine Schülerinnen auf, ihm zu einem entfernt liegenden Schwesternhaus zu folgen. Hier erteilte er seinen "Religionsunterricht", in dem er einen Artikel "Nationalsozialismus und Katholizismus" vorlas und die nationalsozialistische Bewegung in wüster Form beschimpfte. - Wir möchten an dieser Stelle bemerken, daß es sich bei diesem Herrn Vikar Lange um den gleichen "Seelsorger" handelt, der vor einigen Monaten SA-Männer aus der Kirche verwies.
Es wäre an der Zeit, diesem Herrn, der das ihm anvertraute Seelsorgeramt mißbraucht, von staatswegen klar zu machen, welche Pflichten der Ehrerbietung er gegenüber den deutschen Nationalfarben zu erfüllen hat. Sonst wäre es besser, den Herren von der Pflicht zu entbinden, in einem nationalsozialistischen Staat Geistlicher zu sein. Damit würde ihm ja auch der Gewissenskonflikt genommen! Glaubt das Zentrum mit solchen Dingen seine nationale Reife beweisen zu können? Wir bezweifeln dies!

Quelle: Rote Erde, 18.03.1933 (Langendreer)

Aufgaben:

1. Was wird dem Vikar Lange vorgeworfen?
2. Steht sein Verhalten im Widerspruch zu den Bestimmungen des Konkordates (M 34), das ja erst zu einem späteren Zeitpunkt abgeschlossen wurde?
3. Ordnen Sie sein Verhalten in das Spektrum von Anpassung und Widerstand ein!

| M 37 | Carl Klinkhammer: Ein Essener Kaplan
über die neue Regierung Hitler |

[Hinweis: Carl Klinkhammer war Kaplan in Altenessen und politisch engagiert. Seine Gegner nannten ihn einen "Roten Kaplan". Diesen Aufsatz hielt er als Vortrag nach Hitlers Regierungserklärung und vor dem Märzhirtenwort der deutschen Bischöfe, obwohl er erst später veröffentlicht wurde. In der Folge solcher Vorträge wurde Klinkhammer nach einer Beschwerde beim Regierungspräsidenten verwarnt und aufgefordert, keine politischen Reden mehr zu halten. Da er sich daran nicht hielt, wurde er noch 1933 mehrmals kurzzeitig verhaftet. Nach der Verhaftung vom 27.11.1933 wurde er am 20.12. aus der Schutzhaft entlassen, nachdem das Generalvikariat Köln gegenüber dem Essener Polizeipräsidenten zugesichert hatte, die Garantie dafür zu übernehmen, daß Klinkhammer nicht flüchtig werde, sich seelsorgerischer Betätigung enthalte und seinen Umgang mit anderen Personen auf das Notwendigste einschränke.]

Die Regierungserklärung des Reichskanzlers Hitler vom 23. März 1933 hat Worte der Verständigung, des guten Willens, des Friedens gefunden. Dieser Begebenheit müssen die deutschen Katholiken Rechnung tragen. Sie werden, - vertrauend der Erfüllung dieser Worte, - aufgeschlossen und sehnsüchtig entgegenharren. Denn vom Gelingen dieser Regierung hängt des Abendlandes Zukunft ab. Sollte diese Regierung scheitern, dann würde nach der heutigen Sachlage im gleichen Augenblick der russische Bolschewismus seine gierige Pranke in Westeuropa festkrallen. Dieses Programm der Reichsregierung ist sogar weithin zu einem Sammelruf für alle Christen in Deutschland geworden. Auch für die katholischen Christen, die in unserem Vaterlande nur ein Drittel der Gesamtbevölkerung ausmachen. Denn die neue Regierungserklärung hat mit den, (einstmals als ganz unabänderlich erklärten) fünfundzwanzig Grundsätzen der NSDAP, wenigstens in den heißumstrittenen weltanschaulichen und kulturpolitischen Punkten nichts mehr gemein. Man hat sich gewandelt. Der Wahrheit des Christentums sich genähert. Während der deutsche Katholizismus in jener Lehre fest und unverändert geblieben ist. Wir sind das geblieben, was wir immer waren: Unwandelbar, wie es die katholische Kirche aus ihrer 1900 jährigen Tradition immer gewesen ist. Und mit Gottes Gnade bleiben wird. Bleiben muß.

In Hitlers Regierungserklärung vom 23. März ist "das deutsche Blut" ohne Rücksichtnahme auf die Konfession als bestimmend für die Zugehörigkeit zum deutschen Volk bezeichnet. Nicht mehr wird behauptet, daß ein Jude schlechthin wegen seiner anderen Rassezugehörigkeit kein Volksgenosse sein könne.

Dann ist Punkt 24 der ursprünglichen nationalsozialistischen Merksätze gefallen. Nicht mehr wird im neuen Regierungsprogramm eine mögliche Gefährdung des Staates durch ein christliches Bekenntnis befürchtet. Nicht mehr ordnet man die religiösen Bekenntnisse den Sittlichkeits- und Moralgefühlen der germanischen Rasse unter. Nicht mehr wird das Gefühl einer Rasse zum Richter über religiöse Wahrheiten, über Gottesoffenbarung und über die Zulässigkeit des von Gott gegebenen Sittengesetzes gemacht. Endlich ist die uralte katholische Auffassung der rechten und harmonischen Zueinanderordnung von Staat und Kirche und die Eigengesetzlichkeit der letzteren schon deutlich zum Durchbruch gekommen.
"Die nationale Regierung sieht" neuerdings sogar "in den beiden christlichen Konfessionen wichtige Faktoren der Erhaltung unseres Volkstums." Also man übergeht erfreulicherweise den bisher so sehr gepriesenen Ludendorffischen, Rosenbergschen und alldeutschen Rassedünkel. Sieht in der internationalen genauer: übernationalen römisch-katholischen Kirche nicht eine Gefährdung für das deutsche Volkstum.

Die zwischen den christlichen Konfessionen und den Ländern abgeschlossenen Verträge ist man gewillt zu respektieren. Obgleich man diese Konkordate früher abgelehnt hatte, die bekanntlich mit Hilfe des Marxismus in der angeblichen "schwarzroten Verbrüderung" zustande gekommen sind.

Dazu wird in den Schulen das Mitwirkungsrecht der Konfessionen gesichert und gewährleistet werden. Also ist die Erziehung des Kindes doch nicht, wie früher immer behauptet wurde, allein "eine Frage des Staates," die "keine außerstaatliche Gewalt etwas angeht". also doch nicht die Bekämpfung der Bekenntnisschule. Kein Eintreten für die Einführung der Simultanschule.
Schließlich "legt die Reichsregierung größten Wert darauf, freundschaftliche Beziehungen zum hl. Stuhl weiter zu erhalten und auszugestalten".
Mit dieser eindeutigen Erklärung dürfte endlich das Los-von-Rom-Gerede abgetan sein. Die Forderungen namhafter Führer nach einer "neuen deutschen Volkskirche", die sich lossagen müßte vom römischen Zentralismus der katholischen Kirche, sind hiermit hoffentlich endgültig begraben.

Darum soll von Vertrauen und Liebe und Mitarbeit die Unterstützung sein, die die deutschen Katholiken der nationalen Bewegung leihen zu einem Rettungswerk, das ja nicht heute erst begonnen hat, sondern das wir gemeinsam zu Ende führen wollen zur baldigen Freiheit und Auferstehung Deutschlands.

Quelle: Dr. Carl Klinkhammer, in: Bonner Reichszeitung Nr. 75 - 52. Jahrgang vom 01.04.1933 / Ruhrlandmuseum Essen: Archiv Ernst Schmidt, 19-407

Aufgaben:

1. Vergleichen Sie Klinkhammers Aussagen mit der Regierungserklärung Hitlers.
2. Arbeiten Sie die ironische Grundstruktur des Textes heraus.
3. Arbeiten Sie besonders heraus, in welchen Punkten Klinkhammer ein Nachgeben der Nationalsozialisten zu sehen vorgibt.
4. Klinkhammer wurde nach dieser Rede verwarnt, keine politischen Reden mehr zu halten. Suchen Sie nach Gründen dafür!

M 38	Schreiben des Vorsitzenden der deutschen Bischofskonferenz, Kardinal Bertram, an Hitler, 25.06.1933

[Hinweis: Hintergrund sind die Verhandlungen zum Reichskonkordat, das am 22.6.33 in Kraft trat. Aufgrund dessen war unklar, ob die katholischen Verbände, die in die Gesellschaft hineinwirkten, eigenständig, aber unter engerer Anlehnung an die Kirche bleiben oder in die NS-Organisationen überführt werden sollten, die dann wie eine Dachorganisation wirken sollten.]

Bertram an Hitler

Breslau, 25. Juni 1933

Hochzuverehrender Herr Reichskanzler!

Im geneigten Schreiben vom 28. April d.J. haben Ew. Exzellenz mir als Vorsitzendem der Bischofskonferenzen die gütige und beruhigende Zusicherung gegeben, daß gegen katholische Organisationen nicht werde vorgegangen werden, wenn sie keine parteipolitisch dem jetzigen Regiment feindliche Tendenzen verfolgen. Ich spreche wiederholt herzlichsten Dank aus für diese begrüßenswerte Erklärung. Dieselbe gibt mir das Vertrauen, für folgende Vorstellungen gute Aufnahme zu finden.

Der Führer der Deutschen Arbeitsfront Herr Staatspräsident (sic!) Dr. Ley[1] hat am 22. d.M. die Katholischen Arbeitervereine den staatsfeindlichen Organisationen zugezählt. Diese Auffassung ist irrtümlich. Als Senior des preußischen Episkopats kann ich aus eigener Beobachtung und Erfahrung von fünf Jahrzehnten bezeugen, daß die Katholischen Arbeitervereine stets bestrebt gewesen sind, zuverlässige

---

1 Robert Ley war seit 1932 Stabsleiter der Politischen Organisation der NSDAP und Reichsleiter der DAF.

Stützen der staatlichen und kirchlichen Autorität und eine starke Truppe gegen Gottlosenbewegung, Marxismus und Bolschewismus zu sein. Stets haben sie aufs gewissenhafteste Gehorsam gegen die staatliche Autorität um des Gebotes Gottes willen verlangt, haben christliche Sittlichkeit und christlichen Familiengeist bei allen ihren Mitgliedern gefördert und sind eine Schule für kameradschaftliche Tugenden und Berufstüchtigkeit gewesen. Das Arbeiterkleid war ihr Ehrenkleid (...). Dieselben bejahen voll und ganz und ehrlich den neuen Staat. Diese Katholischen Arbeitervereine sind kirchliche Vereine, stehen unter Aufsicht der Bischöfe und erhalten ihre Präsiden durch bischöfliche Ernennung.

Zu dem großen berufsständischen Aufbau[2] werden sie rückhaltlos und freudig mitwirken, und es wird sich (...) leicht ein Weg finden, um sie ohne Vernichtung ihrer Selbständigkeit in diesen Aufbau als Glieder einzufügen, die um so wertvoller sind, je fester gegründet ihre religiösen und sittlichen Grundsätze und Kräfte sind. Meine Bitte ist diese: es möge die gesamte Erklärung des Herrn Führers der Deutschen Arbeitsfront nicht eine Auswirkung haben, die mit der Zusicherung Eurer Exzellenz vom 28. April wirklich nicht vereinbar ist.

In tiefster Verehrung bleibe, Herr Reichskanzler, Ihr

ganz ergebener

gez. A. Card. Bertram

Quelle: Stasiewski, Bernhard (Bearb.): Akten deutscher Bischöfe über die Lage der Kirche 1933-1934, Bd.1, S. 255f

Aufgaben:

1. Worüber führt der Vorsitzende der Fuldaer Bischofskonferenz Klage?
2. Wie bewerten Sie den Inhalt und die sprachliche Form des Briefes?
3. Erläutern Sie auf der Grundlage des vorliegenden Textes, welche Haltung Kardinal Bertram der neuen Reichsregierung gegenüber einnimmt.
4. Vergleichen Sie den Inhalt und die sprachliche Form des Briefes mit den Erklärungen der deutschen Bischöfe vor 1933.

---

2 Die DAF benutzte auch den Begriff des Berufsstandes in ihrem Kampf gegen den Klassenbegriff der Gewerkschaften. "Berufsstand" war auch ein wichtiger Begriff in der Diskussion innerhalb der katholischen Soziallehre, ohne aber eindeutig festgelegt zu sein. Durch den Austrofaschismus von Dollfuß einerseits und den italienischen Faschismus Mussolinis andererseits hatte der Begriff Auftrieb bekommen. Sie gaben sich selbst als Umsetzungen der Enzyklika *Quadragesimo anno* von 1931 aus, obwohl es maßgebliche, auch deutsche Interpreten gab, die dem Faschismus das Recht bestritten, sich auf den Papst zu berufen.

M 39 Haft für einen Bochumer Vikar

Geistlicher Hetzer in Haft genommen

Der Zentrums-Kanzelhetzer beleidigte schamlos in öffentlichen Lokalen unsere Führer / Bei seiner Festnahme sollte Sturm geläutet werden

Vikar Stöcker[1] in Bochum-Riemke wurde gestern gegen 9 Uhr von dem Nachrichtendienst der Standarte 17 in Schutzhaft genommen und der politischen Polizei zugeführt. Stöcker ist ein Volksverderber schlimmster Art, der sich fortgesetzt in den größten Schmähungen gegen das neue Deutschland ergeht und seine Führer auf das gröblichste beleidigt. Nicht nur von der Kanzel herab mißbraucht er sein kirchliches Amt und schimpft und wettert auf die Nationalsozialisten, sondern er ist auch ein eifriger Wirtshausbesucher, der bis in die frühen Morgenstunden am Biertisch sitzt und hierbei das Volk zu verhetzen und das Vertrauen zu seinen Führern zu untergraben sucht.

Vikar Stöcker hat die Minister Göring, Goebbels und den Stabschef Röhm in einem öffentlichen Lokal derart beleidigt, daß es widerlich wäre, die gemachten Äußerungen zu veröffentlichen. Man ersieht hieraus den niedrigen Charakter dieses Zentrumsgeistlichen.

Da die Volkswut über diesen Lügner eine Form angenommen hat, daß Lebensgefahr für ihn bestand, wurde Vikar Stöcker von dem Nachrichtendienst der Standarte 17 festgenommen. Der Küster der Riemker Kirche sollte bei einer evtl. Verhaftung des Stöcker Sturm läuten.

Vikar Stöcker ist noch am Montagnachmittag, nachdem das Verhör bei der Politischen Polizei abgeschlossen war, im Gefangenenwagen in das Amtsgericht Bochum eingeliefert worden. Seine Aburteilung soll im Schnellverfahren erfolgen. Es wurde sofort ein Haftbefehl erlassen.

Zu den Vorgängen, die zu der Verhaftung führten, erfahren wir folgendes:

Am vergangenen Mittwoch saßen zur Abendzeit in dem Lokale Vorhoff, Riemke, Hernerstraße, ungefähr 15 Personen am Biertisch zusammen. Unter ihnen befanden sich auch Stöcker und Funke, die vorher an einer Versammlung des katholischen Gesellenvereins teilgenommen hatten. Man erging sich dahin, Politik zu treiben. Wachtmeister Funke erklärte: "Severing[2], das sei ein ganzer Kerl gewesen, der,

---

1 August Stoecker, (1893-1976) wurde wegen Vergehens gegen den Kanzelparagraphen (ein Gesetz aus dem Kulturkampf, das Geistliche mit Gefängnis bedroht, die "in einer den öffentlichen Frieden gefährdenden Weise" in der Predigt Angelegenheiten des Staates behandeln) zu 9 Monaten Haft durch Sondergericht Dortmund verurteilt. Er war von Juni 1933 bis November 1934 in Haft.
2 Severing, Carl (1875-1952) 1919-1933, MdR und MdL für die SPD in Preußen, 1920-1926 und 1930-1932 preußischer Innenminister, erreichte politische Stabilisierung zwischen links und

wenn er nur wollte, die jetzige Gesellschaft mit Stumpf und Stiel herausgehauen hätte. Er sei aber viel zu vernünftig gewesen und sei freiwillig abgetreten, um unnötiges Blutvergießen zu vermeiden. Auf dem Gesellentag in München[3] habe man es nur diesen braunen Horden zu verdanken, daß der Tag aufgeflogen wäre. Die SA habe sogar durch die Fahnen der katholischen Kolonnnen geschossen." Dann erging sich Vikar Stöcker und Wachtmeister Funke in schweren beleidigenden Äußerungen über General von Epp, Stabschef Röhm, Ministerpräsident Göring und Dr. Goebbels, die wir nicht abdrucken können, aber so schamlos sind, daß man nicht verstehen kann, wie ein Geistlicher sich solcher gemeinen Worte überhaupt bedienen könnte.

Hauptwachtmeister Funke, der einer Herner Polizeibereitschaft angehört, ist ebenfalls in Haft genommen worden. Es wird Zeit, daß seine Dienststelle mit einem SA-Hilfspolizisten besetzt wird.

Quelle: Groß-Bochumer Nachrichten, 29.06.1933;
Sozialarchiv des Bistums Essen, zur Verfügung gestellt vom Stadtarchiv Bochum

Aufgaben:

1. Erarbeiten Sie am Text, was Vikar Stöcker vorgeworfen wurde und welche Maßnahmen gegen ihn ergriffen wurden. Welche Instanzen wurden in welcher Form aktiv? Beurteilen Sie das Vorgehen gegen ihn auch unter dem Aspekt der Rechtstaatlichkeit!
2. Arbeiten Sie die Tendenz des Zeitungsartikels heraus und belegen sie Ihre Beobachtungen mit dem Textwortlaut.
3. Beurteilen Sie, welche Absicht der Zeitungsartikel und welche das Verfahren gegen Stöcker überhaupt verfolgt.

---

rechts, 1928-1930 Reichsinnenminister, widersetzte sich seiner Amtsenthebung im Preußenputsch am 20.07.1932 nur halbherzig, 1945 Beteiligung am Wiederaufbau der SPD, ab 1947 MdL in NRW.

3 Beim Gesellentag in München handelte es sich um ein reichsweites Treffen der Kolpingbrüder im Frühsommer 1933, das von den Nationalsozialisten massiv behindert und durch Schikanen vorzeitig beendet wurde. Dazu gehörte z. B. ein Uniformverbot, als die Gesellen schon dort waren und die meisten nicht auf andere Kleidung ausweichen konnten. SA sprengte daraufhin die Veranstaltungen. Dabei hatte die Führung des Kolpingverbandes sich in öffentlichen Äußerungen zur Mitarbeit im neuen Staat bereit erklärt.

M 40 — Die Verhaftung des Zentrumspolitikers und stellvertretenden Ministerpräsidenten und Wohlfahrtsministers von Preußen Heinrich Hirtsiefer im September 1933

Staatliches Wochenendhaus für "Schwielenheinrich"
Heute Abtransport ins Konzentrationslager

"Schwielenheinrich", Minister für eigene Wohlfahrt von Karl des Kleinen, der der Gewalt wich, Gnaden, "Schwielenheinrich", der Geschmierte, der Mann mit der Millionen-Subvention für einen verkrachten Bauverein[1], "Schwielenheinrich" zieht heute um. Zieht um? Wohin?
Nun, nachdem der Herr Wohlfahrtsminister a.D. Heinrich Hirtsiefer zum Schmerz aller Knopflochpatrioten und Spießer seinen Marsch durch Essen getan[2] und zur Freude aller rechtlich Denkenden in der Schutzhaft beendet hatte, wurde durch die National-Zeitung eine Reihe von Tatsachen bekannt, die hinlänglich genügten, um es angezeigt erscheinen zu lassen, "Schwielenheinrich" für fernere Zeit ein wenig eindringlicher zu Gemüte zu führen, was er getan hat und wie das deutsche Volk unter nationalsozialistischer Führung über seine Taten denkt.
Wenn die "National-Zeitung" am letzten Sonntag anläßlich der Veröffentlichung neuer Ungeheuerlichkeiten der schwarzen Novembergröße schrieb, daß "Schwielenheinrich" sich werde damit abfinden müssen, daß das dicke Ende für ihn im Kommen sei, so darf sie heute feststellen:

Das dicke Ende für "Schwielenheinrich" ist da!
Der Staat weist dem Herrn Minister a.D. für die nächste Zeit ein "Wochenendhäuschen" an, wo er Gelegenheit zu körperlicher Betätigung in frischer Luft in reichlichem Maße finden wird.

"Schwielenheinrich" wandert heute ins Konzentrationslager!

Es ist damit nicht gesagt, daß "Schwielenheinrich" etwa nun endgültig untergebracht sei. Vielmehr wird ihm nach der neuerlichen Luftveränderung aus der dumpfen Luft der Schutzhaftzelle in das freie Leben im Konzentrationslager sicher der umgekehrte Weg in einiger Zeit nicht erspart bleiben. Denn es ist nicht anzunehmen, daß ein deutsches Gericht die Durchstechereien und anderen sauberen Taten eines "Schwielenheinrich" milder als mit Gefängnis belegen wird.[3] Das würde dann allerdings das Ende der schönen Zeit im Konzentrationslager bedeuten.

---

1 Hirtsiefer hatte in seiner Eigenschaft als preußischer Wohlfahrtsminister den genossenschaftlichen Wohnungsbau gefördert und war einer der frühesten Förderer des gemeinnützigen Wohnungsbaus. In Essen wohnte er in der von ihm mitinitiierten Siedlung des Siedlungsverbandes Ruhrkohlenbezirk.
2 Bei dem „Marsch durch Essen" trug Hirtsiefer ein Schild mit dem Text „Ich bin der Hungerleider Hirtsiefer"; dies spielte darauf an, daß Hirtsiefer die Zahlung seiner gesperrten Versorgungsbezüge angemahnt und dabei erwähnt hatte, daß er sonst Hunger leiden müsse.
3 In zwei Prozessen 1933 und 1934 versuchten die Nationalsozialisten Hirtsiefer zu belangen. Der erste in Bochum endete mit einer geringfügigen Verurteilung, die unter eine Amnestie fiel, der zweite in Berlin endete mit seinem völligen Freispruch.

Einstweilen wünschen wir "Schwielenheinrich" gute Reise. Möge er bei körperlicher Betätigungsmöglichkeit Gelegenheit finden, sich eine schwielige Hand zu erwerben, wenn auch kein deutscher Arbeiter heute und in Zukunft mehr Wert darauf legen wird, die seine sich von dem gestürzten Bonzen drücken zu lassen.

Quelle: Nationalzeitung, 26.9.1933

Der Polizeipräsident Essen, den 12. September 1933
    Abt.I.

S o f o r t !

1. Schreiben:
An den Herrn Regierungspräsidenten
in <u>Düsseldorf</u>.

Betrifft: Inschutzhaftnahme des früheren Preußischen Ministers Heinrich Hirtsiefer in Essen.
Bezug: Mein mündlicher Vortrag beim Herrn Regierungspräsidenten am 11. September 1933.

Am Nachmittage des 11. September (...) habe ich den früheren Preußischen Staatsminister Heinrich Hirtsiefer, geboren am 26.4.1876 in Essen, wohnhaft in Essen-Altendorf, Leibnitzstraße 2 (Kolonie), in polizeiliche Schutzhaft nehmen und dem Polizeigefängnis in Essen zuführen lassen. Am 12.9.1933 ist dem Schutzhäftling die vorgeschriebene Schutzhaft-Verfügung zugestellt worden; sie lautet:

"Auf Grund des § 1 der Verordnung zum Schutze von Volk und Staat vom 28. Februar 1933 (RGBl.I. S.83) habe ich über Sie die Schutzhaft verhängt, weil mit Rücksicht auf Ihre bisherige politische Betätigung zu befürchten ist, daß Sie sich in Zukunft in einer den Belangen des neuen Staates abträglichen Weise betätigen werden".
Hirtsiefer war am Vormittage des 11.9.1933 von dem Dezernenten für Korruptionsangelegenheiten bei der Staatsanwaltschaft in Bochum (...) zu einer Venehmung in eigener Sache in das Polizeipräsidium Essen vorgeladen worden. Die Vernehmung zögerte sich bis gegen 14 Uhr hin. Als nach ihrem Abschluß Hirtsiefer den Platz vor dem Polizeipräsidium betrat, um sich nach Hause zu begeben, wurde er von einer Gruppe von SA., SS- und N.S.B.O.-Männern angehalten und veranlaßt, mit ihnen einen Marsch durch die Stadt Essen, insbesondere durch die Gußstahlfabrik Krupp und zu seiner Wohnung auszuführen. Man gab Hirtsiefer einen aufgespannten Regenschirm in die Hand und hatte ihm ein Plakat mit der Aufschrift: "Ich bin der Hungerleider Hirtsiefer" um den Hals gehängt. Obschon der Umzug ein gewisses Aufsehen in der Stadt erregte, ist es doch in keinem einzigen Falle zu einer Belästi-

gung oder zu einem Angriff auf ihn gekommen. Auch seitens der SA-Gruppe hat Hirtsiefer keinerlei Belästigungen widerfahren.
Nach Abschluß dieser SA-Aktion gegen den in nationalen Kreisen der Bevölkerung überaus mißliebigen früheren „Wohlfahrtsminister" Hirtsiefer habe ich ihn aus den eingangs erwähnten Gründen in Schutzhaft genommen. Bei einer gleichzeitig in seiner Wohnung durchgeführten Haussuchung wurde erhebliches Druck- und Schriftmaterial vorgefunden und einstweilen polizeilich sichergestellt; über bemerkenswerte Beweisstücke werde ich nach beendeter Material-Sichtung weiter berichten.
Staatsanwalts-Assessor (...) - Bochum hat meinem Sachbearbeiter auf Anfrage mitgeteilt, daß es sich bei dem von ihm geführten Ermittlungsverfahren um Korruptions-Vorgänge bei der Erwerbung des Hirtsiefer'schen Wohnhauses bezw. der ganzen Wohnkolonie in Essen-Altendorf handelt, zu denen Hirtsiefer als Beschuldigter vernommen worden ist. Assessor (...) ließ durchblicken, daß von der Staatsanwaltschaft Bochum in Erwägung gezogen sei, gegen Hirtsiefer ggf. einen Haftbefehl zu beantragen, und die Staatsanwaltschaft Bochum bäte daher darum, im Falle einer etwaigen Aufhebung der Schutzhaft über Hirtsiefer, so rechtzeitig benachrichtigt zu werden, daß sie den Haftbefehl gegen Hirtsiefer zu erwirken in der Lage sei.
Über die Aufrechterhaltung der Schutzhaft hat sich der Herr Regierungspräsident die Entscheidung vorbehalten. Ich bitte daher darum, insbesondere auch im Hinblick auf das staatsanwaltschaftliche Untersuchungsverfahren gegen den Schutzhäftling, mich alsbald mit Weisung versehen zu wollen, was mit Hirtsiefer geschehen soll.

2. Der Schutzhaftstelle
   zur Kenntnisnahme.

Quelle: HSTA Düsseldorf RW 58/46289

Aufgaben:

1. Rekonstruieren Sie auf der Grundlage beider Quellen den Fall Hirtsiefer. Berücksichtigen Sie dabei, daß es sich um NS-Quellen handelt.
2. Untersuchen Sie, *wie* die Nationalzeitung darüber berichtet.
3. Ordnen Sie die Quelle in den historischen Zusammenhang ein.

| M 41 | Protestschreiben Bertrams gegen das Doppelmitgliedschaftsverbot, 03.05.1934, an Reichsinnenminister Frick |

Laut Zeitungsnachrichten, die das Gepräge amtlicher Mitteilung tragen, hat der Führer der deutschen Arbeitsfront (...) angeordnet:

> daß Mitglieder (...) insbesondere auch von konfessionellen Arbeiter- und Gesellenvereinen, nicht Mitglieder der deutschen Arbeitsfront sein können. Wo Doppelmitgliedschaft (...) besteht, ist die Mitgliedschaft zur deutschen Arbeitsfront sofort zu löschen.

Namens der sämtlichen Mitglieder des deutschen Epikopates lege ich gegen diese Verordnung Einspruch ein und bitte ergebenst, geneigte Schritte zu tun, daß sie aufgehoben wird. Es ist als zweifellos zu betrachten, daß diese Verordnung auf irriger Auffassung beruht. Auch ist sie nicht vereinbar mit Art. 31 Abs.2 des Reichskonkordats.
Zur Begründung bitte ich, Folgendes darlegen zu dürfen:

I

Die angeführte Verordnung wendet sich gegen "anderweitige Berufs- und Standesorganisationen", (...) , die dem Charakter und Aufgabengebieten der deutschen Arbeitsfront entsprechen. Das ist bei den katholischen Arbeiter- und Gesellenvereinen nicht der Fall. Diese haben keine Aufgaben, die der deutschen Arbeitsfront eigen sind (...).

II

Die Zugehörigkeit zu einem katholischen Arbeiter- oder Gesellenverein ist niemals Anlaß gewesen, die Betriebsgemeinschaft zu stören. Das Gegenteil ist der Fall. In den kirchlichen Vereinigungen ist die Gemeinschaftsgesinnung, Berufstreue und Berufsehre aufs sorgsamste durch religiöse Unterweisungen gepflegt (...). (...)

III

Die Folgen der jetzt ergangenen Verordnung sind tief bedauerlich. (...) Die Massen treu deutscher (...) Mitglieder der katholischen Arbeitervereine (...) fühlen sich degradiert, so daß eine bedrohliche Unruhe (...) in die Betriebe eindringt. Die feierlichen Garantien des Konkordats, nach denen aus Zugehörigkeit zu katholischen

Vereinen Nachteile nicht erwachsen sollen, erscheinen als nicht mehr zuverlässig. (...)

IV

Es ist nicht zutreffend, daß "konfessionelle Arbeiter- und Gesellenvereine schon wieder ein Sammelbecken für ehemalige Gewerkschaftssekretäre bilden". (...) in führende Stellung in den genannten katholischen Organisationen sind ehemalige Gewerkschaftssekretäre nicht eingetreten. (...)

Quelle: Stasiewski, Bernhard (Bearb.): Akten deutscher Bischöfe über die Lage der Kirche 1933-1924, Bd.1, S. 665-667

Aufgaben:

1. Erstellen Sie eine Inhaltsangabe und arbeiten Sie Bertrams Argumentation heraus.
2. Vergleichen Sie Sprachstil und Argumentation beider Proteste Bertrams gegen das Doppelmitgliedschaftsverbot (M 38).

M 42	**Protest der Kölner Geistlichkeit gegen die Konkordatsverletzung, 03.06.1934**

Es gelangt folgende Mitteilung der Pfarrgeistlichkeit zur Verkündigung:

Vorgestern ist ein Erlaß des Herrn Regierungspräsidenten von Köln über die katholischen Verbände ergangen. Nachdem es zwar in § 1 heißt: "Die konfessionellen Verbände sind bei ihrer kirchlichen und religiösen Betätigung zu schützen", wird ihnen im folgenden jedes geschlossene Auftreten in der Öffentlichkeit untersagt. Danach ist neuerdings außer den schon bestehenden Verboten noch weiterhin unterbunden:

1) Jedes gemeinsame Wandern und Zelten; demgemäß können unsere Kinder und Jugendlichen nicht einmal mehr einen gemeinsamen Ausflug machen. Man nimmt unserer katholischen Großstadtjugend dadurch, man darf fast sagen, den Platz an der Sonne.

2) Dieses Verbot gilt sogar für die Pfarrjugend, auch wenn diese nur für einen Einzelfall zusammengefaßt wird.

3) Ja, dieses Verbot ist jetzt ausgedehnt auf die Standesvereine. Von jetzt an kann also der katholische Priester nicht mehr mit seinen Meßdienern oder anderen Kindern seiner Pfarre, nicht mehr mit einer Gruppe seines Arbeiter- oder Gesellenvereins, nicht mehr mit den Frauen seines Müttervereins durch die deutsche Heimat wandern.

4) Ebenso verboten ist jeder Vertrieb von Flugschriften, wie es heißt, kirchenpolemischen Inhalts. Da man unter dem Ausdruck "Kirchenpolemik" sehr vieles verstehen kann, da andererseits dem Übertreter des Verbotes harte Strafen, sogar Schutzhaft, angedroht wird, so ist in einer Zeit, in der christlicher Glaube, ja Christus selbst, von vielen ruchlos geschmäht wird, die notwendige schriftstellerische Abwehr äußerst gehemmt.

Vor Gott dem Herrn und der hier versammelten Gemeinde erheben wir gegen diese augenfällige Verletzung feierlicher Abmachungen des Konkordats schärfsten Protest. Wir haben uns in einem Telegramm an den Herrn Reichskanzler und den Hl. Vater gewandt. Ähnlich wie Christus fragen wir: "Hab ich Unrecht getan, so beweise es mir. Hab ich aber Recht getan, warum schlägst Du mich?"

Quelle: Corsten, Wilhelm (Hg.): Kölner Aktenstücke zur Lage der katholischen Kirche in Deutschland 1933 - 1945, Köln 1949, S.27

Aufgaben:

1. Geben Sie wieder, welche Verbote und Einschränkungen den katholischen Organisationen auferlegt wurden.
2. Erschließen Sie, welche Bedeutung diese Verbote für die Verbände hatten.
3. Beschreiben und beurteilen Sie die Gegenstrategien, die die Kölner Geistlichen hier einschlagen.

| M 43 | **Fronleichnamsprozession im Wasserturmviertel, 13.07.1934** |

Nationalsozialistische Deutsche Arbeiterpartei
Gauleitung Essen
Gaugeschäftsstelle: (...)

Ortsgruppe Essen-Wasserturm
Essen, den 13. Juli 1934 (...)

An den
Polizeipräsidenten der Stadt Essen,
Pg. Zech,
Essen
Polizeipräsidium

Die 3 katholischen Kirchengemeinden des Wasserturmviertels halten seit dem Sonntag vor Frohnleichnam (sic!) fast jeden Sonntag einen Umzug in verschiedenen Straßen ab, wobei die Ausschmückung gegen sonstige Gewohnheiten dieser Kreise außerordentlich kostspielig gemacht wird. Der Umzug am vorigen Sonntag hatte nach unserer Ansicht nicht allein kirchlichen Charakter, sondern wurde allgemein als Demonstrationszug aufgefaßt. Um so mehr, als bei diesem Umzug die katholische Jugend im Gleichschritt Kampflieder singend mitzog. Zu allem Überfluß erlaubten sich die Vorarbeiter für die Ausschmückung die Unverschämtheit, Erholungssuchende auf den Bänken neben dem Wasserturm und auf dem Kurfürstenplatz in rüpelhafter Weise zu vertreiben.
Im Interesse der Aufrechterhaltung der Ruhe im Wasserturmviertel wäre es angebracht, den Kirchen genau vorzuschreiben, wie oft und wie lange sie ihre Frohnleichnamsumzüge zu halten haben.
Nicht unerwähnt lassen möchte ich, daß zur Systemzeit Umzüge in diesem Ausmasse niemals stattgefunden haben.

Heil Hitler
Ortsgruppenleiter

Quelle: HSTA Düsseldorf RW58/46862

Aufgaben:

1. Welche Absicht verfolgen die katholischen Pfarrgemeinden mit ihren Prozessionen?
2. Wie nimmt der Ortsgruppenleiter die Prozessionen wahr?
3. Die Fronleichnamsprozession - ein Akt des politischen Widerstandes? Nehmen Sie begründet Stellung.

Ludgerusprozession in Essen-Werden, September 1939

M 44	**Ermittlungen gegen Pfarrer Helmus in Vierlinden, 10.10.1934**

An die   23. Juli 1934
Gauleitung Essen der NSDAP
<u>in Essen</u>

Soeben wird mir folgende eidesstattliche Erklärung hereingegeben, die m.E. ein sofortiges Einschreiten gegen den betr. Pfarrer erforderlich macht. Das von meinem Stellvertreter aufgenommene Protokoll lautete
"Es erscheint der Arbeiter P. M., Walsum, und erklärt:
Pfarrektor Helmus hat heute (22.7. in der Kirche in Vierlinden) folgende Äußerungen gemacht:

    1. Die Leute sollten sich die Aufdringlichkeit der Amtswalter der DAF nicht bieten lassen, sie sollten ihnen energischer entgegentreten und ihnen die Türe weisen.
    2. Pfarrektor Helmus behauptet: Die kath. Angehörigen, die (bei der Säuberungsaktion)¹ erschossen wurden, sollen verbrannt worden sein und die Asche hatte man den Angehörigen zugesandt, "und das soll christlich gewesen sein?"
    3. Eine westfälische Volkszeitung soll von einem Artikel berichtet haben, in dem von der HJ behauptet wird, sie bete als Nachtgebet: "Die Seele dem Teufel, die Liebe dem Mädchen, das Herz unserem Führer".
Vorstehende Erklärungen gebe ich eidesstattlich wieder.

gez. P. M.
Walsum, Bahnhofsstraße 51

Ich habe angeordnet, daß weitere Zeugen für diese unglaubwürdigen Äußerungen des Pfarrektors Helmus festgestellt werden und werde über das Ergebnis berichten.

Heil Hitler!
gez. H.,
Kreisleiter

Beglaubigt:
Krim.-Assistent

---

1 "Röhm-Putsch": Dabei wurden neben vielen SA-Führern auch 2 Generäle und die beiden kath. Laienführer Adalbert Probst (Reichleiter der Deutschen Jugendkraft) und Erich Klausener, (Kath. Aktion Berlin) erschossen.

Staatspolizei
Inspektion Essen
Essen, den 10. Oktober 1934

Nr. 4732/34.
Betrifft: Pfarrer-Rektor Helmus in Vierlinden b/Walsum.[1]
Bezug: Mein Bericht vom 8.8. 34 - 4185.

Die gegen Pfarr-Rektor Helmus eingeleiteten Ermittelungen sind abgeschlossen. Beweise für ein staatsfeindliches Verhalten im Sinne der Anzeige haben sich nicht erbringen lassen. Der als Hauptbelastungszeuge genannte Trinkhallenbesitzer J. O. aus Walsum kann aus eigener Wissenschaft nichts bekunden und will alles nur vom Hörensagen haben. Unter diesen Umständen musste von einem weiteren Vorgehen gegen Pfarr-Rektor Helmus Abstand genommen werden.

gez.: B.

Quelle: HSTA Düsseldorf RW58/16775

Aufgaben:

1. Welche Vorwürfe werden gegen Pfarrer Helmus erhoben?
2. Ordnen Sie die vorliegende Quelle in das Spektrum des Widerstandsbegriffes ein (M 35).
3. Wie beurteilen Sie die Maßnahmen der Behörden?

---

1 Helmus, Joseph (1886-1966); vgl. Ulrich Hehl, Priester unter Hitler, Terror, Paderborn 1996, S. 1037

| M 45 | Ein Konflikt zwischen HJ und katholischer Jugend |

Nochmals: Sturmschar überfällt HJ-Führer
Aufruf des Gebietsführers Heinz Deinert

Düsseldorf. Die verschiedensten Verschleierungsversuche katholischer Jugendführer geben mir Veranlassung, die feigen Überfälle auf die HJ-Führer Langenhorst und Drygalla aus Essen durch Mitglieder der katholischen Sturmschar noch einmal aufzurollen:
Am 28. März 1935 wurde der Gefolgschaftsführer Langenhorst durch Kopfhiebe so schwer verletzt, daß er ins Krankenhaus überführt werden mußte. Inzwischen ist er wieder entlassen worden, befindet sich jedoch immer noch in ärztlicher Behandlung. Der Bericht lautet wie folgt:

"Etwa 20 Hitlerjungen der Gefolgschaft 2/III/238 trafen sich um 20 Uhr an der Borbecker Unterführung. Wir beabsichtigten, von hier aus im Zeichen der Frühjahrsoffensive in den Straßen Borbecks Sprechchöre zu bilden. Vor allen Dingen suchten wir die Gegend auf, wo noch viele abseits stehende Jugend wohnt. Wir gingen auch zur Wüstenhöferstraße und Kampfstraße, wo sich das Heim der Sturmschar Bochold befindet. Als dort einige Schlagworte gesprochen wurden, kam es zu Plänkeleien zwischen der HJ und der provozierenden Sturmschar. Bei uns waren noch etwa zehn Zivilisten, die mit uns sympathisierten, aber nichts weiter mit uns zu tun hatten. Bei diesen Plänkeleien bekamen drei Sturmschärler einige unbedeutende Schläge, die weiter keine Folgen tragen konnten. Wir vermerken ausdrücklich, daß kein Hitlerjunge ein Schlaginstrument mit sich führte. Als gegen 21 Uhr ein Sturmscharmitglied namens Walter mit seinem Vater vom Heim der katholischen Jugend kam, ging ich auf den Jungen zu, da er die verbotene Sturmscharuniform trug. Ich machte ihn auf das Verbot, die Uniform der katholischen Jugendorganisationen zu tragen, aufmerksam. Im selben Augenblick wollte mich der Vater zurückdrängen, gleichzeitig faßte der Sturmschärler meine Uniform an. Dieses ließ ich mir nicht gefallen, und es kam zu einer leichten Schlägerei. Als ich mich über den hingefallenen Sturmschärler beugte, erhielt ich von hinten mit einem 2 1/2 Zentimeter dicken Eichenstock einen Rundschlag auf den Hinterkopf.
Im Hinfallen sah ich den Vater zu weiteren mächtigen Schlägen ausholen, wovon einer den Scharführer I. ins Kreuz traf. Den weiteren Verlauf kann ich nicht schildern, da ich das Bewußtsein verlor.

gez. Langenhorst"

Der Gefolgschaftsführer Drygalla schildert in seinem Bericht, wie seine Gruppe von provozierenden Sturmscharmitgliedern angegriffen wurde. Drygalla erhielt mit einem harten Gegenstand einen Schlag ins Gesicht und wurde besinnungslos.

Es erübrigt sich, auf diese ungeheuerlichen Geschehnisse weiter einzugehen. Jeder deutsche Mensch rückt mit Abscheu von jenen ausführenden Elementen und den verantwortungslosen Menschen, die die Jugend gegeneinander aufhetzen, ab. Wenn heute dieselben verantwortungslosen Menschen versuchen, ihre Untaten zu vertuschen, so beweisen sie damit ihre Ohnmacht. Dieser ungeheuerlichen Tatsache kann auch nicht mehr das Mäntelchen christlicher Nächstenliebe umgehängt werden, denn was geschah ist geschehen. Wir wollen nur, daß die Bevölkerung die Wahrheit erfährt. Heil Hitler!

Der Führer des Gebietes 10 Ruhr-Niederrhein
gez. Deinert, Gebietsführer

Quelle: Nationalzeitung, 09.04.1935[1]

Zeugenaussage des Pastors B. am 1.4.1935 im Ermittlungsverfahren

(...) Nahe meinem Hause war ein Tumult sich bekämpfender Menschen. Ich trat hinzu. (...) Etwa vier - fünf HJ-Jungen schlugen auf einen am Boden Liegenden ein. Plötzlich schrie ein vorstürzender Mann, den ich (...) als Herrn W. T. erkannte: ich werde doch meinen Sohn nicht schlagen lassen, schnappte mir den Spazierstock vom Arm und schlug. Auf seinen Schlag hin stob die Menge auseinander. Der zu Boden Geworfene, E. W. (...) wurde hoch gerissen, über den Kirchplatz geschlagen, getreten, vor der Kirchtreppe zu Boden gehauen und mit den Stiefeln bearbeitet. (...)

---

1 Die NZ war das Sprachrohr der NSDAP. Der hier aus NS-Sicht geschilderte Fall ist ein Teil des generellen Konfliktes zwischen HJ und organisierter katholischer Jugend. In einer sog. Frühjahrsoffensive im Rheinland versuchte die HJ die katholischen Jugendverbände zu zerstören, denn es war ihr hier noch nicht gelungen, große Organisationserfolge zu erreichen. Die gerade in dieser Gegend starke katholische Jugend setzte sich, unterstützt von jungen Kaplänen, zur Wehr.

Notar Dr. B. / Dr. v. A.
Rechtsanwälte (...)
Essen, 3. April 1935. af

In der Strafsache
gegen W.
29 Js 276/35
(30 Ge 972/35)

beantragen wir,
den Beschuldigten sofort aus der Haft zu entlassen.

(...) Es kann nicht der allergeringste Zweifel darüber obwalten, dass der Beschuldigte lediglich in Notwehr gehandelt hat. Er und sein Sohn sind von einer großen Übermacht angefallen und schwer mißhandelt worden. Die Situation war für den Beschuldigten und seinen Sohn lebensgefährlich. Es fielen wiederholt die Rufe: "Dreht dem Hund den Hals um." Wenn in dieser Situation der Beschuldigte, der einem vorübergehenden Passanten den Stock aus der Hand riß, um seinen bereits schwer mißhandelten Sohn aus dieser Situation zu befreien, dann verstehen wir nicht, wie hier Haftbefehl gegen den Beschuldigten erlassen werden konnte. Wir nehmen an, daß bekannt ist, daß der Beschuldigte in Hausschuhen und leicht bekleidet aus seiner Wohnung gekommen ist, um seinen Sohn abzuholen, dass also nicht der geringste Anlass dafür vorliegt, den Beschuldigten als Angreifer zu betrachten.
Wir erwarten, daß unverzüglich die Ermittelungen angestellt werden gegen diejenigen, die hier tatsächlich einen Überfall verübt haben und harmlose Bürger auf's schwerste körperlich misshandelt haben.
Recht muß Recht bleiben!

Sollte nicht die sofortige Haftentlassung des Beschuldigten verfügt werden, so bitten wir, diese Eingabe als Beschwerde aufzufassen.
Sollte das Gericht nicht ohne weiteres schon zu einer Aufhebung des Haftbefehls kommen, so bitten wir, vor der Entscheidung über unseren Antrag noch folgende Zeugen zu vernehmen:

1. die Eheleute J. Z., Essen-Borbeck, (...),
2. Herrn J. B., Essen-Borbeck, (...),
3. Herrn P. B., Essen-Borbeck, (...)

Die Rechtsanwälte Dr. B. und Dr. v. A.
durch: gez. Dr. v. A.

Quelle: Ruhrlandmuseum, Archiv Ernst Schmidt 19-429

Aufgaben:

1. Rekonstruieren Sie anhand des Zeitungsberichtes, der Zeugenaussage und des Anwaltschreibens den Vorfall möglichst "objektiv". Arbeiten Sie dabei heraus, in welchen Punkten die Darstellungen des Vorfalls einander widersprechen.
2. Erschließen Sie unter Bezugnahme auf den Wortlaut des Textes die Absicht des Zeitungsartikels.
3. Wer trägt die Schuld an dieser Auseinandersetzung? Nehmen Sie Stellung! Wie hätten Sie sich anstelle der Sturmscharmitglieder/der Hitlerjungen verhalten?
4. Hat der Anwalt des Herrn Walter mit seinem Schreiben Erfolg? Stellen Sie begründete Vermutungen an.
5. Warum wurden gerade Jugendliche solchen Repressalien ausgesetzt? Ordnen Sie den Vorfall in die historische Entwicklung des NS-Regimes ein.

M 46	**Die Katholische Aktion in der Pfarrgemeinde St. Mariä Empfängnis in Essen-Holsterhausen, 14.08.1935**

[Hinweis: Das folgende Werbeblatt für die katholischen Männer löste eine Anklage gegen den Werber und den Kaplan, der den Text verfaßt hatte, aus. Der 2. Text faßt das polizeiliche Ermittlungsergebnis zusammen. Wie das Verfahren gegen den Werber ausgegangen ist, ist nicht bekannt. Gegen den Kaplan wurde es eingestellt.]

Lieber katholischer Mann!
Leider mußten wir feststellen, daß Sie bis heute noch nicht Mitglied der großen Männergemeinschaft an unserer St. Mariä Empfängnispfarre sind.
Unsere Männerkongregation hat sich als Aufgabe gestellt, ihre Mitglieder zu männlichen Christen zu formen und sie so hineinzustellen in die großen Gegenwartsaufgaben der Katholischen Aktion:[1]
Hier soll jeder katholische Mann unserer Pfarrgemeinde erfaßt werden - auch wenn er bereits Mitglied einer andern kirchlichen Vereinigung ist. In unserer Gemeinschaft sollen alle Männer unserer Pfarre zusammengefaßt werden.
Der Monatsbeitrag beträgt 10 Pfennige. Dafür erhalten Sie unser Monatsblatt: Der katholische Mann. - Im Sterbefalle begleitet die Kongregation mit Fahne den letzten

---

1 Katholische Aktion war die organisatorisch eng an Pfarrei und Diözese angelehnte Teilnahme der Laien "am hierachischen Apostolat der Kirche". Ursprünglich im Italien Mussolinis eingeführt, um der Kirche gesellschaftlichen Einfluß zu sichern, wurde die Idee ab 1929 nach Deutschland übertragen. Schränkte sie anfangs die Eigenständigkeit der katholischen Verbände ein, so bedeutete sie nach 1933 die Chance für weitere organisierte Zusammenarbeit der Laien unter den Fittichen der kirchlichen Strukturen.

Weg ihrer Mitglieder, betet für deren Seelenruhe in der Kirche den Totenrosenkranz und läßt ein Seelenamt lesen.
In diesen Tagen werden Sie besucht werden und ich würde mich freuen, Sie dann als Mitglied in unserer Männergemeinschaft begrüßen zu können.

Mit priesterlichem Gruß
Ihr Kpl.Trimborn[2]

Aus der Anzeige der Kriminalpolizei Essen wegen "heimtückischen Angriff auf den Führer, Staat und die Partei" am 23.7.35

Essen, den 14. August 1935

Zusammenfassend ist über das Ermittelungsergebnis folgendes zu berichten:
Der Invalide Anton G. ist der Vorbereitung zum Hochverrat überführt und Kaplan Trimborn der Beihilfe dringend verdächtig. G. hat gemäss § 83 Abs. 2 ein hochverräterisches Unternehmen in anderer Weise vorbereitet. Es handelte sich bei ihm um einen Volksaufwiegler übelster Art, der nach der sattsam bekannten Einstellung des politischen Katholizismus Männer für konfessionelle Verbände zu werben versucht hat. Der geistige Urheber dieser Werbungsmethode ist Kaplan Trimborn von der Pfarre St. Mariä-Empfängnis in Essen-Holsterhausen, wie aus dem Bl. 6 beigefügten Werbeschreiben ersichtlich ist. Die politische Linie dieser Werbung ist - wenn auch nur vorsichtig - klar in Abs. 2 dieses Schreibens zu erkennen, nach welchem sich die Männerkongregation die Aufgabe gestellt hat, „die kath. Männerwelt religiös zu aktivieren und hineinzustellen in die politische Aktion." Da dieses Werbeschreiben von Kaplan Trimborn unterschrieben ist, muss er auch für die Art der Werbung verantwortlich gemacht werden; denn bekanntlich werden Funktionäre konfessioneller Verbände von den Leitern derselben besonders geschult, und es wird ihnen insbesondere die Linie angegeben, in welchem Sinne sie tätig werden sollen.

Daß sich G. der Vorbereitung zum Hochverrat schuldig gemacht hat, geht klar aus seinen politischen Werbemethoden hervor, die er bei der Zeugin B. anzubringen versucht hat. Überführt wird er insbesondere durch folgende Äußerungen:
(...) "es sei überhaupt merkwürdig, dass diese Regierung so gegen die Kirche sei."
(...) "was heißt wach werden? Die Leute sind zuerst blindlings in die neue Bewegung hineingegangen. Die jetzigen schwierigen wirtschaftlichen Zustände hätten die Bevölkerung teilweise schon richtig wach gemacht und die wach gewordene Bevölkerung träte der kath. Männerkongregation bei."

---
2 Johannes Trimborn (1897-1968); Trimborn wurde wegen der Werbung verhört. Ein Verfahren stellte das Sondergericht Dortmund wegen Mangel an Beweisen ein.

(...) "man könne ja auch vom Staat nicht viel erwarten, da Adolf Hitler selbst nicht zur Kirche ginge."

"Wer ist das, unser Führer? Wir Katholischen erkennen keinen Führer als Jesus Christus, Adolf Hitler ist doch nur ein ganz gewöhnlicher Mann und all die Männekes, die um ihn herum sind; von denen könnte man doch nichts Vernünftiges erwarten."
(...).."Was heißt international? Wir Katholischen sind die richtigen Internationalen, katholisch heißt international. Der Katholizismus müsste sich über die ganze Welt verbreiten und herrschen."
Aus diesen unter dem Deckmantel der religiösen Betätigung vorgenommenen Werbemethoden der konfessionellen Verbände (im vorliegenden Falle der Männerkongregation Essen-Holsterhausen) ergibt sich schlaglichtartig, welche Wege der politische Katholizismus nunmehr schon geht. Wie bereits dargetan, ist G. ein Volksaufwiegler übelster Art, und es muß nach Lage des Falles damit gerechnet werden, daß der politische Katholizismus nach dieser Methode sämtliche Pfarrangehörigen zu bearbeiten versucht. Daraus ergibt sich ganz eindeutig, dass man eine politische Macht schaffen will, mit dem Ziele, sie irgendwann einmal gegen den Staat einzusetzen bzw. zu verwenden.
Damit dürfte bewiesen sein, daß sich G. der Vorbereitung zum Hochverrat und Kaplan Trimborn der Beihilfe hierzu schuldig gemacht haben. G. wird zwecks Erlaß eines Haftbefehls dem Richter vorgeführt.

Kriminal-Kommissar.

Quelle: HSTA Düsseldorf RW58/6680

Hochverrat (nach dem Gesetz vom 24.4.1934, Gesetzesänderung des Strafgesetzbuches)

§ 80
Wer es unternimmt, mit Gewalt oder durch Drohung mit Gewalt das Reichsgebiet ganz oder teilweise einem fremden Staat einzuverleiben oder ein zum Reich gehöriges Gebiet vom Reiche loszureißen, wird mit dem Tode bestraft. Ebenso wird bestraft, wer es unternimmt, mit Gewalt oder durch Drohung mit Gewalt die Verfassung des Reichs zu ändern.

§ 81
Wer es unternimmt, den Reichspräsidenten oder den Reichskanzler oder ein anderes Mitglied der Reichsregierung seiner verfassungsmäßigen Gewalt zu berauben oder mit Gewalt oder durch Drohung mit Gewalt oder mit einem Verbrechen oder Vergehen zu nötigen oder zu hindern, seine verfassungsmäßigen Befugnisse überhaupt oder in einem bestimmten Sinne auszuüben, wird mit dem Tode oder mit lebenslangem Zuchthaus oder mit Zuchthaus nicht unter fünf Jahren bestraft.

§ 82
Wer ein hochverräterisches Unternehmen (§§ 80, 81) mit einem andren verabredet, wird mit dem Tode oder mit lebenslangem Zuchthaus oder mit Zuchthaus nicht unter fünf Jahren bestraft. (...)

§ 83
Wer öffentlich zu einem hochverräterischen Unternehmen auffordert oder anreizt, wird mit Zuchthaus bis zu zehn Jahren bestraft.
Ebenso wird bestraft, wer ein hochverräterisches Unternehmen in anderer Weise vorbereitet.
Auf Todesstrafe oder auf lebenslanges Zuchthaus oder auf Zuchthaus nicht unter zwei Jahren ist zu erkennen, wenn die Tat
1. darauf gerichtet war, zur Vorbereitung des Hochverrates eines organisatorischen Zusammenhalt herzustellen oder aufrechtzuerhalten oder
2. darauf gerichtet war, die Reichswehr oder die Polizei zur Erfüllung ihrer Pflicht untauglich zu machen, das Deutsche Reich gegen Angriffe auf seinen äußeren oder inneren Bestand zu schützen, oder
3. auf Beeinflussung der Massen durch Herstellung oder Verbreitung von Schriften, Schallplatten oder bildlichen Darstellungen (...) gerichtet war, (...).
(...)

§ 85
Wer eine Druckschrift, deren Inhalt den äußeren Tatbestand des Hochverrates (§§ 80, 81) begründet, herstellt, verbreitet oder zum Zwecke der Verbreitung vorrätig hält, obwohl er bei sorgfältiger Prüfung der Schrift den hochverräterischen Inhalt hätte erkennen können, wird, soweit nicht in anderen Vorschriften eine schwerere Strafe angedroht ist, mit Gefängnis nicht unter einem Monat bestraft.

Aufgaben:

1. Untersuchen Sie das Werbeblatt auf Aussagen hin, durch die die Nationalsozialisten ihr System gefährdet sehen könnten.
2. Informieren Sie sich über den Begriff Hochverrat (siehe Gesetzestext) und überlegen Sie, ob das geschilderte Verhalten Hochverrat im damaligen Sinne war.
3. Vergleichen Sie die heutige Auffassung davon mit der, die die Nationalsozialisten auf Regimekritiker anwandten.
4. Welche Absicht verfolgten die Nationalsozialisten wohl mit der Hochverratsklage gegen Personen wie G. oder Trimborn?
5. Ordnen Sie das beschriebene Verhalten in die Skala von Anpassung bis Widerstand ein!

| M 47 | **Bericht der Essener Gestapo über die politische Einschätzung der Geistlichkeit, 1935** |

JOSEFSKIRCHE

<u>Pastor K.</u> War vor der Machtübernahme nicht sehr von der NSDAP erbaut und ist auch heute noch nicht unser Freund. Seine Stellung zur N.S.V.[1] ist sehr zweifelhaft. Macht in sozialer Hinsicht Ausnahmen bei seinen Gläubigen, hat also seine Lieblinge. Seine Stellungnahme zum Kirchenkampf und zur Judenfrage ist zweifelhaft. Pastor Krämer betreut die Frauen und Männerkongregation.
Im allgemeinen kann er sich noch nicht mit dem Nationalsozialismus abfinden.

<u>Kaplan T.</u> Ist guter Nationalsozialist und war das auch schon in etwa vor der Machtübernahme. Selbiger steht auch gut zur N.S.V., er ist gut und freigebig zu armen Leuten. Zum Kirchenkampf hat er noch keine Stellung genommen, ist aber nicht gut auf die Juden zu sprechen. Er betreut Kirchenchor und Jungfrauenkongregation. Im allgemeinen hört man nur Gutes von Kaplan T., auch ist er ein guter Nationalsozialist.

<u>Kaplan H.</u> Ist erst seit einigen Monaten an der Josefskirche. Bisher ist über ihn nichts Nachteiliges bekannt. Er betreut die Jünglingskongregation.

GERTRUDISKIRCHE

<u>Pastor U.</u> War vor der Machtübernahme Gegner der NSDAP, ist auch heute noch nicht unser Freund. In seiner Pfarrgemeinde ist er sehr beliebt, da er gut und freigebig zu armen Leuten ist. Über seine Stellung zum Kirchenkampf und zur Judenfrage ist Nachteiliges nichts über ihn zu sagen. Er betreut den Mütterverein. Im allgemeinen ist er dem Nationalsozialismus nicht hold.

<u>Kaplan P.</u> Ist dem Nationalsozialismus sehr gut gesonnen, war auch vor der Machtübernahme sehr gut auf die NSDAP zu sprechen. Selbiger steht auch der N.S.V. gut gegenüber und ist gut zu armen Leuten. Über seine Stellungnahme zur Kirchen- und Judenfrage ist nichts Nachteiliges über ihn bekannt. Kaplan P. betreut die Jungfrauenkongregation, und ist auch im allgemeinen ein guter Nationalsozialist.

<u>Kaplan He.</u> War vor und nach der Machtübernahme der NSDAP und auch der N.S.V. feindlich gesonnen. Armen Leuten gegenüber ist er auch nicht sozial veran-

---

1 N.S.V.: nationalsozialistische Volkswohlfahrt, ein NS-Wohlfahrtsverband mit ähnlichen Aufgaben wie die Caritas. Ihr und anderen Wohlfahrtsverbänden machte sie Konkurrenz.

lagt. Im Kirchenkampf steht er gegen die deutschen Christen. Btr. Stellung zur Judenfrage ist nichts Nachteiliges über ihn bekannt. Er betreut die Jungschar. Kaplan He. ist heute noch Gegner der NSDAP und äussert sich noch in Predigten sehr stark gegen die Hitler-Jugend.
(...)
Vikar Pr.: ist auch heute noch Zentrumsmann. Seine Gesinnung ist nicht ganz so gehässig wie die des Kollegen E., aber auch ihm sind die Nazis im tiefsten Herzen verhasst. Er wirbt stark für die kath. Jugend und versucht der Hitlerjugend möglichst viel Abbruch zu tun.
Vikar Ko.: hat sich schon vor der Machtübernahme aus der Politik herausgehalten. Er verhält sich heute neutral, d.h. wir werden nichts von ihm erwarten können, aber vor Angriffen und Verleumdungen bei ihm sicher sein.

Nationalsozialistische Deutsche Arbeiterpartei
Ortsgruppenleiter

NSDAP
Gauleitung Essen
Essen-Borbeck, den 21. Januar 1935
Betr. Evang. und kath. Geistlichkeit.
(...)
Die gesamten kathol. Geistlichen standen vor der Machtübernahme beim Zentrum. Heute treten B., Hö. und Kn. offen als Gegner der Bewegung auf, letzterer ist Führer der konfessionellen Vereine.
B. und Kn. sind ganz gefährliche Hetzer und haben starken Einfluß bei der Bevölkerung.
Pfarrer Br. ist der einzige, der, soweit man es beurteilen kann, positiv zum Staate steht und wiederholt bei den Hetzereien gegen Kn. aufgetreten ist.

Ortsgruppenleiter

Quelle: HSTA Düsseldorf RW58/6035 und 6768

Aufgaben:

1. Erläutern Sie, nach welchen Kriterien die Geistlichen von der Gestapo beurteilt wurden. Überlegen Sie, ob diese Kriterien stichhaltige Rückschlüsse auf ihre Haltung zum 3. Reich erlauben.
2. Versuchen Sie, das Verhalten der beurteilten Personen auf der Basis des vorhandenen Materials und der von der Gestapo benutzten Kriterien in die Spanne zwischen Anpassung und Widerstand einzuordnen.
3. Stellen Sie anhand des Berichts Rückschlüsse über den Alltag im 3. Reich an.

| M 48 | **Berichte der Gestapo Essen über Kaplan Prohaska vom 04.06.1935 und vom 20.10.1936** |

Nationalsozialistische Deutsche Arbeiterpartei
Gauleitung Essen
Gaugeschäftsstelle:
Ortsgruppe Essen-Altenessen (...)

An die
Kreisleitung der NSDAP
Essen (...)   4. Juni 1935

Zur Weiterleitung an die Geheime Staatspolizei, Essen.

Nachfolgend gebe ich Ihnen einen Bericht eines meiner Zellenleiter, der am Sonntag, den 2. Juni, sämtliche Predigten des Kaplans Prohaska überwachte, zur Kenntnisnahme:
Kaplan Prohaska wies anfangs seiner Predigt auf die große Gefahr hin, die den Glauben insofern gefährdet, als durch die Gemeinschaftslager im heutigen Staate der Jugend die Möglichkeit genommen wird, ihren religiösen Pflichten nachzukommen. Daher würde durch die katholische Kirche versucht werden, in Zukunft fliegende oder reisende Seelsorgestellen einzurichten. Ganz besonders betonte P. in seiner Predigt die Verfolgung des Glaubens in Rußland und Mexiko und sagte, daß es woanders auch so sei. Da ich Prohaska persönlich sehr genau kenne und ich von ihm weiss, dass er in Rosenberg einen Mann sieht, der in versteckter Form gegen den Glauben arbeitet, so weiss ich gefühlsmäßig sehr genau, dass damit Deutschland gemeint war. Weiterhin bemerkte P., es sei in den Arbeitsstätten und Fabriken der religiöse Glaube stärker wie bisher zu vertreten und wies dann noch auf das Märtyrertum der ersten Christen zurück, die für ihren Glauben gestorben sind. Beim Verlassen der Kirche traf ich im Kirchenausgang einen ungefähr 11-jährigen Jungen, der die "Junge Front" verkaufte."

Heil Hitler!
Ortsgruppenleiter.

Essen, den 20. Oktober 1936

Streng vertraulich!

Betrifft: Kaplan Adolf P r o h a s k a von der Pfarre St. Johann in Essen-Altenessen

Kaplan Adolf P r o h a s k a, geboren am 22.5. 1903 in Düsseldorf, ist seit Juni 1933 als Kaplan an der Pfarre St. Johann in Essen-Altenessen tätig. Er war Nachfolger des wegen seiner anti-nationalsozialistischen Predigten berüchtigten "Ruhrkaplans" K l i n k h a m m e r, der durch sein Verhalten große Beunruhigung in die nationalsozialistische Bevölkerung Essen-Altenessens hineingetragen hatte. Durch seine bejahende, offen hervorgekehrte Einstellung zum nationalsozialistischen Staat hat sich Prohaska schon alsbald das Vertrauen der nationalsozialistischen Bevölkerung Essen-Altenessens sowie der dortigen Dienststellen der NSDAP erworben. Von den Ortsgruppen der NSDAP Essen-Altenessen und Essen-Bergeborbeck ist er verschiedentlich als Redner eingeladen worden. Zuletzt sprach er in der Ortsgruppe Bergeborbeck vor der Reichstagswahl am 12.11. 1933. - Daneben ist Prohaska in seinen kirchlichen Predigten stets offen für den nationalsozialistischen Staat eingetreten. Erwähnt sei seine sogenannte "Ja"-Predigt vor der Reichstagswahl am 29.3. 1936. Wegen seines offenen Eintretens für den nationalsozialistischen Staat und seiner Werbung bei Abseitsstehenden und negierenden Zentrumsanhängern für die nationalsozialistische Idee, haben seine Gegner bereits seit Ostern 1936 beim Erzbischof in Köln seine Versetzung betrieben, die nunmehr vom Erzbischof in Köln ausgesprochen wurde. Prohaska wurde mit Wirkung vom 1.11. 1936 als zweiter Kaplan an die Stadtpfarre in Solingen versetzt.
Prohaska war bislang Gauführer der katholischen Bünde "Neudeutschland" für das Ruhrgebiet in der Mark Köln. Auch als Jugendführer ist er bei Veranstaltungen den ihm unterstellten Bünden gegenüber sehr stark für den Nationalsozialismus eingetreten. Diese Haltung muß deswegen besonders anerkannt werden, weil gerade die konfessionellen Verbände nach dem Umbruch die NSDAP und ihre Gliederungen, insbesondere aber die H.J., in mehr oder weniger versteckter Form bekämpften. In nicht mißzuverstehender Weise hat er in seiner Rede, die er am 11.6. 1936 auf dem Elternabend der Bünde "Neudeutschland" und "Heliand" im großen Saale des Gesellenhauses in Essen vor etwa 800 Personen hielt, erklärt, daß die Zeit des Kampfes um die deutsche Jugend, speziell zwischen katholischer Jugend und H.J. vorbei sei. Heute heiße es, stehen und mitarbeiten in den N.S.-Gemeinschaftsgliederungen, in der H.J., der S.A., dem Jungvolk, im Landjahr, in der Armee, die heute der Weg der deutschen Jugend geworden seien. Alles für Deutschland sei eine selbstverständliche Parole geworden. Die Zukunftsparole heiße: "Mehr Liebe zu Deutschland!" - Diese Rede hat Prohaska eine weitere Beschwerde beim Erzbischof in Köln eingebracht. Eine Gruppe von Neudeutschland, und zwar die Jugendgruppe des Salesianerstiftes in Essen-Borbeck, die von Pater Kremer geleitet wird, kündigte ihm die Gefolgschaft, weil sie seine offene nationalsozialistische Einstellung nicht billigte.

Für die geheime Staatspolizei war die nationalsozialistische Einstellung Prohaskas besonders wertvoll. Über alle dunklen und versteckten Umtriebe der katholischen Aktion, insbesondere über anti-nationalsozialistische Machenschaften der politischen Priester-Beamten, machte er sofort Mitteilung. Auf diese Weise war es möglich, den nationalsozialistischen Staat über die jeweilige Haltung der K.A. und des Klerus gegenüber Maßnahmen der Staatsführung zu unterrichten. Als Gauführer von "Neudeutschland" und stellvertretender Bezirkspräses der katholischen Jungmännervereine erhielt er von allen - auch von den geheimsten - bischöflichen Anordnungen Kenntnis. Auf diese Weise hat sich Prohaska besondere Verdienste um die Bekämpfung des politischen Katholizismus und seiner Negation gegenüber dem nationalsozialistischen Staat erworben. Da er vermutlich in ganz Deutschland der einzigste katholische Geistliche ist, der sich in der geschilderten Weise für den nationalsozialistischen Staat einsetzt[1], ist seine Mitarbeit unersetzlich. Würde seine ausgesprochene Versetzung nach Solingen durchgeführt, so wäre er nicht mehr in der Lage, wie bisher mitzuarbeiten, da diese Versetzung den Verlust seiner Funktionen, die er in Essen innehatte, mit sich bringt und weil Solingen eine Diaspora ist - die Bevölkerung Solingens besteht zu 4/5 aus Evangelischen und nur zu 1/5 aus Katholiken - wären, kirchenpolitisch gesehen, seinem Eintreten für den nationalsozialistischen Staat enge Grenzen gesetzt (...)

Über die jeweilige Lage und Haltung im Lager der K.A. hat er fortlaufend an die Staatspolizei in Essen berichtet. Erwähnt sei u.a. der Wortbruch der deutschen Bischöfe, die Anfang des Jahres 1936 die dem Führer im August 1935 überreichte Denkschrift über die religiös-kirchliche Lage, in der in sehr scharfer Form die katholischen Belange gegenüber dem nationalsozialistischen Staat vertreten wurden, vervielfältigen und im ganzen Reichsgebiet für 1 RM pro Stück vertrieben ließen. Hierdurch wurde aus einer vertraulichen Denkschrift an den Führer eine politische Flugschrift, die geeignet war, den negierenden Elementen im Lager des politischen Katholizismus neuen Auftrieb zu geben. Ohne die Mitarbeit Prohaskas hätte die Staatsführung von dieser unerhörten Haltung des Klerus vermutlich nicht unterrichtet werden können, wobei bemerkt sei, daß sich der politische Katholizismus fast nur noch konspirativ betätigt: Alle schriftlichen Mitteilungen, die das Licht der nationalsozialistischen Staatsauffassung scheuen, werden nur durch Geheimkuriere und nur an "besonders zuverlässige" Exponenten der K.A. versandt (...)

Wenn einerseits ein erhöhtes staatspolizeiliches Interesse daran besteht, daß Prohaska nicht versetzt wird, so würde andererseits seine Versetzung in der katholi-

---

[1] Mit seinem Verhalten war Kaplan Prohaska *nicht* repräsentativ für katholische Geistliche, es war im Gegenteil nur eine sehr geringe Anzahl, die sich von den Nationalsozialisten vereinnahmen ließ. In der jüngeren deutschen Geschichte gibt es im Verhalten der IM's der Stasi eine Parallele. Aber sein Fall wirft ein exemplarisches Schlaglicht darauf, wie die NS-Herrschaft in concreto funktionierte - bezogen auf die ganze Gesellschaft, nicht nur auf das katholische Milieu.

schen und nationalsozialistisch eingestellten Bevölkerung Essens Befremden und Unruhe erregen. Man wüßte sofort, daß Prohaska, der in diesen Kreisen sehr beliebt ist, nur aus politischen Gründen und zwar wegen seines Eintretens für den nationalsozialistischen Staat, versetzt worden sei. Hierdurch gewinnt seine Versetzung erhöhte politische Bedeutung, die, falls sie durchgeführt würde, einem Prestigeverlust gleichkäme.

Kriminal-Kommissar

Quelle: HSTA Düsseldorf RW58/25677

Zur Person[2]

Kaplan P r o h a s k a, Johann (geb. 1903 in Wien)
Essen-Altenessen, St. Johannes, Erzbistum Köln

Juni 1933-Januar 1937	Kaplan in Altenessen (Arbeiterpfarrei) als Nachfolger des wegen seiner NS-Gegnerschaft versetzten Carl Klinkhammer. Er trat als Redner auch vor Ortsgruppen der NSDAP auf. Die Gestapo Düsseldorf bescheinigte ihm, in Reden und Predigten für den NS-Staat eingetreten zu sein, z.B. im Juni 1936, als er katholische Eltern ermunterte, ihre Kinder in die Hitler-Jugend zu schicken. Prohaskas Verhalten rief in der katholischen Elternschaft und im Bund Neudeutschland Proteste und Beschwerden bis zum Generalvikariat Köln hervor.
ab 1934	geistlicher Beirat des Heliand in Altenessen, eines Verbandes für Schülerinnen mittlerer und höherer Schulen (zur denunzierten Predigt [s. Quelle] Hintergrund war eine allgemeine Kollekte für den Bonifatiusverein, also für die Diaspora und die "Wandernde Kirche")
15.01.1937	Versetzung nach Köln (St. Agnes), nicht nach Solingen (vgl. Quelle) Die ursprünglich im Herbst 1936 geplante Versetzung nach Solingen hatte das Generalvikariat rückgängig gemacht. Prohaska soll erklärt haben, daß seine Versetzung keine politischen Gründe habe.

Nach Auskunft des Erzbischöflichen Archivs Köln liegen keine Akten zu Prohaska vor.

---

2 Vgl. auch: *Johannes Wielgoß:* Katholische Jugend in Essen und ihre Jugendseelsorger unter dem Nationalsozialismus, in: Zeugnis des Glaubens. Dienst an der Welt. Festschrift für Franz Kardinal Hengsbach zur Vollendung des 80. Lebensjahres, S. 451-489; hier: S. 478.

Aufgaben:

1. Erschließen Sie aus dem Bericht, inwiefern Kaplan Prohaska dem NS-System nützlich war.
2. Stellen Sie Vermutungen an, warum zwei verschiedene Instanzen des NS-Systems zu unterschiedlichen Beurteilungen Prohaskas gekommen sein könnten und was dies für das Verhältnis von Staat und Kirche im 3. Reich bedeutete.
3. Beurteilen Sie, zu welchen übergeordneten Zwecken die Gestapo Leute wie Prohaska einsetzte. Überlegen Sie, ob und inwieweit die IM's (inoffiziellen Mitarbeiter) des Staatssicherheitsdienstes der DDR eine ähnliche Funktion ausübten und welche Bedeutung dies für Diktaturen gehabt haben könnte.

| M 49 | **Bericht des SD Düsseldorf über einen Vortrag im katholischen Arbeiterverein Oberhausen, 11.05.1937** |

Der Sicherheitsdienst des RFSS
Der SD.-Führer des SS OA.-West
Unterabschnitt Düsseldorf
II/1131 VA. 275/36
Düsseldorf, den 11. Mai 1937

An die
Staatspolizeistelle für den Regierungsbezirk Düsseldorf
Düsseldorf
Betrifft: Kath. Arbeiterverein, Oberhausen
Vorgang: ohne

Kaplan J. H., Oberhausen, Barbarastraße 12, hatte am 25.4.37, nachmittags 16 Uhr, die Frauen vom kath. Arbeiterverein und Frauenbund im kath. Vereinshaus Paus, Oberhausen, Lohstr. 115 zu einer kleinen Kaffeefeier versammelt. Nach einigen einleitenden Worten stellte H. als Redner den Bezirkspräses Martin Heix aus Münster vor. Der als Martin Heix aus Münster vorgestellte Redner sagte folgendes:
Meine lieben katholischen Frauen vom Arbeiterverein und vom Frauenbund; es freut mich sehr, euch so zahlreich begrüßen zu können. Wir brauchen euch Frauen, damit ihr uns in dem Satanskampf unterstützt. Ihr rassigen Frauen müßt uns Munition und Granaten in den Schützengraben bringen, so wie es die Frauen in Spanien auch tun. Das sind Frauen, echte kath. Frauen, die ihre Männer mit ganzer Kraft unterstützen. Solche Frauen müßt ihr auch werden, denn wir sind in einer Zeit,

noch viel schlimmer als im 4 jährigen Kriege[1] ist diese. Aber wenn die Bewegung und Partei auch Burgen baut, dann bauen wir die Schützengräben. Ein Kaplan ist von Dümpten nach Düsseldorf versetzt worden, auch er ist Präses im kath. Arbeiterverein. Wenn er nun Heimabende abhält, dann sitzt an einem Tisch der ganze Parteiklüngel und an der Spitze der Kreisleiter und die Behörden, um nur jedes Wort aufzunehmen. Aber Gott sei dank haben wir hier noch große Bewegungsfreiheit. Wir haben ja noch unsere Kirche, unsere Heime und Vereinshäuser, in denen wir tüchtig arbeiten können. Ich kann euch auch die freudige Mitteilung machen, daß der Zuwachs in der letzten Zeit so stark geworden ist, daß wir eine große Säule aufbauen können. Sie wollen alle nichts von den Satanswerken wissen. Wenn sie uns auch jetzt martern und verfolgen, oder unsere Bischöfe und Geistliche in die Gefängnisse werfen, ebenso wie in Spanien, dann lasst uns kämpfen so wie sie es in Spanien auch tun, bis aufs Blut. In Spanien haben sie 11 Bischöfe und viele Priester getötet. Dasselbe fangen sie nun auch in Deutschland an. Kaplan Rossaint[2] , der euch allen von Oberhausen aus bekannt ist, wurde ganz unschuldig verurteilt und bis in den Abgrund verschmäht und niedergetreten. Aber alle diese werden Blutzeugen sein für unsere große neue Bewegung. Wir sind heute schon so stark, daß wir vor nichts mehr zurückschrecken brauchen. Wenn nun auch die Gemeinschaftsschule eingeführt werden soll, dann rufe ich euch nochmals zu:
Lehnt die Satansmachenschaften als kath. Mütter ab, denn die Nationalsozialisten, Sozialisten und Kommunisten versprechen euch hohe Berge, aber halten werden sie nichts.
Wenn nun eure Männer in den Betrieben, wie G.H. Hütte Thyssen, auf der Eisenbahn oder auf den Büros von den Parteigenossen gebrandmarkt werden, dann ist dies nur eine Gottesfügung. Wir wollen alles überwinden und in unserem Kampf umso fester stehen. Wenn diese Gassenhauer uns auch beobachten und auf Schritt und Tritt verfolgen, dann lachen wir nur darüber. Ich habe selbst diese Satanswerke auch gekostet. Ich bin gehetzt und von einer Arbeitsstelle zur anderen geworfen worden, aber ich habe mich noch nie so glücklich gefühlt wie heute. Sollten uns auch die Satanskräfte verhaften, das macht nichts, je stärker bauen wir das neue 4. Reich auf.
Das wird das Reich Christi werden. Wenn wir diesen Sieg errungen haben, stehen wir auf einem großen Berg und schauen von der Spitze auf alle diese Gesellen herunter. Dann hat die kath. Kirche den Sieg davon getragen. Mögen sie auch alle unsere Zeitschriften und Kirchenblätter verbieten und uns unsere Heimabende nehmen, wir werden in unsern Familien durch unsere kath. Frauen den kath. Glauben so fest aufbauen, daß ihn uns keiner mehr nehmen kann. Nun fordere ich euch auf,

---

1 Gemeint ist der 1. Weltkrieg.
2 Dr. Joseph Cornelius Rossaint (1902-1991) war von 1927 bis 1932 Kaplan in Oberhausen und wurde dann nach Düsseldorf versetzt. In seiner Oberhausener Zeit hatte er sich intensiv um arbeitslose Jugendliche gekümmert und dabei auch junge Kommunisten nicht ausgeschlossen. 1936 wurde er im Zusammenhang einer Verhaftungswelle gegen den katholischen Jungmännerverband festgenommen. 1937 wurde er wegen angeblicher Konspiration mit Kommunisten vom Volksgerichtshof zu 11 Jahren Zuchthaus verurteilt.

ihr rassigen kath. Mütter müßt mit eurer ganzen Kraft uns im Kampf unterstützen und den Glauben in euren Familien standhaft aufbauen. Mögen sie Trotz- und Kampflieder singen, wir bleiben im Glauben stark. Die früher nichts hatten, haben heute ihre Pöstchen, die sie sich doch nur erkauft haben. (...)

Als Zeugen werden benannt: Frau K. L. (...) in Oberhausen
                             Frau A. A. (...), Oberhausen-Sterkrade

Quelle: HSTA Düsseldorf RW58/5861

Aufgaben:

1. Untersuchen Sie, was Heix in seinem Vortrag über den Nationalsozialismus und seine Beziehungen zur Katholischen Kirche aussagt und wie er seine Aussagen sprachlich gestaltet.
2. Welche Absichten verfolgt der Redner?
3. Woher bezog die Gestapo ihre Kenntnisse über diesen Vortrag? Stellen Sie Vermutungen darüber an, was die beiden Zuhörerinnen zur Denunziation bewogen haben könnte.
4. War der Vorwurf des Hochverrates berechtigt? Nehmen Sie Stellung!

M 50	**Rundschreiben des Kaplans Oenning an die männlichen Gemeindemitglieder in Wanheimerort**

Wanheimerort, 28. April 1941

An unsere Männer! (...)

<u>Etwas vom Bauerndorf</u>

Täglich kommen Sondermeldungen, die Siegesnachrichten unserer Truppen aus aller Welt bringen. Man kann nur staunen über solche Leistungen. Ob Hochgebirge oder Engpässe, ob Weltmeere oder Lufträume, überall geht es vorwärts. Unser Beten und Kämpfen geht um Frieden. Denn der moderne Krieg ist schrecklich. Wenn wir auch von Gefallenen nichts hören, so werden es doch nicht wenige sein. Eine Frage legt sich uns immer wieder vor. Der Papst hat sie in seiner Weihnachtsan-

sprache dahin beantwortet: "die kleinen Völker haben ein Recht auf staatliche Selbständigkeit wie die grossen." Ich muß da immer an das Bauerndorf denken, wo grössere und kleinere, selbständige Bauern nachbarlich zusammenwohnen. Der kleine ist genausogut Eigentümer wie der grosse. Der Grosse kann ihm nicht vorschreiben, was für Ansichten er haben, wie er wirtschaften, was für besondere Nachbarschaftsbeziehungen er pflegen soll. Wesentlich ist, dass beide Bauern ordentliche Leute sind, dann werden sie gut miteinander auskommen und sich nachbarlich helfen. Wenn sie sich aber aus irgendeinem Grunde nicht verstehen, dann mag das bedauerlich und auch nachteilig sein. Aber es gibt ein Recht, ein unantastbares, das der Eine wie der Andere beachten muss. Und so leben sie schiedlich, friedlich nebeneinander. Sie sind ja selbständig. Wenn aber der Stärkere das Recht des Schwächeren beiseite setzt, dann entsteht schreiendes Unrecht und auch der Erfolg hebt das Unrecht nicht auf. Und selbst wenn er sagt, ich habe eine 12köpfige Familie und Du nur eine von acht und die 20 Morgen haben vor 80 Jahren zu unserem Bauernhof gehört, darum nehme ich sie mir. So etwas gibt es nicht. Die Bauern kennen ein Recht, sie wissen, ohne Recht ist ewiger Krieg.
Die Kirche betet nicht um irgendeinen, sondern um den Frieden in Gerechtigkeit und Freiheit.

"Selig wer sich an mir nicht ärgert"

Dieses Wort Christi darf auch heute bedacht werden. Viele Christen können es nicht fassen, dass die Kirche überall zurückgestossen wird. Beweise dafür hat jeder. Das öffentliche Leben (Presse, Buch, Literatur, Kunst) tut so als wenn es überhaupt kein Christentum gäbe. Und keine Stimme meldet sich dazu. Warum schleudert der Herrgott keine flammenden Blitze? Als der Heiland auf dem Wege nach Jerusalem ein Quartier suchte und abgewiesen wurde, da wurden Johannes und Jakobus zornig: "Herr sollen wir nicht Feuer vom Himmel herabrufen, dass es sie verzehre?" Er verwies es ihnen: "Ihr wisst nicht wes Geistes Kinder ihr seid. Der Menschensohn ist nicht gekommen, Seelen zu verderben, sondern zu retten." Aber ist denn heute nicht grosses Seelenverderben? Ja und es ist Strafe für mangelhaftes Christsein von gestern und heute. Aber auch der strafende Gott will nur das Gute.

Hier möchte ich an eins erinnern:

Schon über 400 Jahre sind die Völker Europas durch die Glaubensspaltung hier kath. da evgl. getrennt. Der Boden war auf beiden Seiten wie vereist und niemand konnte daran denken, dass hier einmal ein zueinander möglich wäre. Heute sind die beiden Bekenntnisse nahe gekommen wie noch nie seit 400 Jahren. Innerlich, weil sie beide den Christusglauben gegen eine christusfeindliche Welt, die die Macht hat, verteidigen müssen, äusserlich, weil die Zwangsmassnahmen des Staates durch Arbeitsdienst, Pflichtjahr, Landjahr, Dienstverpflichtung und vor allem durch die Rücksiedlung aus dem Baltikum, aus Tirol, aus der Ukraine Hunderttausende von katholischen Menschen aus ihrer katholischen Heimat in andersgläubige und ungläubige Gegend verpflanzt werden. Hier liegt eine grosse Gefahr, aber auch eine grosse Möglichkeit. Was wäre gewonnnen, wenn alle die, die hinaus müssen als Sendboten Christi, mit apostolischem Eifer hinausgingen, anstatt in Gleichgültigkeit und Feigheit zu versinken. Welche ungeheure Aufgabe erwächst da den Priestern, der Elternschaft sowie jeder kath. Gemeinde, ihre Betroffenen auszurüsten, damit die Andersgläubigen imponierende, kath. Christen vorfinden und ein Verstehen und Heimfinden der andern durch diese beschleunigt wird. Sollte Gott nicht mit der heutigen Entwicklung, die so christentumsfeindlich sich gibt, die Wiedervereinigung der getrennten Kirchen anbahnen? Grosse Männer der anderen Seite haben den Weg schon zurück gefunden. Beten und leben wir so, dass wir Gottes Wege nicht hindern. Sein Wille ist es sicher, dass auch die Grossen von heute ihren Beitrag tun, dass eine Herde und ein Hirt werde.

All die Riesen sind nur Zwerge
all die Herrn nur arme Knechte
ob sie gleich den Frevel wollen
fördern müssen sie das Rechte (Fried. Wilh. Weber) (...)

Duisburg, den 16. Juni 1941

Bericht
über den Schutzhäftling Heinrich Franz Oenning, (...)

Oenning stand bereits im Oktober 1940 in dem Verdacht, in seiner Pfarre den aufgelösten und verbotenen Kath. Jungmännerverband illegal weiterzuführen. Er führte in einem Rundschreiben an die männliche Jugend der Pfarre die im Grundgesetz des KJMV festgelegten Bezeichnungen "Jungenschaft" und "Jungmannschaft". Er teilte die Pfarrjugend entsprechend den Grundregeln des Verbandes in Altersklassen ein. Die Ermittlungen mussten jedoch eingestellt werden, da der Beweis nicht erbracht werden konnte, dass es sich tatsächlich um eine illegale Weiterführung des KJMV handelte. Ö. gab seinerzeit in seiner Vernehmung an, dass er noch nicht im KJMV tätig gewesen sei, obwohl später festgestellt werden konnte, dass er an Tagungen des KJMV teilgenommen hat.

In den ersten Tagen des Monats Mai 1941 liess Oenning ein durch Vervielfältigungsapparat hergestelltes Mitteilungsblatt an die Mitglieder des kath. Männerapostolats in Duisburg-Wanheimerort verteilen, dessen Inhalt in unmissverständlicher Weise die gegnerische Einstellung des Ö. zum Dritten Reich erkennen lässt. In einer

Zeit der höchsten Kraftanstrengung des deutschen Volkes nimmt er Stellung zum derzeitigen politischen Geschehen und versucht, das Volk in seinem Glauben an die Zweckmässigkeit des jetzigen Krieges irre zu machen. Önning geht dazu über, den Glauben an den deutschen Anspruch auf den Lebensraum zu zersetzen, insbesondere heute, wo jeder Volksgenosse weiss, dass der uns aufgezwungene Krieg zur Erhaltung des deutschen Volkes geführt werden muss, und dass die der Grösse des deutschen Volkes entsprechenden Raumansprüche von den Feindmächten nicht anerkannt wurden. Obwohl Ö. weiss, dass nach jedem Feldzugsabschluss die Verlustziffern genauestens angegeben wurden, hat er sich nicht gescheut, den Lesern zu erklären: "Wenn wir auch von Gefallenen nichts hören, so werden es doch nicht wenige sein" und sie auf diese Weise zu beunruhigen versucht. Weiter wollte Oenning das Volk dadurch verhetzen, dass er den Arbeitsdienst, das Pflichtjahr, die Dienstverpflichtung und die Rücksiedlung als "Zwangsmassnahmen des Staates" bezeichnete. Er versuchte, die Massnahmen des Staates als eine grosse Gefahr für die Kirche klarzumachen.

Wenn Oenning auch in seinen Vernehmungen und Eingaben versucht, seine Handlungsweise zu beschönigen, so sind die Ausführungen in dem Rundscheiben des O. dazu angetan, das Volk in dem Willen zur wehrhaften Selbstbehauptung zu lähmen oder zu zersetzen.

Ö. wurde am 11.6.41 dem Amtsgericht Duisburg zugeführt. Haftbefehl wurde nicht erlassen.(...) Da Oenning jedoch im Falle einer Entlassung eine erhebliche Gefahr für die öffentliche Sicherheit und Ordnung bedeutet, wurde er gemäss Verfg. der Stapoleitstelle Düsseldorf (...) in Schutzhaft genommen.

Quelle: HSTA Düsseldorf RW 58/4942

Zur Person

Kaplan Oenning, Heinrich, (1904 - 1977), Duisburg-Wanheimerort,
St. Michael, Bistum Münster

Wegen "illegaler" Jugendarbeit und Gebrauchs der alten Bezeichnungen wie Jungmannschaft wurde zunächst 1940/41 gegen ihn vergeblich ermittelt. Am 16.05. 1941 wurde er wegen eines Rundschreibens an die Männer (s. Quelle), das als staatsfeindliche Schrift von der Gestapo bewertet wurde, in Schutzhaft genommen, da das Amtsgericht Duisburg keinen Haftbefehl erließ. Sein Rechtsanwalt verteidigte Ö. im Schreiben an die Gestapo Duisburg mit dem Hinweis, daß Ö. von 1933 bis 1938 Anstaltsgeistlicher im Gerichtsgefängnis Münster gewesen war: (...) "Es ist sicher, daß die positive Einstellung zum nationalsozialistischen Staat vor der Übertragung der Stelle eines Anstaltsgeistlichen geprüft worden ist und positiv ausgefallen sein muß." (...) Ab 28.08. 1941 war er im KZ Dachau inhaftiert. Am 11.11. 1941 verurteilte ihn das Sondergericht Düsseldorf zu acht Monaten Gefängnis wegen "Heimtücke" unter Anrechnung der Schutzhaft. Am 13.01. 1942 wurde er wegen Stellungsbefehl zur Wehrmacht aufgrund seiner freiwilligen Meldung einige Tage vor Haftablauf von der Düsseldorfer Staatsanwaltschaft entlassen. Ab 15.01. 1942 Soldat

Quelle: Hehl, Ulrich u. a. (Bearb.): Priester unter Hitlers Terror, Bd. 2, Paderborn 1996, S. 1074

Aufgaben:

1. Untersuchen Sie das Rundschreiben an die Männer der Gemeinde in Wanheimerort auf Kritik am 3. Reich.
2. Vergleichen Sie den Inhalt des Schreibens mit der Reaktion des Staatsapparates.
3. Berücksichtigen bei ihrer Beurteilung von Aktion und Reaktion auch den historischen Kontext.

2.2. Auseinandersetzung mit der NS-Ideologie

M 51

Alfred Rosenberg[1]:
Mythus des 20. Jahrhunderts (Auszug)

Das alte syrisch-jüdisch-ostische Kirchentum entthront sich selbst: ausgehend von einer Dogmatik, die den seelischen Baugesetzen des nordischen Abendlandes nicht entsprach, im Bemühen, die allein tragenden und kulturschaffenden Ideen der nordischen Rasse - Ehre, Freiheit und Pflicht - beiseitezuschieben oder sich botmäßig zu machen, hat dieser Vergiftungsvorgang schon mehrfach zu schwersten Zusammenbrüchen geführt. Wir erkennen heute, daß die zentralen Höchstwerte der römischen und der protestantischen Kirche als negatives Christentum unserer Seele nicht entsprechen, daß sie den organischen Kräften der nordisch-rassisch bestimmten Völker im Wege stehen, ihnen Platz zu machen haben, sich neu im Sinne eines germanischen Christentums umwerten lassen müssen. Das ist der Sinn des heutigen religiösen Suchens.

Quelle: Raem, Heinz-Albert (Hg.): Katholische Kirche und Nationalsozialismus, Paderborn 1980, S.23

Aufgaben:

1. Was bedeutete wohl die Sicht Rosenbergs vom Christentum für das Verhältnis von Kirche und 3. Reich?
2. Vergleichen Sie den *Mythus* mit Hitlers Regierungserklärung und seinem Gespräch mit Parteifunktionären (M 31). Suchen Sie nach Erklärungen für Gemeinsamkeiten und Unterschiede; berücksichtigen Sie dabei auch den historischen Zeitpunkt und die Autoren und Adressaten.

---

1 Alfred Rosenberg war der "Chefideologe" der Nationalsozialisten und seit 1934 als weltanschaulicher Schulungsleiter der NSDAP zuständig für die ideologische Schulung der Partei mit ihren Untergliederungen. Daraufhin setzte der Vatikan seinen *Mythus des 20. Jahrhunderts* auf den Index der für Katholiken verbotenen Bücher. Hitler unterstützte die aus dem Mythus sich ergebende antichristliche Propaganda, aber im Gespräch mit Kirchenvertretern bezeichnete er ihn als Rosenbergs Privatmeinung trotz seiner parteioffiziellen Funktion.

| M 52 | Die Katechismuswahrheiten, August 1936 |

[Hinweis: Anfang 1934 wurde im Kölner Generalvikariat eine Abwehrstelle gegen die nationalsozialistische antichristliche Propaganda unter Leitung des damaligen Domvikars Joseph Teusch geschaffen. Sie sammelte das antichristliche nationalsozialistische Schrifttum und erstellte kleine Broschüren mit Abwehrargumenten zur Massenverbreitung durch die kirchlichen Buchstände. Die Gesamtzahl der auf diese Weise in ganz Deutschland verbreiteten Broschüren betrug ca. 17 Millionen.
Die wohl erfolgreichste dieser Schriften waren die "Katechismuswahrheiten", die in 35 Fragen und Antworten den wesentlichen Unterschied zwischen dem katholischen Dogma und Rosenbergs Mythus des 20. Jahrhunderts, den die NS-Organisationen in ihrer politischen Schulung einsetzten, darlegte.
Da Kardinal Schulte von Köln es anfangs zu riskant erschien, die Katechismuswahrheiten zu veröffentlichen, übernahm es der Bischof von Münster, von Galen, sie in seinem Amtsblatt zu publizieren, denn er teilte die Bedenken Schultes nicht. Seinem Beispiel folgten dann weitere Bischöfe. Für die damalige Stimmung der katholischen Bevölkerung ist es charakteristisch, daß Pfarrer mit Erfolg den Wortlaut der Fragen und Antworten der Gesamtheit der sonntäglichen Kirchenbesucher durch Sprechen im Chor einprägen konnten. Um den Geistlichen die Auswertung der Katechismuswahrheiten zu erleichtern, veröffentlichten mehrere Verfasser Kommentare in Predigtform.]

(...) Vom rechten Glauben

7) Warum darf sich nicht jedes Volk seine eigene Religion wählen?
   Kein Volk darf sich seine eigene Religion wählen
   1) weil es nur einen Gott über alle Völker gibt,
   2) weil der Sohn Gottes nur einen Glauben für alle Völker verkündet hat.
(...)

8) Warum kann der wahre, von Gott gewollte Glaube nicht aus dem Blute kommen?
   Der wahre, von Gott gewollte Glaube kann nicht aus dem Blute kommen
   1) weil es heilige Wahrheiten gibt, die das Blut nicht erkennen kann,
   2) weil es göttliche Gebote gibt, denen das Begehren des Blutes widerstreitet. (...)

9) Welches ist der Hauptunterschied zwischen einem Mythus und dem katholischen Christentum?
   Ein Mythus ist eine Religion, die der Mensch sich selbst erfunden hat, das katholische Christentum ist die Religion, die Gott den Menschen gegeben hat. (...)

Von der Heiligen Schrift

10) Dürfen wir die Heilige Schrift mißachten, weil ihre Verfasser Juden waren?
Wir dürfen die Heilige Schrift nicht mißachten, weil ihre Verfasser Juden waren; denn alle Bücher der Heiligen Schrift sind unter Eingebung des Heiligen Geistes geschrieben worden. (...)

Vom wahren Gott (...)

13) Welche Menschen glauben nicht an den Einen wahren Gott?
Diejenigen Menschen glauben nicht an den Einen wahren Gott,
  1) die sagen: "Es gibt keinen Gott",
  2) die sagen: "Wir glauben nicht an einen persönlichen Gott." (...)
Merke: Nicht alle, die von Gott reden, meinen Gott. (...)

Christentum und Judentum

17) Welches war die größte Ehre des jüdischen Volkes?
Die größte Ehre des jüdischen Volkes war, daß aus ihm der Erlöser hervorging.
In diesem Sinne sagt Christus: "Das Heil kommt aus den Juden." (Joh. 4, 22b).

18) Welches war die größte Sünde des jüdischen Volkes?
Die größte Sünde des jüdischen Volkes war, daß es den Erlöser und seine Lehre verwarf.
Das Christentum ist also niemals die dem jüdischen Volke eigene Religion gewesen. (...)

Die rechte Haltung vor Gott

27) Worin besteht die christliche Demut?
Die christliche Demut besteht darin, daß man
  1) von sich selbst so gering und von Gott so groß denkt, wie es der Wahrheit entspricht,
  2) daß man den Mut hat, diese Wahrheit in Wort und Tat zu bekennen.

28) Woran fehlt es also dem Menschen, der keine Demut hat?
Dem Menschen, der keine Demut hat, fehlt es an Wahrheitsliebe und Mut.

(...)

Die christliche Auffassung vom Menschen

31) Worin sind alle Menschen gleich?
Alle Menschen sind darin gleich, daß sie nach Gottes Ebenbild erschaffen, durch Christi Blut erlöst und zur ewigen Seligkeit berufen sind (...).

32) Warum müssen wir unsere Familie und unser Volk besonders lieben?
Wir müssen unsere Familie und unser Volk besonders lieben, weil Gott uns mit ihnen durch die Gemeinschaft des Blutes besonders eng verbunden hat. (...)

34) Wer allein hat das höchste Recht über unsern Leib und unsere Gesundheit?
Das höchste Recht über unsern Leib und unsere Gesundheit hat Gott allein.

Quelle: Corsten, Wilhelm (Hg.): Kölner Aktenstücke zur Lage der katholischen Kirche in Deutschland 1933 - 1945, Köln, 1949, S.136-139

Aufgaben:

1. Erarbeiten Sie, welchen Aspekten des NS die Katechismuswahrheiten widersprechen.
2. Ordnen Sie die Quelle in die Entwicklung des Verhältnisses von Katholizismus und NS ein und berücksichtigen Sie dabei den Auszug aus dem "Mythus des 20. Jahrhunderts" (s. M 51).
3. Ordnen Sie die Quelle in das Spektrum Anpassung - Widerstand ein und begründen Sie Ihr Urteil (berücksichtigen Sie dabei auch, was Sie über die Hintergründe der Vorbereitung dieser Schrift wissen).

| M 53 | Enzyklika "Mit brennender Sorge", 14.03.1937 (Auszug) |

(...) Mit brennender Sorge und steigendem Befremden beobachten Wir seit geraumer Zeit den Leidensweg der Kirche, die wachsende Bedrängnis der ihr in Gesinnung und Tat treubleibenden Bekenner und Bekennerinnen inmitten des Landes und Volkes, dem Sankt Bonifatius einst die Licht- und Frohbotschaft von Christus und dem Reich Gottes gebracht hat (...).
Als Wir (...) im Sommer 1933 die Uns von der Reichsregierung (...) angetragenen Konkordatsverhandlungen (...) abschließen ließen, leitete Uns die pflichtgemäße Sorge um die Freiheit der kirchlichen Heilsmission in Deutschland und um das Heil der ihr anvertrauten Seelen - zugleich aber auch der aufrichtige Wunsch, der friedlichen Weiterentwicklung des deutschen Volkes einen wesentlichen Dienst zu leisten.
Trotz mancher schwerer Bedenken haben Wir daher Uns damals den Entschluß abgerungen, Unsere Zustimmung nicht zu versagen. Wir wollten Unseren treuen Söhnen und Töchtern in Deutschland im Rahmen des Menschenmöglichen die Spannungen und Leiden ersparen, die andernfalls unter den damaligen Verhältnissen mit Gewißheit zu erwarten gewesen wären (...)
Der Anschauungsunterricht der vergangenen Jahre klärt die Verantwortlichkeiten. Er enthüllt Machenschaften, die von Anfang an kein anderes Ziel kannten als den Vernichtungskampf (...)
Habt acht, Ehrwürdige Brüder, daß vor allem der Gottesglaube (...) in deutschen Landen rein und unverfälscht erhalten bleibe. Gottgläubig ist nicht, wer das Wort rednerisch gebraucht, sondern nur, wer mit diesem hohen Wort den wahren und würdigen Gottesbegriff verbindet (...) Wer nach angeblich altgermanisch-vorchristlicher Vorstellung das düstere unpersönliche Schicksal an die Stelle des persönlichen Gottes rückt, leugnet Gottes Weisheit und Vorsehung (...) Wer die Rasse oder das Volk oder den Staat oder die Staatsform, die Träger der Staatsgewalt oder andere Grundwerte menschlicher Gemeinschaftsgestaltung - die innerhalb der irdischen Ordnung einen wesentlichen und ehrengebietenden Platz behaupten - aus dieser ihrer irdischen Wertskala herauslöst, sie zur höchsten Norm aller, auch der religiösen Werte macht und sie mit Götzenkult vergöttert, der verkehrt und verfälscht die gottgeschaffene und gottbefohlene Ordnung der Dinge (...)
Dieser Gott hat in souveräner Fassung seine Gebote gegeben. Sie gelten unabhängig von Zeit und Raum, von Land und Rasse. So wie Gottes Sonne über allem leuchtet, was Menschenantlitz trägt, so kennt auch Sein Gesetz keine Vorrechte und Ausnahmen. Regierende und Regierte (...), hoch und niedrig, reich und arm stehen gleichermaßen unter Seinem Wort. (...) Dieser Gehorsamsanspruch erfaßt alle Lebensbereiche, in denen sittliche Fragen die Auseinandersetzung mit dem Gottesgesetz

fordern und damit die Einordnung wandelbarer Menschensatzung in das Gefüge der unwandelbaren Gottessatzung.
Nur oberflächliche Geister können der Irrlehre verfallen, von einem nationalen Gott, von einer nationalen Religion zu sprechen, können den Wahnversuch unternehmen, Gott (...) in die Grenzen eines einzelnen Volkes, in die blutmäßige Enge einer einzelnen Rasse einkerkern zu wollen (...)
Der im Evangelium Jesu Christi erreichte Höhepunkt der Offenbarung ist (...) verpflichtend für immer. Diese Offenbarung kennt keine Nachträge durch Menschenhand, kennt erst recht (...) keine Ablösung durch die willkürlichen "Offenbarungen", die gewisse Wortführer der Gegenwart aus dem sogenannten Mythus von Blut und Rasse herleiten wollen. (...)
In euren Gegenden (...) werden in immer stärkerem Chor Stimmen laut, die zum Austritt aus der Kirche aufrufen. Unter den Wortführern sind vielfach solche, die durch ihre amtliche Stellung den Eindruck zu erwecken suchen, als ob dieser Kirchenaustritt und die damit verbundene Treulosigkeit gegen Christus den König eine besonders überzeugende und verdienstvolle Form des Treuebekenntnisses zu dem gegenwärtigen Staate darstellte. Mit verhüllten und sichtbaren Zwangsmaßnahmen, Einschüchterungen, Inaussichtstellung wirtschaftlicher, beruflicher, bürgerlicher und sonstiger Nachteile wird die Glaubenstreue der Katholiken und insbesondere gewisser Klassen katholischer Beamten unter einen Druck gesetzt, der ebenso rechtswidrig wie menschlich unwürdig ist. (...)
Auf dem wahren und rein bewahrten Gottesglauben ruht die Sittlichkeit der Menschheit. Alle Versuche, die Sittenlehre (...) auf dem wehenden Flugsand menschlicher Normen aufzubauen, führen früher oder später Einzelne und Gemeinschaften in moralischen Niedergang (...) Keine Zwangsgewalt des Staates, keine rein irdischen, wenn auch in sich edlen und hohen Ideale werden auf die Dauer imstande sein, die aus dem Gottesglauben kommenden letzten und entscheidenden Antriebe zu ersetzen. (...)
Nimmt man den zu höchsten Opfern Aufgerufenen (...) den sittlichen Rückhalt aus dem Ewigen und Göttlichen, (...) dann wird für Ungezählte das Endergebnis nicht sein die Bejahung der Pflicht, sondern die Flucht vor ihr (...) Die Auslieferung der Sittenlehre an subjektive, mit den Zeitströmungen wechselnde Menschenmeinung statt ihrer Verankerung im heiligen Willen des ewigen Gottes, in seinen Geboten, öffnet zersetzenden Kräften Tür und Tor (...)
Im verhängnisvollen Zug der Zeit liegt es, wie die Sittenlehre, so auch die Grundlegung des Rechtslebens und der Rechtspflege vom wahren Gottesglauben (...) mehr abzulösen. Wir denken hier besonders an das sogenannte Naturrecht (...)
An den Geboten dieses Naturrechts kann jedes positive Recht, von welchem Gesetzgeber es auch kommen mag, auf seinen sittlichen Gehalt, damit auf seine sittliche Befehlsmacht und Gewissensverpflichtung nachgeprüft werden. Menschliche Gesetze, die mit dem Naturrecht in unlösbarem Widerspruch stehen, kranken an einem Geburtsfehler, den kein Zwangsmittel, keine äußere Machtentfaltung sanieren kann (...) Mit diesem Maßstab muß auch der Grundsatz: "Recht ist, was dem Volke nützt", gemessen werden (...)

Der gläubige Mensch hat ein unverlierbares Recht, seinen Glauben zu bekennen und in den ihm gemäßen Formen zu betätigen. Gesetze, die das Bekenntnis und die Betätigung dieses Glaubens unterdrücken oder erschweren, stehen im Widerspruch mit einem Naturgesetz (...) Gesetze, oder andere Maßnahmen, die (den) naturrechtlich gegebenen Elternwillen in Schulfragen ausschalten oder durch Drohung und Zwang unwirksam machen, stehen im Widerspruch zum Naturrecht und sind im tiefsten und letzten Kern unsittlich (...)
(An die Jugend) (...) Wir wissen, daß viele (...) von euch um der Treue zu Glauben und Kirche, um der Zugehörigkeit zu kirchlichen, im Konkordat geschützten Vereinigungen willen düstere Zeiten der Verkennung, der Beargwöhnung, der Schmähung der Verneinung eurer vaterländischen Treue, vielfacher Schädigung im beruflichen und gesellschaftlichen Leben ertragen mußten und müssen (...) Wenn der Staat eine Staatsjugend gründet, die Pflichtorganisation für alle sein soll, dann ist es, unbeschadet der Rechte der kirchlichen Vereinigungen, selbstverständlicher und unveräußerlicher Rechtsanspruch der Jungmannen selbst und ihrer für sie vor Gott verantwortlichen Eltern, zu fordern, daß diese Pflichtorganisation von all den Betätigungen christentums- und kirchenfeindlichen Geistes gesäubert werde, die bis in die jüngste Vergangenheit, ja bis in die Gegenwart hinein die gläubigen Eltern in unlösbare Gewissenskonflikte zwingen, was im Namen des Staates verlangt wird, ohne Gott zu rauben, was Gottes ist (...) Wogegen Wir Uns wenden müssen, ist der gewollte und planmäßig geschürte Gegensatz, den man zwischen diesen Erziehungszielen und den religiösen aufreißt (...)
Mit Maß und Ziel betrieben, bedeutet die körperliche Ertüchtigung eine Wohltat für die Jugend. Ihrem Betätigungsraum wird jetzt aber vielfach ein Umfang gegeben, der weder der harmonischen Gesamtausbildung von Körper und Geist, noch der gebührenden Pflege des Familienlebens, noch dem Gebot der Sonntagsheiligung Rechnung trägt. Mit einer an Nichtachtung grenzenden Gleichgültigkeit werden dem Tag des Herrn so seine Weihe und Sammlung genommen, wie sie bester deutscher Überlieferung entsprechen (...).

Gegeben im Vatikan, am Passionssonntag, den 14. März 1937

Pius PP. XI

Quelle: Dieter Albrecht, Der Notenwechsel zwischen dem Heiligen Stuhl und der Deutschen Reichsregierung, Bd. 1, Mainz 1965, S. 404-443

Aufgaben:

1. Welche Motive für den Abschluß des Konkordates werden im Rundschreiben erwähnt?
2. Benennen Sie die wesentlichen Kritikpunkte der Enzyklika.
3. Mit welchen Aspekten der NS-Ideologie und der Herrschaftspraxis setzt sich die Enzyklika auseinander und inwiefern beziehen sie sich auf das Konkordat? Wie steht es da-

bei um die Verteidigung der unveräußerlichen Menschenrechte? Überlegen Sie, ob Ihrer Meinung nach wichtige Probleme oder Negativerscheinungen nicht erwähnt werden. Vergleichen Sie die Enzyklika und Katechismuswahrheiten in dieser Hinsicht.
4. Untersuchen Sie das Selbstverständnis der Kirche in diesem Text. Welche Funktion hat der Stil der Vorwürfe gegen die Regierung des Dritten Reiches?
5. Welchen Kurs verfolgt die Enzyklika beim Konflikt um die katholischen Jugendverbände? Vergleichen Sie die entsprechenden Textstellen mit M 42!

M 54   Die Schließung der Druckerei Luthe, 24.04.1937

Nr. 153   Einspruch des Generalvikariats bei der Kölner Staatspolizei gegen die Schließung der Druckerei Luthe

24.4.1937

Wie uns mitgeteilt wird, wurde die hiesige Druckerei Luthe, Lübecker Straße 20, durch die Staatspolizeistelle Köln geschlossen, weil sie Teile der päpstlichen Enzyklika vom 14. März d. J. gedruckt hat. Die Druckerei handelte dabei auf unsere Veranlassung. Ein Grund, gegen sie vorzugehen, scheint uns auch vom Standpunkt der Geheimen Staatspolizei aus gesehen um so weniger vorzuliegen, als nur die Teile der Enzyklika in Druck gegeben wurden, in welchen außerhalb jeden zeitgeschichtlichen Zusammenhanges stets geltende Ausführungen aus der katholischen Glaubens- und Sittenlehre enthalten waren. Da die öffentliche Verkündigung der katholischen Glaubens- und Sittenlehre in Deutschland nach dem Reichskonkordat keinen Einschränkungen unterworfen werden darf, kann eine Berechtigung zu der schwerwiegenden Maßregelung der Druckerei nicht anerkannt werden, zumal auch die zweimal in der Druckerei erschienenen Organe der hiesigen Staatspolizeistelle die Erklärung abgegeben haben, gegen den Druck der erwähnten Teile sei nichts einzuwenden. Wir bitten um baldige Zurücknahme der einen unbescholtenen Volksgenossen schwer schädigenden Verfügung.[1]

Quelle: Corsten, Wilhelm (Hg.): Kölner Aktenstücke zur Lage der katholischen Kirche in Deutschland 1933 - 1945, Köln 1949, S.189

---

1 Nach einem Monat nahm die Gestapo die Betriebsschließung zurück.

Aufgaben:

1. Auf welche konkreten Bestimmungen des Konkordates beruft sich das Generalvikariat Köln bei seinem Einspruch gegen die Schließung der Druckerei Luthe?
2. Ordnen Sie das Verhalten des Druckers Luthe in das Spektrum der Widerstandsbegriffe ein (M 35)!

M 55   Das Verbot der Ketteler - Wacht

Weltanschauung und Leben

(...) Vor dem Leben bestehen

Zu einer sehr wichtigen Beziehung zwischen Weltanschauung und Leben gelangen wir nun durch den folgenden Gedankengang. Es ist eine Tatsache, daß uns in der Menschheit nicht nur eine einzige, sondern eine Vielzahl von Weltanschauungen begegnet. Der Christ, der um diese Vielzahl der Weltanschauungen weiß und der überdies erkennt, daß diese Weltanschauungen sich in wesentlichen Punkten so stark unterscheiden, daß zwei von ihnen sich gegenseitig ausschließen, wird sich doch fragen: Welche von diesen Weltanschauungen ist denn die wahre? Gibt es überhaupt eine wahre unter ihnen? Da nun aber die Aussagen einer Weltanschauung nicht in einer Weise wissenschaftlich bewiesen werden können, wie man etwa eine mathematische oder geschichtliche Tatsache wissenschaftlich beweist, so ergibt sich die Frage: Welches ist denn für uns das Erkennungszeichen für die Wahrheit weltanschaulicher Aussagen? Hierauf antworten wir: Das Erkennungszeichen für die Wahrheit einer Weltanschauung, für die Wahrheit weltanschaulicher Aussagen ist - das Leben. Nur diejenige Weltanschauung ist wahr, die vor dem Leben besteht. Gibt es nun - so fragen wir weiter - eine Weltanschauung, die dieses Erkennungszeichen aufweist, die also "vor dem Leben besteht"? Ja, es gibt eine solche, und zwar ist dies für uns die christliche Weltanschauung. Uns Christen ist es eine Gewißheit, daß sie die wahre ist, weil wir wissen, daß die religiösen Lehren, die ihr zugrunde liegen, von Gott geoffenbart sind. Für die Menschen, die diesen Glauben nicht besitzen, kann nur das Leben das Erkennungszeichen für die Wahrheit unserer Weltanschauung sein.

Ein Mißverständnis

"Weltanschauung muß vor dem Leben bestehen!" Dieser Satz darf nun aber unter keinen Umständen, was nur zu leicht geschieht, falsch verstanden werden. In einem früheren Aufsatz an dieser Stelle "Die Wahrheit" führten wir aus, daß das Erkennungszeichen für die weltanschauliche Wahrheit nicht der materielle Erfolg im Leben sein kann. Denn dann müßten wir ja bei vielen Gelegenheiten unseres Lebens zu der Überzeugung gelangen, daß die rücksichtslosen, einzig durch Besitz- und Genuß-Trieb bestimmten Naturen die wahre Weltanschauung besitzen. Das aber wäre jener Materialismus, der dem Leben widerspricht. Nein - wenn wir sagen: "Weltanschauung muß vor dem Leben bestehen, um ihre Wahrheit zu erweisen", so soll das in erster Linie heißen: ihre Lehrsätze müssen wirklich sinnvolle Antworten auf die letzten und tiefsten Lebensfragen geben, d.h. ihre Grundsätze müssen in sich die Gewähr tragen, daß alle, die folgerichtig nach ihnen leben, des Lebens auch wirklich Herr werden (...)

Warum?
Warum denn wirkt sich die christliche Weltanschauung nicht allzeit und überall in dem Grade fruchtbar im Leben aus, (...)? (...) Weil auch wir Christenmenschen - Sünder sind! (...) Spricht das aber gegen unsere Weltanschauung? (...) Nein (...) Denn ohne Bedenken können wir dies eine behaupten: Wenn alle Menschen Christen wären, (...) dann würde die natürliche Ordnung in der Welt hergestellt werden, die dem Wesen des Menschen im Tiefsten entspricht.

(...) "Wenn alle Menschen christlich lebten (...)!" Hat es überhaupt einen Sinn, solch rein theoretischen Möglichkeiten Ausdruck zu geben, die keine Wirklichkeiten sind? Es hat einen Sinn. Denn es bedeutet viel für eine Weltanschauung, wenn von ihr mit Recht behauptet werden kann: Unter der Bedingung, daß alle Menschen sich zu ihr bekennen und nach ihr leben, wird das Leben der Menschheit bis ins letzte sinnvoll und menschenwürdig sein. Warum bedeutet dies viel für eine Weltanschauung? Weil es sicher nicht von jeder mit gleichem Recht gesagt werden kann. Weil es zum Beispiel ganz unmöglich ist zu sagen: Wenn alle Menschen kommunistisch wären und kommunistisch lebten, dann würde tiefer Friede und gerechte Ordnung in der Welt herrschen. Daß dies unmöglich ist, ergibt sich sofort, wenn man das Wesen der kommunistischen Weltanschauung mit dem Wesen der Welt des Lebens, der menschlichen Natur vergleicht (...). Wir müssen also verschiedene Weltanschauungen, wenn wir ihren Wert gegeneinander abschätzen wollen, in erster Linie inhaltlich miteinander vergleichen (...).

Quelle: Ketteler-Wacht, 12.02.1938

Geheime Staatspolizei   Köln, den 14. März 1938
Staatspolizeistelle Köln (...)

An den Verlag der katholischen Wochenschrift
"Ketteler-Wacht"
z. Hd. d. verantwortlichen Hauptschriftleiters
Herrn Nicolaus Gross
in Köln Odenkirchenerstraße 26

Das Geheime Staatspolizeiamt in Berlin hat im Einvernehmen mit dem Herrn Reichsminister für Volksaufklärung und Propaganda auf Grund des § 1 der Verordnung vom 28. Februar 1933 die Wochenschrift "Ketteler-Wacht" ab sofort auf unbestimmte Zeit verboten, weil der in der Nr. 7 der Zeitschrift vom 12.2.1938 auf der Titelseite veröffentlichte Leitartikel "Weltanschauung und Leben" geeignet ist, die öffentliche Ruhe und Ordnung zu stören.

Quelle: Kommission für Zeitgeschichte, Bonn, KAB E I.2

Aufgaben:

1. Fassen Sie den Artikel "Weltanschauung und Leben" inhaltlich zusammen.
2. Stellen Sie Vermutungen darüber an, warum dieser Artikel geeignet war, "die öffentliche Ruhe und Ordnung zu stören".

2.3. Konsequenzen der NS-Ideologie

2.3.1. Judenverfolgung

| M 56 | Stationen der Verfolgung jüdischer Bürger in Essen und im Deutschen Reich von 1933 bis 1938 |

08.03.1933 Erste organisierte antijüdische Aktionen in Essen: einzelne jüdische Geschäfte werden willkürlich geschlossen, Schaufenster mit antisemitischen Parolen beschmiert

01.04.1933 Sogenannter Boykotttag: Zugang zu jüdischen Geschäften, Arztpraxen und Kanzleien wird durch die SA versperrt

07.04.1933 Gesetz zur "Wiederherstellung des Berufsbeamtentums": Entlassung von Juden aus dem Öffentlichen Dienst

15.09.1935 "Nürnberger Gesetze": rechtliche Bestimmung der Juden als „minderwertige Rasse", Verbot von Eheschließungen und außerehelichen Beziehungen zwischen Juden und „Ariern", Einschränkung bürgerlicher Rechte für Juden insbesondere Aberkennung politischer Rechte

nach 1935 werden unzählige Verfügungen, Verordnungen und Gesetze erlassen, die das alltägliche Leben von Juden einschränken: z.B. Verbot des Besuchs von Kinos, Theatern oder Bädern

09.-10.11.1938 Gelenkte Pogrome gegen die Juden in Essen und in ganz Deutschland, Inbrandsetzung von Synagogen, Zerstörung und Plünderung jüdischer Einrichtungen und jüdischen Eigentums, Verschleppung jüdischer Männer in Konzentrationslager

Mehr als 2500 Essener Juden werden umgebracht.

| M 57 | Die „Reichskristallnacht" in Essen |

Spontane Demonstrationen gegen die Juden in Essen

Das Ableben des in Paris durch feige jüdische Mörderhand niedergestreckten Botschaftsrates 1. Klasse vom Rath hat auch in Essen die Gemüter in die größte Aufregung versetzt. Infolge der Erregung kam es in der Nacht zum Donnerstag und am Donnerstagvormittag in allen Stadtteilen zu spontanen Kundgebungen gegen die Juden.

Nachts um 3 Uhr fing die Synagoge an der Steeler Straße Feuer. Die Feuerschutzpolizei war mit mehreren Löschzügen sofort zur Stelle, mußte sich jedoch angesichts des ausgedehnten Brandherdes auf den Schutz der benachbarten Gebäulichkeiten beschränken. Auch das frühere jüdische Jugendheim an der Ecke Moltke- und Morsehofstraße geriet nächtlicherweise in Brand. Auch hier hatte die Feuerwehr alle Mühe, den Brand zu lokalisieren. Nicht anders war es bei der Synagoge in Steele, in der ebenfalls in der Nacht Feuer ausbrach.

Gleichfalls in den Nachtstunden bis in die Vormittagsstunden hinein gingen in allen Stadtteilen Demonstranten spontan gegen jüdische Geschäfte vor und zertrümmerten die Schaufenster und Ladeneinrichtungen. Die aus der ungeheuren Empörung über das schreckliche Verbrechen des jüdischen Mörders geborene Aktion ging dennoch mit absoluter Ruhe und Diszipliniertheit vor sich. Im Zuge der Aktion hat die Polizei eine Reihe von Juden in Schutzhaft genommen. Schon nachts, aber erst recht in den weiteren Stunden des Vormittags waren zahlreiche Volksgenossen vornehmlich in der Innenstadt zusammengeströmt und beobachteten mit Befriedigung das Werk der Flammen und den Fortgang der Demonstrationen gegen die jüdischen Geschäfte.

Quelle: Essener Allgemeine Zeitung, 10.11.1938

Aufgaben:

1. Fassen Sie den Bericht der Essener Allgemeinen Zeitung zusammen.
2. Interpretieren Sie die Tendenz der Berichterstattung!
3. Wie bewerten Sie das Vorgehen der Polizei und der Feuerwehr?

M 58 „Mein Traum"

Mein Traum: In einer Nacht im November 1938 wird der Kardinal von Köln geweckt. Es wird ihm gemeldet: „Eminenz, sie zünden die Synagogen an." Zu diesem Zeitpunkt brannte bereits die alte, die fromme Synagoge in der Glockengasse, wo heute das Opernhaus steht, am Jaques-Offenbach-Platz, keine fünf Minuten vom Kölner Dom entfernt. Der Kardinal ist erschüttert. „Ist die Synagoge nicht auch das Haus des Herrn," fragt er seine Sekretäre. „Ist sie nicht das Haus, in dem Jesus beten lernte? Die Schändung einer Synagoge," beschied er, „das ist Aufruhr gegen Gott, ein Angriff auf ganz Israel und somit auch ein Angriff auf die Kirche und alles, was ihr heilig ist." Die Sekretäre wecken die Äbte und Priore der zahlreichen Klöster in der Kölner Innenstadt. Die katholischen Studentenverbindungen, die so stolz der Fronleichnamsprozession in den buntesten Kostümen voranschreiten, werden alarmiert, die allerkatholischsten Schützenvereine gerufen, die Kolpingbrüder und viele mehr. Dann läutet der dicke Pitter. Der tiefe Klang dieser Domglocke liegt über der nächtlich-stillen Stadt. Langsam, zögernd fallen die Glocken aller katholischen Kirchen und kurz darauf die der evangelischen Kirchen ein. Die Kirchen des heiligen Köln läuten Sturm. Die Kölner werden aufmerksam - was ist los? Viele sind bereits zum Dom geeilt. Dessen Portale öffnen sich und hinaus schreiten der Kardinal, die Weihbischöfe, das Domkapitel. Es formiert sich ein langer Zug. Viele reihen sich ein mit Fahnen und Prozessionskreuzen. Sie gehen zur brennenden Synagoge in der Glockengasse. Sie ziehen an zahllosen zerstörten Geschäften vorbei. In ihnen stehen jüdische Frauen und Männer, schauen aus den eingeschlagenen Fensterhöhlen hinaus. Da ziehen sie langsam an ihnen vorbei, die

Priester, Mönche, Nonnen, die Laien. Und sie winken ihnen und rufen „Habt keine Angst! Wir lassen euch nicht alleine! Mit der Hilfe des Herrn werden wir Euch beschützen." Da stehen sie, Menschen wie meine Oma und mein Opa, und diesmal weinen sie vor Rührung und sagen: „Haben wir es nicht immer gewußt? Man kann sich auf dieses Volk verlassen! Wir können unseren christlichen Nachbarn vertrauen. Es sind nicht alle Nazis. Wir haben uns nicht getäuscht, weder in diesem Land noch in diesen Menschen."

Quelle: G.B. Ginzel, Als Jude in Deutschland - ein Leben zwischen den Extremen, in: Diagnosen zur Zeit mit Beiträgen von J.B. Metz u.a., Düsseldorf 1994, hier S. 14f.

Aufgabe:

Überlegen Sie, warum dieser Traum in Köln, in Essen und im Deutschen Reich insgesamt nur ein Traum blieb!

| M 59 | Denk - mal: „ (...) wie sollen wir vor Gott und unserem Volk einmal bestehen?"

2.3.2. Schule und Unterricht als Instrument nationalsozialistischer Indoktrination

M 60 — Ein NS-Geschichtsbuch über Sparta

(...) Im Süden des Peloponnes, in Lakonien, bemächtigten sich Teilstämme, bei denen sich nordisches Kriegertum und nordische Art am reinsten erhalten haben, der fruchtbaren Eurotasebene mit dem Mittelpunkt Sparta und unterwerfen von hier aus die ganze Landschaft in gesundem Streben nach Macht und angeborenem Verständnis für deren Bedrohung als Daseinsgrundlage des Volkes (...).

So sind den Spartiaten ihre Aufgaben klar vorgezeichnet: Bewahrung ihrer Herrenstellung, Erhaltung und Förderung der eigenen Art und der Zahl der Bürger. Dem dient der gesamte Staat mit all seinen Einrichtungen, und von frühester Jugend an macht er seine Glieder seinen Aufgaben dienstbar. Er befiehlt die Aussetzung schwächlicher Kinder und überwacht die Erziehung der Knaben für ihren künftigen Kriegerberuf (...)

Quelle: Volkwerden der Deutschen. Geschichtsbuch für höhere Schulen, Band 6, Von der Vorgeschichte bis zum Ende der Staufferzeit, Leipzig/Berlin 1940, S. 55f.

Aufgaben:

1. Vergleichen Sie die vorliegende Darstellung mit dem entsprechenden Abschnitt aus Ihrem Geschichtsbuch und zeigen Sie Unterschiede und Parallelen auf.
2. Warum haben die Nationalsozialisten das historische Beispiel der spartanischen Gesellschaft besonders positiv hervorgehoben?
3. Worin besteht die Funktion des Geschichtsunterrichts in totalitären Diktaturen?

| M 61 | Die "Zwölf Gebote" des Reichserziehungsministeriums vom 17.12.1941 |

Das Reichserziehungsministerium wies am 17.12.1941
die Schulen an, die folgenden zwölf Gebote auszuhängen:

1. Sichere die Ewigkeit Deines Volkes durch den Kinderreichtum Deiner Familie.
2. Deutscher Mann, achte und schütze in jeder Frau die Mutter deutscher Kinder.
3. Deutsche Frau, vergiß nie Deine höchste Aufgabe, Hüterin deutscher Art zu sein.
4. Schütze Deine Kinder vor dem Schicksal des Mischlings.
5. Halte das deutsche Blut rein.
6. Jeder, der nicht deutschen Blutes ist, ist fremdblütig.
7. Wahre Deine Ehre und Deine Art bei Begegnung mit Volksfremden.
8. Deutsches Mädchen, Deine Zurückhaltung gegenüber Volksfremden ist keine Beleidigung. Im Gegenteil: Jeder anständige Ausländer wird Dich deswegen besonders achten.
9. Der Schutz des eigenen Blutes bedeutet keine Verachtung der anderen Völker.
10. Die Reinhaltung des Blutes liegt im Interesse aller wertvollen Rassen.
11. Die Reinhaltung des Blutes ist keine Privatangelegenheit, sondern eine selbstverständliche Pflicht jedes deutschen Menschen gegenüber seinem Volke.
12. Sei stolz, daß Du ein Deutscher bist!

Quelle: Bücker, Vera: Kontinuität und Wandel der kommunalen Entwicklung in Weimarer Republik und Drittem Reich am Beispiel des höheren Schulwesens in Marl, Herne 1998, S. 161

Aufgaben:

1. Informieren Sie sich über die Bedeutung des Begriffes "reinerbig" in der Genetik und vergleichen Sie dies mit der Terminologie, die in diesem Text benutzt wird: "Fremdblütig", "Reinerhaltung des Blutes (...) aller wertvollen Rassen"
2. Welche Gefahr besteht nach den Aussagen der Genetik bei der Züchtung "Reinrassiger" Organismen? Inwiefern steht dies zur nationalsozialistischen Lehre im Widerspruch?
3. Welche konkreten Konsequenzen ergeben sich für die persönliche Lebensführung der jungen Menschen aus diesen zwölf Geboten?
4. Vergleichen Sie die zwölf Gebote mit den Forderungen, die heute von Neonazis erhoben werden.

| M 62 | Aus dem Biologie-Heft eines Schülers
der Quinta (Klasse 6) von 1939/1940 |

Rasse ist eine Gruppe von Lebewesen mit gleichem Erbgut, das von ihr unverändert weitergegeben wird.

Nordisch
Größe: 1,74m, schlank, beweglich. Langschädel, Schmalgesicht, Langgesicht. Stirn leicht fliehend, Lippen schmal, Haarfarbe: rötlich-blond. Augenfarbe: blau, Gesichtsfarbe: Hell, lachsrosa.
Geistige Eigenschaften: geistig rege, oft erst später entwickelt, Erfinder, Forscher, Staatsmann, auch unternehmender Kaufmann. Der unruhige Wanderer, Turner, soldatischer Führer, er gehorcht aus Einsicht, sehnt sich aber nach Führung und Verantwortung. Wenig musikalisch, Neigung zur Gruppen- und Stammbildung, oft hart gegen den Feind.
Verbreitung: Länder der Nord- und Ostsee, Westfinnland, Norwegen, Schweden, England, Island. Ferner: Holland, Flamen, Schweiz.

Fälisch
Größe: 1,72m, stark gebaut, breite Schultern, schwerfällig, muskelstark, Langschädel, Breitgesicht, Kurzgesicht, Gesichtszüge nordisch, Stirn oft steil. Haarfarbe: etwas dunkler als nordisch, etwas mehr grau-braun. Augenfarbe: graublau - tiefblau.
Geistige Eigenschaften: seßhaft bis heimattreu, Liebe zur Natur (Pflanzen und Tiere), ausdauernder Kolonisator, Bauer, aber auch ein guter Krieger, selbständig, neigt zur Eigenbrötelei, oft starrköpfig und mißtrauisch, konservativ.
Verbreitung: Westfalen, Südschweden.

Ostisch
Größe: 1,63m, Kurzschädel, Breitgesicht, Haar- und Augenfarbe: dunkelbraun bis schwarz, Hautfarbe: bräunlich, Körper gedrungen, oft korpulent.
Geistige Eigenschaften: lebhaft, gemütlich, ordnen sich unter, neigen nicht zu hohen Aufgaben, Handwerker und Kleinbauern.
Verbreitung: Mitteldeutschland, Ostpreußen, Schlesien, Polen, Mittelfranken.

Dinarisch
Sehr großwüchsig, schlank, sehr beweglich aber derb, kurzköpfig, Langgesicht, Nase stark vorspringend, Kinn gut ausgebildet, Haar- und Augenfarbe schwarzbraun, Haut: bräunlich.
Geistig: Offenes Wesen, sehr mutig, große Ausdauer, Bergsteiger, Waldarbeiter, militärische Führung, humorvoll, musikalisch, in Verbindung mit der nordischen Rasse große Männer wie Freiherr vom Stein, Richard Wagner, neigt zum Jähzorn.

Verbreitung: Dinarische Alpen, Serbien, Bulgarien, Süd- und Mitteldeutschland, Tirol, in den Karpaten.

Ostbaltisch
Wuchs gedrungen, 1,65m, grobknochig, vorspringendes Jochbein, Kurzkopf, rund, Hinterhaupt mehr gewölbt als ostisch. Gesicht breit, kurzer Unterkiefer, stumpfes Kinn, Haare: aschblond, dick, Augen: grau bis weißblau, Hautfarbe hell bis graugelblich.
Geistig: unruhig, keine große Entscheidungskraft, Beharrungstyp. Mißtrauisch, verschlossen, guter Erzähler und Schauspieler.

Quelle: Bücker, Vera: Kontinuität und Wandel der kommunalen Entwicklung in Weimarer Republik und Drittem Reich am Beispiel des höheren Schulwesens in Marl, Herne 1998, S. 224f.

Aufgaben:

1. Versuchen Sie, die Herkunft der verschiedenen Aspekte der nationalsozialistischen Rassenlehre durch Zuhilfenahme von Sekundärliteratur zu ergründen!
2. Beurteilen Sie die Aussagen zur Bedeutung des Fachbegriffes "Rasse" sowie die Benennung der "Rassenmerkmale" hinsichtlich ihrer biologisch-genetischen Stichhaltigkeit! Nutzen Sie hierzu u.a. die Aussagen zur Genetik und Evolutionsbiologie, wie sie aus heutigen Biologie-Schulbüchern hervorgehen.
3. Setzen Sie die den verschiedenen "Rassen" zugeschriebenen Eigenschaften und deren geographisches Vorkommen in Beziehung zur Eroberungspolitik des "Dritten Reiches" im 2. Weltkrieg!
4. Was bedeutet die Rassenqualifizierung für das Zusammenleben der Staatsbürger und der Völker?

Ein weiterer Auszug aus diesem Biologieheft

Für die Verpflegung der Erbkranken zahlt das dt. Volk jährlich 1,2 Milliard. Für einen Volksschüler 125 M, für einen Hilfsschüler 573 M, für einen Geisteskranken 950 M, für einen Blinden 1500 M.

14. Juli 1933 Gesetz des erbkranken Nachwuchses; was unheilbar erkrankt ist und mit höchster Wahrscheinlichkeit diese Krankheit vererben wird, kann sterilisiert werden.

1. Bei angeborenem Schwachsinn
2. Schizophrenie (Spaltungsirrsinn)
3. Manisch-Depressions-Irre-Sein

4. Epilepsie (Gehirnkrankheit)
5. Veitstanz
6. Erbliche Blind- und Taubheit
7. Schwere körperliche Mißbildung - Hasenscharte, Gaumenscharte
8. Schwerer Alkoholismus
9. Tuberkulose ist keine Erbkrankheit

Quelle: Bücker, Vera: Kontinuität und Wandel der kommunalen Entwicklung in Weimarer Republik und Drittem Reich am Beispiel des höheren Schulwesens in Marl, Herne 1998, S. 126

Aufgaben:

1. Welches Argument steckt in der aufgeführten "Kostenrechnung"? Überprüfen Sie dessen logische und ethische Stichhaltigkeit!
2. Welche der genannten Krankheiten sind nach heutigen Erkenntnissen erblich?
3. Arbeiten Sie heraus, welche offenkundigen Falschaussagen in diesem Text auf fehlendem Fachwissen und welche offenbar auf bewußt verfälschender Darstellung beruhen!
4. Halten Sie die Sterilisierungsmaßnahmen bei heute nachgewiesenermaßen erblichen Krankheiten für vertretbar in gesundheitspolitischer, ethischer, ökonomischer Hinsicht? Begründen Sie Ihre Argumentation!
5. Sind Ihnen aus der Gegenwart Kosten-Nutzen-Analysen im Gesundheitswesen zur Begründung medizinischer Maßnahmen bekannt?

M 63	**Aus dem Erdkundeheft von Schülern der Untersekunda (Klasse 10) und der Untertertia (Klasse 8), 1941**

Aus dem Erdkundeheft eines Schülers der Untersekunda (Klasse 10), 1941:

Zur Erhaltung der Wehrfähigkeit ist aber vor allem die Bevölkerungsbewegung von Bedeutung. Es müssen Nachkommen vorhanden sein, um die Zahl des Volkes zu erhalten. (...) Der nationalsozialistische Staat aber versucht durch volksgesundheitliche Maßnahmen, das Leben des Volkes zu sichern. Soziale Maßnahmen für die Arbeiter, höhere Löhne, bessere Wohnungen, Ehestandsdarlehen, Erbhofgesetz, Kinderzulage usw. sollen das Volk zum Kinderreichtum erziehen, während durch das Gesetz zur Verhütung erbkranken Nachwuchses, durch das Erbgesundheitsgesetz und die Nürnberger Gesetze sowohl vom gesundheitlichen wie rassischen Standpunkt die Erhaltung des Volkes gesichert wird.

Quelle: Bücker, Vera: Kontinuität und Wandel der kommunalen Entwicklung in Weimarer Republik und Drittem Reich am Beispiel des höheren Schulwesens in Marl, Herne 1998, S. 121

Aus dem Erdkundeheft eines Schülers der Untertertia (Klasse 8), 1941:

So bleibt uns noch ein großes Gebiet: Rußland (...) Das europäische Rußland und die Kirgisensteppe zum Beispiel könnten nicht nur zig Millionen Menschen aufnehmen, sondern auch ernähren. (...) [Der zweite Weltkrieg ist] Beginn des Kampfes um die Unabhängigkeit und die gerechte Verteilung der Welt (...)

Quelle: Bücker, Vera: Kontinuität und Wandel der kommunalen Entwicklung in Weimarer Republik und Drittem Reich am Beispiel des höheren Schulwesens in Marl, Herne 1998, S. 120

Aufgaben:

1. Informieren Sie sich umfassend über die "volksgesundheitlichen Maßnahmen" des NS-Staates?
2. Analysieren Sie auf der Grundlage aller vorliegenden Texte, in welcher Weise der NS-Staat den Unterricht in den Fächern Geschichte, Erdkunde und Biologie zur Vorbereitung eines Angriffskrieges instrumentalisiert.

M 64	**Zwei Abituraufsätze im Fach Deutsch aus Essen-Borbeck von 1942**

[Hinweis: In Klammern ( ): Anmerkungen und Korrekturen des Lehrers]

1. T e x t:

Deutsche Prüfungsarbeit   Essen, den 26. 2. 42
Wie stellen Sie sich zur Tendenz des Films "Ich klage an"?

Im vorigen Jahre lief in Deutschland ein Film an, der ein überaus schwieriges Problem aufwarf und an die Öffentlichkeit brachte (die Gemüter bewegte). Er hatte den Titel "Ich klage an". Sein Inhalt war in kurzen Zügen folgender: Die Frau eines Arztes erkrankt an einer chronischen, unheilbaren Krankheit. Es handelt sich um die multiple Sklerose, die schleichend ein Organ nach dem anderen befällt und schließlich unter großen Schmerzen den Tod herbeiführt. Der Arzt versucht nun mit größter Anstrengung, (den Erreger zu entdecken und) ein Mittel gegen diese Krankheit zu finden. Als es ihm trotz unmenschlicher Arbeit nicht gelingt, setzt er sich über das bestehende Gesetz hinweg, gibt seiner Frau auf ihr Verlangen Gift und macht ihr so das Sterben leicht. Es kommt zur Gerichtsverhandlung, in der der Angeklagte schließlich zum Ankläger wird und dieses Gesetz als nicht tragbar hinstellt. Die Entscheidung mußte man dem Film selbstverständlich erlassen (ließ der Film offen).

Es ist nun interessant, einmal zu erörtern (wichtig, festzustellen) wie sich die einzelnen staatlichen und religiösen Einrichtungen zu diesem Problem stellen. Die klarste und durchsichtigste Stellung nimmt wohl der Jurist ein. Die vorsätzliche Beseitigung eines Menschen, und davon kann (muß) man hier ja wohl sprechen, ist Mord oder vorsätzliche Tötung und (beides) wird nach den §§ 211 und 212 des Strafgesetzbuches mit dem Tode oder mit Zuchthaus nicht unter fünf Jahren bestraft. Diese Paragraphen sind auch heute noch nicht im Sinne dieses (unseres) Problems geändert worden.

Der Staat kann nach zwei Seiten hin Stellung nehmen. Einerseits muß es ihm angelegen sein, gesundes Erbgut zu erhalten, andererseits muß aber (oft) schädliches Erbgut ausgemerzt werden.
Auch die Stellung der katholischen Kirche kann man als durchaus klar bezeichnen. Sie muß diesen Eingriff in das Leben ablehnen; denn nach ihrer Lehre hat Gott einem Menschen das Leben gegeben, und er allein ist daher berechtigt, es wieder zu nehmen. (Todesstrafe?) Die Stellungnahme der evangelischen Kirche ist dagegen weniger eindeutig.
Wenn man sich nun die Frage vorlegt, wie das Problem der Euthanasie vom menschlichen Standpunkte aus zu beurteilen ist, so muß (kann) man folgendes sagen: Wenn ein Mensch mit schweren körperlichen Qualen darniederliegt, und der Tod noch nicht an ihn herantreten will, so bedeutet es zweifellos für ihn eine Erlösung, wenn man durch ein künstliches Mittel den Tod schneller herbeiführt. Daher ist die Euthanasie von diesem Standpunkte aus zu billigen.

Welche Folgen würde nun die Aufhebung des bestehenden Gesetzes haben (nach sich ziehen)? Der Arzt, der einen derartigen Eingriff vornimmt (nach Entscheidung eines Sachverständigen-Ausschusses), würde straffrei ausgehen. Ich glaube jedoch nicht, daß er eine solche Tat ohne sein Gewissen (immer mit reinem Gewissen) begehen kann. Die innere Stimme ist doch eine zu starke Macht, als daß sie einfach übergangen werden könnte (dürfte). Ich könnte mir weiter vorstellen, daß ein skrupelloser Arzt bei einem persönlichen Feind eine unheilbare Krankheit als Diagnose stellt und ihn so ohne Strafe umbringen könnte. (Die Gefahr würde bei einem Gremium gemildert sein.) Zu der Frage, ob eine Beseitigung der Idioten (Vollkrüppel, zum Beispiel Schwerkriegsbeschädigte) gerechtfertigt ist, möchte ich folgendes sagen: Wenn auch diese Menschen heute unproduktiv sind und dem Staate zur Last fallen, so haben sie doch meist früher etwas geleistet. (sehr viele von Geburt auf idiotisch) Wenn sie nun ohne ihre Schuld dem Vaterlande heute nicht mehr dienen können, so ist das kein Grund, sie zu beseitigen. Der praktische Nutzen darf nicht immer (gegenüber der unterschiedlichen Bedeutung des) dem sittlich-moralischen Fühlen und Denken zurücktreten, wie es leider heute häufig der Fall ist.

Wir sehen also, daß manches für die Aufhebung des Gesetzes, aber meiner Ansicht nach wichtigere Faktoren dagegen sprechen. Viele Menschen, die heute das Gesetz abtun möchten, würden vielleicht ganz anders sprechen, wenn unter ihren eigenen Angehörigen ein derartiger Fall vorläge. Wenn das Gesetz bestehen bliebe, können für den ehrenhaften und korrekten (verantwortungsbewußten) Arzt keine Zweifel aufkommen, denn er handelt nach dem Gesetz. Bei einer Aufhebung würde das Gewissen des Arztes einen großen Zwiespalt hervorrufen (mehr belastet werden, denn er würde ja auch nach dem Gesetz handeln!), an dem er vielleicht zerbrechen könnte.

Der Film lief gerade zu einer Zeit, da durch einige Gerüchte dieses Problem aktuell zu werden begann (in aller Munde war). So wurde es durch das volkstümlichste aller Volksaufklärungsmittel - als solches kann (darf) man den Film heute wohl bezeichnen - den meisten Volksgenossen zugänglich gemacht (aufgenötigt). Da der Film die Lösung des Problems nicht brachte, mußte sich hier der Einzelne (jeder) seine eigenen Gedanken machen. Es ist jedoch heute, in einer Zeit, in der alle Menschen ungeheuer eingespannt sind, naturgemäß so, daß der Einzelmensch kaum Zeit hat, sich mit (derartig) wichtigen Problemen eingehend auseinanderzusetzen. Es wäre deshalb vielleicht besser gewesen, diese wichtige Frage (zurückzustellen) zunächst in gelehrten Fachkreisen eingehend zu besprechen (ist geschehen) und dann zu einer Lösung zu kommen, die beiden Teilen gerecht würde.

(Klar und (...) ! Stilistisch (...) Gut.)
(Abschließender Kommentar z.T. unleserlich.)

2. T e x t:

Deutsche Prüfungsarbeit   Essen, den 26. 2. 42
Wie stellen Sie sich zur Tendenz des Films "Ich klage an"?

Die Tendenz des Films "Ich klage an" kann dem denkenden Beobachter kaum verborgen bleiben. Die Beantwortung des Fragepunktes (der aufgeworfenen Frage) ist ganz offensichtlich (klar, gegeben). Es soll dem Arzt erlaubt werden, mit Zustimmung eines aus medizinischen Sachverständigen bestehenden Ausschusses einen unheilbaren, unbedingt dem Tode geweihten Kranken auf seinen eigenen Wunsch (wird nicht immer möglich sein) von seinen qualvollen Leiden zu erlösen und ihn durch ein schmerzloses (und schmerzstillendes) Mittel sanft entschlafen zu lassen. Die in dem Film angeführten Beweggründe zur Rechtfertigung einer derartigen Handlungsweise könnten vielleicht im Augenblick verfangen, bei näherer Betrachtung erweisen sie sich aber sachlich, wie auch seelisch als unhaltbar.

Es ist sicher für den Arzt und für die Angehörigen oft hart und bitter, einen Menschen furchtbar leiden zu sehen und ihm doch nicht helfen zu können. Ganz zweifellos bedeutet auch die Pflege und Erhaltung unproduktiver Kranker für die Gemeinschaft des Volkes und für den Einzelnen eine schwere finanzielle und soziale Belastung. Aber ist es deshalb erlaubt, diese Kranken zu töten und sich von ihrer Last zu befreien? Nein, und nochmals nein. Das machtvolle göttliche Gebot lautet: "Du sollst nicht töten", es lautet nicht: "Ja, im allgemeinen ist zwar der Mord verboten, aber unter gewissen Umständen läßt er sich denn doch rechtfertigen." (Derartige Ausnahmen machen wir allerdings: Todesstrafe, Krieg.) Die Euthanasie ist und bleibt vorsätzliche Tötung, so beurteilt sie wenigstens bis heute noch das Gesetz, und als solche müßte (muß) sie jedem sittlichen und religiösen, jedem von der Weisheit der göttlichen Weltordnung durchdrungenen Menschen erscheinen.
Es wäre ein feiger und eines wahren Menschen unwürdiger Standpunkt, nur die gesunden Tage und die Freuden des Lebens lieben zu wollen, der Krankheit und Not aber zu entfliehen und im Angesichte des Todes zu versagen. F. W. Förster hat nicht Unrecht mit der Behauptung, der Mensch bewähre sich erst im Leiden. Der Wille Gottes kennt keine Zweckwidrigkeit, seine Ratschlüsse haben in jedem Falle einen letzten und höchsten Sinn; wir Menschen vermögen nur diesen Sinn nicht immer zu erkennen. Auch das Leiden dient sicherlich einem höchsten Zweck, (z.B. auch Erziehung für andere) und wir haben uns ihm gegenüber fest und standhaft zu bewähren und nicht feige davor zurückzuschrecken.

Wenn auch der Wunsch eines Kranken, von seinem Leiden erlöst zu werden, in dem qualvollen Zustande noch manchmal (menschlich) zu entschuldigen ist, so bleibt die Einwilligung des Gesunden in diesen Wunsch ein Mord.

Gott hat das Leben geschaffen und nicht der Mensch, der also auch kein Recht hat, es frevelhaft zu zerstören. (Gut!) Der Arzt ist ein Diener des Lebens und nicht des Todes. Er hat die hohe Pflicht und Aufgabe, zu heilen und Schmerzen zu lindern, nicht aber nach seinem Gutdünken (Ausschuß von Sachverständigen) das Leben zu vernichten.
Wer vermag denn überhaupt mit untrüglicher Sicherheit festzustellen, dieses Leiden sei unheilbar und jener Kranke müsse unbedingt sterben? Es gibt Krankheitsfälle, bei denen entgegen aller menschlichen Berechnung und Voraussicht doch die Gesundung eintritt. Hier also der göttlichen Bestimmung durch verfrühten Eingriff vorauseilen zu wollen, wäre vermessen und ein Verstoß gegen das göttliche Gesetz. Würde nicht auch mit der Tötung der unheilbar Kranken der Menschheit der Gegenstand so unendlicher, hingebungsvoller Liebe und Opferfreudigkeit genommen werden, der so die hohen und edlen Eigenschaften zur Geltung kommen läßt?

(Gut!) Sicherlich könnte die so verwendete Kraft den positiven Aufgaben des Volkes zum Nutzen gereichen, ist es aber nicht auch schwerer, das Arme und Verlassene zu lieben, als Arzt zu wirken, wo Ehre und Erfolg sinken?

Wenn dem Arzte die Gewalt über das Leben des Kranken übertragen würde, so müßte notwendig die Achtung des Volkes vor der medizinischen Wissenschaft, wie vor dem Leben überhaupt, sinken.

Im übrigen ist doch wohl das Erscheinen eines Films mit einer offenbar gegen das augenblicklich gültige Staatsgesetz gerichteten Tendenz unzweckmäßig und nicht zur wahrhaften Erziehung des Volkes geeignet. Einfache Volkskreise nehmen so eine Meinung an, die vom Standpunkte des Staates, wie auch der Religion nicht zu billigen ist. (Gut!)

Das dritte Reich hat alle möglichen und notwendigen Maßnahmen ergriffen, erbliche Krankheiten zu verhindern, es fördert die medizinische Wissenschaft in jeder Hinsicht. Damit dient es der Erhaltung des Lebens im wahrsten und schönsten Sinne.

(Sehr gute Gedanken, wenn auch - wohl gemerkt! - einseitig, da hauptsächlich vom religiösen Standpunkte getragen. Todesstrafe, auch der Krieg, wären Abweichungen vom göttlichen Gebot. Stilistisch sehr flüssig. Gut.)

Quelle: Zur Verfügung gestellt von Prof. Dr. W. Breyvogel, Universität Essen

Aufgaben:

1. Stellen Sie die wesentlichen Aussagen der beiden Aufsätze stichwortartig zusammen!
2. Welche Erziehungsziele und Moralvorstellungen aus dem zeitgeschichtlichen Kontext (vgl. M 109) werden von den beiden Prüflingen angesprochen, wie nehmen die Prüflinge dazu Stellung? Greifen Sie hierbei ggf. auch auf die Aussagen in M 60 - 63 zurück!
3. Wie bewerten Sie die rationalen Argumente der Prüflinge aus heutiger Sicht?
4. Wie bewerten Sie die moralischen Argumente der Prüflinge aus heutiger Sicht?
5. Wie bewerten Sie die Anmerkungen des korrigierenden Lehrers?

2.3.3. Euthanasie am Beispiel des Franz-Sales-Hauses

| M 65 | Eine Forschungsübersicht[1] |

a) Euthanasie allgemein

Am 1. September 1939 begann der Zweite Weltkrieg. Seit diesem Tag begann der Mord an psychisch Kranken und Behinderten. Zunächst noch unorganisiert wurden die Betroffenen in Heimen und Krankenhäusern in Ostpreußen und im besetzten Polen erschossen oder in fahrbaren Gaswagen erstickt. Mehrere tausend Kranke wurden auf diese Weise ermordet.
Auf den 1. September 1939 datiert auch ein Erlaß Hitlers, der den Mord an geistig und körperlich behinderten Menschen rechtfertigte und als Auftakt des systematischen Kranken- und Behindertenmordes betrachtet werden kann (M 66). Aufgrund dieses Erlasses wurden Philipp Bouhler, der Leiter der Kanzlei des Führers, und Hitlers Leibarzt Dr. Karl Brandt beauftragt, die Euthanasie des von Hitler unbestimmt gehaltenen Personenkreises zu organisieren.
In den folgenden Monaten wurde ein Verwaltungsapparat für die Ermordung von Kranken und Behinderten geschaffen. Er wurde zunächst von dem Psychiater Prof. Werner Heyde und seit 1941 von dem Psychiater Paul Nitsche geleitet. Darüber hinaus wurde im Reichsinnenministerium die Stelle eines Reichsbeauftragten für die Heil- und Pflegeanstalten geschaffen. Sie wurde von Herbert Linden eingenommen. Er war verantwortlich für die Bestellung der Euthanasieärzte und für die Planung der Patiententransporte in die Tötungsanstalten.
Zur Durchführung des Mordes wurden sechs Einrichtungen verteilt über das Deutsche Reich bestimmt. Dort wurden die Kranken der umliegenden Regionen mittels Gas ermordet. Dabei war die 1941 in Betrieb gesetzte Heil- und Pflegeanstalt Hadamar in Hessen auch zuständig für die Tötung behinderter Menschen aus dem Rheinland. Darüber hinaus gab es noch Kliniken, in denen die Kranken durch Medikamente wie dem Anti-Epilepsiemittel "Luminal" (M 67) oder durch Verhungern getötet wurden (M 68).

---
[1] Zusammenstellung der Forschungsübersicht und der nachfolgenden Quellen zur Euthanasiethematik: Volker van der Locht; vgl. auch ders.: Von der karitativen Fürsorge zum ärztlichen Selektionsblick. Zur Sozialgeschichte der Motivstruktur der Behindertenfürsorge am Beispiel des Essener Franz-Sales-Hauses, Opladen 1997

Die Euthanasie an Kranken und Behinderten wurde in verschiedenen Phasen durchgeführt:

- Von Januar 1940 bis August 1941 wurden vornehmlich erwachsene Behinderte in einigen der sechs Vergasungsanstalten getötet. Die Erwachseneneuthanasie erhielt die Tarnbezeichnung "Aktion T4" - benannt nach dem Sitz der Euthanasiezentrale in der Tiergartenstr. 4 in Berlin-Charlottenburg. Ihr fielen ca. 70.000 Menschen zum Opfer.

- Ab 1942/43 wurden Kranke aller Altersgruppen in Tötungseinrichtungen verlegt, weil man den Raum der psychiatrischen Kliniken oder kirchlichen Behinderteneinrichtungen für die Menschen benötigte, die aufgrund der verstärkten Angriffe der britischen und amerikanischen Luftwaffe verletzt wurden. Diese Euthanasiemaßnahmen wurden nach Hitlers Leibarzt Karl Brandt als "Aktion Brandt" bezeichnet. Unabhängig davon gab es noch spezielle Euthanasieaktionen.

- Noch vor Beginn der Erwachseneneuthanasie begann die Tötung behinderter Kinder. Die Kinder wurden während des gesamten Kriegszeitraums von 1939 bis 1945 in sogenannten Kinderfachabteilungen ermordet. Etwa 5.000 Kinder kamen zu Tode.

- Jüdische Behinderte wurden in speziellen Transporten 1941/42 deportiert. Ungefähr 1.000 jüdische Behinderte wurden bei dieser Euthanasieaktion getötet. Sie waren die ersten Opfer des anschließenden Holocausts.

- Ab 1941 wurden kranke und verwirrte Häftlinge aus deutschen Konzentrationslagern in Euthanasieeinrichtungen ermordet. Diese Mordaktion erhielt die Bezeichnung "Sonderbehandlung 14f13". Das Kürzel 14f13 bezog sich auf das Aktenzeichen bei der Inspektion der Konzentrationslager für die Tötung von Häftlingen in Euthanasieanstalten. Insgesamt sollen im Rahmen dieser "Aktion" 15 - 20.000 Menschen getötet worden sein.

Gegen die Tötung behinderter und psychisch kranker Menschen gab es verschiedentlich Proteste. Die Proteste bezogen sich jedoch hauptsächlich auf die Erwachseneneuthanasie "Aktion T4", weil durch die großen Transporte mit mehreren hundert Patienten in die Tötungseinrichtungen die ursprüngliche beabsichtigte Geheimhaltung nicht eingehalten werden konnte. Von daher kam es im Umkreis einzelner Todeseinrichtungen zu Unmutsäußerungen in der Bevölkerung, wenn Behindertentransporte bemerkt wurden. Eine Folge dieses Protestes war die Schließung der Euthanasieanstalt Grafeneck (Württemberg) Ende 1940.

Bekanntestes Beispiel für diesen Bevölkerungsprotest ist die Predigt des Münsteraner Bischofs Clemens August Graf von Galen. Damit erhielt der Unmut in der Bevölkerung gegen die Euthanasie einen öffentlichen Ausdruck. Aus heutiger Sicht war die Wirkung der Predigt jedoch begrenzt. Zwar wurde die Erwachseneneuthanasie Ende August 1941, unmittelbar nach Bischof von Galens öffentlicher Kritik, eingestellt, die Kindereuthanasie wurde hingegen weiter durchgeführt. Hinzu kam, daß viele Euthanasieärzte nach Osten beordert wurden, um beim Aufbau der Todeslager für den Mord an den Juden mitzuwirken.

Von daher wurde die gesamte Euthanasieorganisation verändert. Nun wurde nicht mehr nur in wenigen Tötungskliniken gemordet, mit der Tötung durch Medikamente und Verhungernlassen bot sich den NS-Machthabern die Möglichkeit, ohne aufwendige Verlegungen in vielen Kliniken die Euthanasie fortzuführen.

Auch die großen Euthanasietransporte im Rahmen der "Aktion Brandt" ab 1942/43 konnten weitgehend ohne Widerspruch durchgeführt werden. Denn jenseits der Wahrnehmung euthanasiekritischer Bevölkerungsgruppen in Deutschland wurden die Kranken zumeist in den Osten - häufig ins besetzte Polen - deportiert und getötet.

b) Euthanasie an Behinderten aus dem Franz-Sales-Haus - Beispiel Altscherbitz

Das Franz-Sales-Haus, das vornehmlich Kinder und Jugendliche beherbergt, war von der Erwachseneneuthanasie bis August 1941 nicht betroffen. Allerdings wurden fünf Kinder aus dem Franz-Sales-Haus am 12. Februar 1941 im Rahmen der Euthanasie an jüdischen Kranken deportiert, und am 8. März 1942 kamen zwölf Kinder in die speziell für die Kindereuthanasie eingerichtete Kinderfachabteilung Waldniel bei Mönchengladbach.

Größere Transporte, die unmittelbar im Zusammenhang mit der Euthanasie gesehen wurden, erfolgten erst infolge der verstärkten Luftangriffe alliierter Verbände 1943. Am 5. März des Jahres wurde die Stadt Essen von Flugzeugen der Royal Air Force bombardiert. Mehr als 400 Essener Einwohner starben bei diesem Angriff, 1600 Menschen waren verletzt, verschüttet oder vermißt. Insbesondere für die Verletzten wurde Raum zur medizinischen Versorgung benötigt, weil durch solche Angriffe auch Krankenhäuser zerstört wurden. Von daher forderte die Provinzialverwaltung, Vorläufer des heutigen Landschaftsverbands Rheinland, aufgrund einer Besprechung das Franz-Sales-Haus auf, Insassen der Einrichtung zur Verlegung zu benennen (M 69).

Aufgrund eines Kontakts des Anstaltsgeistlichen des Franz-Sales-Hauses, Kaplan Paul Wolpers, zum zuständigen Gemeindeamt der Anstalt Altscherbitz in Schkeuditz reiste Wolpers nach Sachsen. Wolpers sorgte sich im Auftrag des Franz-Sales-Hauses um die seelsorgerische Betreuung der verlegten Behinderten und bemühte sich, den Kontakt zwischen Franz-Sales-Haus und Verlegten aufrechtzuerhalten (M 70).

Der Kontakt zwischen den Geistlichen in Essen und Schkeuditz hatte zur Folge, daß das Franz-Sales-Haus Informationen über häufige Todesfälle unter den Essener Behinderten erhielt. Nach einer Reise nach Altscherbitz berichtete Wolpers dem Kölner Erzbischof Frings. Frings schrieb darauf einen Brief an die Direktion in Altscherbitz (M 71).

Frings' Anfrage wurde von den Verantwortlichen sorgfältig registriert. So erhielt er keine Antwort von der angeschriebenen Anstaltsleitung, sondern von dem für die Durchführung der Euthanasietransporte verantwortlichen Reichsbeauftragten für die Heil- und Pflegeanstalten, Herbert Linden, der Verdachtsmomente zerstreuen wollte, die auf Euthanasiemaßnahmen gegen die Essener Behinderten hindeuteten (M 72).

Kaplan Wolpers' Kontakte zu Geistlichen in Sachsen führte dazu, daß viele Verlegte aus dem Franz-Sales-Haus vor dem sicheren Tod bewahrt wurden. Ein weiterreichender Widerstand gegen die Euthanasie in der Heil- und Pflegeanstalt Altscherbitz konnte damit jedoch nicht begründet werden. Obwohl "nur" 16 der 100 verlegten Essener starben, nahm die Anstalt Altscherbitz, die über eine Bettenzahl von 1350 verfügte, zwischen März und August 1943 828 Patienten auf. Ein Prozeßgutachter, der über die Euthanasieverbrechen berichten sollte, bemerkte hierzu: "Der Bestand der Anstalt Altscherbitz z.B. wäre unter Berücksichtigung der Bettenzahl, die der Anstalt zur Verfügung stehen, danach in 5 Monaten 100%ig zusammengeschmolzen und fast 100%ig ersetzt worden. Keine Anstalt, selbst wenn sie über ungünstigstes Krankenmaterial verfügt, zeigt, geordnete Pflegeverhältnisse vorausgesetzt, einen solch abnormen Schwund seines Krankenbestandes."

| M 66 | **Hitlers Euthanasieerlaß vom 1.9.1939** |

Adolf Hitler   Berlin, den 1. September 1939

Reichsleiter Bouhler und
Dr. med. Brandt
sind unter Verantwortung beauftragt, die Befugnisse namentlich zu bestimmender Ärzte so zu erweitern, daß nach menschlichem Ermessen unheilbar Kranken bei kritischster Beurteilung ihres Krankheitszustandes der Gnadentod gewährt werden kann.

Quelle: Ernst Klee: Dokumente zur "Euthanasie", Frankfurt/M. 1985, S. 85

Aufgaben:

1. Geben Sie mit Hilfe eines Wörterbuches eine Definition des Begriffes "Euthanasie".
2. Ordnen Sie den Erlaß in den historischen Kontext ein.
3. Interpretieren Sie diesen Erlaß aus der Perspektive der deutschen Ärzte.

| M 67 | **Paul Nitsches Aussage vom 25.03.1946
vor dem Ermittlungsrichter
des Volksgerichts Sachsen in Dresden** |

Für den 7. November 1939 bin ich aus Pirna in die Führerkanzlei nach Berlin beordert worden. Dort hatte ich eine Unterredung mit dem Reichsleiter Brack (...) Bei Gelegenheit der erwähnten Besprechung bin ich von Brack mündlich beauftragt worden, in meiner Anstalt Versuche mit geeigneten Narkotika zu machen. Im Laufe des ersten Vierteljahrs 1940 habe (ich) darauf an schätzungsweise 60 schwer Geisteskranken, hauptsächlich an senilen und schwerst geistig und auch körperlich niedergeführten chronischen Schizophrenen, Sterbehilfe mit Luminal geleistet. Es genügten meist Gaben von täglich dreimal 0,3 gr auf drei Tage.

Quelle: E. Klee: Dokumente zur "Euthanasie", Frankfurt/M. 1985, S. 63f

---

| M 68 | **Bayrischer Hungererlaß vom 30.11.1942** |

Nr. 5263a 81 München, den 30. November 1942. Der Bayr. Staatsminister des Innern An den Herrn Reichsstatthalter der Westmark und die Regierungspräsidenten. Betr. Verpflegung in den Heil- und Pflegeanstalten

Im Hinblick auf die kriegsbedingten Ernährungsverhältnisse und auf den Gesundheitszustand der arbeitenden Anstaltsinsassen läßt es sich nicht mehr länger verantworten, daß sämtliche Insassen der Heil- und Pflegeanstalten unterschiedslos die gleiche Verpflegung erhalten ohne Rücksicht darauf, ob sie einerseits produktive Arbeit leisten oder in Therapie stehen oder ob sie andererseits lediglich zur Pflege in den Anstalten untergebracht sind, ohne eine nennenswerte nutzbringende Arbeit zu leisten. Es wird daher angeordnet, daß mit sofortiger Wirkung sowohl in quantitativer wie in qualitativer Hinsicht diejenigen Insassen der Heil- und Pflegeanstalten, die nutzbringende Arbeit leisten oder in therapeutischer Behandlung stehen, ferner die noch bildungsfähigen Kinder, die Kriegsbeschädigten und die an Alterspsychose Leidenden zu Lasten der übrigen Insassen besser verpflegt werden.

Quelle: G. Schmidt: Selektion in der Heilanstalt 1939-1945, Frankfurt/M. 1983, S. 132f

Aufgaben:

1. Analysieren Sie aufgrund der Materialien 67 und 68, wie der Euthanasieerlaß von den zuständigen Behörden und Ärzten in die Praxis umgesetzt wurde.
2. Zeigen Sie anhand der Schulbuchtexte (M 60 bis 63), wie junge Menschen psychologisch auf die Euthanasiemaßnahmen vorbereitet wurden.
3. Welche Möglichkeiten hatte ein deutscher Arzt, sich den Maßnahmen zu widersetzen?

M 69	**Verlegungsanordnung der Provinzialverwaltung nach Altscherbitz vom 16.3.1943**

Oberpräsident der Rheinprovinz　　　　　　　　　Düsseldorf, den 16. März 1943
(Verwaltung des Provinzialverbandes)　　　　　　Landeshaus
V E a Tgb. Nr. 668

An den Herrn Direktor
des Franz-Sales-Hauses
in Essen

Unter Bezugnahme auf die mündliche Besprechung in der dortigen Anstalt am 8. d. Mts. teile ich nochmals mit, daß durch den Reichsverteidigungskommissar die teilweise Räumung der dortigen Anstalt von den bisher in ihr untergebrachten Pfleglingen angeordnet worden ist, damit der frei werdende Raum zur Unterbringung anderer Personen zur Verfügung steht. Es werden daher 100 Pfleglinge der dortigen Anstalt in die Landesheil- und Pflegeanstalt Altscherbitz bei Schkeuditz überführt. Die Überführung dieser Pfleglinge soll am 15. und 19.3.43 je zur Hälfte erfolgen. Mit der Durchführung dieser beiden Transporte ist die Gemeinnützige Krankentransport-G.m.b.H. Berlin beauftragt worden. Die Krankentransport-G.m.b.H.

wird für die Bereitstellung der Eisenbahnwagen und für die Zuführung der Pfleglinge zum Bahnhof sorgen.

Im Auftrage:
gez. Creutz

Quelle: Archiv des Franz-Sales-Hauses: Akte: Verlegungen nach Altscherbitz

| M 70 | Schreiben des Katholischen Pfarramtes Schkeuditz vom 18.6.1943 |

Katholisches Pfarramt   Schkeuditz 18.6.1943
Schkeuditz

Grüß Gott Herr Confrater!
Wir trauten unseren Augen nicht, als wir Ihre süsse Liebesgabe sahen. Herzliches Vergelts Gott. Der Pfingstmontagsgottesdienst war zwar schon gehalten. Manche waren mit dabei, die sonst nicht mitkamen. Viele Jungen bezw. Männer fehlten. Werde noch einmal mit der Direktion bezw. den Aerzten sprechen. Nach dem Hochamt gab es Schnittchen, etwas Backwerk und die Kollekte wurde verteilt, worüber die Patienten sich besonders freuten. Ihre Pfingstwünsche u. Grüße werde ich gerne ausrichten u. die Gaben verteilen. Am 15.6. starb Willi J. (wurde überführt) u. am 17.6. Willi P. beerdigt am 21.6.
Sonst außer Fliegeralarm ohne Bomben nichts Neues.
Ihnen und den Ihrigen weiterhin Gottes Schutz u. Segen u. freundliche Grüße

Quelle: Ruhrlandmuseum Archiv Ernst Schmidt Arch.-Nr. 19-360, Bl. 3

| M 71 | **Erzbischof Frings' Anfrage an die
Anstaltsleitung Altscherbitz vom 29.7.1943** |

Der Erzbischof von Köln   Honnef a.Rh, den 25. 7.1943
J.Nr. 3114 I/43

An die Leitung der Heil- und Pflegeanstalt
Altscherbitz b. Schkeuditz
Sachsen

Zu Beginn dieses Jahres wurden etwa 100 Kinder aus dem Franz-Sales-Haus in Essen nach dort evakuiert. Von diesen Kindern ist eine beträchtliche Zahl gestorben; in den Kreisen derer, die am Schicksal dieser Kinder besonders interessiert sind, ist daher grosse Beunruhigung entstanden, indem man vermutet, diese Kinder seien durch Unterernährung zu Tode gekommen, und den noch lebenden Kindern drohe ein ähnliches Geschick.
Ich bitte daher ergebenst um eine Mitteilung über den wahren Tatbestand. Noch besser wäre es, wenn mir gestattet würde, einen Beauftragten nach dort zu senden, um sich über den Sachverhalt zu orientieren.
gez. Dr. Joseph Frings
Erzbischof von Köln

Quelle: Ruhrlandmuseum Archiv Ernst Schmidt Arch.-Nr. 19-360, Bl. 6

| M 72 | **Antwort des Reichsbeauftragten Herbert Linden vom 14.08.1943** |

Der Reichsbeauftragte   Berlin, den 14. August 1943
für die Heil- und Pflegeanstalten
(...)

An den Herrn Erzbischof von Köln
z. Zt. in Honnef/Rhein
Spiessgasse 9

Auf das Schreiben vom 29. Juli 1943 - J.Nr. 3114 I/43.-
Ihr an die Leitung der Heil- und Pflegeanstalt Altscherbitz gerichtetes Schreiben ist an mich abgegeben worden, da ich für die Durchführung der Verlegung der Gei-

steskranken aus den Luftnotstandsgebieten verantwortlich bin. Wie ich festgestellt habe, sind von den 100 aus dem Franz-Sales-Haus in Essen nach der Anstalt Altscherbitz verlegten Kinder 16 gestorben. Davon

4 an Lungenentzündung,
3 an Herzmuskelentartung,
1 an Grippe,
3 an körperl. Erschöpfung,
1 an schweren Erregungszuständen,
2 an Lungentuberkulose,
2 an akuter Darmerkrankung.

Es mag sein, dass die Ernährungsschwierigkeiten, mit denen das deutsche Volk in seiner Gesamtheit fertig werden muss, gerade bei Anstaltspfleglingen mit der Zeit zu einer gewissen Hinfälligkeit führen. Jedenfalls wissen wir aus dem ersten Weltkrieg, dass die Todesfälle in den Anstalten ganz gewaltig angestiegen sind, jedenfalls viel höher waren als bei der nicht anstaltsmässig untergebrachten Bevölkerung. Es ist weiterhin zu bedenken, dass die aus dem Franz-Sales-Haus verlegten Kinder schwere körperliche und seelische Belastungen haben durchmachen müssen. Wie mir von meinem mit dem Abtransport der Kinder Beauftragten berichtet worden ist, haben die Kinder längere Zeit in dem teilweise zerstörten Franz-Sales-Haus in den Kellern gelegen. Da zahlreiche dieser schwachsinnigen Kinder unrein sind, sollen in diesen Kellern fürchterliche Zustände geherrscht haben. Weiterhin mussten die Kinder die Anstrengungen eines längeren Bahntransportes durchmachen. Unter diesen Umständen ist es nicht zu verwundern, dass eine Erhöhung der Sterblichkeit der Kinder sich bemerkbar macht. Dafür, dass diese Erhöhung der Sterblichkeit auf anderweitige Ursachen zurückzuführen sein sollte - wie Sie in Ihrem Schreiben wohl andeuten wollen - , haben meine Ermittlungen keinerlei Anhaltspunkte ergeben. Ihrem Vorschlag, einen Beauftragten Ihrerseits nach der Anstalt zu entsenden, kann ich aus grundsätzlichen Erwägungen nicht zustimmen. Bei der Anstalt Altscherbitz handelt es sich um eine provinzielle Anstalt bei der die Aufsicht nur durch staatliche Organe ausgeübt werden kann.

gez. Unterschrift

Quelle: Ruhrlandmuseum Archiv Ernst Schmidt Arch.-Nr. 19-360, Bl. 7

Aufgaben:

1. Womit begründet die Provinzialverwaltung die Verlegung der Kinder aus dem Franz-Sales-Haus nach Altscherbitz?
2. Welche Informationen erhält die Leitung des Franz-Sales-Hauses über das Schicksal der Kinder?

3. Welche Möglichkeiten hatten der Hausseelsorger und der zuständige Ortsbischof, den Euthanasiemaßnahmen der staatlichen Behörden wirksam zu begegnen?
4. Wie bewerten Sie - vor dem Hintergrund Ihrer Kenntnisse des Gesamtproblems - das Schreiben des Reichsbeauftragten für die Heil- und Pflegeanstalten?

| M 73 | Aus der Predigt des Münsteraner Bischofs Clemens August von Galen am 03.08.1941 |

(...) Deutsche Männer und Frauen! Noch hat Gesetzeskraft der § 211 des Reichsstrafgesetzbuchs, der bestimmt: "Wer vorsätzlich einen Menschen tötet, wird, wenn er die Tötung mit Überlegung ausgeführt hat, wegen Mordes mit dem Tode bestraft." Wohl um diejenigen, die jene armen, kranken Menschen, Angehörige unserer Familien, vorsätzlich töten, vor dieser gesetzlichen Bestrafung zu bewahren, werden die zur Tötung bestimmten Kranken aus der Heimat abtransportiert in eine entfernte Anstalt. Als Todesursache wird dann irgendeine Krankheit angegeben. Da die Leiche sogleich verbrannt wird, können die Angehörigen und auch die Kriminalpolizei es hinterher nicht mehr feststellen, ob die Krankheit wirklich vorgelegen hat und welche Todesursache vorlag (...) Als ich von dem Vorhaben erfuhr, Kranke aus Mariental abzutransportieren, um sie zu töten, habe ich am 28. Juli bei der Staatsanwaltschaft, beim Landgericht in Münster und bei dem Polizeipräsidenten in Münster Anzeige erstattet durch eingeschriebenen Brief mit dem folgenden Wortlaut: "Nach mir zugegangenen Nachrichten soll im Laufe dieser Woche (man spricht vom 31. Juli) eine große Anzahl Pfleglinge der Provinzialheilanstalt bei Mariental in Münster als sog. "unproduktive Volksgenossen" nach der Heilanstalt Eichberg überführt werden, um dann alsbald, wie es nach solchen Transporten aus anderen Heilanstalten nach allgemeiner Überzeugung geschehen ist, vorsätzlich getötet zu werden. Da ein derartiges Vorgehen nicht nur den göttlichen und natürlichen Sittengesetzen widerstreitet, sondern auch als Mord nach § 211 des Reichsstrafgesetzbuches mit dem Tode zu bestrafen ist, erstatte ich gemäß § 139 des RStrGB pflichtgemäß Anzeige und bitte, die bedrohten Volksgenossen unverzüglich durch Vorgehen gegen die den Abtransport und die Ermordung beabsichtigenden Stellen zu schützen und mir von dem Veranlaßten Nachricht zu geben."

Nachricht über Einschreiten der Staatsanwaltschaft und der Polizei ist mir nicht zugegangen. (...)
Wenn man den Grundsatz aufstellt, daß man den "unproduktiven" Menschen töten darf, dann wehe uns allen, wenn wir alt und geistesschwach werden! Wenn man die unproduktiven Menschen töten darf, dann wehe den Invaliden, die im Produktionsprozeß ihre Kraft, ihre gesunden Knochen eingesetzt, geopfert und eingebüßt

haben! Wenn man die unproduktiven Mitmenschen gewaltsam beseitigen darf, dann wehe unseren braven Soldaten, die als Schwerkriegsverletzte, als Krüppel, als Invaliden in die Heimat zurückkehren! Wenn einmal zugegeben wird, daß Menschen das Recht haben "unproduktive" Mitmenschen zu töten - und wenn es jetzt zunächst Geisteskranke trifft -, dann ist grundsätzlich der Mord an allen unproduktiven Menschen, also an den unheilbar Kranken, den Invaliden der Arbeit und des Krieges, dann ist der Mord an uns allen, wenn wir alt und altersschwach und damit unproduktiv werden, freigegeben. (...)

Quelle: Peter Löffler (Bearb.): Bischof Clemens August Graf von Galen. Akten, Briefe und Predigten, Bd. II (1939-1946), Mainz 1988, Nr. 341, S. 874ff. u. Nr.339

Aufgaben:

1. Wogegen wendet sich der Bischof von Münster?
2. Worin sehen Sie eine spezifisch christlich begründete Argumentation?

2.4. Differenzen im Episkopat

[Hinweis: Im Gegensatz zur Eingaben- und Denkschriftenpolitik ('diplomatischer Stil') des Kardinals Bertram (Vorsitzender der Bischofskonferenz) trat eine Minderheit der Konferenz, besonders versammelt im Ausschuß für Ordensangelegenheiten, für öffentlichen Protest und öffentliche Konfrontation ein. Dem Ordensausschuß gehörten von Preysing (Berlin), Dietz (Fulda), Berning (Osnabrück), Gröber (Freiburg) und Landersdorfer (Passau) an.]

M 74	**Denkschrift des Berliner Bischofs von Preysing an die Fuldaer Bischofskonferenz vom 17.10.1937**

Die Ursache für den Haß und die Feindschaft der NSDAP gegen jedes offenbarungsgläubige Christentum liegt in dem Glauben an die Allmacht und Allgenügsamkeit des Staates und der Partei für das Leben. Demzufolge muß die Partei die katholische Kirche nicht nur als Konkurrenz für ihre Pläne an der Arbeit im deutschen Volke, sondern als naturgegebene Feindin und Zerstörerin ihrer Absichten, ihrer Lebensauffassung und der daraus folgenden Taten ansehen. Die Partei kann sich ferner nicht mit dem Besitz der politischen Macht begnügen, sondern muß sich auch die Seelen und das geistige Leben restlos unterjochen. Diese Aufgabe betrachtet sie nicht als eine zusätzliche Arbeit bei ihren politischen Maßnahmen, sondern als eine wesentliche Voraussetzung für die Erhaltung ihrer Machtposition. Hieraus erklärt sich, daß sie mit Adlerauge jede auch im strengsten Sinne rein religiöse Betätigung überwacht und ihr nach Möglichkeit Fesseln anlegt, denn sie muß sie als eine Gefährdung ihrer politischen Position beurteilen (...)
Die nationalsozialistische Weltanschauung macht es ihren Angehörigen unmöglich, mit einer anderen Weltanschauung auch den geringsten Kompromiß einzugehen. Wenn sie es anscheinend tut, so liegt nur Taktik vor. Sie räumt keinem anderen ein irgendwie geartetes Recht neben sich ein, noch erkennt sie ein bestehendes Recht neben sich. Deshalb sind alle Verhandlungen in ihrem Endziel zum Scheitern verurteilt. Die bisher gesammelten Erfahrungen bestätigen diese Auffassung vielfach. Die Vertragspartner haben bei allen Verhandlungen mit der Kirche sich nur von dem Grundsatz leiten lassen: wieviel müssen wir im gegenwärtigen Stadium des Kampfes mit unseren Feinden noch einräumen, weil die Umstände es noch nicht erlauben, ihnen alles zu nehmen. So erklärt sich auch, daß die Partei das Konkordat grundsätzlich als nichts anderes als einen Fetzen Papier ansehen muß. Eine sittliche oder rechtliche Verpflichtung kann die Partei diesem Vertrage nicht zuerkennen (...)

Nach den bisherigen Erfahrungen im kirchenpolitischen Kampf sind Öffentlichkeit und Massenreaktion die von der Partei gefürchtetsten Faktoren, denn in ihnen versinnbildlicht sich für die Partei am wirksamsten eine noch bestehende Begrenzung ihres universalen Machtanspruchs. Deshalb ist es völlig sinnlos zu erhoffen, daß die Partei nur auf Verhandlungen hin in den Zimmern der Ministerien der Kirche irgendwelche Konzessionen gibt oder sich nachgiebig zeigt. Nur bewiesene Macht wird sie eventuell veranlassen, ihren Feldzug gegen die Kirche einzustellen. Es ist nicht ausgeschlossen, daß der radikalste Flügel der Partei unter Führung der SS auf jeden Fall den Vernichtungskampf gegen die Kirche bis zum Ende treibt. Aber auch in diesem Fall ist es vorzuziehen, für die Freiheit der Kirche unter Widerstand bis zum letzten zu unterliegen, als mit entehrenden und im Grunde lächerlichen Verhandlungen der Partei ihre Arbeit noch zu erleichtern.

Deshalb erfordert die kirchenpolitische Lage:

1. Keinerlei Verhandlungen mit dem Feind, bis er nicht zu einem ehrlichen und tatsächlich durchgeführten Waffenstillstand bereit ist.

2. Endlich Abstand zu nehmen von der Als-ob-Politik und die geistigen Kräfte und tatsächlichen Vorgänge beim richtigen Namen zu nennen. Das Konkordat ist zur Farce geworden. Jede Berufung auf das Konkordat, die nicht gleichzeitig die hinterhältige Taktik der Partei in der Nichteinhaltung gegebener Versprechen und Verträge entlarvt, wirkt komisch. Ebenso muß man davon absehen, für den feindlichen Kurs irgendwelche nebensächlichen Gruppen (Deutsche Glaubensbewegung)[1] oder einzelne untergeordnete Persönlichkeiten verantwortlich zu machen, vielmehr muß klar die Verantwortung der Partei und ihrer Organisationen insgesamt für den Kampf gegen die Kirche herausgestellt werden.

3. Die Sprache und Gedankenführung in den Schreiben des Episkopats an die Reichsregierung muß sich von den bisher beobachteten Regeln feinster Diplomatie abwenden und nach der Devise "Angriff ist die beste Verteidigung" auf eine dem national-sozialistischen geistigen Empfinden verständliche Form abgestellt werden. Beispiele zeigen, daß die Würde und Zurückhaltung, die der Episkopat aus seinem Amte heraus immer bewahren muß, mit einer solchen Form des Vorgehens vereinbart werden können.

4. Alle wichtigen kirchenpolitischen Schreiben an die Reichsregierung sind nach einer bestimmten Frist dem Klerus zur Kenntnis zu bringen. Damit erreichen sie einen auch heute noch wirksamen Grad der Publizität.

---

1 In ihr hatten sich seit Mitte 1933 völkisch- religiöse Gruppen zusammmengeschlossen. Sie steuerte seit Mitte 1934 einen radikalen antichristlichen Kurs, deren lautstarke Propaganda vom NS-Regime wohlwollend toleriert wurde.

5. Das katholische Volk ist durch kurze aktuelle und den Kirchenkampf in seinen wahren Motiven und Vorgängen aufzeigende Hirtenbriefe aufzuklären.

Quelle: Ludwig Volk (Bearb.): Akten der Deutschen Bischöfe über die Lage der Kirche, Bd. IV, 1936-1939, Mainz 1981, Nr. 409, S. 356-361

Aufgaben:

1. Ordnen Sie die Denkschrift Preysings in den historischen Kontext ein.
2. Wie bewertet der Berliner Bischof das Konkordat?
3. Welche Strategie sollte die deutsche Bischofskonferenz nach seiner Auffassung gegenüber dem Nationalsozialismus einschlagen?
4. Versetzen Sie sich in die Position Kardinal Bertrams und nehmen Sie Stellung zu dem Grundsatz „Angriff ist die beste Verteidigung".

M 75	**Aus einer Predigt des Bischof von Münster Clemens August Graf von Galen am 13.7.1941**

(...) Der psychischen Übermacht der Gestapo steht jeder deutsche Staatsbürger schutzlos und völlig wehrlos gegenüber! (...) Keiner von uns ist sicher, und mag er sich bewußt sein, der treueste, gewissenhafteste Staatsbürger zu sein, mag er sich völliger Schuldlosigkeit bewußt sein, daß er nicht eines Tages aus seiner Wohnung geholt, seiner Freiheit beraubt, in den Kellern und Konzentrationslagern der Gestapo eingesperrt wird (...) Da wir alle keinen Weg kennen, der für eine unparteiische Kontrolle der Maßnahmen der Gestapo, ihrer Freiheitsbeschränkungen, ihrer Aufenthaltsverbote, ihrer Verhaftungen, ihres Gefangenhaltens deutscher Volksgenossen in Konzentrationslagern gegeben wäre, so hat bereits in weitesten Kreisen des deutschen Volkes ein Gefühl der Rechtlosigkeit, ja feiger Ängstlichkeit Platz gegriffen, das die deutsche Volksgemeinschaft schwer schädigt. Die Pflicht meines bischöflichen Amtes, für die sittliche Ordnung einzutreten, die Pflicht meines Eides, in dem ich vor Gott und dem Vertreter der Reichsregierung gelobt habe, nach Kräften "jeden Schaden zu verhüten, der das deutsche Volk bedrohen könnte", drängen mich, angesicht der Taten der Gestapo, diese Tatsache öffentlich warnend auszusprechen.

Meine Christen! Die Gefangensetzung vieler unbescholtener Personen ohne Verteidigungsmöglichkeit und Gerichtsurteil nötigen mich, heute öffentlich an die alte, niemals erschütterte Wahrheit zu erinnern: "Justitia est fundamentum regnorum. Die Gerechtigkeit ist das einzige tragfeste Fundament aller Staatswesen!" Das Recht auf Leben, auf Unverletzlichkeit, auf Freiheit ist ein unentbehrlicher Teil jeder sittlichen Gemeinschaftsordnung! Man wird mir vielleicht den Vorwurf machen, mit dieser offenen Sprache schwäche ich jetzt im Kriege die innere Front des deutschen Volkes. Demgegenüber stelle ich fest: Nicht ich bin die Ursache einer etwaigen Schwächung der inneren Front, sondern jene, die ungeachtet der Kriegszeit, ungeachtet der Schreckenswoche schauriger Feindesangriffe, schuldlose Volksgenossen ohne Gerichtsurteil und Verteidigungsmöglichkeit in harte Strafe nehmen, unsere Ordensleute, unsere Brüder und Schwestern, ihres Eigentums berauben, auf die Straße setzen, aus dem Land jagen. Sie zerstören die Rechtssicherheit, sie untergraben das Rechtsbewußtsein, sie vernichten das Vertrauen auf unsere Staatsführung. Und darum erhebe ich im Namen des rechtschaffenden deutschen Volkes, im Namen der Majestät der Gerechtigkeit, im Interesse des Friedens und der Geschlossenheit der inneren Front meine Stimme, darum rufe ich laut als deutscher Mann, als ehrenhafter Staatsbürger, als Vertreter der christlichen Religion, als katholischer Bischof:

Wir fordern Gerechtigkeit!

Quelle: Portmann, H.: Kardinal von Galen, Münster 1957, S.328-333

Aufgaben:

1. Welche Maßnahmen des NS-Systems gegen welchen Personenkreis kritisiert von Galen?
2. Die Predigt des Bischofs von Münster enthält eine deutliche Anspielung auf die sog. Dolchstoßlegende, die in der deutschen Geschichte eine zentrale Rolle gespielt hat. Informieren Sie sich über diesen Begriff und ordnen Sie die vorliegende Quelle in diesen Zusammenhang ein.
3. Vergleichen Sie den Inhalt der Predigt mit M 79 und kennzeichnen Sie die Position Galens innerhalb der Bischofskonferenz.
4. Versetzen sie sich in die Situation des zuständigen NS Gauleiters. Wie könnten Sie auf diese Herausforderung reagieren?
5. Stellen Sie fest, wie die NS-Behörden auf diese und andere Predigten von Galens reagiert haben. Welche Gründe waren für diese Reaktion maßgebend?

| M 76 | Brief Bischof von Galens an
Bischof Wilhelm Berning (Osnabrück) vom 26.05.1941 |

(...) Es scheint mir nachgerade höchste Zeit zu sein, daß wir einmal in einer gemeinsamen Besprechung uns darüber klar und einig werden, ob wir die Fortführung des uns aufgezwungenen Abwehrkampfes in der bisherigen, fast ganz passiven Weise noch verantworten können. Die Kriegszeit legt uns zwar Zurückhaltung nahe. Aber wenn die Gegenseite diese unsere Zurückhaltung anscheinend nur als Schwäche oder Feigheit deutet, und gerade die Kriegszeit benutzt, um mit der Freiheit und den Rechten der Kirche in brutalem Vorgehen aufzuräumen, ist doch die Frage zu prüfen, ob nicht gerade die Liebe zur gesunden Entwicklung unseres Volkes uns als deutsche Männer bestimmen muß, freimütig und öffentlich für die Wahrung von Recht und Freiheit einzutreten. Als katholische Bischöfe haben wir nicht nur die göttlichen Offenbarungswahrheiten zu verkündigen und zu verteidigen, sondern auch die Pflicht, der Kirche ihre Freiheit und ihre Rechte zu erhalten (...) Wenn wir das ohne öffentlichen Protest hinnehmen dürfen, wo ist dann überhaupt noch der Punkt, an dem es für uns Pflicht wird, für die Freiheit der Kirche öffentlich einzutreten und gegebenenfalls die eigene Freiheit und das Leben zum Opfer zu bringen? (...)

Quelle: Ludwig Volk (Bearb.): Akten der Deutschen Bischöfe über die Lage der Kirche, Bd. 5, Mainz 1983, Nr.657, S. 362-366

| M 77 | Der Entwurf eines gemeinsamen Hirtenwortes
zum NS-Unrecht vom 15.11.1941 |

[Hinweis: Der Hirtenbrief der deutschen Bischöfe vom November 1941 wurde im Rahmen einer Denkschrift im März 1942 im Namen der Fuldaer Bischofskonferenz der Reichskanzlei eingereicht. Kardinal Bertram, der Vorsitzende der Bischofskonferenz, sprach sich gegen eine Veröffentlichung der Denkschrift als Hirtenbrief im Namen des Gesamtepiskopates aus. In einer gekürzten Fassung wurde dieser sog. "Menschenrechtshirtenbrief" nur in der Kölner und Paderborner Kirchenprovinz (somit auch im heutigen Bistum Essen), der Gesamttext in den Bistümern Speyer, Würzburg und Bamberg und im Dom zu München von Kardinal Faulhaber persönlich verlesen. Am 19. 8. 1943 konnte schließlich der sog. Dekalog-Hirtenbrief in den Diözesen verlesen werden, der auf der Vorlage von 1941 sowie auf einem Entwurf vom 28. Juni 1943 aus der Kölner Diözese beruhte.]

Deutsche Katholiken!

Wir stehen in der Stunde größter Entscheidung. An der Front werden des Reiches und der Staaten Geschicke geschmiedet. Wir begleiten unsere Soldaten auf ihren schweren Wegen mit unseren Gebeten. Wir gedenken in dankbarer Liebe der Toten, die für unser Volk das Leben hingegeben haben. Unsere Sorge und Hilfsbereitschaft gilt den Verwundeten. Wir nehmen innigen Anteil an der Trauer derer, denen der Krieg das schwerste Opfer abgefordert hat.

Aber auch in der Heimat tobt ein Kampf; ein Kampf der Geister um die unsterblichen Seelen. In diesem Kampf müssen wir Bischöfe mit dem freien Mut apostolischer Männer zu euch und zu allen sprechen, denen Wahrheit und Gerechtigkeit am Herzen liegen. Der Krieg und die Entwicklung im Innern stellen Fragen, zu denen wir nicht schweigen dürfen, wenn es uns ernst ist mit den einfachsten Pflichten unseres oberhirtlichen Amtes, wenn wir nicht schuldig werden wollen vor Gott, vor euch und vor der Zukunft. Jeder deutsche Bischof muß die unverrückbaren Gesetze Gottes und die Rechte der Kirche verteidigen, gleichviel in welchem Teil des Reiches der Angriff erfolgt (...)

Mit noch größerem Schmerz beklagen wir es aber, daß selbst die von Gott in seine Schöpfungsordnung gelegten unverrückbaren Gesetze mißachtet und verletzt werden. Wir meinen damit jene Gesetze, welche die Grundpfeiler der christlichen, ja sogar aller menschlichen Kultur sind und bleiben müssen. (...)

3. Das naturgesetzliche Recht auf persönliche Freiheit.

Tausende von Männern und Frauen schmachten in den Sammellagern der Geheimen Staatspolizei, ohne jemals vor einem unabhängigen Richter einer Schuld überführt zu sein.
Wir Bischöfe verwahren uns vor Gott und dem deutschen Volke feierlich gegen diese ungerechte Vernichtung der persönlichen Freiheit. Wir tun es unserer verhafteten Brüder wegen. Wir tun es, weil dieses Los, bloß auf feige Angeberei hin, sich in einem Sammellager zu finden, auch jeden von euch treffen kann. Wir tun es, weil die daraus entstandene Rechtsunsicherheit den Bestand des Staates untergräbt. Wir tun es, weil diese Vergewaltigung der persönlichen Freiheit der Würde des Menschen als Ebenbild Gottes widerspricht.

Wir meinen

4. Das naturgesetzliche Recht auf Leben.

Ebenso wie in Deutschland jeder ohne Schuld und ohne Richter seiner Freiheit beraubt werden kann, so kann er auch ohne Schuld und ohne Richter Gesundheit und Leben verlieren. Niemand kann die Gewaltmaßnahmen der Geheimen Staatspolizei

überprüfen und niemand hindert sie, nach Belieben über Tod und Leben zu verfügen.
Tausende von Geisteskranken wurden im Zuge sogenannter planwirtschaftlicher Maßnahmen des Staates getötet. Tötung von Geisteskranken, gleichviel aus welchem Grund, ist und bleibt Mord.
Zur Zeit läuft in Deutschland der Film: "Ich klage an". (...) Demgegenüber haben wir Bischöfe als Hüter des göttlichen Gesetzes festzustellen: nie und nimmer darf der Mensch über eigenes oder fremdes Leben verfügen, es sei denn durch gerechten Richterspruch verwirkt oder in Notwehr um eigenes oder das Leben des Volkes gefordert. Denn der Herr über Leben und Tod ist Gott allein. Wird das fünfte Gebot an irgend einer Stelle durchbrochen, so sind die Folgen ohne Maß. Schon heute erleben wir, daß selbst heilbar Erkrankte dem Arzt und Pfleger, sogar den eigenen Verwandten mißtrauen. Denn niemand ist seines Lebens sicher, wenn nicht unantastbar gilt: "Du sollst nicht töten".

Katholisches deutsches Volk! Warum führen wir jetzt während des Krieges eine solche Sprache?
(...) Wir Bischöfe haben dieses Sorgen und Schmerzen in hunderten von Eingaben und Beschwerden zur Sprache gebracht. Aber sie wurden überhört, mißachtet, ja schroff abgelehnt. (...) Nun geht seit Monaten in parteiamtlichen Druckschriften, Versammlungen und Schulungskursen trotz aller gegenteiligen Versicherungen und scheinbaren äußeren Ruhe eine Propagandawelle durch das Land, mit dem einen, furchtbaren Ziel: Noch während des Krieges, noch bevor die Soldaten zu euch nach Hause kommen, sollen Christentum und Kirche in Deutschland ausgerottet werden. Dadurch zwingt man uns, heute, während des Krieges, vor dem deutschen Volk laut zu reden, selbst auf die Gefahr hin, daß wir auch dieses Mal mißverstanden werden. Man mag unser freies, apostolisches Wort auslegen, wie man will. (...)

Quelle: Ludwig Volk (Bearb): Akten Kardinal Michael von Faulhabers, Bd. II (1935-1945), Mainz 1978, Nr. 845a, S. 827ff.

| M 78 | Stellungnahme von Bischof Johannes Dietz (Fulda) am 15.11.1941 |

[Hinweis: Bischof Johannes Dietz (Fulda) begründet die Notwendigkeit des Hirtenwortes gegenüber Kardinal Faulhaber von München]

(...) 2. Heute ist die katholische Kirche wohl die einzige Hüterin und Verteidigerin des Christentums als Ganzes. Die anderen Konfessionen schauen nach der kath. Kirche aus. (...) Wer sonst soll und kann überhaupt noch göttliches und natürliches Recht in Deutschland verteidigen?

3. Auch der nichtchristliche Teil in Deutschland, der unter der Last der Rechtlosigkeit und seiner eigenen Ohnmacht gegenüber Unrecht und Gewalt leidet, erwartet Hilfe und Verteidigung der allgemein menschlichen Rechte durch den deutschen Episkopat.

4. Es wird eines Tages von gewaltiger historischer Bedeutung sein, wenn die deutschen Bischöfe in der Stunde der Entscheidung für die Kirche Deutschlands öffentliche Verletzung von göttlichem und natürlichem Recht öffentlich mißbilligt und damit für Millionen von Seelen eine Vorentscheidung getroffen haben. Andererseits, wenn die Bischöfe schweigen, würde für Nichtkatholiken der Weg zur Kirche nicht nur vorübergehend, sondern für Jahrzehnte und länger versperrt sein. (...)

6. Die Frage nach der Opportunität eines solchen Hirtenwortes im jetzigen Augenblick ist auch im Hinblick auf das Verhalten der anderen Seite wohl erwogen und geprüft worden. Nach Kenntnisnahme von genügend bezeugten Tatsachen und nach sehr genauer und wiederholter Beratung mit Eingeweihten besteht hinreichend Gewähr, daß ein solches Hirtenwort nur von Nutzen sein dürfte.

Im übrigen darf die Frage, ob Erfolg oder Mißerfolg nicht von Bedeutung sein. Entscheidend ist nur die Frage: Was ist im gegenwärtigen Augenblick unsere Pflicht? Was verlangt das Gewissen? Was erwartet Gott, das gläubige deutsche Volk von seinen Bischöfen?

Quelle: Ludwig Volk (Bearb.): Akten Kardinal Michael von Faulhabers, Bd. II (1935-1945) Mainz 1978, Nr. 845c, S. 837f.

| M 79 | Stellungnahme von Bischof Buchberger (Regensburg) am 28.11.1941 |

(...) Der Inhalt des Hirtenwortes bedeutet eine einzige Anklage der Reichsführung und Reichsregierung vor dem deutschen Volke, aber - zufolge der Ausstrahlung - auch vor dem Auslande, und zwar von allen Kanzeln des katholischen Deutschlands aus. Es ist ganz ausgeschlossen, daß Führer, Partei und Regierung eine solche Anklage hinnehmen, ohne mit den schwersten Repressalien zu antworten. Als solche Vergeltungsmaßnahmen werden in Betracht kommen: Die Kündigung des Konkordates, Aufhebung der Nuntiatur, für die Bischöfe Beraubung der Freiheit, zumindestens der libertas agendi, für den gesamten Klerus die Entziehung der Existenzmittel und der Arbeitsmöglichkeit, besonders in den Schulen (...) Besonders fürchte ich eine Spaltung des Klerus und im katholischen Volke. Der um Brot gebrachte Klerus wird wohl zum Teil die Bischöfe für seine Not schuldig erklären, und es wird ein Riß entstehen zwischen Oberhirten und Diözesanklerus. Diese Spaltung trifft die katholische Kirche in Deutschland umso härter als bisher die volle Einmütigkeit zwischen Oberhirten, Hirten und Herde unsere unüberwindliche Stärke war, an der alle Angriffe unserer Gegner zerschellten (...) Auch die Beamten und Angestellten (...) werden fragen: War es denn notwendig, uns vor die letzte Entscheidung zu stellen und in eine Lage zu bringen, in der wir nur zu wählen haben zwischen Austritt aus der Kirche und Verlust unserer Stellung und unseres Brotes und das nicht nur für uns, sondern auch für unsere Familien? (...) Die Zeit für ein solches Hirtenwort kann m. E. nicht ungünstiger gewählt werden. Das deutsche Volk steht in schwersten Kampfe gegen den Bolschewismus und seine Verbündeten. Eine Schwächung der Front in irgend einer Form muß unbedingt verhindert werden. Gelingt es, uns als Störenfried in so kritischer Stunde zu brandmarken, so haben wir das ganze deutsche Volk gegen uns, nicht zuletzt die ganze deutsche Wehrmacht. Würden gar unsere Kriegsgegner Erfolg haben, so würden wir für immer mit der Schuld dafür belastet werden.

Das alles riskieren wir, und was können wir als positives Ergebnis erwarten? Gewiß nicht, daß die Reichsführung zur Zeit einen anderen Kurs einschlägt. Die Partei hat, wie jetzt wohl als sicher feststeht, als Programm, keine andere Weltanschauung als die nationalsozialistische mehr gelten zu lassen, daher das Christentum zu vernichten. Bisher hat der Kampf gegen das Christentum wohl schmerzliche Wunden mit sich gebracht, aber die Kirche steht im großen ganzen noch fest, stark und unerschütterlich da. Zum Teil ist sogar eine innere Stärkung erkennbar. Das wird sofort anders, wenn wir selbst unseren Gegnern eine Waffe in die Hand geben, wenn sie uns als Feinde des Aufstiegs des deutschen Volkes stempeln können. Als solche Waffe wird ihnen unser Hirtenbrief dienen. Ich fürchte in diesem Falle einen großen Abfall des katholischen Volkes (...)

Quelle: *Bischöfliches Zentralarchiv Regensburg, Akten Buchberger; vgl. dazu Antonia Leugers, "Heiligste Pflicht zwingt uns zu sprechen (...)". Kirchenpolitische Kontroversen im deutschen Episkopat um den geplanten Hirtenbrief von 1941; in: Dieter R. Bauer/ Abraham P. Kustermann (Hgg.): Gelegen oder ungelegen - Zeugnis für die Wahrheit. Zur Vertreibung des Rottenburger Bischofs Johannes B. Sproll im Sommer 1938 (= Hohenheimer Protokolle 28) Stuttgart 1989, S. 111-141*

Aufgaben zu M 76 bis M 79:

1. Analysieren Sie den Entwurf des Hirtenwortes!
2. Vergleichen Sie die Argumente Buchbergers mit denen von Preysing von 1937, von Galen und Dietz von 1941.
3. Begründen Sie vor dem Hintergrund der politischen und kirchlichen Lage, welche der Argumente Ihrer Meinung nach die größere Überzeugungskraft besitzen.
4. Welches Selbstverständnis hat Bischof Buchberger von seinem Amt?
5. Untersuchen Sie die Forderungen der Bischöfe auf innerkirchliches Konfliktpotential. Belegen Sie Ihre Beobachtungen am Text!

2.5. "Gegen das Vergessen"
- Lebensbilder von Priestern und Laien im Widerstand

| M 80 | Bernhard und Maria Kreulich (1890/1889 - 1944) |

Fast 25 Jahre waren Bernhard und Maria Kreulich, geb. Budziak, verheiratet, als sie am 28. Januar 1944 vom Volksgerichtshof ihr Todesurteil entgegennehmen mußten.
Bernhard Kreulich war als Fördermaschinist auf der Zeche Hubert in Essen tätig. Nach Kriegsteilnahme und französischer Gefangenschaft kehrte er 1920 nach Essen-Kray zurück und heiratete die Verkäuferin Maria Budziak, Tochter aus einer Bergarbeiterfamilie mit 16 Kindern. Wenig ist aus der Zeit bis 1943, als sie angezeigt wurden, von ihnen bekannt. Maria Kreulich gehörte seit ihrer Jugend einer katholischen Mädchengruppe an, später dem Frauen- und Mütterverein der Pfarrei St. Barbara. Man weiß von ihnen, daß sie mit der Zentrumspartei bis 1933 sympathisierten. 1943 im Mai mußte Bernhard Kreulich zur stationären Behandlung in das Knappschaftskrankenhaus Essen-Steele.
Einem Mitpatienten gegenüber, dessen beide Söhne an der Ostfront gefallen waren, erklärte Bernhard Kreulich seinen Unmut über die Lage an der Ostfront. Maria und Bernhard Kreulich wurden deswegen am 28. Januar 1944 durch den 2. Senat des Volksgerichtshofes zum Tode verurteilt. Dabei wurde "für Recht erkannt":

> Die Angeklagten haben im Mai und Juni 1943 in einem Krankenhaus in Essen vor anderen Patienten wiederholt schwer zersetzende Äußerungen gegen die deutsche Wehrmacht und den Führer getan.

Sie werden deshalb beide wegen Wehrkraftzersetzung und Feindbegünstigung
zum Tode
verurteilt.
Die bürgerlichen Ehrenrechte werden ihnen aberkannt.
Sie tragen die Kosten des Verfahrens.

Dabei sollen nach Angaben des Urteils des Volksgerichtshofes vom 23.1.1944, das sich wiederum auf die Aussagen von Mitpatienten stützte, folgende Äußerungen gefallen sein, auf die sich das Gericht berief:

„Im Osten sieht es bös für uns aus. Unsere Soldaten laufen über und zwar so viel, daß von manchen Kompanien nur ein paar Mann übrig geblieben sind."
(...)

Im Krankenhaus lagen damals auch der Markenkontrolleur B. (...) und der Büroangestellte M. (...). Beide sind Parteigenossen und wußten, daß W. (*der Zimmergenosse Kreulichs - d. Verf.*) unter den Reden der Angeklagten zu leiden hatte. (...) eines Tages saßen M., B. und der Grubensteiger K. zusammen mit Bernhard Kreulich im Garten des Krankenhauses auf einer Bank. Auch Maria Kreulich war wieder anwesend.

Als im Lauf des Gesprächs die Rede auf den Krieg kam, äußerte Bernhard Kreulich:

"Die SS ist eine Mördertruppe; in der Wehrmacht werden unsere Soldaten zu Verbrechern erzogen, weil unsere Generale auch nichts taugen. Unsere Soldaten haben keine Lust mehr zu kämpfen und laufen über."

Dazu Maria Kreulich: "Der Paulus hat sich auch weggemacht" (...) ."Ja, Paulus und Rommel sind stiften gegangen. Das steht in den Flugblättern. Die beiden sind dort abgebildet. Ich habe in den Flugblättern auch Bilder von deutschen Soldaten gesehen wie diese sich freuten, daß sie in Gefangenschaft geraten waren."

Maria Kreulich erzählte auch sonst noch von den Flugblättern und stellte deren Inhalt als wahr dar.
Bernhard Kreulich erklärte dazu: "Der Russe tut den deutschen Soldaten nichts. Was man uns darüber erzählt, ist alles gekohlt."

Als B. darauf den Angeklagten mit den Worten warnte, sein Kopf sitze ziemlich lose, wenn er solche Äußerungen tue, erwiderte der Angeklagte: das sage er noch einmal; ihm sei nicht bange, und wenn man ihn einsperre oder an die Wand stelle. Maria Kreulich stimmte ihm mit den Worten zu: "Mein Mann ist nicht bange; er hat sich, als er Soldat war, auch nichts gefallen lassen."

Bernhard Kreulich fuhr dann fort: "Ich stehe nicht vor jedem Ausländer stramm". Als B. ihn fragte, ob er damit etwa den 'Führer' meine, bejahte Bernhard Kreulich das und sagte unter Bezugnahme auf eine Rede, die der Führer vor 1933 in Essen gehalten hatte: "Als der Führer in der Radrennbahn gesprochen hat, bin ich weggegangen, weil ich seine Fresse nicht sehen und sein Gequassel nicht hören wollte."

M., der kommissarischer Blockleiter ist, erstattete daraufhin Anzeige gegen die Angeklagten. (...)

Die Äußerungen der Angeklagten hätten andere Volksgenossen in ihrer Siegeszuversicht und ihrem Willen zum Durchhalten schwer treffen können. Denn sie behaupteten sinngemäß, daß die deutschen Truppen demoralisiert seien, die deutsche Niederlage also außer Frage stehe, und sie besagten ferner, daß hochverdiente Führer des Heeres - die Marschälle Paulus und Rommel - ihre Soldaten feig im Stich gelassen hätten und daß an der Spitze des Reiches ein Mann stehe, dem die Führung nicht zukomme und der dazu auch gar nicht fähig sei. Vollends eindeutig war die Bezeichnung der SS als Mördertruppe. Es liegt auf der Hand, daß die Angeklagten mit solcher Hetze zugleich auch die Geschäfte des Feindes besorgten. Sie lag ganz im Sinn der verlogenen, auf die Zermürbung des deutschen Volkes und Irreführung der Weltöffentlichkeit gerichteten Propaganda der Feindmächte und hatte ihren Ursprung zum Teil ja auch unmittelbar in den feindlichen Flugblättern. (...)

Quelle: Ruhrlandmuseum, Archiv Ernst Schmidt, Akte B Kreulich

Aufgaben:

1. Welche Vorwürfe werden gegen das Ehepaar Kreulich erhoben?
2. Welche Funktion erfüllen die "Zuhörer" der Kreulichs?
3. Was bedeutete es für Personen oder Gruppen, die dem nationalsozialistischen System kritisch gegenüberstanden, mit der Gefahr der Denunziation zu leben?
4. Handelt es sich bei den Aussagen des Ehepaars Kreulich um Widerstand?

Ein Zeugnis ihrer Frömmigkeit ist von Maria Kreulich erhalten. Sie schrieb mit dem Datum vom 29. Januar 1944 ein "Letztes Gebet" für ihre Verwandten, in dem es heißt:

" (...) Herr, wende mein Herz ganz ab von der Welt
Und führe Du mich, wie es Dir gefällt.
Sind rauh auch die Wege und dornenvoll,
Ich weiß, Du führest mich dennoch wohl (...)
So nimm Herz und Hände und führe mich!
Wenn ich auch das Ziel Deiner Wege nicht sehe,
Du führst mich doch wohl, Herr, Dein Wille geschehe."

Am 17. März 1944 wurde Maria Kreulich in Berlin-Plötzensee hingerichtet, am 19. März 1944 Bernhard Kreulich an der gleichen Stelle.

| M 81 |

Gottfried Könzgen (1886-1945)

Nach dem Besuch der Volksschule in Hochneukirch bei Mönchengladbach, einer Lehre als Weber, der Erlangung der Mittleren Reife in Abendkursen und des Abiturs am Erzbischöflichen Konvikt in Neuss studierte Gottfried Könzgen zunächst als "Gasthörer" Jura und Wirtschaftswissenschaften in Bonn. Im Ersten Weltkrieg mit dem Eisernen Kreuz II. Klasse ausgezeichnet, kehrte Gottfried Könzgen nach dem Krieg zurück nach Mönchengladbach, heiratete dort 1920, und gelangte rasch in politische Ämter. Als Arbeitersekretär der KAB widmete er sich nach kurzer Tätigkeit in Mönchengladbach dem Aufbau des Bezirksverbandes Duisburg, wurde Leiter des katholischen Volksbüros, (eine Art Rechtsberatung für die katholische Bevölkerung) Mitglied des Provinziallandtags (1925-1930) und Mitglied der Stadtverordnetenversammlung in Duisburg (1929-1933).

Nach einem Vortrag im kath. Arbeiterheim von St. Joseph in Duisburg zum Thema "Begriffswandlungen in unseren Tagen" wurde er am 9.1.1935 verhaftet. Ihm wurde vorgeworfen, durch seine Ausführungen die NS-Weltanschauung, die Deutsche Arbeitsfront und weitere Aspekte der NS-Politik verächtlich gemacht zu haben. Über 3 Monate, bis zum 5.7.1935, war er in "Schutzhaft".

Nach seiner Entlassung aus der "Schutzhaft" beobachtete die Gestapo Könzgen weiter. Er wurde einige Male verhört, erhielt Redeverbot, wurde aber nicht wieder verhaftet. Nach dem gescheiterten Attentat auf Hitler wurde er im Rahmen der Aktion "Gewitter", in der die Gestapo anhand von Listen frühere Politiker der Weimarer Parteien ins KZ brachte, am 23.8.1944 festgenommen. Am 15.3.1945 starb er im KZ Mauthausen in Österreich.

Aus den Akten der Stapo Duisburg Hamborn, 20.3.1935:

> Über die geistige Einstellung zum nationalsozialistischen Staat seitens des Könzgen, gibt das bei ihm vorgefundene Schriftmaterial genügend Aufklärung. Ich werde dasselbe nach Auswertung mit einem Sonderbericht vorlegen, um an Hand dieses Materials einen Maßstab zu gewinnen, wie lange seine Schutzhaft notwendig sein wird.

Schon das vorweg: Könzgen ist ein unverbesserlicher Zentrumsmann, der möglichst lange unschädlich gemacht werden muss.

gez. Busch
Krim. Polizeirat

Bei der Verhaftung Könzgens beschlagnahmte die Stapo 6 Schriften als angeblich staatsfeindlich. Aus ihrem Inhalt folgerte der ermittelnde Kriminal-Polizeirat im Bericht vom 25.3.1935:

Könzgen, ein alter Zentrumsanhänger, hat seine Stellung als katholischer Arbeitersekretär bestimmt dazu mißbraucht, um in unerhörter Weise gegen den heutigen Staat und den Führer Greuelpropaganda zu betreiben und in versteckter Form zu hetzen, wie er es noch als früherer Landtags- und Stadtverordneter der ehemaligen Zentrumspartei gewohnt ist. (...)

Die Ermittlungen kommentierte der Stapo-Beamte am 21.3.1935:

(...) Ich verspreche mir mehr davon, wenn die verschärften Schutzhaftbestimmungen gegen K. Anwendung finden, als wenn ein Strafverfahren gegen ihn eingeleitet würde.

Aus einem Bericht der Stapo Duisburg über Könzgen vom 7.5.1938:

(...) ist hier als fanatischer Katholik und Gegner des Nationalsozialismus bekannt (...) er war bis zur Auflösung führend in der hiesigen Zentrumspartei tätig (...). Schon seit Jahren leitet Könzgen die hiesigen katholischen Arbeitervereine, als deren befähigster Vertreter er gilt. In seiner Eigenschaft als Arbeitersekretär hat er früher oft in kath. Vereingungen Vorträge gehalten, in denen er stets in äusserst geschickter Form gegen die nat.soz. Weltanschauung Stellung nahm.

(...) er ist auch heute noch derart stark konfessionell gebunden, dass damit gerechnet werden muß, dass er in seinen Vorträgen immer wieder in irgendeiner Form gegen die nat.soz. Weltanschauung Stellung nehmen wird. (...)

Quelle: HSTA Düsseldorf RW 58/ 31045

Aufgaben:

1. Was wurde Könzgen vorgeworfen?
2. Ordnen Sie den Vorfall in den Zusammenhang des NS-Systems und seine Entwicklung ein.

M 82 P. Theodor Hartz SDB (1887 - 1942)

Theodor Hartz geriet als Leiter der Essener Niederlassung der Salesianer Don Boscos in Widerspruch zu den Nationalsozialisten. Diese versuchten zunächst erfolglos, die starke Stellung der katholischen Jugendarbeit in Essen-Borbeck zu brechen. Die Geheime Staatspolizei erkannte im Jugendheim der Salesianer einen Kristallisationspunkt des Widerspruchgeistes der katholischen Jugend, gefördert von den Salesianern.

Im Zuge des "Klostersturms" zu Anfang des Krieges wurde das Haus der Salesianer in Borbeck am 5. August 1941 beschlagnahmt. Die Salesianer mußten binnen weniger Stunden die Stadt Essen verlassen. Sie erhielten ein Aufenthaltsgebot für das Salesianerhaus Helenenberg bei Bitburg.

Theodor Hartz protestierte gegen die Unrechtmäßigkeit dieser Gestapo-Aktion. Äußeren Ausdruck fand dieser Protest darin, daß sich die Essener Gemeinschaft der Salesianer nicht in die des Helenberger Hauses eingliederte, Theodor Hartz bezeichnete sich weiterhin als Direktor des Essener Hauses. In dieser Eigenschaft hielt er auch durch Rundbriefe Kontakt mit den Menschen, die durch ihre Geldspenden das Essener Haus unterstützten. Die persönliche Rückantwort von Theodor Hartz an eine Wohltäterin aus Frankfurt geriet in die Postkontrolle der Geheimen Staatspolizei. Die Frau hatte sich über das Ausbleiben eines Dankesbriefes auf ihre Spende an das Essener Haus verwundert. Diese Antwort konnte nicht erfolgen, weil P. Theodor Hartz nach der Beschlagnahme des Hauses auch die Verwaltung der Konten entzogen worden war. Die erklärende Antwort an diese Frau gab der Geheimen Staatspolizei Anlaß, P. Theodor Hartz am 14. April 1942 in Helenenberg zu verhaften und ohne Anklage und Prozeß in das Landgerichtsgefängnis Trier einzuweisen. Am 5. Juni 1942 ordnete das Reichssicherheitshauptamt in Berlin gegen Theodor Hartz die Schutzhaft und Überführung in das Konzentrationslager Dachau mit der Begründung an, er habe "das Aufenthaltsgebot der dortigen Dienststelle nicht beachtet und unter Umgehung des Sammlungsgesetzes durch Verbreiten von Rundschreiben staatsabträglichen und volksverdummenden Inhalts an die Gebefreudigkeit seiner Volksgenossen appelliert. Ferner ließ Hartz durch sein Verhalten erkennen, daß er nicht gewillt ist, behördliche Anordnungen zu befolgen."

Diese Ausdrucksweise ist die nationalsozialistische Umschreibung für die innere Einstellung des Bekenners Theodor Hartz. Sie besagt, daß er in der Verwaltung seiner Ämter als Ordensmann die unrechtmäßige, selbsternannte staatliche Autorität nicht anerkannt hat.

Den Strapazen der Haft war Theodor Hartz nicht mehr gewachsen; am 23. August 1942 starb er an Entkräftung. Die Urne mit der Asche seines Leichnam wurde im September 1942 in der Gruft der Salesianer in Essen-Borbeck beigesetzt, nachdem der Ortspfarrer seines Heimatortes sich geweigert hatte, einen KZ-Häftling zu bestatten.

Johannes Wielgoß SDB

M 83 — P. Werner Barkholt SJ (1902-1942)

Werner Barkholt kam im Jahre 1933 als junger Priester nach Essen. Sein Arbeitsfeld lag in der Jugendseelsorge eines Seelsorgbezirks, der sich um das Ignatiushaus der Jesuiten gebildet hatte. Eine Fastenpredigt des geschätzten Redners in der Propsteikirche Sankt Urbanus in Gelsenkirchen-Buer am 6. März 1938 wurde ihm zum Verhängnis. Seine Ausführungen zur "Entchristlichung des Volkes" wertete die Geheime Staatspolizei" als "herabsetzende Äußerungen über Staat und Bewegung", die "geeignet waren, Zwietracht in die Bevölkerung zu tragen und Ruhe und Ordnung zu stören". Sie legte ihm am 28. April 1938 ein Redeverbot für das gesamte Reichsgebiet auf.

Einem vom Reichssicherheitshauptamt in Berlin angeregten Strafverfahren vor einem ordentlichen Gericht räumte die Geheime Staatspolizei in Düsseldorf wegen der geringen Beweiskraft des belastenden Materials keine großen Chancen ein. Wegen des Redeverbotes gab Werner Barkholt die Kaplanstelle in Essen auf und studierte in Bonn. Am 9. September 1939 hatte Adolf Hitler eine Amnestie erlassen. Werner Barkholt hielt aus diesem Grunde das verhängte Redeverbot für erloschen und nahm im April 1940 eine Seelsorgsstelle zur Aushilfe in Vardingholt bei Rhede an. Durch Denunziationen geriet er schon im September des gleichen Jahres erneut in das Netz der Geheimen Staatspolizei. Der Oberstaatsanwalt beim Sondergericht in Dortmund ermittelte gegen ihn wegen Heimtückevergehen, die Geheime Staatspolizei Essen bekräftigte, daß ein Redeverbot eine staatspolizeiliche Maßnahme sei und von einer Amnestie unberührt bleibe. So wurde Werner Barkholt am 7. Dezember 1940 wegen Heimtücke zu zehn Monaten Haft verurteilt. Da die drei Monate der Untersuchungshaft angerechnet wurden, konnte er Anfang August 1941 entlassen werden. Doch die Geheime Staatspolizei nahm ihn sogleich in Schutzhaft und lieferte ihn am 8. August 1941 in das Konzentrationslager Dachau ein. Die unmenschlichen Haftbedingungen setzen seinem Leben am 18. Juli 1942 ein Ende.

Johannes Wielgoß SDB

2.6. Der Kölner Kreis - ein Beispiel politischen Widerstands

M 84   Alfred Delp SJ: Vortrag vor Männerseelsorgern in Fulda (1942)

(...) Was fangen wir Christen angesichts dieses modernen (*säkularisierten, tw. nationalsozialistischen*) Weltverständnisses an? Kommt die Spannung, in die sich der Christ gestellt sieht, nur von dieser Welt? Gibt es nicht auch ein irriges Weltverständnis des Christen? (...) Wenn in der Schrift von der "argen Welt" die Rede ist, dann ist die Welt in ihrer Ablehnung gegen Gott und Christus gemeint, nicht aber die Welt als Gottes Schöpfung. Die Welt als Schöpfung bleibt auch für den Christen eine Aufgabe. (...) Man geht unter den Christen und in der kirchlichen Pastoral zu viel davon aus, dass der Mensch zu wenigem fähig ist (...). Wir dürfen die Welt in dem, was sie (...) uns an Aufgaben stellt, nicht verkürzen (...).
Die Menschwerdung und die Verhältnisse und Beziehungen, die sich aus dieser großen Heilstatsache herleiten, müssen die Grundformel für unsere christliche Weltverantwortung abgeben. Wir haben die Verpflichtung einer Erziehung des Menschen zum Weltamt. (...) Der Mensch kann nicht vor Gott gerechtfertigt werden, wenn er nicht den Platz ausfüllt, auf den er in der Welt gestellt ist, und wo er für die rechte Ordnung, d.h. für die Ordnung Gottes verantwortlich ist. Das Weltamt ist eine echte und ursprüngliche Aufgabe des Menschen, und nicht eine zusätzliche Aufgabe. Eine Verkennung dieser Aufgabe drängt den Menschen von einem Wesentlichen ab (...). Wir würden damit auf den positiven Gehalt der Welt verzichten und dem Chaos die Bahn freigeben. Darum müssen wir Verantwortung für die Welt tragen. Wir sind auf die Ordnung in der Welt verpflichtet. Es wird kein Christentum sein, wenn keine Ordnung in der Welt ist.

Quelle: Archiv des Erzbistums Fulda, Az 455, Fasz.B

Aufgaben:

1. Arbeiten Sie die Zielrichtung der Argumentation Delps heraus und kleiden Sie diese in eine nicht-theologische Sprache!
2. Welches Verständnis von den Aufgaben der Kirche hat Delp? Vergleichen Sie es mit dem der verschiedenen Bischöfe in der Diskussion um den Hirtenbrief vom November 1941.
3. Ordnen Sie die Haltung Delps in die Rolle der Kirche im 3. Reich ein! Berücksichtigen Sie, daß Delp Mitglied des Kreisauer Kreises war!

| M 85 |

**Leitsätze von Willi Elfes,
einem Mitglied des Kölner Kreises (1942)**

[Hinweis: 1942 hielt Elfes in einer Geheimkonferenz (ausgewählter Männer christlich-sozialer Gesinnung) in Bochum einen Vortrag, der für die Zeit nach der Beseitigung der Naziherrschaft (schriftlich formulierte) Leitsätze begründete - hier einige Leitsätze:]

Nach diesem Krieg werden wir den Abgrund erreicht haben, auf den wir seit 1933 in blinder Konsequenz lärmend zugestrebt sind. Wir müssen durch den Abgrund hindurch und ganz neu beginnen: im Denken sowohl wie im Handeln. Laßt uns die ganze Kraft, die uns verblieben ist, zusammenfassen, um den gehäuften Schutt einer vernunftwidrigen Gewaltpolitik hinwegzuräumen und das Werk eines friedlichen Wiederaufbaus einzuleiten.

Darum:

1. Unter freundlicher Respektierung aller positiven Elemente unseres Volkes die sofortige Bildung einer geschlossenen Front des schaffenden Volkes:

– zu einer Partei der Arbeit, die die soziale und politische Kraft der schaffenden Stände zusammenfaßt und der neuen deutschen Volks- und Staatspolitik eine breite und feste Grundlage gibt,
– zu einem ständischen Organisationswesen, das nach Berufsschichten (Arbeiter, Bauern, Ärzte, Juristen etc) gegliedert ist, der Pflege des Arbeitsethos und der Betreuung der Berufs- und Standesangelegenheiten dient,
– zu einer Genossenschaftsbewegung, die die planmäßige Beschaffung und Verteilung der wichtigsten Gebrauchs- und Konsumgüter betreibt und der sozialistischen Wirtschaftsordnung die Wege bereitet.

2. Zur Überwindung der bisherigen Wirtschaftsverfassung, die auf die kapitalistische Ausbeutung und Proletarisierung und deshalb auf die politische und soziale Entrechtung des ganzen Volkes gerichtet war und zu immer neuen Krisen und Kriegen führte:

– die Überführung der großkapitalistischen Industrie-, Verkehrs- und Handelsunternehmungen in Gemeineigentum auf genossenschaftlicher Grundlage,
– die Aufteilung des Großgrundbesitzes und seine Besiedlung mit lebensfähigen bäuerlichen Existenzen,

- die Verstaatlichung der Großbanken und des Versicherungswesens, damit der Fluß des Kapitals im Volksinteresse kontrolliert und reguliert werden kann, auf daß endlich der Weg frei wird für eine Wirtschaftsordnung,
- die die menschliche und persönliche Würde des Arbeiters respektiert,
- die die menschliche Arbeitsleistung den Geld- und Kapitalinteressen voranstellt und dem Schaffenden den Ertrag seiner Arbeit sichert,
- die einen ungehinderten Güteraustausch mit allen Völkern erstrebt und dem Frieden statt dem Kriege dient,
- die der Arbeiterschaft maßgebenden Einfluß auf die Wirtschaftsführung einräumt!

3. Errichtung eines Staatswesens in einer Ordnung von Freiheit und Autorität, in einer gesunden Verbindung von staatlicher Führung und staatsbürgerlicher Selbsthilfe - also:

- eine parlamentarische Volksvertretung auf demokratischer Grundlage nach den Regeln des Mehrparteiensystems,
- eine Regierung, die der Volksvertretung verantwortlich ist, in sich jedoch Autorität und Beständigkeit besitzt, notwendige Staatsaufgaben aufzugreifen und durchzuführen.
- als Gegengewicht zu dieser Zentralgewalt die Schaffung einer in deutscher Art und Geschichte verwurzelten, reich gestalteten Selbstverwaltung sozialer, wirtschaftlicher und kultureller Körperschaften und Organisationen, die nach dem Leitgedanken arbeitet, daß alle Gemeinschaftsaufgaben, die in den unteren Bereichen erfüllen, hier auch ihre Erledigung finden (...)

5. Politische und wirtschaftliche Existenzsicherung Deutschlands, gestützt auf die internationale Solidarität der Werktätigen - in dem Maße, als die Selbstreinigung und innere Gesundung des deutschen Volkes fortschreitet und seine äußere Rehabilitierung sich vollzieht.

Auch die Gemeinschaft der Völker ist ein organisches Wesen, das sich im ganzen nicht wohlbefinden kann, solange einzelne seiner Glieder vom allgemeinen Wohlbefinden ausgeschlossen sind. Deutschland ist auf die übrige Welt angewiesen und es müßte verkümmern, wenn es aus der Lebensgemeinschaft verbannt bliebe, auf die Dauer wird aber auch die übrige Welt nicht auf den Beitrag verzichten, den ein friedlich gesinntes deutsches Volk - im Herzen Europas gelegen - zum allgemeinen Wohle der Völker zu leisten vermag.

Quelle: Stadtarchiv Mönchengladbach, Nachlaß W. Elfes

Aufgaben:

1. Erarbeiten Sie, wie sich Elfes als Mitglied des Kölner Kreises das Ende der nationalsozialistischen Herrschaft und den politischen Neubeginn vorstellte.
2. Beschreiben Sie genau, welches wirtschaftliche und politische System dem Kölner Kreis vorschwebte. In welchen Punkten weicht es vom System der Weimarer Republik ab?
3. Ordnen Sie die Leitsätze in das parteipolitische Spektrum der Weimarer Republik, der Widerstandsgruppen und der Bundesrepublik Deutschland ein.
4. Beurteilen Sie, ob und inwieweit dieses Programm in der politischen Realität nach einem Zusammenbruch der nationalsozialistischen Herrschaft durchführbar war.

Nikolaus Groß, Otto Müller und Bernhard Letterhaus

| M 86 | **Bericht von P. Laurentius Siemer, Provinzial der Dominikaner, über den Kölner Kreis vom 16.6.1945** |

Kloster Walberberg b. Köln,
den 16. Juni 1945

Der Provinzial
der deutschen Dominikaner

Sehr geehrter Herr Doktor!

Gern bin ich bereit, Ihnen eine kurze Übersicht über die nationalsozialistische Bewegung, soweit ich sie miterlebt habe, zu geben. Im voraus muss ich allerdings bemerken, daß ich diese Übersicht zusammenstellen muss, ohne irgendwelche Quellen zu haben. (...)

Nach der Machtübernahme war die Stimmung fast überall in Deutschland, auch im katholischen Lager, geradezu defaitistisch. Man hatte den Mut verloren. Die Nationalsozialisten, so meinte man, sind ans Ruder gekommen und werden die Macht nicht wieder abgeben. Es hat keinen Zweck, zu dieser Tatsache fernerhin Stellung zu nehmen; am besten hält man sich von jeglicher Politik fern und lässt den Staat von den Nazis regiert sein.

In meinem Bekanntenkreis gab es verhältnismässig wenige Deutsche, die sich lebhaft mit der Frage beschäftigten, ob man zur nationalsozialistischen Bewegung positiv oder negativ Stellung nehmen sollte. Diesen Männern war es klar, dass die Bewegung ungemein gefährlich war, weniger wegen der im Programm aufgestellten Ideen als wegen der intellektuellen und charakterlichen Unzulänglichkeit ihrer Träger. Die Frage war, ob man die Bewegung beeinflussen sollte durch aktive Teilnahme und Verdrängung der minderwertigen Elemente der Bewegung oder durch entschiedene Frontstellung gegen die Partei. Beide Richtungen waren von demselben Wunsche beseelt, die von der Bewegung heraufbeschworenen Gefahren vom deutschen Volke abzuwenden.

Nach wenigen Monaten konnte es für denkende Menschen keine Zweifel mehr geben, dass nur noch eine entschiedene Abwehrstellung zum Ziele führen konnte. Hemmungen waren zwar geschickte aber offenbar lügnerische Reden der sogenannten Führerpersönlichkeiten. Eine Hemmung war für Katholiken vor allem das mit dem Heiligen Stuhl abgeschlossene Konkordat. Aber diese Hemmungen wurden bald überwunden durch immer grösser werdende Erkenntnis, dass die ganze nationalsozialistische Bewegung sich aufbaute auf Lug und Trug.

II.

Von meinen Bekannten und Freunden war der stärkste Antipode der Bewegung von Anfang an der Rechtsanwalt Josef Wirmer in Berlin. Wirmer war ein politisch ungemein interessierter Mann. Er verstand es, die im Nationalsozialismus liegenden Gefahren nicht nur zu sehen, sondern sie auch prachtvoll zu formulieren und vorzügliche Prognosen zu stellen. Unter seinem Einfluss bildete sich allmählich in Berlin ein Kreis entschiedener Gegner des Nationalsozialismus, der sich zu tarnen verstand und dennoch unentwegt den Plan im Auge behielt, die Bewegung zu stürzen. Über die Mittel, die den Sturz herbeiführen konnten, war man sich noch nicht klar. Man erwartete aber mit Sicherheit den kommenden Krieg, weil man über die vom Nationalsozialismus betriebene Rüstung unterrichtet war. Über dieses Stadium kam die antinationalsozialistische Bewegung in Berlin bis Kriegsanfang kaum hinaus (...).

Neben diesem Kreis war von Anfang an starkes Leben zu spüren bei den katholischen Arbeitern. Vor allem war in Köln der katholische Arbeiterverband tätig, dessen Zentrale in Köln ihren Sitz hatte. Zu den führenden Männern dieser Bewegung gehörten Joos[1] und Letterhaus, Albers und Nikolaus Gross, Körner[2] und die Gebrüder Elfes.[3] Diese Männer waren unkomplizierter als die sogenannten gebildeten Kreise und deshalb rücksichtsloser und unentwegter in der Verfolgung ihrer Pläne. Konnten sie auch nur wenige unmittelbar gegen den Nationalsozialismus gerichtete Arbeit leisten, so war ihre positiv auf eine christliche Ausrichtung der Arbeiter bedachte Tätigkeit doch nicht weniger wirkungsvoll.

III.

Nach Beginn des Krieges nahm die antinationalsozialistische Bewegung in all diesen Kreisen sowohl in Berlin wie in Köln an Energie gewaltig zu. Man wusste, dass der Untergang des Nationalsozialismus kommen werde, dass man die heiligste Verpflichtung habe, an diesem Untergang mit aller Kraft mitzuwirken, zu gleicher

---

1 Joos, Joseph: war schon in der Weimarer Republik Vorsitzender des Westdeutschen Verbandes der KAB, seit 1928 Fraktionsvorsitzender des Zentrums im Reichstag und seit 1940 im KZ Dachau inhaftiert.
2 Körner, Heinrich: war Sekretär bei den Christlichen Gewerkschaften in Köln, Vertrauter Jakob Kaisers und Mitglied im Kölner Kreis. Er wurde 1944 nach dem gescheiterten Attentat auf Hitler verhaftet und starb im Mai 1945 bei der Befreiung aus dem Gefängnis in Berlin durch die Sowjetarmee im Kugelhagel der SS.
3 Elfes, Willi: Vorgänger von N. Groß in der Hauptschriftleitung der Westdeutschen Arbeiterzeitung, seit 1927 bis 1933 Polizeipräsident von Krefeld, Mitglied des Kölner Kreises und Verfasser konzeptioneller Überlegungen für die Nach-Hitler-Zeit. Alex: sein Bruder, KAB-Sekretär im Ruhrgebiet und zum weiteren Kölner Kreis gehörig.

Zeit aber auch alles tun müsste, um das deutsche Volk davor zu bewahren, in diesen Untergang mit hineingerissen zu werden. Um tatkräftiger arbeiten zu können, fanden sich Männer zusammen, die früher geradezu entgegengesetzten politischen Richtungen angehört hatten und auch jetzt noch ungleichartigen antinationalsozialistischen Kreisen angehörten. Allerdings führte dieses Sichfinden durchaus noch nicht zu einem einheitlichen Vorgehen. (...)
Von grösster Wichtigkeit war die Entwicklung im industriellen Westen (...). Man war der Meinung, dass, wenn überhaupt ein Umsturz von Innen her kommen könnte, er getragen sein müsste von den Arbeitern. In dieser Meinung kamen eines Tages zwei Arbeitersekretäre zu mir und baten mich, an ihren Konferenzen teilzunehmen. Sie suchten einen Geistlichen, der für die Arbeiterfrage aufgeschlossen sei und keine Angst hatte vor drohenden Gefahren. In den Konferenzen sollte ich ihnen Auskunft geben über die christliche Staats- und Gesellschaftsordnung nach der Lehre des hl. Thomas von Aquin. Obwohl ich Bedenken hatte, weil ich auf dem angegebenen Gebiet kein ausgesprochener Fachmann war, sagte ich zu. In der ersten Sitzung suchte man sich klar zu werden über das Ziel. Man wollte nicht unmittelbar auf einen gewaltsamen Umsturz hinarbeiten, sondern sich klarwerden über die Irrtümer des Nationalsozialismus, sich die entgegengesetzte Lehre des Christentums aneignen und möglichst verbreiten. Zugleich aber wollte man sich unterrichten über das, was im Augenblick eines Zusammenbruchs der Einzelne aus christlichen Prinzipien heraus zu tun haben würde. Zuerst fanden die Konferenzen statt im Zentralhaus des katholischen Arbeiterverbandes; später nach Zerstörung dieses Hauses durch englische Bomben im Privathaus des Arbeitersekretärs Nikolaus Gross.
Ausser Arbeitersekretären nahm der frühere Landwirtschaftsminister Dr. Hermes an den Konferenzen teil. Durch den Dominikanerpater Dr. Eberhard Welty suchte ich mich über die von der Konferenz gewünschte Materie näher zu orientieren; zuweilen las ich Abhandlungen von P. Welty vor, um so eine Grundlage für die Besprechung zu haben.

IV.

Dieser kleine Kölner Kreis strahlte aus nach Berlin, nach München und Koblenz. Von München kam eines Tages der Jesuitenpater Delp nach Köln herüber, um sich über die dortigen Bestrebungen zu unterrichten. Es zeigte sich, dass man einig war in dem Streben, den Nationalsozialismus zu vernichten, dass man aber nicht übereinkam in der Beurteilung der Frage nach dem späteren positiven Aufbau(...).
Nach Berlin wurden die in Köln gewonnenen Ansichten durch Bernhard Letterhaus vermittelt, der mehrmals in Köln zu Besuch war. (...)
Eines Tages erschien im Kölner Kreis auch der von fast allen genannten Kreisen als kommender Reichskanzler in Aussicht genommene frühere Oberbürgermeister der Stadt Leipzig, Herr Dr. Gördeler. Mit ihm kam Jakob Kaiser. Ich selbst habe zwei Abende mit Gördeler zusammen verbracht und mit ihm, Jakob Kaiser und Nikolaus Gross die Personalfrage im Westen besprochen. (...) Von mir wollte Dr. Gör-

deler vor allem Auskunft haben, wie von katholischer Seite aus das zukünftige Verhältnis von Kirche und Staat aussehen würde. Wir haben mehrere Stunden darüber uns unterhalten. Schließlich habe ich eine Abhandlung über diese Frage geschrieben und sie Dr. Gördeler ausgehändigt. Das dritte Anliegen Gördelers war die Aktivierung der katholischen Geistlichen im Westen. Man hatte kein rechtes Vertrauen zur Aktivität der Bischöfe;(...) .. Ich glaubte aber versichern zu dürfen, dass eine Aktivität schon einsetzen würde, wenn von irgendeiner Seite her der Zusammenbruch des Nationalsozialismus bewirkt würde(...)

V.

Dann kam der 20. Juli. Er kam für den Kreis im Westen überraschend. Ich glaube, dass der Berliner Kreis besser unterrichtet war. (...)
Bekanntlich schlug der Versuch des 20. Juli, den Nationalsozialismus zu vernichten, fehl. Woran es gelegen hat, entzieht sich meinem Urteil(...).
Der 20. Juli hat leider die Folgen gehabt, dass von den berufenen Männern die meisten als Staatsverbrecher hingerichtet wurden. Sie werden beim Aufbau des neuen deutschen Staates fehlen.

(gez.) P. Laurentius Siemer

Quelle: Historisches Archiv der Stadt Köln, NL Leo Schwering, 1193-330, 1-7

Aufgaben:

1. Fassen Sie Siemers Aussagen über die einzelnen Widerstandsgruppen und ihre Koordination zusammen.
2. Arbeiten Sie heraus, wie Siemer den Widerstand der katholischen Arbeiterfunktionäre beurteilt. Welche Schwächen, welche Stärken hebt er besonders hervor oder verdeckt er eher?
3. Wie beschreibt Siemer die verschiedenen Stimmungen im Katholizismus nach 1933? Vergleichen Sie diese mit der Haltung im Episkopat!
4. Welche Ziele verfolgt Siemer mit seinem Brief? Beachten Sie Datum und Adressat[4].

---

4 Dr. Leo Schwering, Randfigur des Kölner Kreises als Kolpingbruder, sammelte Materialien über den christlichen Widerstand, über den er ein Buch schreiben wollte.

| M 87 | Bernhard Letterhaus vor dem Volksgerichtshof am 15.11.1944 |

Prozeßbericht eines Gestapo-Beamten an die Parteikanzlei in Berlin, 13.11.1944

(...) Letterhaus, 50 Jahre alt. 1921-33 hauptamtlicher Angestellter katholischer Gewerkschaftsorganisationen. Seit 1921 Zentrum, Vorstandsmitglied dieser Partei und Referent fuer die "Jungzentrumsbewegung". 1928 - 33 Abgeordneter des Preußischen Landtages, Redner fuer die katholische Aktion, nach der Machtübernahme Abteilungsleiter eines katholischen Verlages. Im Kriege bis 1943 als Hauptmann d.R. (der Reserve) Referent fuer Auslandspressewesen im Oberkommando der Wehrmacht. Jetzt aus der Wehrmacht ausgestoßen.

Letterhaus kam infolge ultramontaner[1] Einstellungen zu einer Gegnerschaft gegen den Nationalsozialismus und traf sich auf diesem Boden mit dem bereits abgeurteilten Wirmer[2], bei dem er sich zusammen mit dem früheren katholischen Gewerkschaftsfunktionär Kaiser in den letzten Jahren häufig zu politischen Erörterungen einfand. Lernte bei Wirmer auch Dr. Goerdeler[3] kennen. Nahm im Juni 1944 an einer grossen Besprechung unter Dr. Goerdeler teil. Debattierte darüber, daß an die Stelle der NSDAP, "eine möglichst viele politischen Gruppen umfassende Volksbewegung mit dem Bekenntnis zum Christentum" treten müsse. Debattierte ferner über die Schaffung einer sogenannten "Deutschen Gewerkschaft". Lehnte die Einigungsformel Lebers "die Volksbewegung bekennt sich zur deutschen Kultur und zur christlichen Vergangenheit des deutschen Volkes", als nicht ultramontan genug ab. Wollte damals noch nicht gewußt haben, daß Leber in diesem Augenblick bereits Fühler zu Kommunisten ausgestreckt hatte. Stellte sich Goerdeler als politischer Beauftragter für den Westen, gegebenenfalls auch als Wiederaufbauminister zur Verfügung. Er rechnete damit, daß die Verschwörerclique ihre Pläne nur "durch eine gewaltsame Änderung der Regierung an Haupt und Gliedern" erreichen könne.
Typ des versierten Gewerkschaftsfunktionärs, glatt und gewandt. Exponent des politischen Katholizismus. Hielt einige bürokratische Mätzchen für genügend, um der beabsichtigten neuen Regierung das nötige Fundament einer Volksbewegung zu

---

1 *Ultramontanismus* ist ein alter politischer Kampfbegriff der Liberalen aus dem 19. Jahrhundert gegen die kath. Kirche und den politischen Katholizismus. Er bedeutet wörtlich *jenseits der Berge* und spielte auf den Papst in Italien an, wo die Katholiken sich angeblich ihre Befehle zum politischen Handeln holten. Verbunden war damit der Verdacht der nationalen Unzuverlässigkeit. Für die Nationalsozialisten diente der Begriff als Verunglimpfung des Zentrums.
2 Wirmer: Der Rechtsanwalt Josef Wirmer war Reichstagsabgeordneter des Zentrums gewesen. Nach 1933 verteidigte er in Prozessen mehrmals politisch Verfolgte vor Gericht. Er gehörte dem Widerstandskreis um Goerdeler an und war als Justizminister vorgesehen. Am 4.8.1944 verhaftet, verurteilte ihn der VGH am 8.9.1944 zum Tod. Er wurde am gleichen Tag hingerichtet. Freisler bezeichnete ihn als den "verbissensten, wirklich fanatisch hassenden Gegner des Nationalsozialismus".
3 Goerdeler: Dr. Carl Goerdeler, ein ehemaliger Deutschnationaler und bis 1936 Oberbürgermeister von Leipzig und Reichspreiskommissar, beteiligte sich schon in der 2. Hälfte der 30er Jahre an konservativen Widerstandsplänen. Im Krieg bekam er Kontakt zu früheren Gewerkschaftlern, so zu Jakob Kaiser von den Christlichen Gewerkschaften und Wilhelm Leuschner von den sozialdemokratischen Freien Gewerkschaften.

geben. Daß zu einer Volksbewegung vor allem eine das Volk begeisternde Idee gehört, war seinem parlamentarisch befangenen Denken nicht aufgegangen. Neben der Todesstrafe wurde auch gegen Letterhaus auf Ehrverlust und Vermögenseinziehung erkannt.

Quelle: Jacobsen, Hans-Adolf (Hg.): Opposition gegen Hitler und der Staatsstreich vom 20. Juli 1944. Geheime Dokumente aus dem ehemaligen Reichssicherheitshauptamt, Bd. 1, Stuttgart 1989, S.549

Aufgaben:

1. Beschreiben Sie, wie die Nationalsozialisten Letterhaus beurteilen.
2. Welche Informationen sind aus diesem Urteilsbericht über die Rolle und über die Zukunftspläne von Letterhaus abzuleiten?

| M 88 | **Bericht der Gestapo über Nikolaus Groß vom 12.09.1944** |

Berlin, den 12. September 1944

1.) Ehemalige christliche Gewerkschaften

Durch die Verhaftung und Vernehmung des Schriftleiters Nikolaus Franz Gross hat sich der Kreis der Mitwisser aus den ehemaligen christlichen Gewerkschaften stark verbreitet. Gross ist seit 1921 in der Christlichen Gewerkschaft tätig gewesen, hat in dem katholischen Verlag Kettelerhaus GmbH verschiedene Zeitschriften bis zum jeweiligen Verbot geleitet und war zuletzt im Buchverlag tätig. Er ist ein enger Bekannter von Jacob Kaiser und Letterhaus, mit denen er seit Ende 1942 im ständigen Gespräch über die Umsturzpläne gestanden hat. Er wurde insbesondere von Kaiser über die Absichten der Gruppe Beck[1] -Goerdeler -Leuschner und über die Deutsche Einheitsgewerkschaft eingehend unterrichtet und vielfach in Personalfragen von Kaiser um Rat gefragt.

---

[1] Beck, Ludwig: Generaloberst, 1938 von Hitler aus dem Oberkommando der Wehrmacht entlassen, da er die Angriffsplanung nicht mehr mittragen wollte. Militärischer Kopf des Widerstandes seit 1938. Er war als Reichsverweser, also als Staatsoberhaupt, vom Widerstand vorgesehen.

Ende Oktober 1943 wurde ihm von Kaiser als Politischer Beauftragter[2] für das Saargebiet Koßmann[3] genannt. Kaiser forderte Groß auf, Koßmann aufzusuchen und sein Einverständnis einzuholen. Er erhielt den Rat, vorher bei dem Dechanten Krämer in Saarbrücken vorzusprechen und sich bei diesem über Koßmanns Einstellung und Tätigkeit während der letzten Zeit zu unterrichten.
Groß hatte Gelegenheit, in Berlin kurz mit Goerdeler darüber zu sprechen, der damit einverstanden war, daß er den Auftrag durchführte. In Saarbrücken besuchte Gross, anknüpfend an alte gemeinsame Bekannte aus der Zentrumszeit und auf der Grundlage der Neuigkeiten, die er von Krämer erfahren hatte, Koßmann vor dem Mittagessen und verabredete sich mit ihm für nachmittags 15 Uhr an der Kirche St. Johann. Von dort nahm ihn Koßmann mit in ein nebenan gelegenes katholisches Heim.

Mit Kaiser war ausgemacht, daß, wenn Koßmann zustimmte, Groß ein Telegramm an ihn bzw. Frau Nebgen[4] senden sollte: "Herzlichen Glückwunsch zum Namenstag".
Koßmann konnte sich jedoch nicht entschließen, den Auftrag anzunehmen. Er berief sich darauf, daß er reichlich alt und nicht gesund sei und daß andere eine solche Aufgabe besser erledigen könnten. Groß konnte Kaiser später nur dieses negative Ergebnis mitteilen und will im übrigen froh gewesen sein, dass er sich des Auftrags überhaupt entledigt hatte.
Bei Frau Dr. Nebgen handelt es sich um die ehemalige Leiterin der Christlichen Arbeiterhilfe. Jacob Kaiser wohnte bei ihr (in Köln). Sie bekam das wesentliche aus allen Besprechungen mit, die in dem langen Zeitraum von rund zwei Jahren geführt worden sind.
Nach der Aussage von Groß ist Letterhaus verhältnismäßig skeptisch gegenüber den Plänen der engeren Verschwörerclique um Goerdeler gewesen.

"Er selbst glaubte nicht an eine solche Aktion, weil er den Generalen nicht zutraue, daß sie überhaupt einen politischen Akt setzten."

Letterhaus hatte mehr auf der Basis geplant, was zu geschehen habe, wenn der Krieg verloren wird.

An derartigen Gesprächen waren unter anderen beteiligt
Wilhelm Elfes, Polizeipräsident a.D.. von Krefeld

---

2 Politischer Beauftragter: sollte nach erfolgtem Umsturz dem jeweiligen Wehrkreiskommandanten zur Seite gestellt werden und nach Kriegsende eine Art Oberpräsident der Provinz sein.
3 Koßmann, Bartholomäus: ehemaliger Zentrumspolitiker aus dem Saarland und früheres Mitglied der Saarregierung.
4 Nebgen, Dr. Elfriede: Mitarbeiterin von Jakob Kaiser und an der Verschwörung beteiligt.

(...) Das Ergebnis der Besprechungen über das, was entweder nach dem Kriegsverlust oder nach einem noch vorher stattfindenden Umsturz geschehen sollte, hat Gross in zwei Notizen "Die großen Aufgaben" und "Ist Deutschland verloren?" niedergelegt.

Quelle: Jacobsen, Hans-Adolf (Hg.): Opposition gegen Hitler und der Staatsstreich vom 20. Juli 1944. Geheime Dokumente aus dem ehemaligen Reichssicherheitshauptamt, Bd. 1, Stuttgart 1989, S.380f

| M 89 | **Bericht des SS - Prozeßbeobachters an die Parteikanzlei über den Prozeß von Nikolaus Groß vor dem Volksgerichtshof am 15.1.1945** |

(...) 2) Gross
46 Jahre alt. Ursprünglich Bergmann. Zentrum. 1920-1927 hauptamtlicher Funktionär beim Verband christlicher Gewerkschaften. Dann Schriftleiter der damaligen "Westdeutschen Arbeiterzeitung" (Kettlerhaus-GmbH). Nach der Machtübernahme "Kettler-Wacht" und "St. Nicolaus-Blatt" (beide verboten). Organisationsarbeit im Verband katholischer Arbeitervereine. 7 Kinder.
War durch den ihm von früher bekannten KAISER genau über Einzelheiten des GOERDELER-Verrates unterrichtet. Nahm an den Besprechungen über die "Einheitsgewerkschaft"[1] sowie im Februar 1943 an einer Zusammenkunft GOERDELER-KAISER-Prälat Dr. MÜLLER in Köln teil. Versuchte im Auftrag KAISERS den früheren Minister der Saarregierung KOSSMANN für den Verrat zu werben, freilich vergeblich.
GROSS gab seine Tat offen zu, behauptete allerdings, als Nichtakademiker sich über deren Tragweite nicht klar geworden zu sein. Doch konnte ihn das nicht retten. "Er schwamm mit im Verrat, muß folglich auch darin ertrinken" (Freisler[2]). Bescheiden im Wesen, bei der Urteilsverkündung dem Weinen nahe.

Quelle: Jacobsen, Hans-Adolf (Hg.): Opposition gegen Hitler und der Staatsstreich vom 20. Juli 1944. Geheime Dokumente aus dem ehemaligen Reichssicherheitshauptamt, Bd. 2, Stuttgart 1989, S.721f

---

1 Die "Einheitsgewerkschaft" war eine besonders von den Arbeitervertretern favorisierte Idee im politischen Widerstand. Über ihre genaue Ausgestaltung existierten höchst unterschiedliche Vorstellungen zwischen dem Kreisauer Kreis und der Goerdeler-Gruppe. In letzterer war ihr Konzept stärker verankert
2 Roland Freisler war seit 1942 Präsident des Volksgerichtshofes, eines Sondergerichtes für politische Verfahren.

Aufgaben zum Kölner Kreis:

1. Untersuchen Sie, welche politischen Zielsetzungen die katholischen Gewerkschaftler hatten.
2. Stellen Sie anhand der Quellen zusammen, welche Rolle die christlichen Gewerkschaftler im Widerstand spielten.
3. Vergleichen Sie die im Text über Letterhaus enthaltenen Informationen über den Widerstand der katholischen Arbeiterfunktionäre mit den Darlegungen L. Siemers.
4. Untersuchen Sie genau, was Siemer über Motive, Ausmaß und Zielsetzung der Widerstandsgruppe um Nikolaus Groß (Kölner Kreis) aussagt.
   Rekonstruieren Sie anhand des Quellenmaterials den "Fall" des Kölner Kreises.
   Berücksichtigen sie bei Ihrer Arbeit folgende Aspekte:
   - An welchen Aktionen waren Groß und Letterhaus beteiligt?
   - Zu welchen weiteren Widerstandsgruppen hatten sie Kontakt?
   - Weswegen wurden Groß und Letterhaus verurteilt?
   - Was unterscheidet sie vom politischen Widerstand und was von der defensiven Haltung (Resistenz) kirchlicher Amtsträger?

| M 90 | Zitate zum Widerstandsmotiv von Nikolaus Groß |

- Zu Pechel[1] im Gefängnis: "Was kann ein Vater seinen Kindern Größeres hinterlassen als das Bewußtsein, daß er sein Leben für die Freiheit und Würde seines Volkes gegeben hat?"

- am 19.7. 1944 in Fulda zum Diözesanpräses der Paderborner KAB, Caspar Schulte: "Wenn wir heute nicht unser Leben einsetzen, wie wollen wir dann vor Gott und unserem Volk einmal bestehen?"

- aus dem Manuskript seiner Glaubenslehre: 1943:
"Zum Bekenntnis durch Wort und Tat gehört auch (...) die Verteidigung des Glaubens gegenüber dem Feinde. Schmachvoll wäre es, wenn wir (...) es widerspruchslos fallen lassen, daß er geschmäht wird."

- "Wo Unrecht geschieht, müssen wir tapfer für das Recht und die Wahrheit eintreten, wie Christus es uns gelehrt hat."

---

[1] Rudolf Pechel hatte einige Beiträge für die Ketteler-Wacht geschrieben. Er gehörte einer konservativen Widerstandsgruppe an.

(...)" zuerst steht die Forderung, daß man Gott mehr gehorchen muß als den Menschen. Wenn von uns etwas verlangt wird, was gegen Gott oder den Glauben geht, dann dürfen wir nicht nur(...)sondern müssen den Gehorsam ablehnen. Denn allzeit steht Gottes Gebot höher als Menschengebot."

Quelle: Sozialarchiv im Bistum Essen, zusammengestellt aus der Dokumentation N. Groß [bearb. v. V. Bücker]

Aufgaben:

1. Welche Motive veranlaßten Groß zum Widerstand?
2. Vergleichen Sie seine Motive mit den Ausführungen von Delp!

| M 91 | **Das Gnadengesuch von Erzbischof Frings** |

Abschrift

An den Herrn
Reichsminister der Justiz
Berlin 208

betr. Gnadengesuch für
Nikolaus Groß aus Köln

Nikolaus Groß aus Köln wurde am 15.01.1945 vom Volksgerichtshof zum Tode verurteilt.

Groß hat 7 Kinder, die alle noch in der Ausbildung begriffen sind. Der älteste Sohn ist im Osten vermißt. Der Verurteilte hat sich sein Leben lang für den deutschen Arbeiter gegen den Kommunismus eingesetzt als Gewerkschaftssekretär und später als Schriftleiter der Westdeutschen Arbeiterzeitung.

Ich selbst habe als Arbeitervereinspräses und später als Bezirkspräses des Kölner kath. Arbeitervereines bis zum Jahr 1937 mit ihm zusammengearbeitet und ihn als einen Mann von überaus großer Gewissenhaftigkeit kennengelernt.
Der Grund seiner Verurteilung ist mir nicht bekannt. Aber als sein Bischof erlaube ich mir für ihn um Begnadigung zu bitten, in der festen Überzeugung, daß er sich dessen würdig zeigen wird.

Köln, 30.01.1945

Quelle: Sozialarchiv im Bistum Essen, Dokumentation N. Groß

Aufgaben:

1. Arbeiten Sie heraus, welche Argumente für ein Gnadengesuch angeführt werden. Untersuchen Sie besonders die Punkte, mit denen das Gnadengesuch selbst begründet werden soll.
2. Überlegen Sie, anhand von Sprache und Inhalt des Briefes, ob das Gnadengesuch den nationalsozialistischen Adressaten überzeugt hätte, wenn es rechtzeitig eingetroffen wäre?

M 92	**Weihnachtsbrief von Nikolaus Groß**

Nikolaus Groß   (1) Berlin-Tegel, den 24. 12. 44
Nr. 1499   Seidelstraße 39 81326   Haus I

Allerliebste Mutter!
Ihr lieben und guten Kinder alle!

Es ist Heiligabend. Zwar wenn Euch dieser Brief erreicht, werden die Festtage vergangen sein. Aber ich will mich für eine Stunde mit Euch unterhalten über meine Weihnacht. Ich erinnere mich, liebste Mutter, der vielen Weihnachtsfeste, die wir gemeinsam gefeiert haben. Zuerst 1923 in Zwickau, waren wir beide es allein. Im nächsten Jahre, in Niederwenigern, war unser Klaus zum ersten Male unter uns. Dann wurden es immer mehr: Berny kam hinzu, Marianne, Elisabeth, Alexander,

Bernhard und Leni. Es waren schöne, innige Feste, die wir mit unseren Sieben feierten. Vor zwei Jahren wurden es zum ersten Male weniger, als unser Klaus fehlte. In diesem Jahre sind wir noch mehr auseinandergerissen.

Ich erinnere mich auch, wie es in den letzten Jahren war. Weißt Du noch, Mutter, wie ich vor drei und zwei Jahren Dir durch unerwartetes Honorar helfen konnte. Wieviel Freude konntest Du damit den Kindern machen. In diesem Jahre nun habe ich nichts. Meine Hände sind leer. Und doch sind sie nie gefüllter und gebefreudiger gewesen. Allerdings: Gute Dinge des Leibes habe ich nicht zu bieten. Aber jeden Tag habe ich hunderte Päckchen an Euch abgeschickt: Gebete für eine gesegnete und gnadenreiche Weihnacht. An jeden einzelnen habe ich gedacht, für jeden von Euch meine besonderen Bitten und Wünsche ausgesprochen. In dieser liebenden Sorge bin ich allmählich in einen Weihnachtsfrieden gekommen, es hat in aller Einsamkeit und Trennung ein Zustand stillen Glückes mein Herz ergriffen, wie ich ihn früher nie so gespürt habe. Gott hat sicher mit uns etwas Besonderes vor, und deshalb sind diese Weihnachten nicht nur traurig, sondern auch gesegnet und gnadenvoll. Und in jeder Stunde, an jedem Tage erfüllt es mich mit neuer, wachsender Freude, daß ich für Euch beten und Euch helfen kann bei der Vorbereitung auf ein gottgesegnetes Fest. Mögen wir alle am Weihnachtsmorgen eine Herberge, eine Krippe in uns bereithaben, nicht so am Rande, in einem Winkel, in einem Stalle, sondern in der Mitte unseres Herzens. Und möge es von keinem von uns heißen, daß bei ihm "kein Platz gewesen sei".

So bin ich in all der Wirrnis, die uns überfallen hat, nicht zu bedauern: Ich habe meinen Frieden und mein Glück. Was mein Herz bedrücken könnte, das seid Ihr - Du liebe Mutter besonders - die Ihr dort der Gefahr und dem Ungewissen ausgesetzt seid. Mein Herz ist aber auch glücklich und dankbar in dem Gedanken an all die Liebe, die mir von dort entgegenschlägt. Gott danke und lohne sie Euch. Ich habe sie in diesen Tagen genug erfahren. In meinen Dank schließe ich besonders Frl. Gertrud und Frau Röhr mit ein. Sage es ihnen, wenn Du, liebe Lisbeth, Gelegenheit dazu hast. Grüße auch alle Verwandten, Freunde und Bekannten. Innigste Grüße an die Kinder: an Berny, Marianne, Elisabeth, Alexander, Bernhard und Leni. Ein heute besonders herzliches und inniges Gedenken für den aus uns, der das schwerste Los trägt: Klaus.

Und nun, Mutter, noch etwas Besonderes für Dich. Am 21. bekam ich Deinen am 7. morgens vor der Abreise geschriebenen Brief in die Hand. Ich war darüber sehr froh. Du schreibst, daß Du im Januar wiederkommen willst. Du weißt, wie gerne ich Dich hier habe und wie groß für mich das Geschenk Deines Besuches ist. Aber bei der weiten Reise, der damit verbundenen Gefahr, mußt Du doch sehr überlegen, ob Du fahren willst. Es ist zuviel an Anstrengung für Dich. Übernimm Dich also nicht, Du hast so vieles geordnet, daß wir alle getrost sein können.

Mit Deinem Brief erhielt ich 3 Briefe von Alex vom 26. und 30. Nov. und vom 2. Dezember. Schreibe ihm meinen herzlichen Dank, dem treuen Kerl.

Tief unten aus dem Hause tönen die Lieder und Gebete der Weihnachtsfeier der Anstalt: 'Stille Nacht" - "O, du fröhliche" und andere Lieder. Noch einmal schließe ich Dich, liebste Herzensmutter, in alle meine Gebete und Wünsche ein. In tiefer Liebe und heiliger Treue bleibe ich Dein

Nikel.

Meine Brille ist am 19. gut angekommen. Außer dem Berliner Brief der Mutter und den Briefen von Alex habe ich keine Post bekommen; es steht auch die Weihnachtspost noch aus. Sie wird sicher in den nächsten Tagen kommen. Schreibt Alex, daß ich ihm für das Fotoalbum von Herzen danke; es ist sehr schön! Antwortet ihm, daß ich Pakete nicht empfangen darf.

Quelle: Nachlaß N. Groß, Sozialarchiv im Bistum Essen

Elisabeth und Nikolaus Groß

| M 93 | Abschiedsbrief von Nikolaus Groß |

Herzallerliebste Mutter!   Berlin-Tegel, den 21. 1.45
Ihr lieben und guten Kinder!

Es ist St. Agnestag, an dem ich diesen Brief schreibe, der, wenn er in Eure Hände kommt, zusammen mit einem anderen Brief, den ich im November schrieb, Euch künden wird, daß der Herr mich gerufen hat. Vor mir stehen Eure Bilder und ich schaue jedem lange in das vertraute Angesicht. Wieviel hatte ich noch für Euch tun wollen - der Herr hat es anders gefügt. Der Name des Herrn sei gepriesen. Sein Wille soll an uns geschehen. Fürchtet nicht, daß angesichts des Todes großer Sturm und Unruhe in mir sei. Ich habe täglich immer wieder um die Kraft und Gnade gebeten, daß der Herr mich und Euch stark mache, alles geduldig und ergeben auf uns zu nehmen, was er für uns bestimmt oder zugelassen. Und ich spüre, wie es durch das Gebet in mir still und friedlich geworden ist.

Mit inniger Liebe und tiefer Dankbarkeit denke ich an Euch zurück. Wie gut ist doch Gott und wie reich hat er mein Leben gemacht. Er gab mir seine Liebe und Gnade, und er gab mir eine herzensliebe Frau und gute Kinder. Bin ich ihm und Euch dafür nicht lebenslangen Dank schuldig? Habt Dank, Ihr Lieben, für alles, was Ihr mir erwiesen. Und verzeiht mir, wenn ich Euch weh tat oder meine Pflicht und Aufgabe an euch schlecht erfüllte. Besonders Dir, liebe Mutter, muß ich noch danken. Als wir uns vor einigen Tagen für dieses Leben verabschiedeten, da habe ich, in die Zelle zurückgekehrt, Gott aus tiefem Herzen gedankt für Deinen christlichen Starkmut. Ja, Mutter, durch Deinen tapferen Abschied hast Du ein helles Licht auf meine letzten Lebenstage gegossen. Schöner und glücklicher konnte der Abschluß unserer innigen Liebe nicht sein, als er durch Dein starkmütiges Verhalten geworden ist. Ich weiß: Es hat Dich und mich große Kraft gekostet, aber daß uns der Herr diese Kraft geschenkt, dessen wollen wir dankbar eingedenk sein.

Manchmal habe ich mir in den langen Monaten meiner Haft Gedanken darüber gemacht, was wohl einmal aus Euch werden möge, wenn ich nicht mehr bei Euch sein könnte. Längst habe ich eingesehen, daß Euer Schicksal gar nicht von mir abhängt. Wenn Gott es so will, daß ich nicht mehr bei Euch sein soll, dann hat er auch für Euch eine Hilfe bereit, die ohne mich wirkt. Gott verläßt keinen, der Ihm treu ist, und Er wird auch Euch nicht verlassen, wenn Ihr Euch an Ihn haltet.
Habt keine Trauer um mich - ich hoffe, daß mich der Herr annimmt. Hat er nicht alles wunderbar gefügt. Er ließ mich in einem Hause, in dem ich auch in der Gefangenschaft manche Liebe und menschliches Mitgefühl empfing. Er gab mir über fünf Monate Zeit - wahrlich eine Gnadenzeit -, mich auf die Heimholung vorzubereiten.

Ja, er tat viel mehr: Er kam zu mir im Sakrament, oftmals, um bei mir zu sein in allen Stürmen und Nöten, besonders in der letzten Stunde. Alles das hätte ja auch anders sein können. Es war nur ein kleines dazu nötig, ich brauchte, wie viele andere nach dem Angriff vom 6.10. nur in ein anderes Haus verlegt werden, und ich hätte vieles und Entscheidendes nicht empfangen. Muß ich nicht Gottes weise und gnädige Fügung preisen und Ihm Dank sagen für seine Güte und väterliche Obhut? Sieh, liebe Mutter, so menschlich schwer und schmerzlich mein frühes Scheiden auch sein mag - Gott hat mir damit gewiß eine große Gnade erwiesen. Darum weinet nicht und habt auch keine Trauer; betet für mich und danket Gott, der mich in Liebe gerufen und heimgeholt hat. Ich habe für jeden von Euch ein Spruch- oder Andachtsbildchen mit einem persönlichen letzten Wort versehen. Möge es jedem eine kleine Erinnerung sein, auch zu der Bitte, mich im Gebet nicht zu vergessen.

Eine große Freude war mir das Sterbekreuz und der Rosenkranz, den Du, liebe Mutter, mir in die Zelle schicktest. Ich trage das Kreuz Tag und Nacht auf der Brust, und auch der Rosenkranz ist mein ständiger Begleiter. Ich werde Sorge tragen, daß beides in Deine Hände zurückkommt. Auch sie werden Dir Gegenstand lieber Erinnerung sein. Nun habe ich meine irdischen Angelegenheiten geordnet. Die Tage und die Stunden, die mir bleiben, will ich ganz dem Gebet hingeben. Gott möge sich meiner armen Seele erbarmen und Euch immerdar mit seinem Segen und seiner Gnade begleiten.

In der Liebe Christi, die uns erlöste und unsere ganze Hoffnung ist, segne ich Euch: Dich, liebste, gute Mutter, Dich Klaus und Dich Berny, Dich Marianne und Dich Elisabeth, Dich Alexander, Dich Bernhard und Dich Leni. Ich grüße noch einmal alle teuren Verwandten, meinen Vater und Schwiegervater, meine Geschwister, Schwäger und Schwägerinnen mit ihren Kindern, alle Verwandten, Freunde und Wohltäter.

Gott vergelte Euch, was Ihr mir Liebes und Gutes getan habt. Im Vertrauen auf seine Gnade und Güte hofft auf ein ewiges Wiedersehen in seinem Reiche des Friedens
     Euer Vater

Quelle: Nachlaß N. Groß, Sozialarchiv im Bistum Essen

Die Kinder von Nikolaus Groß
Alexander, Marianne, Berny mit Leni, Liesel, Klaus und Bernhard

3. Das Erbe des deutschen katholischen Widerstandes und der politische Neuaufbau nach 1945

3.1. Katholische Stellungnahmen zur Schuldfrage

M 94   **Brief Essener Geistlicher an die Britische Militärregierung, Mitte Mai 1945**

Es sei uns gestattet, die Aufmerksamkeit der Besatzungsbehörde auf einige Erwägungen zu lenken, die durch gewisse, uns stark beunruhigende Beobachtungen veranlaßt sind, die wir in den letzten Wochen seit dem Beginn der militärischen Besetzung Essens durch die Alliierten gemacht haben.

Das Verhalten der Besatzungsbehörde bzw. der ihr untergeordneten Organe anläßlich der Aufdeckung eines Massengrabes im Gruga-Gelände und der sich anschließenden Ausschreitungen ausländischer Zivilisten in verschiedenen Stadtteilen erweckt den Eindruck, daß man die gesamte Einwohnerschaft Essens für mitschuldig an den hier vorliegenden Verbrechen hält. Offenbar - und das gibt dieser Einzeltatsache ihr besonderes Gewicht - handelt es sich um einen Beleg für eine Auffassung, die in den Ländern der Siegermächte allgemein verbreitet ist, die Auffassung nämlich, daß das deutsche Volk in seiner Gesamtheit für die Greueltaten des Hitlerregiments verantwortlich sei. Stimmen, die immer wieder aus dem Munde von Staatsmännern, aus parlamentarischen Gremien und der ausländischen Publizistik zu uns herübertönen, lassen daran keinen Zweifel. (...) Deshalb halten wir es für unsere Pflicht, der Besatzungsbehörde eine Darstellung von der wahren Einstellung unseres katholischen Volkes zum Nationalsozialismus zu liefern (...).
(...) Wenn wir uns in diesem Betracht ein Urteil zutrauen, so dürfen wir zur Begründung auf die Tatsache hinweisen, daß in den 12 hinter uns liegenden schweren Jahren niemand so sehr das Vertrauen des Volkes besaß wie der katholische Priester, dessen Verhältnis zum Nationalsozialismus allen a priori feststand, und dem gegenüber die Volksgenossen daher aus ihrem Herzen keine Mördergrube machten.
Auf Grund unserer Informationen wagen wir mit ruhigem Gewissen zu behaupten, daß die Essener Katholiken in ihrer überwiegenden Mehrheit nicht hinter der Hitlerbewegung gestanden haben. Und zwar war ihre Haltung nicht etwa nur durch die Verwerfung von offenbar ungerechten Maßnahmen des Regimes bestimmt, sondern - und darin war sie typisch für die Stellungnahme aller bewußten Katholi-

ken und gläubigen Protestanten in Deutschland - durch eine grundsätzliche Ablehnung der wesentlichen Ideen des Nationalsozialismus. Aus religiösen, weltanschaulichen Gründen bäumte sich die christliche Volksseele innerlich auf gegen ein System, das die Menschenrechte mit Füßen trat, und darunter das edelste und wichtigste Recht des Menschen: Gott nach dem Maße seiner Erkenntnis zu verehren; sie wollte nichts wissen von einer Lehre, die den persönlichen Gott, den Schöpfer des Alls, durch ein materialistisch-pantheistisches Wahngebilde ersetzte und dadurch die Grundlage für alle gesunde private und soziale Sittlichkeit zerstörte.
Traten doch die praktischen Folgen der nationalsozialistischen Theorien allenthalben in grauenvoller Nacktheit zutage: Kirchenverfolgung, Untergrabung der geistlichen und elterlichen Autorität bei der Jugend, sittliche Verrohung und Verwahrlosung der jungen Menschen beiderlei Geschlechts, in der Innen- und Außenpolitik skrupellose, brutale Durchführung des verruchten Grundsatzes der Staatsraison und damit Lüge, Heuchelei und vielgestaltiges Verbrechen in allen Bereichen des öffentlichen Lebens und zuletzt Entfesselung des Krieges im Jahre 1939.

II. Gegen unsere oben erhobene Behauptung spricht auch nicht das Schweigen angesichts der Greueltaten des Hitlerregiments, das man neuerdings in ausländischen Radiosendungen immer wieder unserem Volke zum Vorwurf macht. Es ist nicht nur uns, sondern der ganzen Welt bekannt, mit welcher Brutalität und welch satanischer Raffiniertheit es das nationalsozialistische Regime verstanden hat, jede, auch die bescheidenste Kritik an seinen Maßnahmen zu unterdrücken und alle oppositionellen Regungen der deutschen Volksseele niederzuhalten. Alles, was die Aufklärung im 18. Jahrhundert an segensreichen Errungenschaften hinterlassen hatte, war für uns dahin: Für den Deutschen gab es keine Presse-, Rede- und Versammlungsfreiheit, kein Postgeheimnis, keine Unverletzlichkeit des häuslichen Herdes und keine persönliche Sicherheit mehr. Auf Schritt und Tritt fühlte er sich umlauert von den Spionen der Partei und der Gestapo; nirgendwo war er vor ihnen sicher, weder auf seiner Arbeitsstätte noch bei gesellschaftlichen Zusammenkünften, weder daheim noch auf der Reise, weder im In- noch im Ausland, ja nicht einmal im intimen Kreise der Familie.
Die Vertreter der christlichen Kirchen, von denen man in erster Linie ein offenes Wort hätte erwarten können, wurden besonders stark beargwöhnt und überwacht; unsere seelsorgerische Tätigkeit, zumal unsere Predigten wurden bespitzelt; machte der Geistliche nur eine, der Partei oder der Regierung nicht genehme Andeutung, so mußte er gewärtig sein, sofort verhaftet zu werden und eventuell - ohne richterliche Untersuchung und ohne ordnungsmäßiges richterliches Urteil - spurlos zu verschwinden. (...) Und wenn wir trotzdem es hätten wagen wollen, unsere Stimme gegen die Verbrechen der Nazi zu erheben, so wären wir doch nur in seltenen Fällen dazu in der Lage gewesen.

Denn wie alle Gewalthaber liebten es die Hitlerianer, ihre Verbrechen im Verborgenen zu begehen und durch den über sie gebreiteten Schleier des Geheimnisses Furcht und Schrecken noch zu steigern. Man ahnte wohl etwas von den Scheußlichkeiten der Kz-Lager und von dem Furchtbaren, was sonstwie und was sonstwo geschah, aber sichere Kunde hatte kaum einer davon. Nur sehr selten ließen diese Stätten des Grauens ihre Opfer wieder los, und geschah es doch einmal, so wagte der Erlöste es nicht, von seinen Erlebnissen etwas auszuplaudern, oder wenn er es einer besonders vertrauenswürdigen Persönlichkeit gegenüber tat, so ließ er sich strengste Verschwiegenheit versprechen, so daß dem nunmehr Wissenden doch der Mund verschlossen war. (...)

Hier, wo wir uns gegen den Vorwurf schuldhaften Schweigens angesichts der Nazigreuel verteidigen, sei es uns auch gestattet, eine Lanze für manche unserer Volksgenossen zu brechen, die scheinbar eine noch größere Schuld auf sich geladen haben, weil sie nicht nur geschwiegen, sondern die nationalsozialistische Bewegung aktiv unterstützt haben, nämlich durch ihren Eintritt in die Partei oder die SA. Es handelt sich um Leute, namentlich Beamte und Angestellte, die mit dem Verluste ihrer Stellung und damit der Lebensgrundlage für sich und ihre Familie bedroht wurden, wenn sie sich nicht dazu verstanden, der Partei oder SA beizutreten, oder die sogar ohne ihr Vorwissen und gegen ihren Willen in die Partei aufgenommen worden waren, und für die ein nachträgliches Verlassen der Partei schärfste Repressalien im Gefolge gehabt hätte.

Wir halten es für unsere Pflicht, die wohlwollende Aufmerksamkeit der Besatzungsbehörde auf diese Partei- oder SA-Männer zu lenken, die nicht für die Greueltaten der Partei verantwortlich zu machen sind, weil sie den Geist der Partei niemals geteilt haben, sondern ihre Zugehörigkeit zur Partei oft nur darin zum Ausdruck kam, daß ihnen monatlich der Parteibeitrag vom Gehalt abgezogen wurde.

III. Dort, wo Verbrechen offen zutage lagen, ist tatsächlich nicht geschwiegen worden. (...) Wir deuten nur auf Predigten und Hirtenbriefe unserer Bischöfe hin, die während der ganzen Dauer des Hitlerregiments gegen jedes öffentliche Unrecht Stellung nahmen, sei es nun die unter dem hitlerischen Absolutismus in Deutschland eingerissene Rechtlosigkeit im allgemeinen, oder seien es insbesondere die aus der Irrlehre des Rassismus geborenen Untaten oder Ungerechtigkeiten gegen die eigenen Glaubensgenossen, sei es die Tatsache der KZ-Lager oder die Ermordung Unschuldiger usw. (...)

Oft genug wurden die bischöflichen Schreiben beschlagnahmt, bevor sie den Gläubigen zur Kenntnis gebracht werden konnten; in solchen Fällen aber wurden sie abschriftlich verbreitet. Es bildete sich überhaupt eine Art gut florierender Geheimliteratur, zu deren Vervielfältigung und Verbreitung Geistliche und Laien eifrig beitrugen. Dadurch wurde das Volk weithin seelisch immunisiert gegen das Gift des Nazismus und im geistigen Bereich dem Hitlertum vielfacher Abbruch getan. Und diese Aufklärungsarbeit wurde geleistet, obwohl sie keineswegs ungefährlich war; (...) Da man im Auslande besonders den Bischöfen den Vorwurf schuldhaften Schweigens gemacht hat, so sei eigens angemerkt, daß sie außer ihren Hirtenschreiben an die Gläubigen zahlreiche, zum Teil sehr deutliche Eingaben an die Regierung gerichtet haben, auf die sie aber keine Antwort, ja nicht einmal eine Empfangsbestätigung erhielten!

Abschließend betonen wir nachdrücklich: Was unter dem Druck des raffiniert ausgeklügelten und brutal gehandhabten Zwangsregiments der nationalsozialistischen Partei an Aufklärung über das satanische Wesen des Nazismus und die aus ihm resultierenden Verbrechen geschehen konnte, ist geleistet worden. Es mag sein, daß man draußen in der Welt das Geleistete als zu geringfügig beurteilt und daß man uns die Frage vorlegt: Wenn das deutsche Volk in seiner großen Mehrheit gegen den Nationalsozialismus eingestellt war, warum hat es ihn dann nicht abzuschütteln versucht, und warum hat es ihm sogar im Kriege, 6 Jahre hindurch, treue Gefolgschaft geleistet? Da sei es uns gestattet, die angelsächsischen Völker, die unsere Haltung am wenigsten verstehen können, daran zu erinnern, daß sie in ihrem innenpolitischen Leben seit Jahrhunderten die Luft der Freiheit geatmet haben, während der Deutsche sich erst seit der Mitte des vorigen Jahrhunderts allmählich vom Gängelbande des Absolutismus freigemacht hat. Mangelnde Selbständigkeit des politischen Denkens ist also bei ihm keine Schuld, sondern Schicksal. Die Sieger aber mögen sich selber fragen, ob es gerecht sei, ein Volk, das durch gewisse Zwangsläufigkeiten in seiner geschichtlichen Entwicklung ins Elend geraten ist, noch tiefer hineinzustoßen, nachdem man es in seiner Gesamtheit für schuldig erklärt hat; sie mögen auch den Geist der Geschichte darnach befragen, ob es klug sei!

Quelle: Volk, Ludwig (Bearb.): Akten deutscher Bischöfe über die Lage der Kirche 1933-1945, Bd. VI, Mainz 1985, Nr 978, S. 488- 492

Aufgaben:

1. Wie charakterisieren die Essener Geistlichen die psychologische Situation von Menschen, die in einer totalitären Diktatur leben?
2. Die Verfasser dieses Briefes führen die "mangelnde Selbständigkeit des politischen Denkens" auf den Verlauf der deutschen Geschichte zurück. Analysieren Sie die Frage der Schuld vor dem Hintergrund der deutschen und europäischen Geschichte.
3. Versetzen Sie sich in die Rolle eines englischen Besatzungsoffiziers und schreiben Sie einen Antwortbrief.

| M 95 | **Carl Klinkhammer: Die deutschen Katholiken und die Schuldfrage, Oktober 1946**

(...) Und wir alle haben nicht bloß "mit der großen Hure Babylon gelebt", freiwillig oder unfreiwillig. Denn es kann in keiner Weise geleugnet werden, daß im Laufe der Zeit die Mehrzahl des deutschen Volkes, und zwar jeder Einzelne objektiv und subjektiv, schwerste Schuld auf sich geladen hat, da er der Partei trotz zahlreicher gewichtiger Warnungen seine Zustimmung öffentlich oder geheim, frei oder gezwungen seine Stimme (äußerlich freilich zu harmlos scheinenden Führer-Fragen!) gegeben hat. Gar zu leicht und willfährig ließ man sich von einer verlogenen Propaganda einfangen. Man wollte nicht die Wahrheit erkennen. Man hatte nicht den Mut zu protestieren, obwohl man es zunächst noch gekonnt, in jedem Fall aber vom Gewissen her gemußt hätte.

Wird auch in dieser Hinsicht ein Christ vor dem Nichtchristen schuldig, so werden die Kirchen und ihre Priester vor den Christen und Laien schuldig. Denn hätten wir Priester alle und allzeit Zeugnis für Christus gegen den menschgewordenen Antichrist und seine brutalen Gesetzlosigkeiten abgegeben, mag sein, daß man uns alle dann ermordet hätte. Mag aber auch sein, daß dann damals schon die ganze Welt aufgehorcht hätte. Und auf die immer wieder laut werdende "kluge, aberkluge" Frage: "Was hätte uns aber die Ermordung unserer Priester und die damit verbundene Vernichtung der Kirchen genützt?" sei mit Pfarrer Niemöller geantwortet: „So darf ein Christ nie fragen!" - "Tue recht und scheue niemand!" sagt ein alter, christlicher Weisheitsspruch. Nach ihm haben die Märtyrer zu allen Zeiten gehandelt, deren Blut immer wieder Same für neues Christentum geworden ist.
Sicherlich wäre es ein Unrecht zu behaupten, das edelste deutsche Wesen habe sich nicht empört gegen die Schandtaten Adolf Hitlers. Es wäre gewiß unwahr zu sagen, die besten Einzelgewissen und die christlichen Kirchen hätten geschwiegen und damit zugestimmt. Doch ebenso berechtigt und dringend notwendig ist auch die Frage: Haben die Einzelchristen und die Kirchen durch den Mund ihrer Vorsteher einheitlich und immer so vernehmlich und allgemein verständlich gesprochen, daß dadurch ein Sturm der Volksentrüstung über die brutale Willkür des Nationalsozialismus entfacht worden wäre? Oder hat man nicht doch in vermeintlicher Klugheit weitgehendst Rücksicht genommen auf die feinnervigen Ohren "rechtsstehender" (um nicht zu sagen nationalsozialistischer) Kirchenbesucher? Fürchtete man nicht ängstlich ihr protestartiges Verlassen des Gottesdienstes? Scheute man nicht die ablehnende Kritik sogenannter nationaler Christen oder Katholiken an den von vielen ersehnten, mitunter eindeutigen, nicht kompliziert verklausulierten, allgemein verständlichen Kanzelverkündigungen? Suchte man nicht - ein wahrhaftig sehr schlechtes Beispiel gebend - mangelnde Zivilcourage mit der Tugend an-

geblich "christlicher" Klugheit notdürftig zu bemänteln? Und wurden nicht weithin Priester, die diese "Klugheit" nicht mit Ihrer Gewissensstimme vereinbaren konnten und wegen Vergehens gegen den Kanzelparagraphen und das sogenannte Heimtückegesetz abgeurteilt wurden, von weiten Kreisen des Kirchenvolkes, sondern auch von ihren geistlichen Behörden als unkluge, stürmische Draufgänger mit dem Schlagwort "Politik gehört nicht auf die Kanzel" abgelehnt und entsprechend behandelt? Ist nicht die Bekenntniskirche, zumal im katholischen Lager, schon gleich in ihren ersten Anfängen aus Unverständnis und überklugen Nützlichkeitserwägungen untergraben worden von den eigenen Leuten? Es gab wohl eine Front der redenden und bekennenden Ablehnung des Hitlerismus. Aber die Front der schweigenden Ablehnung war ungleich größer. Viel, viel größer!

Wir wollen ehrlich bleiben. In Ehrfurcht verneigen wir uns vor denen, die überzeugungstreu Freiheit und Stellung und Leben eingesetzt haben für das "Nein" ihres Gewissens und die jederzeit und kompromißlos dazu bereit gewesen sind. Doch keiner - auch kein noch so mutiger Bekenner (!) - rühme sich heute und nehme sich selbst bei der Anerkennung irgendeiner Schuld am Emporkommen und Bestehenbleiben des zwölfjährigen Tausendjahrreiches Hitlers pharisäisch aus: Kein Christ, und kein Militarist, kein Priester und kein Laie, kein Pfarrer und kein Bischof, kein Arbeitnehmer und kein Arbeitgeber, kein Beamter und kein Angestellter, kein Kaufmann und kein Bauer, kein Vater und keine Mutter, kein Mann und keine Frau, keiner, keiner! Es sei nur kurz angefügt, daß die, denen das Recht, sich als Bekenner heute zu rühmen, redlich zustünde, in dieser Hinsicht heute die Stillsten im Lande sind, wissend, daß sie wirklich nicht mehr als nur Ihre Pflicht taten. Doch gerade sie sind es, die heute bereit sind, an der Schuld der anderen sühnend mitzutragen.

Sünde und Schuld! (...). Sünde und Schuld sind im deutschen Volk, das tatsächlich Zeuge so vielfältiger antisemitischer Barbareien und unmenschlicher KZ-Brutalitäten gewesen ist, furchtbarste Wirklichkeiten. Als Hitler und Himmler und ihre Komplizen im feigen Selbstmord weggingen und sich der Verantwortung vermeinten zu entziehen, da haben sie ihre und unsere Verschuldung nicht mitgenommen. Der Nürnberger Prozeß und alle übrigen Kriegsverbrecherprozesse werden sie nicht aus der Welt schaffen.
Zentnerschwer lastet die Schuld noch auf dem deutschen Volk. Und diese Schuldenlast wird um so drückender, je weniger das deutsche Volk sie wahrhaben und erkennen will. (...)

Einmal wird der Herr einen jeden von uns fragen: Hast du mich besucht, da ich als "Kommunist" oder "Andersdenkender" in den Zuchthäusern des Dritten Reiches und hinter dem Stacheldraht der Konzentrationslager schmachtete? Hast du dich (wenn es einmal hochkam mit deinem Bekennermut), nicht nur mit einem frommen Gebetlein für mich, den gefangenen und konzentrierten Christus, begnügt und die dich bei der Gestapo diffamierende Gefahr nicht achtend, teilnehmend an meinem Leid, mir wenigstens etwa ein kleines Päckchen Zigaretten in die Gefangenschaft geschickt? - Was du dem Geringsten meiner Brüder nicht getan hast, das hast du mir nicht getan.

Oder der Herr wird sagen: Ich bin es gewesen, der als geistig Minderwertiger und erblich Belasteter in den Krematorien gewisser Heil- und Pflegeanstalten euthanasiert worden ist. Hat das dich in tiefster Seele bekümmert? Bist du wirklich nicht müde geworden etwa beim Angelusläuten immer und immer wieder in die Welt hinauszuschreien: In meinem Vaterland wird ununterbrochen unschuldiges Menschenleben gemordet! - Was du an dem Geringsten meiner Brüder und Schwestern versäumtest zu tun, das hast du versäumt an mir zu tun. Oder der Herr wird sagen: Damals, als der Elendszug von Tausenden todgeweihter Juden an dir vorüberzog (...), da schaute ich auch nach dir aus und flehte um Erbarmen. Aber du bist zu meiner Todesqual in diesen meinen unschuldigen jüdischen Menschenbrüdern und -schwestern stumm geblieben. Was du dem Geringsten meiner Schwestern und Brüder nicht getan hast, das hast du mir nicht getan.

So könnte der Herr schier endlos fortfahren, das deutsche Volk zu fragen! Daß wir uns doch nicht vor der Schulderkenntnis drücken! Die Schuld begann nämlich für viele schon lange vor 1933, da wir z. B. nicht opferwillig und selbstlos genug an der Verwirklichung eines wahrhaft sozialen Staates gearbeitet hatten, der dem Nationalsozialismus die Voraussetzungen für seine verhängnisvolle Entwicklung genommen hätte. (...) Die Schuld lag schon in der von den Bischöfen vollzogenen, grundlosen und unbegründeten Aufhebung des episkopalen Verbotes der Parteimitgliedschaft für katholische Christen. Schuld lag schon in dem vom Jahre 1933 ab auf fast allen Kanzeln zu vernehmenden Hinweis, daß der Christ (gemäß dem irrig ausgelegten Paulusbrief) jeder staatlichen Obrigkeit untertan sein müsse.
Schulderkenntnis und Schuldanerkenntnis sind nicht das gleiche. Das erste ist unumgänglich nötig für jeden Deutschen. Das zweite ist sehr erwünscht und dringend geboten. Daß wir uns doch um diese Schuldanerkenntnis nicht drücken: "Vater, ich habe gesündigt vor dir und vor den Mitmenschen."(...) Daß wir uns doch nicht länger zu rechtfertigen trachten mit dem Hinweis auf die Alliierten, deren Weltreiche auch nicht nur durch die Befolgung der Bergpredigt Christi entstanden seien, in der geschrieben steht, daß selig sind die Friedfertigen, denn sie werden das Erdreich besitzen. (...)

Die heutige große Not des deutschen Volkes kann seine größte Gnade sein. Es geht heute wirklich nicht um würdelose Selbstanklage und um öffentliche Beichte. Es geht um die Ueberwindung der Herzenshärte und der pharisäischen Selbstgerechtigkeit. Es geht um die Ueberwindung des heute so furchtbar verbreiteten Egoismus in allen seinen betrüblichen Formen und nationalistischen Schattierungen.

Wäre es da nicht an der Zeit, zur Ueberwindung dieser seelischen Epidemien, der Ich-sucht und der Selbstgerechtigkeit in allen deutschen Landen Volksbußwallfahrten im strengsten Sinne des Wortes zu veranstalten? Nicht in "Sack und Asche" Buße tun, sondern in Gesinnung Buße tun! Die Kirchen-"Fürsten" an der Spitze! Durch solch bekennendes Beten und Büßen könnte auch beim letzten Deutschen (und gewiß nicht nur bei diesen!) die innere Sinneswandlung bewirkt werden, deren wir niemals entraten dürfen beim Aufbau des neuen Abendlandes.

Quelle: Neues Abendland, Oktober 1946, S. 12-16

Aufgaben:

1. Wie beurteilt Klinkhammer das Verhalten der Kirche im 3. Reich?
2. Vergleichen Sie seine Position mit der der Essener Geistlichen oder Galens oder des Hirtenwortes der Fuldaer Bischofskonferenz vom 23.08.1945! Beurteilen Sie die unterschiedlichen Positionen aus politischer und religiöser Perspektive!
3. Was versteht Klinkhammer unter Schuld?

| M 96 | **Predigt des Bischofs Clemens August Graf von Galen am 01.07.1945 in Telgte** |

Meine lieben Diözesanen!

(...) Gott sei Dank dafür, daß die Kriegshandlungen aufgehört haben und auch die Bedrückung und Einengung der religiösen Freiheit beendet sind. Freilich, der Friede, den wir ersehnten, um den wir seit Jahren und auch besonders hier so innig gebetet haben, ist noch nicht da, ist noch nicht wieder eingekehrt und befestigt in unserem Land, in der Welt. (...)
Meine lieben Christen! Es ist hier weder Ort noch Zeit, über die Kriegsursachen zu sprechen und abzuwägen, wann und durch wen ursprünglich der Friede gestört und zerstört worden ist. Daß aber im Kriege gar vielfach Gerechtigkeit und Liebe verletzt, ja vergessen und verachtet worden sind, das ist leider wahr, das ist unleugbare Tatsache. Das müssen wir beklagen, das wollen wir betrauern, dafür wollen wir Gott um Verzeihung bitten, dafür wollen wir Sühne leisten durch geduldiges Tragen der Kriegsfolgen. Vor Gott sind wir alle arme Sünder, auch wenn viele von uns ehrlich sagen können, daß sie persönlich Gerechtigkeit und Liebe nicht verletzt, das göttliche Ordnungsgesetz nicht bewußt übertreten haben. Wer schuldlos leidet, soll sich nicht beklagen, er darf dann ja teilnehmen an dem Erlösungsleiden des Heilandes, er darf da mit der reinsten aller Menschen, der lieben Muttergottes, teilhaben an dem Kreuze Jesu Christi.

Aber daß die Gottesordnung jetzt und in Zukunft heilig gehalten, daß Gerechtigkeit und Liebe nicht wieder verletzt werden, das muß unser Wille und unser Verlangen sein.

Vor zwei Jahren habe ich an diesem Ort bei der Münsterischen Wallfahrt öffentlich protestiert gegen die Verletzung der Gottesordnung, die Verleugnung der Gerechtigkeit und der Liebe, die damals von den Machthabern unseres Volkes gefördert und gefordert wurden, (...).

(...) Aber diese Worte, die ich vor zwei Jahren gegen Haß und Rachsucht meiner deutschen Landsleute gesprochen, geben mir das Recht, in diesem Jahr auch solche Ablehnung auszusprechen gegen manche Äußerungen und Geschehnisse, die nur aus Haß und Rachsucht unserer früheren Kriegsgegner zu erklären sind. Wenn man heute es so darstellt, als ob das ganze deutsche Volk und jeder von uns sich schuldig gemacht habe durch die Greueltaten, die von Mitgliedern unseres Volkes im Kriege begangen sind, dann ist das ungerecht. Wenn man sagt, das ganze deutsche Volk und jeder von uns sei mitschuldig an den Verbrechen, die in fremden Ländern und im deutschen Land, die vor allem in den Konzentrationslagern begangen sind, so ist das gegen viele von uns eine unwahre und ungerechte Beschuldigung. Gerade die Konzentrationslager mit ihren zahlreichen deutschen Insassen und Opfern zeigen doch, mit welchen Mitteln jeder Widerstand gegen die Gewaltmaßnahmen der Machthaber, ja sogar jede freie Meinungsäußerung unterdrückt, bestraft, und eigentlich fast ganz unmöglich gemacht worden ist. Es ist Verleugnung der Gerechtigkeit und der Liebe, wenn man uns alle, jeden deutschen Menschen, für mitschuldig an jenen Verbrechen und darum für strafwürdig erklärt. Die unvermeidlichen Kriegsfolgen, das Leid um unsere Toten, um unsere zerstörten Städte, Wohnungen und Kirchen wollen wir annehmen und mit Gottes Hilfe geduldig tragen. Nicht aber ungerechte Beschuldigung und Bestrafung für Geschehnisse, unter deren Willkür, Ungerechtigkeit und Grausamkeit wir selbst durch lange Jahre geseufzt und schwer gelitten haben!

Man hat in den vergangenen Jahren manches Mal im Ausland, ohne mein Zutun, Worte, die ich gesprochen hatte, gehört, beachtet, wiederholt und bekannt gemacht. Ich möchte, daß auch heute meine Worte zu den Ohren unserer früheren Kriegsgegner, zu den Völkern jenseits der deutschen Grenzen dringen und dort Beachtung und Verständnis finden. (...) Wenn man das ehrlich will, so darf man nicht vergessen: Nur Gerechtigkeit verschafft dem Frieden den Zugang, räumt seine Hindernisse aus dem Wege. Und erst wahre Menschenliebe, die Ausschaltung von Rachsucht und Haß, schaffen den Frieden der Herzen, der allein den Frieden der Waffen gewährleisten kann: Darum fort mit der unwahren Beschuldigung, die behauptet, alle Deutschen seien mitschuldig an den Schandtaten, die im Kriege geschehen sind, seien mitverantwortlich für die Greueltaten in den Konzentrationslagern. Fort mit solch unwahrer und ungerechter Untermauerung einer Haltung, die es zuläßt, daß der Rest unserer Habe aus den durch Bomben zerstörten Wohnungen weggeschleppt, daß Häuser und Höfe auf dem Lande von bewaffneten Räuberbanden geplündert und verwüstet, daß wehrlose Männer ermordet, daß Frauen und Mädchen von vertierten Wüstlingen vergewaltigt werden.

Fort mit einer Haltung und Gesinnung, die einer etwaigen Hungersnot im deutschen Lande untätig zuschauen würde, in der unwahren Meinung: alle Deutschen sind Verbrecher und verdienen schwerste Bestrafung, ja Tod und Ausrottung! - Mag man die wirklich Schuldigen und Verantwortlichen ermitteln und nach Recht und Gerechtigkeit bestrafen. Aber für die übrigen, für die wahrhaft schuldlos große Menge hier in unserem Lande, die mit mir vor dem Kriege und auch im Kriege Ungerechtigkeit, Haß und Rachsucht abgelehnt und verabscheut hat, sollen Gerechtigkeit und Liebe den Weg bereiten zur "Ruhe in der Ordnung", nach dem heiligen Willen Gottes, zum wahren Frieden inmitten friedliebender Völker (...)

Quelle: Löffler, Peter (Bearb.): Bischof Clemens August Graf von Galen. Akten, Briefe und Predigten 1933-1946, Bd.II, Mainz 1988, Nr.484, S. 1172-1177

Aufgaben:

1. Wie bewertet der Münsteraner Bischof die Schuld der deutschen Bevölkerung am Ausbruch des Zweiten Weltkriegs und an den Greueltaten, die in den Konzentrationslagern verübt wurden?
2. Welchen Zweck verfolgt Galen mit der Predigt und an wen wendet er sich?
3. Welche Perspektiven entwickelt er für einen dauerhaften Frieden zwischen den Völkern?
4. Vergleichen Sie die vorliegende Predigt mit dem Brief der Essener Geistlichen (M 94), dem Aufsatz des Pfarrer Klinkhammers (M 95) und der Erklärung der Fuldaer Bischofskonferenz (M 97) und untersuchen Sie, welches Verständnis von Schuld den 3 Texten zugrunde liegt!
5. Versetzen Sie sich in die Situation Ihrer Väter und Großväter im Jahr 1945 und versuchen Sie, die unterschiedlichen Auffassungen zum Problem der Schuld in ein Streitgespräch zu integrieren.

| M 97 | Hirtenwort des deutschen Episkopats
Fulda, 23.08.1945 |

(...) Geliebte Diözesanen! Zwei Jahre lang war es uns wegen des tobenden Krieges nicht möglich, uns zu gemeinsamer Beratung zu versammeln. Wir vermissen bei dieser ersten Tagung nach Kriegsende schmerzlich den ständigen Vorsitzenden unserer Konferenz, Kardinal Bertram, Erzbischof von Breslau, der am 6. Juli des Jahres auf Schloß Johannesberg im Herrn entschlafen ist, (...). Wenn einmal die Schriftsätze und Eingaben veröffentlicht werden, die er allein in den letzten 12 Jahren, in allen schwebenden Fragen an die Regierungsstellen eingereicht hat, wird die Welt staunen über den Weitblick und die Klugheit, mit der er auf der Wache stand und für die Rechte Gottes und seiner Kirche und zum Wohle aller Notleidenden und Gedrückten eintrat. (...)

Unser erstes Wort sei ein Wort innigen Dankes an unseren Klerus und unsere Diözesanen für die unerschütterliche Treue, die sie der Kirche in schweren Zeiten gehalten haben.

Wir wissen, daß es für viele von euch nicht gefahrlos war, immer wieder Hirtenworte von uns zu vernehmen, die den Zeitirrtümern und Zeitverbrechen entgegentraten. Mit tiefem Interesse und innerer Anteilnahme sind Millionen und Millionen unseren Ausführungen gefolgt, wenn wir für die Rechte der Persönlichkeit eingetreten sind, wenn wir die Übergriffe des Staates in das kirchliche Leben zurückgewiesen haben, wenn wir von den unerhörten Bedrückungen sprachen, die durch Staat und Partei auf allen Gebieten des geistigen und religiösen Lebens ausgeübt wurden, wenn wir gegen Rassendünkel und Völkerhaß unsere Stimme erhoben haben. Wir wissen wohl, daß Angeber allüberall sich fanden, um euch in eurem Fortkommen, in eurem Aufstieg zu hemmen, wenn festgestellt werden konnte, daß ihr solchen Predigten gelauscht hattet.

Wir danken aus tiefstem Herzen euch christlichen Eltern, daß ihr mutig für die katholische Schule eingetreten seid allen Einschüchterungen und Drohungen zum Trotz, wenn auch schließlich der Kampf um euer Elternrecht nicht zum Erfolg geführt hat. Wir erinnern uns mit heiligem Stolze, wie in so vielen Gegenden das Kreuz, das von Frevlerhänden aus dem Schulzimmer entfernt worden war, wieder an seinen alten Platz gebracht wurde. Ihr hattet alle keinerlei irdische Macht, nur die Macht eurer Glaubensüberzeugung und eures Glaubensmutes.

Auch dir, liebe Jugend, gilt unser besonderer Dank. Ihr seid bis aufs Blut für eure Ideale eingestanden, und eure Haltung war uns Trost und Stütze in einem menschlich aussichtslos erscheinenden Kampfe.

Wir danken all den Priestern und all den Laien, die so zahlreich und so unerschrocken für Gottes Gesetz und Christi Lehre eingetreten sind. Viele sind im Ker-

ker und durch Mißhandlungen wahre Bekenner geworden und viele haben für ihre Überzeugung das Leben geopfert.

Wie erwärmt die Erinnerung daran unser Herz, daß immer und immer wieder Katholiken jeden Standes und Alters sich nicht gescheut haben, Volksgenossen fremden Stammes zu beschützen, zu verteidigen, ihnen christliche Liebe zu erweisen. Gar mancher ist für eine solche Liebestat im Konzentrationslager zugrunde gegangen! Ihm ist sein "übergroßer Lohn" geworden, uns allen aber die tröstende Gewißheit, daß in unserem Volke Christentum geübt wurde trotz aller Bedrückung und Verfolgung.

Gerührt erinnern wir uns all derer, die ihr karges tägliches Brot mit einem unschuldig verfolgten Nichtarier teilten und Tag für Tag gewärtig sein mußten, daß ihnen mit ihrem Schützling ein furchtbares Los bereitet werde.
Katholisches Volk, wir freuen uns, daß du dich in so weitem Ausmaße von dem Götzendienst der brutalen Macht freigehalten hast. Wir freuen uns, daß so viele unseres Glaubens nie und nimmer ihre Knie vor Baal gebeugt haben. Wir freuen uns, daß diese gottlosen und unmenschlichen Lehren auch weit über den Kreis unserer katholischen Glaubensbrüder hinaus abgelehnt wurden.

Und dennoch: Furchtbares ist schon vor dem Kriege in Deutschland und während des Krieges durch Deutsche in den besetzten Ländern geschehen. Wir beklagen es zutiefst: Viele Deutsche, auch aus unseren Reihen, haben sich von den falschen Lehren des Nationalsozialismus betören lassen, sind bei den Verbrechen gegen menschliche Freiheit und menschliche Würde gleichgültig geblieben; viele leisteten durch ihre Haltung den Verbrechen Vorschub, viele sind selber Verbrecher geworden. Schwere Verantwortung trifft jene, die auf Grund ihrer Stellung wissen konnten, was bei uns vorging, die durch ihren Einfluß solche Verbrechen hätten hindern können und es nicht getan haben, ja diese Verbrechen ermöglicht und sich dadurch mit den Verbrechern solidarisch erklärt haben.

Wir wissen aber auch, daß bei solchen, die in abhängiger Stellung waren, insbesondere bei Beamten und Lehrern, die Parteizugehörigkeit oftmals nicht eine innere Zustimmung zu den furchtbaren Taten des Regimes bedeutete. Gar mancher trat ein in Unkenntnis des Treibens und der Ziele der Partei, gar mancher gezwungen, gar mancher auch in der guten Absicht, Böses zu verhüten. Es ist eine Forderung der Gerechtigkeit, daß immer und überall die Schuld von Fall zu Fall geprüft wird, damit nicht Unschuldige mit den Schuldigen leiden müssen. Dafür sind wir Bischöfe von Anfang an eingetreten und dafür werden wir uns auch in Zukunft einsetzen.
Wir werden aber auch alles daran setzen, daß im Volke, insbesondere in der Jugend, die Gedanken von Gottesrecht und Menschenrecht, von menschlicher Würde und Gewissensfreiheit wieder fest wurzeln und daß von innen heraus einer Wiederkehr solcher Zustände und eines neuen Krieges vorgebeugt werde (...)

Quelle: Volk, Ludwig (Bearb.): Akten deutscher Bischöfe über die Lage der Kirche 1933-1945, Bd. VI, Mainz 1985, Nr 1030/IIb, S.688-694

Aufgaben:

1. Wie bewerten die deutschen Bischöfe die Beziehungen zwischen dem deutschen Katholizismus und dem Nationalsozialismus in der Zeit von 1933 bis 1945?
2. Wie beurteilen Sie diese Einschätzung vor dem Hintergrund der Quellen, die in dieser Materialsammlung abgedruckt sind?
3. Beurteilen Sie, wie das Verhalten der deutschen Bevölkerung beschrieben und differenziert wird!

3.2. Politische Lehren aus der Vergangenheit

M 98 **Entwurf von Galens für ein politisches Programm, Juni 1945**

Wir erstreben den Wiederaufbau und die Neuordnung unserer Heimat und des deutschen Vaterlandes auf der Grundlage der Anerkennung des persönlichen, überweltlichen Gottes als des Schöpfers, Herrn und Endziels der Welt, dem alle Dienst und Rechenschaft schulden. Darum erheben wir folgende Grundforderungen:

1. Schutz und Förderung der Freiheit und der Rechte der christlichen Religion, ihrer Verkündigung sowie ihrer privaten und öffentlichen Betätigung.

2. Anerkennung und Schutz der Würde, der Freiheit und der Rechte der menschlichen Persönlichkeit, ohne Unterschied der Abstammung, des Standes und der Bildung. - Leib und Leben, Freiheit und Eigentum stehen unter dem Rechtsschutz der Obrigkeit und dürfen nur zur Bestrafung nachgewiesener Schuld entzogen werden. - Freiheit des Gewissens und der Berufswahl.

3. Schutz der Familie als der Urzelle geordneten Gemeinschaftslebens. Daher
    a) Sicherung des Ehevertrages gegen Willkür und Laune
    b) Anerkennung des Elternrechts auf Erzeugung und Erziehung der Kinder;
    c) eine Schulordnung, die eine Erziehung nach dem Willen der Eltern gewährleistet und die Errichtung und Erhaltung freier, christlicher, den staatlichen gleichberechtigter Unterrichtsanstalten unter staatlicher Aufsicht befördert.

4. Anerkennung und Schutz des Sonntags als des Tages des Herrn, der Familie und der Arbeitsruhe.

5. Sicherung des Rechtes auf Arbeit und der Würde und des Rechtes des Arbeitenden durch eine Arbeitsordnung, die dem strebsamen erwachsenen Menschen eine Entlohnung seiner Arbeit sichert, welche der Familie einen normalen Unterhalt gewährt und den Erwerb und Besitz vererblichen Eigentums befördert. - Schutz des Arbeitsfriedens durch unabhängige Schiedsgerichte.

6. Befreiung des Grund und Bodens, als der unentbehrlichen Grundlage der Wohnung und Ernährung der Menschen, bei voller Anerkennung des privaten Eigentumrechtes, von der Gleichstellung mit dem mobilen Kapital, und Beförderung seiner Nutzbarmachung für Wohnung und Ernährung.

7. Schutz und Festigung eines selbständigen Bauern-, Handwerker-, Kaufmann--, etc Standes. Bestimmender Einfluß der obrigkeitsstaatlichen Gewalt auf jene wirtschaftlichen Großunternehmungen, die durch die Unentbehrlichkeit ihrer Erzeugnisse und durch ihre Macht der Gefahr des Mißbrauchs privatkapitalistischer Selbstsucht zum Schaden des Gemeinwohls besonders ausgesetzt sind.

8. Wiederherstellung und Förderung der Selbstverwaltung der Gemeinden und Gemeinschaften. - Selbstbeschränkung der Staatsgewalt auf ihre natürlichen Aufgaben der Leitung, Überwachung, Förderung und Zügelung nach den Erfordernissen des Gemeinwohls.

9. Freiheit des Zusammenschlusses in Vereinigungen und Verbänden zur Erreichung gemeinsamer und gemeinnütziger Ziele und zu genossenschaftlicher Selbsthilfe. - Verbot aller Geheimbünde.

10. Anerkennung der Freiheit religiöser Orden und Vereine. - Förderung der caritativen und gemeinnützigen Unternehmungen zur Vorsorge für Krankheit, Alter, Unglücksfall.

11. Schutz der Rechtsordnung durch unabhängige, nach festen Normen entscheidende Gerichte, unter Abschaffung aller Sondergerichte.

12. Reform des aktiven und passiven Wahlrechts mit dem Ziel, die Zusammensetzung der politischen Volksvertretung aus selbstlos das Gemeinwohl anstrebenden, durch Kenntnisse und Erfahrungen ausgezeichneten, in gemeinnützigem Wirken bewährten Männern zu gewährleisten.

Quelle: Peter Löffler (Bearb.) Bischof Clemens August Graf von Galen. Akten, Briefe und Predigten 1933-46. Mainz 1988, Bd. II, S. 1169 f)

Aufgaben:

1. Untersuchen Sie anhand des Katalogs der Forderungen, welche Bereiche für von Galen Priorität haben, welche eher nachgeordnet sind.
2. Vergleichen Sie die vorliegenden Forderungen mit dem Programm von Elfes (M 85). Suchen Sie nach Ursachen für beobachtete Gemeinsamkeiten und Unterschiede.
3. Ordnen Sie auch diese Quelle in das politische Spektrum der späteren Bundesrepublik ein.

| M 99 | Entschließungen der Arbeitsgemeinschaft IX
"Aufgaben und Grenzen der Staatsgewalt"
der Vertretertagung beim 73. Katholikentag in Bochum,
September 1949 |

In einer Zeit wachsender politischer und sozialer Spannungen fordern wir einen starken Staat, der als oberste irdische Friedensmacht in Erfüllung seiner geschichtlichen Aufgabe die demokratische Grundordnung sichert und die soziale Ordnung aus dem Geiste sozialer Gerechtigkeit gestaltet. Wir wollen keinen schwachen Staat, der als Spielball unverantwortlicher Machtgruppen den Diktatoren geradezu die Vorwände zu liefern pflegt. Die Katholiken Deutschlands haben seit je die Freiheit des Gewissens und der Person, das eigenständige Recht der Familie und anderer Gemeinschaftsgliederungen gefordert und sich im Kampf gegen Übergriffe jeder Staatsgewalt für diese Grundwerte eingesetzt. In der heutigen Zeitwende haben die Katholiken Deutschlands aus der Fülle der religiösen, sittlichen und geistigen Werte ihres Glaubens und aus der Kraft ihres Gewissens Wesentliches zur Formung des Staates zu bieten; es ist ihre Aufgabe und Verpflichtung, diesen Staat mitzutragen und mitzugestalten. Es ist christliche Pflicht auch jedes einzelnen, am öffentlichen Leben aktiv teilzunehmen und durch vorbildliche Erfüllung der öffentlichen Pflichten zu wirken.

Die Staatsgewalt ist an die von Gott gesetzte Wesens- und Wertordnung gebunden. Als höchste Gewalt verfügt sie über die stärkste Kraft zur Bindung. Ihre Aufgaben und Grenzen bestimmen sich von dem ihr zugeordneten Gemeingut her nach den Prinzipien der Solidarität und Subsidiarität.

1. Von den Inhabern jeder öffentlichen Gewalt in ganz Deutschland fordern wir, daß die Würde der Person geachtet und geschützt und das Grundrecht der persönlichen Freiheit verwirklicht wird. Die persönlichen Grundrechte dürfen in ihrem Wesensgehalt auch durch Gesetz nicht angetastet werden.
Der Schutz aller Grundrechte muß durch unabhängige Richter gewährleistet sein. Jeder einzelne, der ein berechtigtes Interesse nachweisen kann, muß befugt sein, die Vereinbarkeit jedes Rechtssatzes mit den Grundrechten nachprüfen zu lassen.
Wenn die öffentliche Gewalt die durch das Naturrrecht geschützte Würde der Person und die Freiheit der sittlichen Entscheidung beeinträchtigt, verwirkt sie den Anspruch auf Gehorsam. Es ist dem christlichen Gewissen aufgegeben, in allen Fällen Gott mehr zu gehorchen als den Menschen.

2. Den persönlichen Grundrechten steht an Bedeutung das Elternrecht gleich. Es kann nur durchgesetzt werden, wenn auch den Eltern Einfluß auf die Ausbildung und Auswahl der Lehrer eingeräumt wird. (...)

Der Rechts- und Kulturstaat, den wir fordern, ist an eine objektive Wertordnung gebunden, deren Inhalt der Staat nicht bestimmen kann.
Die Träger der Kultur sind berufen, im Rahmen dieser Wertordnung tätig zu werden.
Der Staat hat die Entwicklung zu Leistungsgemeinschaften zu fördern.
Es ist Aufgabe der katholischen Familien, von ihrem verfassungsmäßigen Recht auf Zusammenschluß Gebrauch zu machen, um ihren Einfluß auf eine soziale Gesetzgebung und Gestaltung des Lebens zum Wohle des Volkes geltend zu machen.
Das deutsche Volk muß alles daransetzen, aus eigener Kraft innerhalb seines Staates seine sozialen und wirtschaftlichen Probleme zu meistern. Dazu bedarf es gerade in der heutigen Not der Zusammenarbeit auf zwischenstaatlicher Grundlage. Wir appellieren hierzu an die Mithilfe des Auslandes. (...)

Quelle: Gerechtigkeit schafft Frieden. 73. Deutscher Katholikentag in Bochum. 31. August bis 4. September 1949. Zit.nach: Hürten, Heinz (Bearb.): Katholizismus, staatliche Neuordnung und Demokratie 1945 - 1962, Paderborn u.a., 1991, S. 67-69

Aufgaben:

1. Fassen Sie die wichtigsten Forderungen an den Staat zusammen. Berücksichtigen Sie dabei auch, welche Aspekte die Arbeitsgemeinschaft des Katholikentages besonders hervorhebt.
2. Vergleichen Sie die vorliegende Quelle mit den Forderungen von Galens (M 98) und dem Programm von Elfes (M 85).
3. Suchen Sie nach Erklärungen für die Unterschiede.

| M 100 | **Gemeinsames Hirtenwort der Bischöfe der Bundesrepublik Deutschland vom 23. Mai 1949** |

(...) Bei einer ernsten Prüfung der im Grundgesetz festgelegten einzelnen Bestimmungen müssen wir folgendes feststellen:

1. Die Präambel des Grundgesetzes enthält die Anrufung Gottes; eine Reihe von Grundrechten der Menschen sind klar zum Ausdruck gekommen, so auch das "Recht auf Leben und Unversehrtheit des Körpers". Dadurch wird festgelegt, daß auch das ungeborene Leben in Zukunft gesetzlich geschützt ist. Staatliche Gewalt ist gehindert, willkürlich Eingriffe in die Unversehrtheit des menschlichen Körpers

vorzunehmen, wie es in der Vergangenheit durch die Sterilisationsgesetze geschehen ist.

Die Ehe und Familie sind unter den besonderen Schutz der staatlichen Ordnung gestellt.
Pflege und Erziehung der Kinder werden als das natürliche Recht der Eltern und die zuvörderst ihnen obliegende Pflicht erklärt. Dieses umfassende Erziehungsrecht der Eltern hat Aufnahme in den Katalog der unverletzlichen Menschenrechte gefunden(...)
Die Kirchenartikel der Weimarer Verfassung sind übernommen. (...)Wir können der damit getroffenen Regelung im allgemeinen zustimmen (...)

Wir dürfen uns dadurch aber nicht darüber täuschen lassen, daß es nicht gelungen ist, dem ganzen Grundgesetz die tiefere religiöse Begründung zu geben, um deren Verankerung christlich denkende Abgeordnete sich so sehr bemüht hatten. Auch die Anrufung Gottes als solche allein ändert an diesem Grundcharakter noch nichts. Dieses Bedenken ist umso ernster, als die Mehrheit des Parlamentarischen Rates es abgelehnt hat, von "gottgegebenen" Menschenrechten zu sprechen, welcher Antrag ausdrücklich gestellt war.

Zu unserem tiefsten Bedauern müssen wir weiterhin auf zwei Punkte hinweisen, die unsere schärfste Kritik herausfordern und den Wert des Grundgesetzes wesentlich herabmindern:

a) Das Recht der Eltern, den religiösen Charakter der öffentlichen Pflichtschule, die ihre Kinder besuchen müssen, zu bestimmen, ist trotz der klaren Begründung aus dem Naturrecht, dem historischen Recht und dem Wiedergutmachungsrecht, trotz unserer so oft ausgesprochenen Forderungen und Warnungen, trotz der einmütigen und geschlossenen Haltung des christlichen Volkes nicht ausdrücklich als für das gesamte Bundesgebiet gültig in das Grundgesetz aufgenommen worden. (...)

b) Und noch auf einen anderen Fehler des Grundgesetzes müssen wir hinweisen: auf die sogenannnte „Bremer Klausel". Gewiß hat sie im letzten Augenblick eine Abschwächung erfahren. Das Grundgesetz schützt nicht mehr eine Regelung, die dem Staat das Recht gibt, von sich aus einen kirchlich nicht gebundenen Religionsunterricht einzurichten - wie er in Bremen besteht - und ihn inhaltlich zu bestimmen. Aber nach wie vor versucht der Artikel, für einzelne Fälle eine Ausnahme von der Verpflichtung zu ermöglichen, daß der Religionsunterricht in allen Schulen schulplanmäßiges Lehrfach sein soll. (...)

Angesichts der nun entstandenen Situation fühlen wir Bischöfe uns verpflichtet, eine Erklärung abzugeben, der - so glauben wir zu wissen - das ganze katholische Volk zustimmen wird:

Wir können dieses Grundgesetz, das es an der ausdrücklichen Anerkennung eines so wesentlichen und unveräußerlichen Grundrechtes - wie das des vollen Elternrechtes - fehlen läßt, nur als ein vorläufiges betrachten, das baldigst einer Ergänzung bedarf. Wir werden den Kampf um die Gewissensfreiheit und volles Elternrecht nicht einstellen (...).

Quelle: Hürten, Heinz (Bearb.): Katholizismus, staatliche Neuordnung und Demokratie 1945 - 1962, Paderborn u.a., 1991, S. 40-47

Aufgaben:

1. Untersuchen Sie die Haltung der Bischöfe zum Grundgesetz und berücksichtigen Sie dabei die Erfahrungen der Kirche im Dritten Reich.
2. Wie bewerten Sie die Stellungnahme des Episkopates auf der Grundlage der Quellen, die Sie zum Verhältnis von Kirche und Staat im 20. Jahrhundert behandelt haben?
3. Der SPD-Vorsitzende Schumacher nannte 1949 die katholische Kirche die „5. Besatzungsmacht". Wie beurteilen Sie auf dem Hintergrund dieses Zitates die Stellung des Episkopates zum Grundgesetz?

| M 101 | **Grundgesetz für die Bundesrepublik Deutschland vom 23. Mai 1949** |

Präambel

Im Bewußtsein seiner Verantwortung vor Gott und den Menschen, von dem Willen beseelt, seine nationale und staatliche Einheit zu wahren und als gleichberechtigtes Glied in einem Vereinten Europa dem Frieden der Welt zu dienen, hat das Deutsche Volk in den Ländern Baden, Bayern, Bremen, Hamburg, Hessen, Niedersachsen, Nordrhein-Westfalen, Rheinland-Pfalz, Schleswig-Holstein, Württemberg-Baden und Württemberg-Hohenzollern, um dem staatlichen Leben für eine Übergangszeit eine neue Ordnung zu geben, kraft seiner verfassungsgebenden Gewalt dieses Grundgesetz der Bundesrepublik Deutschland beschlossen.

Es hat auch für jene Deutschen gehandelt, denen mitzuwirken versagt war. Das gesamte deutsche Volk bleibt aufgefordert, in freier Selbstbestimmung die Einheit und Freiheit Deutschlands zu vollenden.

1. Die Grundrechte

Artikel 1

(1) Die Würde des Menschen ist unantastbar. Sie zu achten und zu schützen ist Verpflichtung aller staatlichen Gewalt.
(2) Das Deutsche Volk bekennt sich darum zu unverletzlichen und unveräußerlichen Menschenrechten als Grundlage jeder menschlichen Gemeinschaft, des Friedens und der Gerechtigkeit in der Welt.
(3) Die nachfolgenden Grundrechte binden Gesetzgebung, vollziehende Gewalt und Rechtsprechung als unmittelbar geltendes Recht.

Aufgaben:

1. Interpretieren Sie die historische Bedeutung des Artikels 1(1) vor dem Hintergrund der deutschen Geschichte des 20. Jahrhunderts.
2. Ordnen Sie diesen Artikel in die Verfassungsgeschichte von der amerikanischen Revolution bis zur Gegenwart ein.
3. Der provokative Satz "Die Würde des Menschen ist antastbar" erinnert uns daran, daß es sich bei dem 1. Artikel unserer Verfassung um eine dauerhafte Verpflichtung handelt. Erörtern Sie die Inkongruenz zwischen Verfassungsanspruch und Verfassungswirklichkeit an Hand konkreter Beispiele aus dem politischen und gesellschaftlichen Alltag.

III. (...) wie sollen wir vor Gott und unserem Volk bestehen?

- Reflexionen zu einem projektbezogenen und handlungsorientierenden Unterricht

Der folgende Material- und Aufgabenbereich bietet Impulse und Anregungen für einen interdisziplinären Religions- und Geschichtsunterricht. Sie sind dem Leitwort der Quellensammlung und dem Lernen aus der Geschichte verpflichtet. Durch Gedenktage und Gedenkreden, durch Erinnerungstafeln und Mahn- und Gedenkstätten wird eine Brücke zwischen Vergangenheit und Gegenwart geschlagen. Die inhaltlichen Schwerpunkte solcher Gedenkreden und die künstlerische Gestaltung der Denkmäler sind durch den persönlichen Standort des Erinnernden und durch die Erinnerungskultur seiner Zeit und seiner Gesellschaft geprägt. Dies gilt auch für die Auswahl der Unterrichtsthemen, die im Rahmen dieser Arbeitshilfe getroffen wurde. Sie sind mit den ersten beiden Teilen der Quellensammlung inhaltlich verbunden. Für einen "handlungsorientierenden und -initiierenden" Religions- und Geschichtsunterricht werden exemplarisch Aufgabenstellungen entwickelt, die Vergangenheit, Gegenwart und Zukunft miteinander verbinden. Die vorliegenden Texte, Bilder und materialunabhängigen Aufgaben eignen sich für einen interdisziplinären Unterricht in den Fächern Religion und Geschichte. Sie sind schwerpunktmäßig einem der beiden Unterrichtsfächer und damit der Federführung des jeweiligen Fachlehrers zugeordnet. Darüber hinaus werden jeweils die themenrelevanten Quellen und Materialien aus den Teilbereichen I und II angegeben, die in die Planung dieser Unterrichtsreihe einbezogen werden können.

Im Mittelpunkt des gegenwartsbezogenen Aufgabenbereiches stehen die Themen "Christliche Weltverantwortung und Martyrium" und "Schutz des menschlichen Lebens", während sich der Geschichtsunterricht in erster Linie mit den Problemkomplexen "Menschenrechte" und "Auseinandersetzung mit dem Neonazismus" beschäftigt. Die Arbeitshilfe schließt mit dem Aufgabenbereich "Erinnerung und Versöhnung als zukunftsbezogene Aufgabe", der sich als Auftrag an die gesamte Schulgemeinde richtet.

1. Beispiele der Erinnerung

Das Gedenken und die Erinnerung sind konstitutiv für die didaktische und methodische Konzeption dieser Arbeitshilfe. Ein Denkmal ist immer auch ein "Denk mal!" und damit eine häufig provokativ gemeinte Aufforderung zu einer Auseinandersetzung mit der eigenen Vergangenheit. So spiegelt sich auch die Geschichte des sozialen und politischen Katholizismus in der Erinnerungskultur dieser Region wieder.
Im folgenden Aufgabenbereich werden unterschiedliche Formen von Gedenken und Erinnerung vorgestellt:

Da ist zum einen die persönliche Erinnerung des Sohnes Bernhard Groß an seinen Vater Nikolaus Groß im generationenübergreifenden Dialog mit einer Studierenden des Nikolaus-Groß-Abendgymnasiums (M 102).
Exemplarisch für die vielen Gedenktafeln an Kirchen, Schulen und anderen öffentlichen Gebäuden steht ein Werk von Tisa von der Schulenburg, die dem deutschen Widerstand in besonderer Weise verbunden ist.
Daß auch Kirchen Orte des Erinnerns sind, zeigt das Beispiel der Pax Christi Gemeinde in Essen (M 103).
Schließlich sind auch die Straßen und Plätze unserer Städte und Gemeinden Zeichen der Erinnerung und der Traditionspflege. Der Kontrast zwischen zwei Stadtplänen aus den Jahren 1938 und 1998 (M 104) steht am Ende dieses Aufgabenbereiches, der durch ein Verzeichnis von Gedenkstätten auf dem Gebiet des Bistums Essen ergänzt wird (vgl. Anhang).

| M 102 |

Gespräch zwischen einer Studierenden des
Nikolaus-Groß-Abendgymnasiums und Bernhard Groß,
dem jüngsten Sohn von Nikolaus Groß;
aufgezeichnet am 16. März 1998

Als Ihr Vater starb, waren Sie neun Jahre alt. Welche persönlichen Erinnerungen haben Sie an diese doch relativ kurze Zeit? Hatte Ihr Vater während seiner Tätigkeit im Kettelerhaus überhaupt Zeit, am Familienleben teilnehmen zu können?

Unser Vater war viel zu Hause, das war das Schöne an unserem Familienleben. Wir wohnten auf dem Gelände des Kettelerhauses in Köln, der Verbandszentrale der KAB. Unser Vater hatte in seinem Büro seinen Schreibtisch so stellen lassen, daß er immer durch das Fenster seine spielenden Kinder sehen konnte. Er war morgens zum Frühstück da, mittags zum Essen und zum Abendbrot. Die Mahlzeiten mit der Familie waren für ihn ganz wichtig.

Der Tisch, an dem wir uns täglich mit unseren Eltern mehrmals versammelten, spielte in unserem Familienleben darum eine besondere Rolle. An ihm wurde nicht nur gegessen und getrunken, sondern auch reichlich geistige Nahrung vermittelt. Manche Überlegungen nahmen an diesem stummen Diener der Familie ihren Anfang. Es waren ganz sicher die schönsten Stunden unserer Kindheit und Jugend, die wir mit unseren Eltern in Gesprächen über Gott und die Welt in der Tischrunde verbrachten.

Unser Vater hat viel gearbeitet und er war auch oft von zu Hause fort, aber er nahm sich immer Zeit für seine Familie, so oft und so lange es ihm möglich war. Neben seinem Glauben war ihm die Familie eine große Kraftquelle. Hochfeste im Jahreskreis waren immer besondere Ereignisse im Leben unserer Familie. Dazu zählten natürlich Ostern und Weihnachten, aber auch alle Sonn- und Feiertage.

Nach dem gemeinsamen Besuch der Hl. Messe gehörte der Sonntag in der Regel der Familie. In seinen vielen Schriften, die er nach dem Verbot der Ketteler-Wacht verfaßte, geht er oft auf die Heiligung des Sonntags ein. In der zerissenen Welt, in der wir lebten, war ihm das ein ganz besonderes Anliegen.

Bezeichnend für seine Vorstellung von Sonntagsheiligung war auch die Regelung, daß jedes der Kinder im Wechsel ein zweites Mal in die Kirche ging, weil unser in Rußland vermißter Bruder Klaus am Besuch des Sonntagsgottesdienstes gehindert war.

In einem 1938 erschienenen Beitrag „Kinder an der Krippe" schilderte er den Hl. Abend und den Weihnachtsmorgen in unserer Familie sehr liebevoll und ausführlich. Auch heute, mehr als 60 Jahre später, lohnt es sich noch, diese Zeilen nachzulesen. Es ist ein zeitgeschichtliches Dokument eines liebenden und fürsorglichen Vaters.

Viele Menschen können nicht verstehen, daß ein Mann, der seine Frau und seine Kinder liebt, eine bewußte Entscheidung für den Widerstand trifft und sich so in Todesgefahr begibt. Sie stellen die Frage, ob Nikolaus Groß seine Familie „im Stich gelassen" habe. Wie hat die Familie, wie hat Ihre Mutter und wie haben Ihre Geschwister das empfunden?

Es scheint auch heute noch so zu sein, daß sich ein Laie auf dem Hintergrund einer von ihm getroffenen Gewissensentscheidung auch vom Grundsatz her mehr und nachhaltiger hinterfragen lassen muß als Priester und Ordensleute. Mir ist das unverständlich.

Es ist sicher nicht unwichtig, wie andere die Entscheidung unseres Vaters bewerten, Gott mehr zu gehorchen als den Menschen. Für mich ist wichtig, wie groß in der Frage, allein dem eigenen Gewissen zu folgen, die Übereinstimmung zwischen meinem Vater und meiner Mutter war. Nur sie allein hätte im Zweifelsfall das Recht gehabt, sich verlassen zu fühlen oder ihn zu kritisieren. Man braucht heute nicht mehr darüber zu spekulieren, wie sie für sich, aber auch für uns damals unmündige Kinder, diese Frage beantwortet hat.

Es gibt ausreichend Belege und schriftliche Zeugnisse darüber, daß meine Eltern den Weg, der meinen Vater letztlich nach Plötzensee führte, im Bekenntnis des Glaubens gemeinsam gegangen sind.

In seinem Brief vom „Dreikönigstag" ist noch seine große seelische Belastung erkennbar. Nachdem unsere Mutter ihn am gleichen Tag besuchen konnte, schreibt er in einem Kassiber vom 11. Januar 1945:

> „Gottes Wege sind wunderbar, und wie er uns etwas schickt, das können wir nicht vorausberechnen. ...... Dein Besuch am Samstag war für mich eine solche Quelle neuen und noch größeren Mutes und Vertrauens, daß ich es gar nicht sagen kann -, aber nach dieser Verschiebung auf unbestimmte Zeit kannst Du unmöglich hier bis zur Festsetzung und Abhaltung des neuen Termins warten. Es kann Wochen dauern – möglicherweise aber auch schon in Tagen sein. Dies letztere allerdings ist wahrscheinlicher. Ich bitte Dich aber im Interesse der Kinder, wieder heimzufahren. Beten kannst Du auch zu Hause, und ich habe durch Deinen Besuch festgestellt, wie nahe wir uns in jedem Augenblick auch über 500 Kilometer Entfernung sind. Unsere Herzen und Gedanken schlagen im gleichen Takt, und das ist ja schließlich wichtiger als räumliche Nähe."

In seinem Abschiedsbrief vom 21. Januar 1945 kommt er noch einmal ausführlich auf die völlige Übereinstimmung mit unserer Mutter zu sprechen. Seine letzten persönlichen Worte an sie drücken seinen Dank aus:

> „Besonders Dir, liebe Mutter, muß ich noch danken. Als wir uns vor einigen Tagen für dieses Leben verabschiedeten, da habe ich, in die Zelle zurückgekehrt, Gott aus tiefem Herzen gedankt für Deinen christlichen Stark-

mut. Ja, Mutter, durch Deinen tapferen Abschied hast Du ein helles Licht auf meine letzten Lebenstage gegossen. Schöner und glücklicher konnte der Abschluß unserer innigen Liebe nicht sein, als er durch Dein starkmütiges Verhalten geworden ist. Ich weiß: Es hat Dich und mich große Kraft gekostet, aber daß uns der Herr diese Kraft geschenkt hat, dessen wollen wir dankbar eingedenk sein."

Im Blick auf seine sieben Kinder schreibt er weiter, daß es ihm in den Monaten der Gefangenschaft Sorgen gemacht habe, was wohl einmal aus ihnen werden möge, wenn er nicht mehr bei seiner Familie sein könnte. Die Antwort, die er hierzu gibt, ist nicht das Ergebnis einer vordergründigen Selbsttäuschung, sondern der Ausdruck seines unbedingten Vertrauen in Gott, der die Seinen nicht verläßt.
Natürlich haben wir alle unseren Vater sehr vermißt, und in vielen Situationen unserer Kindheit und Jugend hat er uns sehr gefehlt. Ich denke, das gilt besonders für unsere jüngste Schwester Leni, die damals erst fünf Jahre alt war und als einzige von uns keine persönlichen Erinnerungen an den Vater hat. Sehr schlimm muß es für unsere Mutter gewesen sein. Sie stand mit 43 Jahren plötzlich mit sieben Kindern allein, wovon der älteste Sohn in Rußland vermißt war. Auch wenn sie sich nicht im Stich gelassen gefühlt hat, schließt das nicht aus, daß sie sich oft einsam gefühlt hat.
Letztlich haben uns unsere Eltern durch ihr Beispiel ein großes Erbe hinterlassen, wofür ich bis zum heutigen Tag dankbar bin. Vorbilder zum Gelingen meines eigenen Lebens brauche ich nicht unbedingt in der Kirchengeschichte zu suchen. Ich finde sie in meinen Eltern. Mehr können Eltern ihren Kindern nicht hinterlassen.

Wie wichtig war der Glaube als Triebfeder für den Widerstand Ihres Vaters?

Ich glaube, wenn man der Gestalt von Nikolaus Groß nahekommen will, wenn man die innige Verbindung zwischen ihm und seiner Frau verstehen will, dann kann man dies nur, wenn man bereit ist, sich auf die gleiche Glaubensebene zu begeben. Auf die Ebene, die Grundlage ihres gemeinsamen Lebens war.
Die Briefe aus dem Gefängnis an unsere Mutter und uns sind ein beeindruckendes Zeugnis eines unerschütterlichen Glaubens an Gott und sein Heilswirken in unser Leben hinein, der großen Liebe dieser beiden Menschen zueinander und der Liebe eines Vaters zu seinen Kindern. Immer wieder ist in diesen Briefen die Rede von der Kraft und Wirksamkeit des Gebetes, das im Angesicht des sicheren Todes „still und ruhig" macht. Diesen Weg des Glaubens und Vertrauens sind beide gemeinsam gegangen. Ohne die tiefgläubige Haltung unserer Mutter hätte unser Vater seinen Weg so nicht gehen können.
Roland Freisler hätte Nikolaus Groß gerne nachgewiesen, daß seine Motivation Widerstand zu leisten, auf den gewaltsamen Tod Hitlers ausgerichtet war. Diesen Punkt der Anklage mußte er fallen lassen. So lautete die Begründung des Todesurteils: „Er schwamm mit im Verrat, muß folglich auch darin ertrinken."

Aus den vorhandenen Unterlagen ist belegbar, daß sein Handeln im Widerstand ausschließlich auf die Zeit nach dem Ende des Schreckens ausgerichtet war. Andere Thesen sind unwissenschaftlich, sie haben mit der historischen Wahrheit nichts zu tun. Das Buchmanuskript „Unter Heiligen Zeichen", das er zeitgleich mit seiner Widerstandstätigkeit in den Jahren 1942-43 geschrieben hat, belegt eindeutig die Motivation seines Handelns im Widerstand.

So haben unser Vater und unsere Mutter der Gottlosigkeit und Menschenverachtung des nationalsozialistischen Systems „widerstanden". Hierzu waren sie befähigt durch Ihre tiefreligiöse Grundhaltung. Ich denke, beide haben einen großen Beitrag geleistet für eine bessere Welt in Frieden, Freiheit und Menschenwürde.

Ist die Unausweichlichkeit des Weges in den Widerstand nicht bereits in der Frage angelegt: „Wenn wir jetzt nicht unser Leben einsetzen, wie können wir dann vor Gott und unserem Volke einmal bestehen?"

Unser Vater hat als verantwortlicher Redakteur der Westdeutschen Arbeiterzeitung, der späteren Ketteler-Wacht, schon lange vor Beginn des Dritten Reiches auf die Gefahr des Nationalsozialismus hingewiesen und hierbei besonders auf die Gottlosigkeit und Menschenverachtung dieser politisch radikalen Partei.

Er hat die Nazis als die Todfeinde der Demokratie und jeder christlichen Wertordnung bezeichnet. Man könnte viele solcher Beispiele anführen. In dieser Einschätzung hat er sich gemeinsam mit seinen Freunden aus dem Kettelerhaus nicht beirren lassen.

Ich glaube, die Unausweichlichkeit seines Weges war angelegt in seiner Lebensgestaltung aus dem Evangelium heraus. Christlich gelebtes Leben führte für ihn am Kreuz nicht vorbei. Auf diesem Hintergrund muß man diesen Ausspruch sehen.

Unsere Mutter hat es einmal später so formuliert: „Wenn er sein Leben für seinen Glauben und seine Überzeugung nicht eingesetzt hätte, wäre er später innerlich gestorben." Im dem vorhin erwähnten Manuskript „Unter Heiligen Zeichen" schreibt er:

> „Die Gebote Gottes und die Lehre der Kirche bezeichnen den Lebensweg, den wir zu gehen haben. Christliches Leben ist ein Leben, das die Lehren und Gebote unseres Glaubens praktisch anwendet. Darum schauen wir auf die Heiligen. Sie haben das Leben bezwungen. Sie sind nicht die Knechte des Lebens, sondern seine Herren, seine Besieger, seine Erfüller geworden. Ihr heiliges Leben erzählt uns von Mut und Tapferkeit, von Klugheit und Reinheit, von gotterfüllter Liebe. Sie hatten ihr Leben unter Gottes Willen gestellt. Darum hat sie das Leben auch nicht vergessen."

Dieses umfangreiche Manuskript ist sein letztes schriftliches Werk. Er schrieb es, wie ich schon sagte, 1943/44, also zeitgleich mit seiner Mitarbeit im Kölner Widerstandskreis. Es ist ein großartiges Zeugnis dafür, aus welchem Geist heraus er Widerstand leistete. Gott und das eigene Gewissen waren die Grundlagen seines Handelns. Ihm war sehr bewußt, daß das Letzte ein Leben in Gott ist, nicht der Tod.

Am 23. Januar 1998 fand in der St. Agnes Kirche in Köln ein Gottesdienst im Gedenken an den 53. Jahrestag der Hinrichtung Ihres Vaters statt. Vor der Kirche standen einige Demonstranten mit Plakaten, auf denen zu lesen war: „Die Kirche ehrt die Märtyer des Widerstandes und lenkt damit von ihrem eigenen Versagen in der NS-Zeit ab." Wie bewerten Sie diesen Vorwurf und wie beurteilen Sie das Verhalten der katholischen Kirche in der Zeit des Nationalsozialismus?

Es ist jedem unbenommen, seine Meinung in geeigneter Form zu äußern. Für dieses Grundrecht unserer Demokratie hat ja unser Vater auch sein Leben eingesetzt. Allerdings kann ich mit dem vorkonziliaren Kirchenverständnis dieser Frauen und Männer wenig anfangen. Mein Kirchenverständnis ist nicht eingeengt auf das Amt in der Kirche, sondern schließt die vielen und unterschiedlichen Charismen und deren Wirkmöglichkeiten mit ein. Das gilt ganz besonders für die Zeit während der nationalsozialistischen Diktatur.

Natürlich hätte ich mir von Beginn des Dritten Reiches an eine Kirche gewünscht, die unbeirrt, verläßlich und durchgängig allen Gläubigen Orientierung gibt und stärker auf die Kraft der pfingstlichen Botschaft vertraut, als auf eine sinnlose und die Gläubigen irritierende Eingabepolitik.

Ich hätte mir eine Kirche gewünscht, die im Wissen um unsere gemeinsame Wurzel für die verfolgten und ermordeten jüdischen Schwestern und Brüder betet und der bewußt ist, daß mit der Vernichtung des jüdischen Volkes auch der Jude Christus gemeint war.

Und ich hätte mir eine Kirche gewünscht, die nicht tatenlos bleibt, wenn Priester und Laien verfolgt, eingesperrt und getötet werden, weil sie sich auf das Evangelium in radikaler Weise eingelassen haben und ihrem Gewissen folgend glaubhaft lebten und handelten.

Tief verletzt hat unsere Mutter die Weigerung des päpstlichen Nuntius Orsenigo, sie zu empfangen. Sie hatte versucht, ihm eine Durchschrift ihres Gnadengesuches an den Reichsjustizminister mit der Bitte zu überreichen, sich für unseren Vater einzusetzen. Sie hat es auch später nicht verstanden, daß einer Frau und Mutter von sieben Kindern, deren Mann wegen seiner christlichen Glaubensüberzeugung inhaftiert war, jede Hilfe und jedes Mitgefühl verweigert wurde.

Für das, was geschehen ist oder unterlassen wurde, haben sich die heutigen Bischöfe wiederholt entschuldigt. Ich denke, das muß man vor der Geschichte nun auch so stehen lassen.

Wir wissen aber auch um die großen Bemühungen der Bischöfe Dietz und Graf Preysing, den Frauen und Männern des Widerstandes Orientierung und Hilfe zu geben sowie um das offene Bekenntnis des Bischofs von Münster, Graf von Galen und um das Schicksal des Bischofs von Rottenburg.

Sicherlich hat es keinen organisierten kirchlichen Widerstand gegeben. Wenn ich aber einen Widerstand von Frauen und Männern innerhalb der Kirche leugnen würde, brächte ich damit zum Ausdruck, daß Nikolaus Groß, Bernhard Letterhaus, Prälat Müller, Gottfried Könzgen, die Eheleute Kreulich, Bernhard Lichtenberg, Al-

fred Delp und die vielen anderen Männer und Frauen, Priester und Laien aus anderen Motiven als aus ihrem Glauben heraus gehandelt haben. Damit würde ich mich von der geschichtlichen Wahrheit weit entfernen.
Die Kirche ist auf ihrem Weg durch die Zeit von Größe geprägt, aber auch von Versagen gezeichnet. Sie war in diesen 2000 Jahren aber immer eine Kirche der Märtyrer. Dagegen läßt sich nichts aufrechnen.

Hat die Kirche versucht, das Leben Ihres Vaters zu retten?

Bei der Beantwortung dieser Frage muß ich mich wieder auf mein Kirchenverständnis berufen, das nicht auf die sogenannte Amtskirche eingeengt ist. Damit stehe ich natürlich im Gegensatz zu solchen Kreisen, die mit einer gewissen Vorliebe die Kirche bei jeder Gelegenheit vorführen.
Ob es überhaupt eine reelle Chance gegeben hat, durch Intervention hoher Kirchenvertreter sein Leben und das Leben der vielen anderen zu retten, vermag ich nicht zu beurteilen. Das ist ein Gebiet, auf dem die Historiker Kompetenz besitzen. Ich neige sehr zu der Auffassung, daß es in dieser apokalyptischen Situation zu Beginn des Jahres 1945 keine Chance gab, das Leben der Männer zu retten, die in Tegel und Plötzensee auf ihre Hinrichtung warten mußten. Die vielen Kassiber von Pater Alfred Delp zeigen uns ja in erschütternder Weise, wie ein Mensch in diesen Monaten bis zu seiner Hinrichtung zwischen Bangen und Hoffen hin und her gerissen wurde.
Es ist aktenkundig, daß der Kölner Priester Hans Valks Ende Januar 1945 den Kölner Erzbischof gebeten hat, ein Gnadengesuch an den Reichsjustizminister zu richten. Beide konnten nicht wissen, daß unser Vater zu dieser Zeit schon tot war. An die vielen Bemühungen von Prälat Hans Valks, der heute 84-jährig in Köln lebt, denke ich immer mit großer Dankbarkeit.
Ich denke an den Diözesanpräses der KAB im Erzbistum Paderborn, Dr. Caspar Schulte. Er hatte offensichtlich gute Verbindungen nach Berlin. Er war es, der unsere Mutter zweimal veranlaßte, nach Berlin zu fahren, um ihrem Mann beizustehen. Er hat hierfür alle Möglichkeiten geschaffen.
Wieviel Trost unsere Eltern hierdurch erfahren durften, schreibt unser Vater in seinen späteren Briefen, besonders in seinem Abschiedsbrief.
Mir ist schon bewußt, daß die letzten Lebenswochen unseres Vaters ohne die Hilfe von Prälat Schulte anders verlaufen wären.
Hilfe, Trost und Beistand haben alle Gefangenen in Tegel und Plötzensee durch den Gefängnispfarrer Peter Buchholz erfahren. Er hat immer wieder Möglichkeiten gefunden, die Gefangenen trotz Führerverbot zu besuchen und ihnen die Kommunion zu reichen. Auch in diesem Zusammenhang möchte ich auf eigene Interpretationen verzichten und unseren Vater mit seinen Gedanken aus seinem Abschiedsbrief zu Wort kommen lassen:

„Habt keine Trauer um mich – ich hoffe, daß mich der Herr annimmt. Hat Er nicht alles wunderbar gefügt. Er ließ mich in einem Hause, in dem ich auch in der Gefangenschaft manche Liebe und menschliches Mitgefühl empfing. Er gab mir über fünf Monate Zeit – wahrscheinlich eine Gnadenzeit -, mich auf die Heimholung vorzubereiten. Ja, Er tat viel mehr: Er kam zu mir im Sakrament, oftmals, um bei mir zu sein in allen Stürmen und Nöten, besonders in der letzten Stunde. Alles das hätte ja auch anders sein können."

Durch den Rückhalt von Bischof Graf von Preysing war es den „beiden Mariannen", Marianne Hapig und Marianne Pünder, möglich, ständigen Kontakt zu den Gefangenen in Tegel zu halten. Gerade diese beiden glaubensstarken Frauen haben unserem Vater und den übrigen Gefangenen unter Gefährdung des eigenen Lebens täglich geholfen, das Los der Gefangenschaft zu ertragen.

Wenn ich sagen soll, was denn aus der Kirche heraus noch geschehen ist, das Leben unseres Vaters zu retten, dann denke ich an die große Gemeinde der Betenden. Ich denke an die vielen Menschen, die um seine Rettung gebetet – und an die mir bekannten Priester, die dieses Anliegen in der Hl. Messe vergegenwärtigt haben.

Alfred Delp, sein Zellennachbar, schreibt in einem seiner Briefe: „Wir beten hier zu viert, zwei Katholiken und zwei Protestanten." Genau hier schließt sich der Kreis der betenden Kirche.

Aus den Briefen unseres Vaters aus dem Gefängnis, besonders aus seinem letzten Brief, darf ich die Gewissheit entnehmen, daß Leben für ihn letztlich ein Leben in Gott bedeutete. Auf diesem Weg haben ihm viele aus ihrem Glauben heraus geholfen und ihn betend begleitet.

Welche Erinnerungen haben Sie an das Kriegsende?

Die Generation, der ich angehöre, hat ihre Kindheit unter einer ständigen Todesbedrohung durchlebt. So sind meine Kindheitserinnerungen ganz entscheidend vom Kriegsgeschehen und den Luftangriffen geprägt, denen man in den letzten Kriegsjahren Tag und Nacht ausgesetzt war. Als Kind mit dem Sterben leben zu müssen, prägt einen schon für das ganze Leben.

Im Frühjahr 1944 hat unser Vater mich bei seinem Freund Robert Mockenhaupt in Herdorf an der Sieg untergebracht, mein Bruder Alex fand Aufnahme bei einer Familie am Bodensee. Das hatte ihm der Kölner Priester Hans Valks ermöglicht. Für uns war damit das Risiko, bei einem Angriff auf Köln zu Schaden zu kommen, ausgeschaltet. Mein ältester Bruder Klaus war in Rußland vermißt.

Nach der Verhaftung unseres Vaters am 12. August 1944 zog unsere Mutter von Köln, wo unsere Familie seit 1929 lebte, nach Niederwenigern an der Ruhr, dem Geburtsort unserer Eltern. Die übrigen Geschwister wohnten bei ihr oder in ihrer Nähe.

Vor Weihnachten 1944 ließ mich meine Mutter zu sich holen; wir rückten wohl unter dem Druck der Kriegsereignisse näher zusammen. Die letzten Wochen vor der Befreiung durch die Amerikaner verbrachten wir viele Stunden am Tage und bei Nacht in einem ausgekohlten Stollen, der ebenerdig einen Eingang, aber keinen zweiten Ausgang hatte. Wir, und die vielen Dorfbewohner, die hier Schutz suchten, waren damit nur begrenzt sicher.

Entgegen den schrecklichen Erlebnissen der vergangenen Jahre verlief für uns das Kriegsende völlig undramatisch. Nachdem die Amerikaner über die Ruhr übergesetzt hatten, fuhr ein Jeep im Schatten einiger Panzer ins Dorf bis vor die Kirche. Damit war für uns der Krieg zu Ende. Die plötzliche Stille, besonders in den Nächten, war fast unheimlich. Wir hatten das Gefühl von einem Albtraum befreit zu sein. Ich glaube, wir brauchten alle einige Tage um zu erfassen, daß wir leben durften.

Vor einigen Jahren ist mir diese Situation noch einmal sehr deutlich in Erinnerung gekommen. Zusammen mit der Nikolaus-Groß-Schule in Lebach an der Saar habe ich 1992 das Buch meines Vaters „Sieben um einen Tisch" in dritter Auflage herausgebracht. Das Buch schließt mit dem Satz: „Wollte Gott, daß uns die herzinnige Gemeinschaft mit den Sieben ohne große Opfer, ohne Opfer an Leib und Leben erhalten bleibe." Unser Vater hat als einziger unserer Familie nicht überlebt. Wie Sie wissen, wurde er am 23. Januar 1945 mit neun anderen Männern in Berlin-Plötzensee hingerichtet.

Wie haben Sie vom Tod Ihres Vaters erfahren?

Anfang Februar 1945 haben wir von Theodor Hüpgens, einem Berliner Freund unseres Vaters, von seinem Tod erfahren. In einem Schreiben vom 27. Januar 1945 teilte er unserer Mutter mit:

> „Ihr lieber und tapferer Mann ist am vergangenen Dienstag, dem 23. Januar, seinen letzten Gang gegangen. Es war der Tag, an dem Sie, wie Sie uns auf Ihrer Karte vom 24. Januar berichteten, heil und gut wieder daheim anlangten. Auch Nikolaus Groß ist heil und gut heimgegangen. Wir alle sind davon überzeugt, daß der Richter über die Lebenden und Toten ihm die Krone des Lebens verliehen hat."

Wenn man berücksichtigt, daß der Kölner Priester Hans Valks noch am 30. Januar 1945 den Kölner Erzbischof Dr. Josef Frings um ein Gnadengesuch für meinen Vater gebeten hat, muß uns die Todesnachricht unmittelbar danach erreicht haben, denn die ersten Todesanzeigen sind von unserer Familie am 7. Februar 1945 verschickt worden.

Mir ist in Erinnerung, daß an dem betreffenden Tag meine Mutter und die übrigen Geschwister sehr weinten. Meiner kleineren Schwester Leni und mir hatten sie nicht sofort gesagt, daß der Vater tot ist. Auch danach habe ich die schreckliche Gewissheit nicht begriffen und mich gegen die Vorstellung gewehrt, daß der Vater nicht mehr zurückkommt. Noch einige Zeit nach Kriegsende hatte ich die Vorstellung, das Ganze könnte ein Irrtum sein. Ein Leben in unserer Familie ohne unseren Vater war für mich unvorstellbar.

Wie haben die Menschen in Niederwenigern auf die Hinrichtung Ihres Vaters reagiert?

Soweit ich mich erinnern kann, haben die Menschen in Niederwenigern sehr betroffen auf die Nachricht von seinem Tod reagiert. Die Gründe seiner Verhaftung und die Begründung des Todesurteils waren ihnen nicht bekannt, obwohl manche schon eine Verbindung zum Attentat vom 20. Juli 1944 herstellten.
Viele aus dem Dorf waren mit meinem Vater zur Schule gegangen und hatten mit ihm und unserer Mutter die Kindheit verlebt. Unser Vater hatte auch nach seinem Weggang aus Niederwenigern ganz starke Bindungen an seinen Heimatort. Ich denke, daß die Menschen im Dorf spürten, daß er zu nichts Unrechtem fähig war. Da war niemand, der ihm diesen gewaltsamen Tod gönnte. So kann man schon sagen, daß wir ganz unbehelligt geblieben sind.
Auch mir ist in der Schule von meinem Lehrer und den übrigen Kindern nur Mitgefühl entgegengebracht worden. Ich glaube, das läßt ja auch Rückschlüsse auf Stimmungen und Meinungen in diesen Familien zu.
Am 12. Februar 1945 haben wir unter großer Beteiligung der Gemeinde das Seelenamt für den Vater gefeiert. Die starke Anteilnahme, die besonders in der Teilnahme an diesem Gottesdienst zum Ausdruck kam, werte ich schon als Ausdruck von Mitgefühl, Solidarität und christlicher Verbundenheit. In unserer Heimatgemeinde St. Agnes in Köln waren die Reaktionen ähnlich. Hier wurde das Seelenamt in Anwesenheit des Kölner Stadtdechanten am 16. Februar 1945 gefeiert.

Wie war es Ihrer Mutter möglich, eine so große Kinderschar zu versorgen, zu ernähren und zu kleiden?

Unmittelbar nach Kriegsende sind wir nach Köln zurückgekehrt. Unser Haus hatte, wenn auch beschädigt, den Krieg überstanden. Der Kölner Priester Hans Valks hatte ein Schild an unserer Haustüre anbringen lassen: „Dieses Haus steht unter dem Schutz des Erzbischofs von Köln". Dadurch war unsere Habe vor Plünderern gesichert. Welcher Kölner tat schon etwas gegen den „legendären Frings"?

Die wirtschaftliche Situation unserer Familie hat sich wahrscheinlich kaum von der anderer Familien unterschieden. Die Not war zu dieser Zeit unvorstellbar. Die Menschen hungerten, Millionen waren auf der Flucht. Sicher ist, daß die geringe Rente, die auch erst spät einsetzte, nicht ausreichte, die Familie zu ernähren. Über längere Zeit haben wir in unserem Haus in Köln Zimmer vermietet und meine Mutter hat mit Näharbeiten Geld dazuverdient. Für meine Mutter war es sicher eine tröstliche Erfahrung, daß sie von den guten Freunden ihres Mannes nicht verlassen war. Viele haben uns mit Lebensmitteln, Kleidung und Hausbrand geholfen. „Wenn die Not am größten ist, ist Gottes Hilf' am nächsten." Dieser Spruch ist in dieser Zeit in unserer Familie oft gefallen.

Der frühere Reichskanzler Heinrich Brüning hatte zudem den Abschiedsbrief unseres Vaters in amerikanischen Zeitungen veröffentlicht. Er wollte deutlich machen, daß es auch ein anderes Deutschland gegeben hat. Das hatte den nützlichen Nebeneffekt, daß wir über eine Zeit hinweg in den Genuß von Care-Paketen kamen, die uns wieder über die schlimmste Not hinweg halfen. Heute bringe ich diese Hilfen oft in Verbindung mit einem Satz aus dem Abschiedsbrief unseres Vaters; auch wenn er es so materiell vielleicht nicht verstanden wissen wollte:

„Manchmal habe ich mir in den langen Monaten meiner Haft Gedanken darüber gemacht, was wohl einmal aus Euch werden möge, wenn ich nicht mehr bei Euch sein könnte. Längst habe ich eingesehen, daß Euer Schicksal gar nicht von mir abhängt. Wenn Gott es so will, daß ich nicht mehr bei Euch sein soll, dann hat er auch für Euch eine Hilfe bereit, die ohne mich wirkt. Gott verläßt keinen, der Ihm treu ist, und er wird auch Euch nicht verlassen, wenn Ihr Euch an Ihn haltet."

Nach dem Beistand, den unsere Mutter unserem Vater in den fünf Monaten seiner Haft gegeben hat, war es schon eine überragende Leistung, auch noch unsere große Familie über die Jahre der größten Not zu bringen. Sie hat später oft erzählt, daß sie manchmal nicht wußte, wie es am nächsten Tag weitergehen sollte. Aber immer dann, wenn es irgendwie weiterging, sagte meine Mutter: „Gott hat wieder wunderbar geholfen."
Es hat unsere Mutter tief verletzt, daß die Witwe von Roland Freisler eine hohe Beamtenpension bekam, wohingegen die Witwen der Hingerichteten um ihre berechtigten Ansprüche lange, und zum Teil noch erfolglos kämpfen mußten. Auch den Witwen der in Nürnberg hingerichteten Kriegsverbrecher bescherte der Rechtsstaat im Nachkriegsdeutschland hohe Pensionen und damit ein sorgenfreies Leben.

Gab es Menschen, die sich unter Berufung auf Ihren Vater oder mit Hilfe Ihrer Familie entnazifizieren wollten?

Meine Mutter war nach dem Krieg Mitglied im Entnazifizierungsausschuß der Stadt Köln. Es hat eine Reihe solcher Anfragen gegeben. Letztlich mußten sich aber alle vor diesen Ausschüssen verantworten. Auch die Opfer mußten sich ihre Unbedenklichkeit bescheinigen lassen, so auch meine Mutter.
Ein sehr trauriger Fall ist mir in Erinnerung geblieben, weil ich mit dem Sohn des betreffenden Mannes nach dem Krieg sehr eng befreundet war. Der Vater meines Freundes war Lehrer und weigerte sich lange erfolgreich gegen einen Beitritt zur NSDAP. Schließlich wurde ihm damit gedroht, aus dem Schuldienst entfernt zu werden. Er war bereit, das hinzunehmen. Nach einem ausführlichen Gespräch mit meinem Vater ist er dann doch der Partei beigetreten. Beide waren zu der Überzeugung gekommen, daß man gerade im Schuldienst das Feld nicht nur den Nazis überlassen dürfe. Mein Vater sicherte ihm zu, nach Kriegsende sich für ihn zu verwenden. Dazu kam es ja nun nicht mehr. Dieser Lehrer konnte zwar nicht entlassen

werden, er durfte aber keinen Unterricht mehr erteilen, obwohl sich meine Mutter in Kenntnis der getroffenen Absprache für ihn verbürgte. Als besondere Härte mußte er an seiner Schule die Toiletten säubern. Es war unglaublich entwürdigend. Erst im späteren Entnazifizierungsverfahren wurde er aufgrund der Aussagen meiner Mutter voll rehabilitiert. Ich weiß heute noch, daß mein Rechtsempfinden damals sehr strapaziert war, weil man sah, daß man die Kleinen fing und die Großen laufen ließ.

Wie sehen Sie die Beziehungen zwischen den Kindern der Opfer und der Täter?

Ich gebe durchaus zu, daß ich mit dieser Situation nicht gut zurechtkomme. Wenn ich einmal von einigen Ausnahmen absehe, kann ich mir gut vorstellen, daß die Nachkommen der Täter unter einer großen Belastung zu leben haben. Die Morde und Greueltaten in Verbindung mit dem eigenen Vater bringen zu müssen, stelle ich mir sehr schrecklich vor.
Ich habe vor einiger Zeit gehört, daß sich Nachkommen von Opfern und Tätern getroffen und versucht haben, ihre gemeinsame geschichtliche Vergangenheit zu bewältigen. Ich vermag nicht mit Sicherheit zu sagen, daß ich zu einem solchen Dialog heute fähig wäre. Vielleicht kann das die Generation nach uns einmal offener und unverkrampfter tun.

Wie hat die Bundesrepublik Deutschland das Lebenswerk Ihres Vaters und anderer Widerstandskämpfer gewürdigt?

Die Bundesrepublik Deutschland gibt es erst seit 1949. Ehrungen von Städten und Gemeinden, von Verbänden und der Kirche gab es bereits seit Kriegsende.
Schon im November 1945 ist für unseren Vater in Krefeld-Uerdingen die erste Straße benannt worden. Im gleichen Monat finden sich eine Reihe Priester zusammen, die versuchen, einen Seligsprechungsprozeß zu beantragen. In den Folgejahren wurden in vielen Städten Straßen, Schulen und Häuser nach ihm benannt. Heute finden sich auch in vielen Kirchen Zeichen des Gedenkens an ihn.
Die staatlichen Organe haben sich seit 1946 durchgängig mit der Würdigung des Widerstandes befaßt. Alle Kanzler und Bundespräsidenten würdigten den Widerstand der Frauen und Männer und ihren Opfertod als Fundament unserer staatlichen Ordnung. An dieser Bewertung hat sich bis heute nichts geändert, wenn auch die Gedenkfeiern etwas verhaltener ausfallen und von der Öffentlichkeit, besonders von den Medien, nicht mehr besonders beachtet worden.
Ich will nicht verkennen, daß mich die zu starke Bewertung des Attentats vom 20. Juli 1944 manchmal gestört hat. Die vielen unterschiedlichen Widerstandskreise fanden in der Regel kaum eine Würdigung.
Kirchlicherseits hätte ich mir darum auch ein stärkeres Engagement in der Frage der Aufarbeitung des Widerstandes von Laien aus christlicher Glaubensüberzeugung gewünscht. Das ist in den vergangenen fünfzig Jahren doch sträflich vernachlässigt worden, sehr im Gegensatz zu der Aufarbeitung der Lebensbilder von

Priestern und Ordensleuten. Die bisherigen Seligsprechungen belegen das leider sehr deutlich.
Ich denke, daß sich gerade die Laien in der Zeit der Verfolgung durch die Nationalsozialisten sehr deutlich in die Kirchengeschichte eingeschrieben haben.

Ihr Vater war ja nicht nur Widerstandskämpfer und Glaubenszeuge, sondern vor allem ein führender Repräsentant der katholischen Arbeiterbewegung.

Unser Vater kam aus einfachen Verhältnissen. Sein Vater war Zechenschmied, er selbst war in seiner Jugend Bergmann. Diese Wurzeln hat er nie geleugnet.
Über die Bildungsangebote des „Volksvereins für das katholische Deutschland" hat er sich in seiner freien Zeit weitergebildet. Über einige Stationen als Gewerkschaftssekretär des Christlichen Bergarbeiterverbandes kam er 1927 verantwortlich in die Redaktion der Westdeutschen Arbeiterzeitung, dem Organ der KAB Westdeutschland.
Es war immer sein Bestreben, die Lebensbedingungen der Arbeiter zu verbessern und ihnen einen geachteten Stand innerhalb der Gesellschaft zu verschaffen. Seine besondere Aufmerksamkeit galt zudem der Situation der Familie und später den Männern, die durch die Kriegsereignisse bedingt von zu Hause fort waren.
Sein Buch „Sieben um einen Tisch" ist heute, nach mehr als einem halben Jahrhundert, immer noch eine gefragte Lektüre.[1]

Im Jahre 1988 hat die Kirche im Bistum Essen den Prozeß der Canonisierung für Nikolaus Groß eingeleitet und Ihr Vater ist zu einer wichtigen Persönlichkeit der Kirchengeschichte geworden. Es ist sicher nicht einfach, mit einem Vater zu „leben", der so im Mittelpunkt des öffentlichen Interesses steht.

Meine Geschwister und ich waren lange Jahre bemüht, uns das Andenken an den Vater als eine ganz private Angelegenheit zu bewahren. Wenn einem nicht einmal ein Grab geblieben ist, möchte man die wenigen Gegenstände der Erinnerung nicht mit anderen Menschen teilen. Dazu zählen insbesondere die Briefe aus dem Gefängnis, die ja nur für unsere Mutter und uns bestimmt waren. In seinem Abschiedsbrief, den er zwei Tage vor seiner Hinrichtung mit gefesselten Händen an uns geschrieben hat, offenbart sich seine ganze Seele im Angesicht des gewaltsamen Todes. Es ist nicht leicht, all dies mit fremden Augen und Ohren zu teilen.
Die Entscheidung, seine gesamten Briefe aus dem Gefängnis zur Veröffentlichung freizugeben, ist uns allen sehr schwer gefallen. Der Historiker Dr. Jürgen Aretz hat diese Aufgabe auf unsere Bitte hin mit großem Einfühlungsvermögen übernommen.
Seit der Eröffnung des Seligsprechungsprozesses 1988 habe ich mich sehr intensiv und bis ins Detail mit dem Leben meines Vaters beschäftigt und auseinandergesetzt. Dabei habe ich mich sehr bemüht, ihn nicht vordergründig aus heutiger Sicht

---

1 Nikolaus Groß: Sieben um einen Tisch, hg. von Bernhard Groß, Duisburg 1992

zu interpretieren, sondern ihn in allen mich beschäftigenden Fragen mit seinen Schriften und Manuskripten selbst antworten zu lassen. Hieraus hat sich für mich das Bild eines Mannes entwickelt, der seinen Weg unbeirrt durch die dunkelste Zeit unserer Geschichte gegangen ist, letztlich im Vertrauen auf Gott und sein Heilswirken an uns Menschen. Das hat mir in meinem Leben immer wieder Mut gemacht und deshalb kann ich besonders heute sehr gut mit dieser Vatergestalt leben, ohne daß ich allerdings ständig an ihm gemessen werden möchte. Bei aller Nähe des Vater-Sohn-Verhältnisses schafft die Vereinnahmung durch die Geschichte eine gewisse Distanz. Dieser Zustand wird sich bei seiner hoffentlich bald erfolgten Seligsprechung vermutlich noch verstärken. Davor habe ich keine Angst. Das glaubensstarke Vorbild meines Vaters und meiner Mutter sind mir ein frohes Hoffnungszeichen in die Zukunft der Kirche in das nächste Jahrtausend.

Heute sind Sie selbst Vater und Großvater. Welches geistige Erbe geben Sie weiter an die Kinder- und Enkelgeneration?

Ich denke, es ist das Bestreben von Eltern, ihren Kindern Werte zu vermitteln, die ihnen eine gute Lebensgestaltung ermöglichen. Wenn man dazu noch auf Vorbilder verweisen kann, deren Leben in allen Bereichen gelungen ist, ermuntert das sicherlich dazu, sein Leben in ähnlicher Weise zu gestalten.
Im Hinblick auf meine Kinder bin ich froh und dankbar, daß sie sich in der Tat dieses Erbes bewußt sind und jeder auf die ihm eigene Art damit verantwortlich umgeht. Das hätte durchaus auch anders aussehen können. Mir ist dabei immer wichtig gewesen, deutlich zu machen, daß man mit einem Vater, der heute im Ruf eines heiligmäßigen Lebens steht, in der Familie sehr gut und unverkrampft leben konnte. Vielleicht auch deshalb, weil wir es damals Gott sei Dank nicht gewußt haben. Sein Freund Alexander Drenker hat seine Gedanken hierzu in einem Zeitungsbericht nach dem Krieg so ausgedrückt. Er schreibt unter dem Datum vom 29. Oktober 1947:

„Fünfzehn Jahre kannte ich ihn, aber erst als er von uns ging, wußte ich, wer er war. Als ich in meinem kleinen Buch das Kapitel über die Heiligen schrieb, dachte ich an ihn, und als ich versuchte, mir ein Bild des Arbeiters zu machen, der Träger einer kommenden Zeit sein wird, war er mein Vorbild. Was ich über den Heiligen und den Arbeiter dachte, habe ich nach seinem Maß gedacht. Nikolaus Groß ist sicherlich nicht unbemerkt durch das Leben gegangen, aber er stand nicht im Vordergrund. Er wußte öffentlich zu sprechen, klar und klug mit einer eindringlichen warmherzigen Überzeugungskraft, aber er war kein großer Redner. Die Sprache seiner Broschüren und Artikel ist geformt, aber er war kein ursprünglich begabter Schriftsteller. Seine Größe und seine Vorbildlichkeit liegen in seinem Menschentum. Er war ein Mensch, in dessen Gegenwart man gut wurde und sich seiner Unzulänglichkeit schämte. Er hatte die Tugenden, die heute am seltensten und zugleich am notwendigsten sind. Er war von einer alles und alle umfassenden Güte, er wußte um die Kraft der Milde, er war aufrichtig und wahrhaftig, starkmütig und er hat nie Aufhebens von seiner außerordentlichen Seelenkraft gemacht. Er hat sich zu einer solchen Reife der Persönlichkeit emporentwickelt, daß das Ungewöhnliche an ihm wie selbstverständlich wirkte. Ich bin überzeugt, daß Nikolaus Groß, der im Leben nicht auf dem ersten Platz stand, in Zukunft zu immer größerem Ansehen gelangen wird. Sein Andenken wird nicht verblassen, sondern das Andenken aller anderen christlichen Arbeiterführer überstrahlen, denn er besaß das, was den berühmten Menschen meistens fehlt: Das vertraute Antlitz. Jeder konnte bei ihm sein besseres Ich wiederfinden. Er hat sich im Grunde genommen durch nichts von uns unterschieden als durch sein größeres Menschentum, ich möchte eigentlich sagen, durch seine größere Heiligkeit."

Prälat Hermann Josef Schmitt, der erste Verbandspräses der KAB nach dem Krieg hat ihn einmal „den kleinen Mann mit der großen Seele" und einen „Heiligen des Alltags" genannt.
Ich möchte meinen Kindern und Enkeln vermitteln, daß Heilige und Selige keine Persönlichkeiten aus einer vergangenen Zeit sind, die mit unserem moderneren Leben in einem Medienzeitalter nichts mehr zu tun haben, sondern daß gerade ihr Leben Sinn macht und daß sie uns darum für unser Leben als Leitgestalten dienen können. Für unsere Familie ist es ganz wichtig, daß wir uns das Bild des Vaters, Großvaters und Urgroßvaters bewahren. Denn Heiligmäßigkeit vollzieht sich in den kleinen Dingen im Alltag des Lebens. Ich bin sicher, daß die Heiligen von morgen heute unerkannt neben uns im Bus und in der Kirche sitzen. Heute bin ich froh und glücklich, und im guten Sinne auch ein wenig stolz, daß Elisabeth und Nikolaus Groß meine Eltern waren.

*Gedenktafel für Nikolaus Groß am Eingang der Nikolaus-Groß-Schule in Bottrop
gestaltet von Tisa von der Schulenburg*

| M 103 | Pax-Christi - Gedenkstätte der Menschen
"aus allen Völkern +   Stämmen + Nationen + Weltanschauungen" |
|---|---|

ABBE FRANZ STOCK+++ H
+++ERICH KLAUSENER+
+NIKOLAUS GROSS+++
++P.ALFRED DELP S.J.++
++R.D.KARL KOCH+++
MARANATHA ++++++
+++TUET BUSSE+++

Der Name von Nikolaus Groß ist in der Pax-Christi-Kirche in Essen auf den Boden geschrieben, nahe bei den Namen von Erich Klausener, P. Alfred Delp SJ , Abbé Franz Stock - unter bisher insgesamt 1003 Namen: von Christen, Juden, Moslems, Glaubenden und Nichtglaubenden, Gefallenen der Kriege, KZ-Opfer ebenso wie Menschen, die durch Kriege auf Straßen und in Häusern heute, durch Mafia und Terrorismus getötet wurden. Die Namen sind auf Tontafeln gebrannt und in den Boden der Unterkirche (das Gotteshaus hat zwei Ebenen) eingelassen.

Dazu 80 Namen von Ländern und Orten. Es sind Orte und Namen, die man kennt: Belfast, Stalingrad, Biafra, Lhasa, Temesvar, München 1972, Peking 1989, Heysel-Stadion 1985, Melanie und Karola Weimar, Hanns-Martin Schleyer und sein Fahrer Heinz Marcisz, John Lennon, Dietrich Bonhoeffer, John F. Kennedy, 900 Menschen der People's Temple-Sekte - 1978 in den Massentod getrieben, Savonarola, Sophie und Hans Scholl, Maximilian Kolbe, Edith Stein, Anna Göldin - letzte hingerichtete Hexe in Europa, sieben Trappisten - 1996 in Algerien ermordet, Mädchen und junge Frauen aus Flandern - 1996 für die pornographische Szene mißbraucht und getötet; Namen, deren Klang Entsetzen und Trauer erzeugt: Treblinka, Verdun, Hiroshima. Und manche Steine bleiben Steine des Anstoßes: Opfer neben Tätern, die selbst Opfer wurden; Orte des Massakers neben Orten der Rache: Kirjat Schmonah und Maalot in Israel neben sechs südlibanesischen Dörfern.

Nicht um eine 'Topographie der Täter' oder um eine 'chronique scandaleuse' geht es in dieser Kirche, auch nicht darum, Schuld (anderer) unauslöschlich festzuschreiben, - es geht um Erinnern dessen, was 'menschenmöglich' ist und um die Anfrage nach Umkehr und Gewissen bei jedem selbst.

Der Gedanke, die Namen von Opfern tödlicher Gewalt in den Grund der Kirche einzuschreiben und sie im Gottesdienst zu nennen, ist 1949 mit Gründung der Pfarrei gekommen. Es sollten die Erfahrungen mit Diktatur, Krieg und Gewalt beim äußeren Wiederaufbau nicht vergessen, sondern zum Anstoß werden, sich einzusetzen für Wahrheit, Gerechtigkeit und Freiheit - im Sinne Jesu Christi. Daher auch der Name der Kirche: Pax-Christi - Friede von Christus! Von ihm ist als wahrhaft zündender Funke in die Menschheitsgeschichte die radikale Botschaft gebracht worden von Wert und Würde eines jeden Menschen, ob Frau oder Mann, Freund oder Feind, und gleich aus welchem Volk, welcher Rasse, Weltanschauung oder politischen Richtung. Kein Mensch ist deshalb Herr über das Leben eines anderen, niemand darf es beschädigen oder gar zerstören.

Bei den Namen auf dem Boden der Kirche hat eine Besucherin, ehemals KZ-Häftling, aus ihrer Erfahrung treffend die Konsequenz gezogen: "Was mir passiert ist, soll keinem anderen Menschen passieren, auch meinem schlimmsten Feind nicht!", also könnte man hinzufügen: keinem Kurden in der Türkei, keinem Christen bei

Kurden, keinem Juden bei Palästinensern, keinem katholischen bei protestantischen Iren - und umgekehrt!"

Aber die Bedrohung bleibt: 'Es ist der Mensch, der den Menschen bedroht'. Gleichsam vor aller Augen wird Tag für Tag das Leben von Frauen, Männern, Jugendlichen und Kindern durch Heimtücke, Lieblosigkeit, Brutalität, Terror oder Verrat ausgelöscht. So geht das 'Auf-den-Boden-schreiben' von Namen weiter (In der Regel wird alle vier Jahre ein neues Namenfeld eingefügt).

Inzwischen ist die Pax-Christi-Kirche zu einem Anziehungspunkt für viele Menschen geworden: Schulklassen, Firmgruppen, Pfarrgemeinden und viele Einzelbesucher kommen und lassen sich bewegen von Schicksalen, von dem, was Menschen aus allen Epochen durch Menschen erlitten, was Menschen gewagt und durchgestanden haben. Viele Besucher sind überrascht, daß hier eine Kirche und Gedenkstätte ist, in der allein der Titel 'Mensch' zählt.

Von den NAMEN "aus allen Völkern + Stämmen + Nationen + Religionen, aus allen Zeiten + Zonen", nach der Konfrontation mit Elend und Glanz des Menschen steigen die Besucher hinauf in die sogenannte Oberkirche, die in Raumgestalt und künstlerischen Zeichen der Hoffnung Ausdruck gibt, daß Trauer und Tod nicht das letzte Wort behalten; für Christen eine Hoffnungsvision, die Kräfte und Richtwerte für verantwortliches Leben zu jeder Zeit vermittelt.

Pfr. Franz-Josef Steprath / Pax Christi Gemeinde

Kontaktanschrift:
Pfarramt Pax-Christi - An St. Albertus Magnus 44 - 45136 Essen
Tel. 0201 / 89 65 650
Fax. 0201 / 89 65 651

| M 104 | **Der Vergleich der Stadtpläne von 1938 und 1998** |

Die Geographie der Städte ist ein Spiegelbild der Geschichte. Die Namensbezeichnungen von öffentlichen Gebäuden, Straßen und Plätzen erteilen Auskunft über die Persönlichkeiten, die für "ehrenwert" gehalten werden. So dokumentieren die folgenden Pläne der Stadt Essen aus den Jahren 1938 und 1998 auch die Veränderungen in Politik, Gesellschaft und Kirche.

Aufgaben (Vergleich der Stadtpläne):

1. Vergleichen Sie die vorliegenden Pläne der Innenstadt. Stellen Sie Unterschiede und Gemeinsamkeiten fest!
2. Das Gesamtverzeichnis der Stadtpläne enthält darüber hinaus eine Reihe von Namen, die sich nicht im Bereich der Innenstadt befinden. In der folgenden diachronen Übersicht werden diese Namen exemplarisch gegenübergestellt:
Hermann Göring Straße / 1998: Rüttenscheider Straße
Horst Wessels Platz / 1998: Rüttenscheider Stern
Horst Wessels Straße / 1998: Klarastraße
Terbovenstraße / 1998: Auf der Litten
General Ludendorff Straße / 1998: Lerchenstraße
- / 1998: Bonhoefferstraße
Eickenscheider Fuhr / 1998: Gerhard Stötzel Straße
- / 1998: Julius Leber Weg
Borbecker Straße / 1998: Theodor Hartz Straße
- / 1998: Nikolaus Groß Straße
- / 1998: Von Ossietzky Ring
Mercatorstraße / 1998: Hirtsieferstraße
- / 1998: Leuschnerweg
Rheinstraße / 1998: Heinrich Brauns Straße
   a) Informieren Sie sich anhand des Lexikons über die Biographien der genannten Persönlichkeiten.
   b) Erläutern Sie Weltanschauung und Wertesystem, die den unterschiedlichen Namengebungen zugrundeliegen.
3. Andere Plätze und Straßen, wie etwa die "Karl Peters-", die "Hindenburg-", oder die "von Seecktstraße" haben ihre Namen beibehalten. Informieren Sie sich ebenfalls über die Biographien dieser Persönlichkeiten und erörtern Sie die Frage, ob Sie diese Menschen für "ehrenwert" halten.
4. Nach der Wende im Osten Deutschlands haben sich viele Politiker dafür ausgesprochen, Denkmäler zu beseitigen und Straßen neu zu benennen. Wie beurteilen Sie diese Forderung?
5. Welche Kriterien sollten nach Ihrer Auffassung für die Namengebung von Straßen und Plätzen maßgeblich sein?
6. Überlegen Sie gemeinsam mit Ihrem Kunstlehrer/Ihrer Kunstlehrerin, wie man ein Denkmal gestalten könnte, das in würdiger Weise an die Opfer des Nationalsozialismus erinnert.

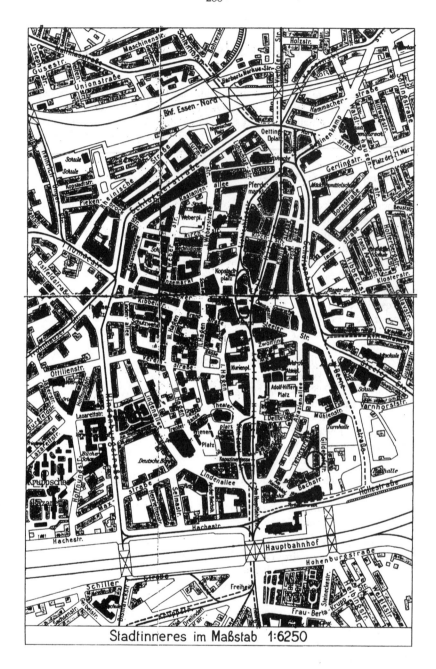

Stadtinneres im Maßstab 1:6250

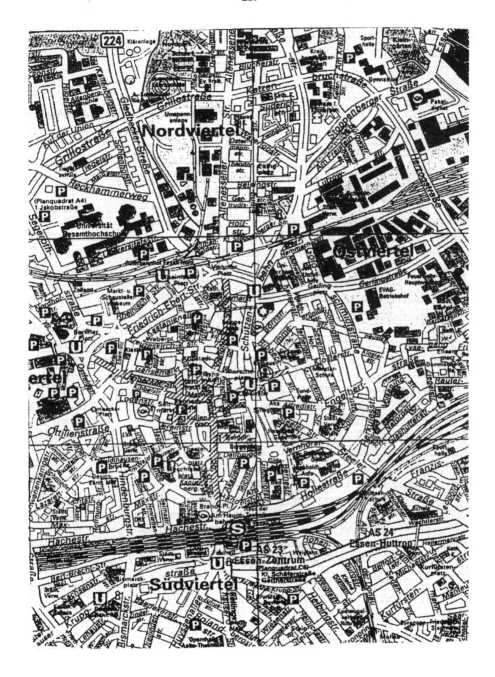

2. Christliche Weltverantwortung und Martyrium
(Religion und Geschichte M 31, 51, 52, 80-83, 87-90, 92, 93, 97, 105-107)

In der Zeit von 1933 bis 1945 zeigt das Leben und Wirken einzelner die Unvereinbarkeit der nationalsozialistischen Ideologie mit dem christlichen Glauben. Dies manifestiert sich im Schicksal jener Männer und Frauen, die „im Stillen und in der Öffentlichkeit aus christlicher Überzeugung gegen die nationalsozialistischen Machthaber tätig waren, Verfolgte versteckten, Hilfe zur Flucht leisteten, Zwangsarbeitern und Kriegsgefangenen halfen und deswegen mit ungerechter Gewalt verfolgt, bestraft, interniert und sogar getötet wurden" (Wort der Bischöfe zum Jahrestags des Kriegsendes, 1995).

Die Kirche kann angesichts ihrer Schuld und ihres Versagens das Lebenszeugnis einzelner nicht vereinnahmen. Das Zeugnis jener, die sich aufgrund ihres christlichen Glaubens gegen Unrecht und Gewalt und für die Würde des Menschen einsetzten, hat Vorbildcharakter. Dazu gehört auch das Zeugnis Nikolaus Groß´, der sich im Widerstand der Katholischen Arbeiterbewegung engagierte und deshalb am 23. Januar in Berlin-Plötzensee hingerichtet wurde. Bischof Dr. Luthe hat Nikolaus Groß einen „tapferen Zeugen unseres Glaubens" genannt und ihn „in die Reihe der unzähligen Märtyer Jesu Christi gestellt, von Stephanus bis in unsere Tage". Das Bistum Essen hat durch die Einleitung des mit der Seligsprechung am 7. Oktober 2001 zum Abschluß gebrachten Canonisierungsprozesses deutlich gemacht, daß es Nikolaus Groß nicht nur als politischen Widerstandskämpfer, sondern als Märtyrer der Kirche betrachtet (M 105). Insofern ist die Auseinandersetzung mit dem Martyrium im diachronen Kontext der Geschichte und im weltweiten Kontext der Gegenwart ein unverzichtbarer Bestandteil der christlichen Erinnerungskultur (M 107). Am Beispiel der seligen Männer und Frauen, die für ihren Glauben starben, wird deutlich, daß der christliche Glaube nicht folgenloses Theoretisieren ist, sondern eine Lebenspraxis, die unter Umständen zum Einsatz des eigenen Lebens, zum Martyrium, herausfordert (M 106).
Wenngleich die Herausforderungen der heutigen Gesellschaft andere sind als in der Zeit des „Dritten Reichs", könnten Optionen für heute heißen: Widerstand zugunsten jener, die heute Opfer von Unrecht und Gewalt sind, und jener, die am Rand der Gesellschaft, in der weltweiten Armut, ausgegrenzt aufgrund von Krankheit oder mangelnder Bildung leben müssen.

| M 105 | Hirtenbrief des Bischofs von Essen, Dr. Hubert Luthe, zur Seligsprechung von Nikolaus Groß |

Liebe Schwestern und Brüder!

Am Sonntag, dem 7. Oktober 2001, wird Papst Johannes Paul II. in Rom den Familienvater und Märtyrer Nikolaus Groß selig sprechen. Darin kommt die Überzeugung der Kirche zum Ausdruck, daß er in Treue Christus nachgefolgt ist und ein außergewöhnliches Zeugnis für das Reich Gottes abgelegt hat. Ja mehr noch: Wir dürfen in ihm ein Vorbild christlichen Glaubens sehen und ihn in unseren eigenen Anliegen als Fürsprecher bei Gott anrufen. Seine Seligsprechung, die von unserem Bistum vorbereitet und erbeten wurde, soll ein geistlicher Anstoß für uns alle werden. Dazu möchte ich Sie mit diesem Hirtenwort herzlich einladen.

Es ist eine gute Fügung, daß die erste Seligsprechung in der Geschichte unseres noch jungen Bistums einem katholischen Laien gilt: Am 30. September 1898 in Niederwenigern geboren hat er im Gebiet unserer Diözese als Arbeiter, Bergmann und Gewerkschaftssekretär gearbeitet. Später wirkte er als Redakteur der Westdeutschen Arbeiter-Zeitung und im Verbandsvorstand der KAB. Er war verheiratet und Vater von sieben Kindern. Beruf und Familie gestaltete er sehr bewußt aus seinem christlichen Glauben heraus. Seine religiöse Überzeugung drängte ihn zum Widerstand gegen den Nationalsozialismus und führte schließlich am 23. Januar 1945 zu seiner Hinrichtung durch den Strang in Berlin-Plötzensee. Aus eigener Erinnerung weiß ich, daß ein Totenandenken streng verboten worden war, dennoch aber heimlich in der Druckerei meines Vaters gedruckt wurde.

Wenn wir in den Wochen vor der Seligsprechung verstärkt diesem Märtyrer des 20. Jahrhunderts Aufmerksamkeit schenken, dann geht es jedoch nicht um Heldenverehrung oder um einen christlichen Starkult. Vielmehr soll uns die Überzeugung leiten, daß Gott selbst sich und seine Gnade im Martyrium der Blutzeugen offenbart und daß Gottes Größe in dem aufstrahlt, was wir im Leben der Heiligen und Seligen bewundern. Weil Gott ihnen Kraft und Glaubensstärke geschenkt hat, kann ihr Lebensschicksal für uns zum Ansporn werden. Auch wenn wir in einer anderen Zeit und unter anderen Bedingungen leben, soll ihr Glaubensweg uns Anregungen geben für unseren Weg der Nachfolge.

Drei Wesenszüge an Nikolaus Groß sind mir dabei besonders wichtig.

1. Nikolaus Groß: ein Mann des Gebetes - gehalten im Glauben

Vielleicht ist es für Sie überraschend, wenn ich zuerst davon spreche, daß Nikolaus Groß ein Mann des Gebetes war. Wäre es nicht wichtiger, seine berufliche Laufbahn in den Blick zu nehmen? Ist nicht seine grundlegende Verwurzelung in der Arbeitswelt das, was ihn besonders auszeichnet? Tatsächlich sind unter denen, die von der Kirche heilig- oder seliggesprochen wurden, nur wenige Männer und Frauen, die in der Industrie als Lohnarbeiter tätig waren oder die sich als Gewerkschafter und Verbandsfunktionäre gesellschaftlich und politisch engagiert haben. Bei Nikolaus Groß steht sein aktiver Einsatz in diesen Bereichen des öffentlichen Lebens außer Frage.

Aber es wird sofort deutlich, daß er alles andere als ein geistloser Aktivist war. Seine beruflichen und gesellschaftlichen Aktivitäten waren nicht getrennt von seinem Glauben und seinem geistlichen Leben. Obwohl Nikolaus Groß ohne Zweifel seinen Platz mitten in der Arbeitswelt hatte, war er auch ein zutiefst frommer Mensch. Er zeigt uns, daß man nicht erst in ein Kloster eintreten muß, um sein Leben ganz aus der Verbindung mit Gott zu verstehen und zu gestalten.

Wer Nikolaus Groß begegnete, spürte offensichtlich seine kontemplative Grundhaltung. Der damalige Gefängnispfarrer in Berlin-Plötzensee Peter Buchholz erinnert sich: „Einer der Edelsten und Besten, dem ich in Tegel begegnete und den ich in der Folge mehrere Male in der Woche regelmäßig besuchen konnte, war Nikolaus Groß. Wie oft habe ich ihn kniend vor seinem Zellenschemel gefunden, wenn ich unvermittelt seine Tür aufschloß! Es war geradezu ergreifend, mit welcher Ehrfurcht und Dankbarkeit und gläubiger Hingabe er die heilige Kommunion empfing, die ich ihm bei jedem Besuch reichen konnte."

Für uns erweist sich Nikolaus Groß als ein Vorbild gläubiger Verbundenheit mit Gott, eine Verbundenheit, die in Gebet und Sakramentenempfang ihren sichtbaren und den Alltag prägenden Ausdruck gefunden hat. Sein Glaube und seine Frömmigkeit bedeuten keinen Rückzug aus der Welt; sie waren prägende Bestandteile seiner Arbeit und seines ganzen Lebens.

2. Nikolaus Groß: Gatte und Familienvater - ein Leben voll Liebe

Die Briefe aus dem Gefängnis lassen uns Nikolaus Groß nicht nur als einen Menschen mit starkem Gottvertrauen erkennen. Sie zeigen uns auch, wie sein Denken und Handeln durchgehend von seiner Liebe zu seiner Frau und seinen Kindern bestimmt war. Er verdankt seiner Frau viel; er weiß, daß nicht weniges nur mit ihrer Unterstützung möglich war und daß sie in allen Lebenslagen treu zu ihm gestanden hat. Zeitlebens steht er aber auch zu seiner eigenen Verantwortung für seine Kinder. Was er in zahlreichen Vorträgen und Schriften bedenkt, lebt er auch selbst ganz konkret. Trotz seiner großen beruflichen Beanspruchung und den damit verbundenen Abwesenheiten von der Familie beteiligt er sich aktiv an der Erziehung seiner Kinder, nicht zuletzt indem er auch intensiv ihre Entwicklung verfolgt - bis in die Tage seines Gefängnisaufenthaltes hinein.

In der Ungewißheit der Tage vor seinem Prozeß konnte seine Frau ihm einen Besuch in Berlin abstatten. Welche Freude und welcher Trost war das für Nikolaus Groß! Aber welche Liebe für seine Familie treibt ihn, daß er trotz der eigenen Not und Einsamkeit seine Frau bittet, um der Kinder willen nicht in Berlin zu bleiben, sondern heimzufahren. Seine Sorge gilt zuerst den Seinen. Auch die eigene Gefahr macht aus Nikolaus Groß keinen kleinmütigen Egoisten.

Deutlich wird dies noch ein letztes Mal zwei Tage vor seinem Tod in seinem Abschiedsbrief an seine Frau und seine Kinder. Er schreibt: „Mit inniger Liebe und tiefer Dankbarkeit denke ich an Euch zurück. Wie gut ist doch Gott und wie reich hat Er mein Leben gemacht. Er gab mir seine Liebe und Gnade, und er gab mir eine herzensliebe Frau und gute Kinder. Bin ich ihm und Euch dafür nicht lebenslangen Dank schuldig? Habt Dank Ihr Lieben, für alles, was ihr mir erwiesen. Und verzeiht mir, wenn ich Euch weh tat oder meine Pflicht und Aufgabe an euch schlecht erfüllte."

Bis in die letzten Tage vor seinem Tod gilt also seine Liebe denen, für die er in seinem ganzen Leben Verantwortung übernommen hatte. Seine Liebe zu seiner Familie ist nicht getrennt von seiner tiefen Verwurzelung im Glauben und seiner lebendigen Verbindung mit Gott. Auch sein gesellschaftspolitisches Engagement steht nicht isoliert daneben. Daß bei Nikolaus Groß die verschiedenen Dimensionen des Lebens gerade nicht auseinanderfallen, zeigt vielleicht etwas, was vielen Menschen heute so schwer fällt und was für ein geglücktes Leben doch notwendig ist.

3. Nikolaus Groß: ein Mann des Gewissens - sein Ende der Galgen

Die Erinnerung an Nikolaus Groß ist untrennbar verbunden mit der Erinnerung an das Ende der Weimarer Republik und die Zeit der nationalsozialistischen Diktatur in Deutschland. Hatte er zuerst vor den Gefahren des Kommunismus gewarnt, so spürte er seit dem Ende der 20er Jahre - früher als viele andere -, daß die größere Bedrohung vom Nationalsozialismus ausging. Schon früh erkannte er den zutiefst unchristlichen und unmenschlichen Charakter dieser Bewegung. Hellsichtiger als andere sah Nikolaus Groß, daß dieses Regime die vollständige Unterwerfung des Menschen verlangte und damit in einem grundlegenden Widerspruch zum Glauben und zur Kirche stand. Unerschrocken kämpfte er in den immer enger werdenden Grenzen des Möglichen mit seinen Veröffentlichungen gegen den nationalsozialistischen Absolutheitsanspruch und für die Glaubens- und Gewissensfreiheit. Er warnte vor Rassismus und Antisemitismus. Als die Westdeutsche Arbeiter-Zeitung 1938 endgültig verboten wurde, beteiligte sich Nikolaus Groß am Neuaufbau der Männerseelsorge in Deutschland.

Diese Arbeit ist vermutlich auch entscheidend für seine Kontakte mit den Kreisen des Widerstandes gegen den Nationalsozialismus. Er lernte Alfred Delp und den Kreisauer Kreis kennen und kam in eine Beziehung zu der zivilen Berliner Widerstandsgruppe. Im sogenannten Kölner Kreis hatte er sich selbst schon an den Überlegungen zur Neugestaltung Deutschlands in der Zeit nach dem Ende des Dritten Reiches beteiligt. Durch seine Verbandsarbeit und die damit verbundenen Reisen leistete er wertvolle Kurierdienste zwischen den verschiedenen Widerstandsgruppen und kannte auch die Pläne für das Attentat vom 20. Juli 1944.

Nikolaus Groß wußte, auf welch gefährlichen Weg er sich mit diesem Engagement begeben hatte. Doch ließ ihm seine Verantwortung vor Gott und den Menschen keine andere Wahl. Der Paderborner Diözesanpräses Caspar Schulte bestätigt auf eindrucksvolle Weise die sittliche Größe und Entschiedenheit der Männer des Widerstands aus den Kreisen der KAB. Er schreibt: „Sie stolperten nicht in den Tod hinein. Sie gingen ihren Weg auch in der Bereitschaft, einen qualvollen Tod um der Freiheit willen auf sich zu nehmen.

Ich sagte Nikolaus Groß am Tage vor dem Attentat: ‚Herr Groß, denken Sie daran, daß sie sieben Kinder haben. Ich habe keine Familie, für die ich verantwortlich bin. Es geht um Ihr Leben.' Darauf gab mir Groß das wirklich große Wort als Antwort: ‚Wenn wir heute nicht unser Leben einsetzen, wie wollen wir dann vor Gott und unserem Volk einmal bestehen.'"

In diesem knappen Satz wird deutlich, wie bedingungslos Nikolaus Groß sich dem verpflichtet fühlt, was ihm sein Gewissen sagt. Nicht einmal die Liebe zu seiner eigenen Familie erlaubt es ihm, sich von den lebensgefährlichen Bemühungen des Widerstandes fernzuhalten. Aus Sorge um seine Familie allerdings schlägt er nach dem Scheitern des Attentats angebotene Fluchtmöglichkeiten aus. Er wird verhaftet, vom Volksgerichtshof in Berlin zum Tode verurteilt und am 23. Januar 1945 am Galgen umgebracht. So endet das Leben eines aufrechten Christen, der unbeirrt seinem Gewissen gefolgt ist und bereit war, dafür auch mit dem eigenen Tod zu bezahlen.

Liebe Schwestern und Brüder,
mit unserem gemeinsamen Blick auf Nikolaus Groß beginnen wir die letzte Etappe auf dem Weg zur Seligsprechung. Nutzen wir sie als eine geistliche Zeit, in der wir auch auf unser eigenes Leben aus dem Glauben schauen. Die Tage der Novene, zu der wir vom 22. bis 30. September alle Gemeinden aufgerufen haben, sind eine Einladung zu dieser geistlichen Besinnung. Lassen wir uns von Nikolaus Groß und seinem Leben befragen: Wie steht es um unseren Glauben? Welchen Stellenwert hat das Gebet in unserem Leben? Wie gelingt es uns, berufliche Verpflichtungen und konkrete Sorge für die uns Anvertrauten zu verbinden? Und schließlich auch: Wo hören wir in den aktuellen Fragen der Gegenwart die Stimme unseres Gewissens und wie folgen wir ihr? Was lassen wir uns Wahrheit und Wahrhaftigkeit kosten? Was bedeuten uns Aufrichtigkeit und Treue in der Begegnung mit anderen Menschen?
Diese Fragen sind niemals ein für allemal beantwortet. Deshalb wäre es auch falsch, wenn wir den 7. Oktober 2001 als einen Schlußpunkt verstünden. Von Herzen dürfen wir uns über die Seligsprechung von Nikolaus Groß freuen. Doch sie ist kein Selbstzweck. Vielmehr muß das eigentliche Ziel ein christliches Leben sein, damit wir alle am Ende unserer Tage vor Gott bestehen können. Im Schlußgebet der heutigen Meßfeier werden wir zu ihm beten: „Gewähre uns deine Hilfe, damit wir so vor dir leben können, wie es dir gefällt." Wenn Nikolaus Groß dabei durch sein Vorbild und seine Fürsprache eine Hilfe ist, kommen alle Bemühungen der vergangenen Jahre zu ihrem eigentlichen Ziel.
Nach menschlichen Maßstäben ist Nikolaus Groß mit seinem Leben gescheitert. Doch darin teilt er das Schicksal Jesu selbst. Trostvoll für alle Unterdrückten ist, was unser Herr im Blick auf die Vollendung im Reich Gottes verheißt: „Dann werden manche von den Letzten die Ersten sein und manche von den Ersten die Letzten." So ist die Seligsprechung von Nikolaus Groß auch ein leuchtendes Zeichen, daß Terror und Gewalt der Mächtigen nicht das letzte Wort behalten. Gott steht zu denen, die sich im Leben als treu erweisen.

Essen, den 6. August 2001

Mit herzlichen Segenswünschen
Ihr

+ Hubert Luthe
Bischof von Essen

Aufgabe:

Wie deutet Bischof Luthe ausgehend vom Lebenszeugnis Nikolaus Groß´ die Aufgabe des Christen in der Welt von heute? Diskutieren Sie diese Deutung!

M 106 — Christliche Weltverantwortung und ihre Märtyrer

(...) Die Annahme und Umsetzung des Zweiten Vatikanischen Konzils hat in Lateinamerika nicht nur Basisgemeinden und Befreiungstheologen hervorgebracht, sondern auch eine große Anzahl herausragender Persönlichkeiten im Bischofsamt. Heute, über 30 Jahre nach Abschluß des Konzils, sind manche von ihnen schon tot, andere leben noch wie Helder Camara, Paulo Evaristo Arns und Pedro Casaldaliga in Brasilien, Silva Henriquez und Jorge Hourton in Chile. Zu dieser Generation gehört auch Oscar Arnulfo Romero, Erzbischof von San Salvador und Märtyrer unserer Zeit. Erzbischof Romero war kein Mietling. Er war ein wirklicher Hirte. Und er wurde zum Märtyrer auf Grund einer Kette von Glaubensentscheidungen im politischen Raum. Wie Dietrich Bonhoeffer, Franz Jägerstätter, Nikolaus Groß und andere Christen in unserem Land forderte er aktiven Widerstand gegen ungerechte, unmenschliche Maßnahmen staatlichen Terrors. Wie der evangelische Theologe und die beiden katholischen Laien, die gegen den Nationalsozialismus ihr Leben riskierten, ist auch Erzbischof Romero über den Tod hinaus umstritten: War er wirklich ein Märtyrer des Glaubens? Oder wurden Romero, Bonhoeffer, Jägerstätter, Nikolaus Groß und so viele andere Christen "nur" aus politischen Gründen umgebracht? Auf jeden Fall haben sie so gehandelt wie es alle Christen hätten tun sollen. Ihr mutiges Verhalten entschleiert bis heute Unglauben und Lebenslügen, politische Anpassung und als Klugheit getarnte Feigheit.

Wie Erik Peterson in seiner Studie "Zeuge der Wahrheit" in den dreißiger Jahren herausgearbeitet hat, wird mit dem Offenbarwerden Jesu Christi zugleich auch der Antichrist offenbar und erleiden Menschen das Martyrium. "Wenn die Botschaft Jesu (...) eine bloße Philosophie wäre, über die man zu diskutieren hätte, jahrelang, jahrhundertelang, würde es keine Märtyrer geben."

Und: "Angesichts des Offenbarwerdens Jesu Christi muß auch die Sphäre des Politischen offenbar werden." In allen Epochen der Kirchengeschichte kann man feststellen: Märtyrerinnen und Märtyrer starben, weil ihre Glaubensentscheidungen zu Störfaktoren im Betrieb des Politischen wurden. Wer Jesus von Nazaret im Glauben nachfolgt, wer die Offenbarung Gottes in Christus bezeugt, der provoziert. Denn er macht, indem er das erste Gebot - "Ich bin Jahwe, dein Gott, der dich aus Ägypten geführt hat, aus dem Sklavenhaus. Du sollst neben mir keine anderen Götter haben!" (Ex 20,2-3) - heilig hält, sichtbar, daß im Bereich von Staat, Politik und Gesellschaft und Wirtschaft andere Götter Anerkennung beanspruchen. Erzbischof Romero wie Dietrich Bonhoeffer, Franz Jägerstätter und Nikolaus Groß haben aus Glauben in ihrem Leben persönliche Konsequenzen gezogen - ohne sich von der Möglichkeit, dabei das Leben zu verlieren, abschrecken zu lassen. "Wo der Tod nicht mehr herrscht, ist niemand beherrschbar" (Franz Hinkelammert). Deshalb konnten totalitäre Systeme sie nicht gleichschalten. Als Christen erkannten sie: Politische Alternativen und Befreiung sind möglich. Märtyrer sind ein Licht, das die Wirklichkeit besser sehen und verstehen läßt.

Die Erinnerung an sie hilft gegen die Verharmlosung der Zustände. Märtyrer zeigen, worum es bei christlicher Weltgestaltung auch in Zukunft gehen muß.

Quelle: Johannes Meier über einen Märtyrer unserer Zeit. Oscar Romero - die Stimme der Stummen, Ruhrwort, 06.01. 1997

Aufgaben:

1. Informieren Sie sich über den persönlichen Lebensweg und den Märtyrertod von Franz Jägerstätter, Dietrich Bonhoeffer und Oscar Romero.
2. In welchen Punkten vergleicht Meier Oscar Romero mit Nikolaus Groß?
3. Wie verstehen Romero und Groß ihre Aufgabe als Christen in der Welt?
4. Viele Kirchen tragen den Namen eines Märtyrers/einer Märtyrerin der Kirchengeschichte. Versuchen Sie, das Leben und Sterben des Namenspatrons einer Kirche in Ihrer Umgebung zu recherchieren und zu dokumentieren.

| M 107 | Westminster Abbey remembers
Christian victims (1998) |

Im Juni 1998 wurde das Eingangsportal der Westminster Abbey neu gestaltet. In den Nischen wurden - in Anlehnung an eine mittelalterliche Tradition - die Statuen von zehn christlichen Märtyrern des 20. Jahrhunderts aufgestellt. Aus diesem Anlaß erklärte Canon Anthony Harvey of Westminster Abbey: "We decided to use the niches to proclaim a message that the 20th century has been by far the greatest period of Christian martyrdom."

DIETRICH BONHOEFFER, born in Breslau, Germany, in 1906. As a Lutheran, he was fascinated by ecumenism and visited Rome where he was moved by Roman Catholicism. He recognised the danger of Nazism and tried to warn the German Protestant churches. In 1933, he moved to London but returned to Germany to run an illegal seminary. It was shut by the Nazis in 1937 and he left for New York, but as war loomed, chose to return home. He was arrested in March 1943 for resistance activities and was executed days before the arrival of the liberating Soviet forces on April 9, 1945.

ESHER JOHN was born Qamar Zia in a Muslim family in India in 1929. At the age of 17, she began attending a Christian school and was profoundly moved by the faith of her teachers and by the Bible. When her family moved to Pakistan after partition, she continued to develop her faith in secret. After seven years, she fled, terrified of marriage to a Muslim. She took the name of Esher John and started evangelising in the villages around Chichawatni, teaching women to read and working with them in the fields. In 1960, she was found murdered in her bed. Her killer was never traced.

LUCIAN TAPIEDI was born in 1921 in Taupota, Papua New Guinea. His father was a sorcerer, but Tapiedi became a Christian and a teacher. On July 21 1942, the Japanese invaded the island and began murdering missionaries. In north Papua New Guinea, Tapiedi accompanied a group of missionaries trying to escape from the Japanese. They came to a village inhabited by the Orokaiva people, and one of them murdered Tapiedi. The place where he was killed became a shrine and the murderer later converted to Christianity and took the name of Hivijapa Lucian and built a church in the memory of Tapiedi.

WANG ZHIMING was executed in 1973 at a mass rally of more than 10,000 people organised by the Red Guard in the Cultural Revolution. He lived in Wuding county in the region of China where there was a strong Christian community. During the Cultural Revolution (1966-76) the churches were closed and the 2,795 Christians met in secret. Wang Zhiming was a pastor; in May 1969, he was arrested and four years later, at the age of 66, he was condemned to death. In October 1980, Wang Zhiming was "rehabilitated" by party officials and his family were offered compensation.

MARTIN LUTHER KING was born in 1929 and his father was the minister of the Ebenezer Baptist church in Atlanta, Georgia. A vibrant African-American Christianity inspired him to become ordained. He formed the Southern Christian leadership Conference; he combined a Christian vision with an appeal to American democratic rights and used the non-violent methods of Gandhi. He was shot dead in Memphis in 1964, aged 39.

OSCAR ROMERO was the second of 11 children, and at 13 he declared a vocation to the priesthood. In 1977, he became archbishop of San Salvador. In the same month, protesters were attacked by soldiers and a priest known to Romero was murdered. More and more Romero identified with the poor and the persecuted. In May 1979 he visited the Pope and presented him with dossiers on the injustice and violence in El Salvador. But he was isolated inside and outside the church; he was accused by his critics of allying the church with revolutionaries. In March 1980 he was shot dead while celebrating mass.

JANANI LUWUM, a young teacher in Uganda, was converted to charismatic Christianity in 1948. He went to theological college and was ordained a priest in 1956. He got a reputation for creative, energetic leadership and he was consecrated bishop of northern Uganda in 1969. Shortly afterwards, Idi Amin took power after a coup. He sought a good relationship with Luwum, who became the Archbishop of Uganda, Rwanda, Burundi and Boga-Zaire in 1974, but in 1976, Luwum protested to Amin about the violence of the security forces. All the church leaders were summoned to Kampala and ordered to leave the room. Luwum said: "They are going to kill me. I am not afraid." His body was never found.

ELIZABETH of Hesse-Darmstadt was orphaned as a child and came to England to be brought up in the household of her grandmother, Queen Victoria. In 1884, at the age of 20, she married the fifth son of Tsar Alexander II. After the assassination of Grand Duke Sergej, Elizabeth gave away her jewellery and sold her most luxurious belongings and set up the Martha and Mary home in Moscow. They became the Sisters of Love and Charity and their work of prayer and charity flourished. After the 1917 revolution, the Bolsheviks imprisoned and killed hundreds of nuns and priests. Elizabeth was arrested in 1918; she was shot the night after the Tsar and his family were assassinated.

MAXIMILIAN KOLBE died in Auschwitz-Birkenau after offering his life to save a fellow-prisoner, Franciszek Gajowniczek, who had been condemned to death after the successful escape of another prisoner. Kolbe was born in Poland, a devout Catholic; he studied philosophy and theology in Rome. He and six other students set up a group, the Militiae Immaculatae. The group flourished in a community in Warsaw. Kolbe founded another centre in Nagasaki, Japan. When the Nazis arrived, Kolbe was arrested. In the concentration camp, he gave his food to fellow prisoners and continued to celebrate mass. He was killed by lethal injection in 1941. His cell has now become a shrine.

MANCHE MASEMOLA was only 14 in 1928 when her mother and father killed her because she insisted on attending classes on Christianity at the missionary station near her home in Sekhukhuneland, Transvaal, South Africa. Fearful that she would leave them, or refuse to marry, her parents tried to discourage her. She defied them, although she was beaten, and refused to abandon her Christianity. In February 1928 her mother and father took her to a remote place and killed her. She was buried by a granite rock on a lonely hillside. A few days later her younger sister died and was buried beside her. The burial site has become a place of pilgrimage for South African Christians.

Quelle: The Guardian, 10.07.1998

Aufgabe:

Informieren Sie sich über das Leben und Wirken dieser Glaubenszeugen und zeigen Sie, wie sich bei diesen Persönlichkeiten christlicher Glaube und gesellschaftliches und politisches Engagement miteinander verbinden!

3. Schutz des menschlichen Lebens
(Religion, Geschichte, Philosophie, Biologie M 62, 64-73, 108-115)

Die Plausibilität der Unverfügbarkeit menschlichen Lebens ist fraglich geworden. Das zeigen die anhaltenden Debatten um Fortpflanzungsmedizin, Klonierungstechniken, Abtreibung und Sterbehilfe (vgl. auch die niederländische Gesetzgebung zur aktiven Sterbehilfe vom Nov. 2000). Die Eingriffsmöglichkeiten von Molekularbiologie und Reproduktionstechnologie am Anfang des Lebens und die Möglichkeiten zur Lebensverlängerung am Ende des Lebens erfordern neue Verständigungen über die Grenzen des Handelns. Wie läßt sich der Schutz des ungeborenen Lebens begründen? Ist die Tötung auf Verlangen oder gar Tötung ohne Einwilligung am Ende des Lebens moralisch legitimierbar (M 110-111)? Diese ethischen Fragestellungen betreffen den Kern unseres Selbstverständnisses. Es besteht kein Konsens hinsichtlich der Begründung des Schutzanspruchs des menschlichen Lebens:

- Einige Bioethiker betrachten die Tötung behinderter Neugeborener unter bestimmten Umständen als moralisch gerechtfertigt (M 112-113).
- Menschen unterschiedlicher Herkunft und Profession wehren sich gegen die Realisierung dieser Forderungen, die für einen Teil von Behinderten, Alten und Kranken ein Todesurteil bedeuten würden (M 114-115).

Im Rahmen der aktuellen Debatten um die Themenbereiche „lebenswertes" „lebensunwertes" Leben, „Sterbehilfe" und „Tötung auf Verlangen" verbietet es sich, vordergründige und kurzschlüssige Parallelen zum Euthanasieprogramm der Nationalsozialisten herzustellen.
„Mit Recht verwahren sich die Befürworter der Euthanasie gegen die Unterstellung, es ginge bei der gegenwärtigen Debatte um etwas wie den rassenhygienisch motivierten Mord an Behinderten, den die nationalsozialistische Propaganda euphemistisch als „Euthanasie" bezeichnete. Und doch ist die Erinnerung an diese Maßnahmen notwendig, weil sie den Blick schärft für die Gefahr des »tödlichen« Mitleids und der pervertierten Humanität. Sie mahnt zur Wachsamkeit gegenüber einer Haltung, die die Bewältigung von aussichtslosem Leiden nicht mehr ausschließlich im Beistand, in der bis zum Schluß aufrechterhaltenen mitmenschlichen Gemeinschaft sucht, sondern in der Tötung. Zwar spielen die damals so fatalen Außenkriterien des „Lebenswerts" wie soziale Leistungsfähigkeit, Kosten für die Gesellschaft und Belastung der erblichen Volksgesundheit in der heutigen Diskussion meist (noch) keine erhebliche Rolle. Umso wirkungsvoller können sie aber als unbewußter Hintergrund unsere Einstellungen beeinflussen: als latenter Ekel gegenüber geistiger und körperlicher Hinfälligkeit, als Atmosphäre der Altenfeind-

lichkeit, als stillschweigendes Einverständnis mit dem Tötungs- oder Selbsttötungswunsch von Menschen, die sich und anderen zur Last geworden sind."[1]
Es ist darauf hinzuweisen, daß sich die heutigen Debatten um die Reichweite des Schutzanspruches menschlichen Lebens substantiell von dem staatlich durchgeführten, rassenhygienisch begründeten Euthanasieprogramm der Nationalsozialisten unterscheiden. Und doch gibt es gute Gründe, in der gebotenen Differenziertheit, das Euthanasieprogramm der Nationalsozialisten in eine gegenwartsbezogene Thematisierung der aktuellen ethischen Dikussionen einzubeziehen. Denn jenseits der mittels Führerbefehl durchgeführten Euthanasie im Dritten Reich gab es umfangreiche Initiativen, den Behindertenmord scheinbar rechtsstaatlich zu legitimieren und ihm in der Bevölkerung zur Akzeptanz zu verhelfen. Bereits 1940 diskutierten in der Kanzlei des Führers die eingeweihten Tötungsärzte über den Entwurf eines Sterbehilfegesetzes, das die Tötung behinderter Menschen und Tötung auf Verlangen unheilbarer Kranker bündeln sollte. Parallel dazu gab es Pläne, mit dem Mittel des Films die Problematik Euthanasie und Tötung auf Verlangen der Bevölkerung nahezubringen. Diesen Plänen verdankt der Film „Ich klage an" seine Entstehung (M 108 - 109). Im Kontext der Diskussionen um Gesetz und Film tauchen Argumentationsmuster zur Begründung der Euthanasie auf, die für die heutige Debatte um Sterbehilfe, Tötung auf Verlangen nicht unbeachtet bleiben sollten.

Literatur zur Debatte um ethische Fragen am Anfang und Ende des menschlichen Lebens:
– Gott ist ein Freund des Lebens. Herausforderungen und Aufgaben beim Schutz des Lebens. Gemeinsame Erklärung des Rates der Evangelische Kirche Deutschlands und der Deutschen Bischofskonferenz. in Verbindung mit den übrigen Mitglieds- und Gastkirchen der Arbeitsgemeinschaft christlicher Kirchen in der Bundesrepublik Deutschland, Gütersloh/Trier 1989
– Menschenwürdig leben und christlich sterben - Schwerstkranken und Sterbenden beistehen - Die Hospizbewegung - Profil eines hilfreichen Weges in katholischem Verständnis, hg. v. Dt. Bischofskonferenz (=Texte Nr. 47), Bonn 23. Sept. 1993
– Wieviel Wissen tut uns gut? Chancen und Risiken der voraussagenden Medizin. Gemeinsames Wort der Deutschen Bischofskonferenz und des Rates der Evangelischen Kirche in Deutschland zur Woche für das Leben 1997: „Jedes Kind ist liebenswert. Leben annehmen statt auswählen" (=Gemeinsame Texte Nr. 11), Hannover/Bonn 1997
– Günther Rager (Hg.): Beginn, Personalität und Würde des Menschen (=Grenzfragen Bd. 23), Freiburg/München 1997
– Robert Spaemann/Thomas Fuchs: Töten oder sterben lassen? Worum es in der Euthanasiedebatte geht, Freiburg 1997
– Adrian Holderegger (Hrsg.): Das medizinisch assistierte Sterben. Zur Sterbehilfe aus medizinischer, ethischer, juristischer und theologischer Sicht, Freiburg u.a. 1999
– Andreas Frewer, Clemens Eickhoff (Hg.): »Euthanasie« und die aktuelle Sterbehilfe-Debatte. Die historischen Hintergründe medizinischer Ethik, Frankfurt am Main 2000

---

1 Thomas Fuchs, in: Spaemann/Fuchs: Töten oder sterben lassen? Worum es in der Euthanasiedebatte geht, Freiburg 1997, S. 63.

| M 108 | **Gesetz über die Sterbehilfe bei unheilbar Kranken** |

*- Rekonstruierte Fassung aufgrund der Diskussionsprotokolle
einer Konferenz vom Oktober 1940 -*

§ 1

Wer an einer unheilbaren, sich oder andere stark belästigenden oder sicher zum Tode führenden Krankheit leidet, kann auf sein ausdrückliches Verlangen mit Genehmigung eines besonders ermächtigten Arztes Sterbehilfe durch einen Arzt erhalten.

§ 2

Das Leben eines Kranken, der infolge unheilbarer Geisteskrankheit sonst lebenslanger Verwahrung bedürfen würde, kann durch ärztliche Maßnahmen, unmerklich für ihn, beendet werden.

Quelle: Karl Heinz Roth/Götz Aly: Das „Gesetz über die Sterbehilfe bei unheilbar Kranken", in: Karl Heinz Roth (Hrg.): Erfassung zur Vernichtung. Von der Sozialhygiene zum „Gesetz über Sterbehilfe", Berlin 1984, S. 176

| M 109 | Drehbuchsequenz aus dem Film „Ich klage an" |

*133. Bild: Beratung der Geschworenen mit dem
vorsitzenden Richter nach der Zeugenvernehmung*

Schlossermeister Rolfs: Ja, sagen Sie, wenn ich nu - und ich habe mein ganzes Leben Invalidenmarken geklebt - und nu werde ich eines Tages siech, dann bringen sie mich um?

Studienrat Schönbrunn: Aber um Gotteswillen! ... die wichtigste Voraussetzung wäre doch immer, daß es der Kranke will!

Rolfs: Das will doch mancher für den Augenblick.

Apotheker Hummel: Wenn nun einer geisteskrank ist, der will ja manchmal...

Studienrat Schönbrunn: Ja, wenn einer verrückt ist, oder schwermütig oder sonst keinen freien Willen mehr hat, da muß eben der Staat die Verantwortung übernehmen! Überhaupt dürfte das doch kein Arzt nach freiem Ermessen machen. Man müßte Kommissionen einsetzen aus Ärzten und Juristen, richtige Gerichtshöfe - aber man kann doch nicht länger zusehen, wie sich Tausende von Menschen, die in früheren Zeiten längst eines sanften Todes gestorben wären, heutzutage unter furchtbarsten Schmerzen jahrelang hinquälen müssen, bloß weil die Ärzte es fertigkriegen, ihr elendes Leben künstlich zu verlängern.

Bauer Zienicke, langsam: Gott will es. Er schickt das Leid, damit die Menschen seinem Kreuz nachfolgen und zu ewiger Seligkeit gelangen.

Major Döring: Mein lieber Herr Zienicke ... Ihr Christentum in allen Ehren ... ich bin selbst nicht ganz frei davon - aber für *so* grausam möchte ich den lieben Gott doch nicht halten.

Hegemeister Rehefeld: Meine Herren, wenn wir Förster ein Tier angeschossen haben, und es quält sich noch rum, dann geben wir ihm

	eine Gnadenkugel, und wer das nicht tut, der ist ein roher Kerl und kein ehrlicher Waidmann.
Rolfs:	Aber das sind doch Tiere!
Rehefeld:	Ne, nee, lassen Sie man! Der Mensch ist manchmal auch so ein angeschossenes Tier.
Vorsitzender Richter Griebelmeyer:	Meine Herren, es ist zwar für einen Juristen außerordentlich interessant, was Sie da erörtern, aber so einfach doch wieder nicht. Wenn der Herr Studienrat dort rechtbehalten soll, daß man dem einzelnen das Recht zur Tötung nimmt, um es dem Staat zu übertragen - wie es ja bei allen Todesfragen geschieht - dann müßte man für diese ‚medizinischen Gerichte' - will ich mal sagen - natürlich Gesetze erlassen."

Quelle: Karl Heinz Roth: Filmpropaganda für die Vernichtung der Geisteskranken und Behinderten im „Dritten Reich", in: Beiträge zur nationalsozialistischen Gesundheits- und Sozialpolitik. Band 2, Berlin 1985, S. 162f

Aufgaben:

1. Beschreiben Sie die Positionen der einzelnen Geschworenen zur Sterbehilfe unheilbar Kranker. Gliedern Sie nach befürwortenden und ablehnenden Haltungen zur Sterbehilfe.
2. In welchen Fällen soll nach Ansicht einiger Geschworener die Euthanasie an Behinderten praktiziert werden?
3. Wie soll die Euthanasie praktisch umgesetzt werden?
4. Vergleichen Sie die Diskussion der Geschworenen mit dem Sterbehilfegesetzentwurf (M 108)!

| M 110 | Christliche Patientenverfügung (Auszug) |

Patientenverfügung

Für den Fall, daß ich nicht mehr in der Lage bin, meine Angelegenheiten selbst zu regeln, verfüge ich:

An mir sollen keine lebensverlängernden Maßnahmen vorgenommen werden, wenn medizinisch festgestellt ist,

- daß ich mich unmittelbar im Sterbeprozeß befinde, bei dem jede lebenserhaltende Maßnahme das Sterben oder Leiden ohne Aussicht auf erfolgreiche Behandlung verlängern würde,

oder

- daß es zu einem nicht behebbaren Ausfall lebenswichtiger Funktionen meines Körpers kommt, der zum Tode führt.

Ärztliche Begleitung und Behandlung sowie sorgsame Pflege sollen in diesen Fällen auf die Linderung von Schmerzen, Unruhe und Angst gerichtet sein, selbst wenn durch die notwendige Schmerzbehandlung eine Lebensverkürzung nicht auszuschließen ist. Ich möchte in Würde und Frieden sterben können, nach Möglichkeit in Nähe und Kontakt mit meinen Angehörigen und nahestehenden Personen und in meiner vertrauten Umgebung.

Ich bitte um seelsorglichen Beistand.

Maßnahmen aktiver Sterbehilfe lehne ich ab.

Ich unterschreibe diese Verfügung nach sorgfältiger Überlegung und als Ausdruck meines Selbstbestimmungsrechtes. Ich wünsche nicht, daß mir in der akuten Situation eine Änderung meines hiermit bekundeten Willens unterstellt wird. Sollte ich meine Meinung ändern, werde ich dafür sorgen, daß mein geänderter Wille erkennbar zum Ausdruck kommt.

Name: ....
geb. am: ....
Anschrift: ....
Ort, Datum: ....
Unterschrift:

Diese Patientenverfügung wird von mir erneut bestätigt:

Ort, Datum: ....   Unterschrift: .... (...)

Quelle:

Der vollständige Text der von der Deutschen Bischofskonferenz und dem Rat der Evangelischen Kirche herausgegebenen "Christlichen Patientenverfügung - Handreichung und Formular" (hg. 1999) wird als Nr. 15 in der Reihe "Gemeinsame Texte" geführt.

Bestellung: Sekretariat der Deutschen Bischofskonferenz, Kaiserstraße 163, 53113 Bonn

Aufgaben:

1. Diskutieren Sie, ob Patientenverfügungen ein geeignetes Mittel für Patienten sind, um vorsorglich seinen Willen zum Ausdruck zu bringen! Ist das Formular der "Christlichen Patientenverfügung" nach Form und Inhalt geeignet, um seinem Willen vorsorglich Ausdruck zu verleihen?

2. Diskutieren Sie die nachfolgend aufgeführten Fälle und überlegen Sie, ob diese Fälle Anwendungssituationen von Patientenverfügungen sein könnten!

a) Bei einem bewußtlosen Unfallopfer wird eine Patientenverfügung gefunden, die u.a. Reanimationsmaßnahmen untersagt.
b) Ein unheilbar Kranker formuliert eine Patientenverfügung in Kenntnis des voraussichtlichen weiteren, zum Tode führenden Krankheitsverlaufs.
c) Ein Gesunder verfügt für den Fall irreversibler Bewusstlosigkeit den Verzicht auf bestimmte lebenserhaltende Massnahmen. Als Folge eines Unfalls tritt dieser Fall gewissermaßen zufällig tatsächlich ein.

3. Welche Bedeutung hat Krankheit/Behinderung in Bezug auf das Erleben von Einschränkung und Leid? Diskutieren Sie die Frage im Vergleich zu den Erfahrungen von Eltern eines behinderten Kindes (M 114)!

| M 111 | Richtlinie der Bundesärztekammer zur Sterbebegleitung |

[Hinweis: Am 11. September 1998 hat der Vorstand der Bundesärztekammer nach mehrjähriger kontroverser Diskussion die nachfolgenden „Grundsätze zur ärztlichen Sterbebegleitung" veröffentlicht.]

Präambel

Aufgabe des Arztes ist es, unter Beachtung des Selbstbestimmungsrechtes des Patienten Leben zu erhalten, Gesundheit zu schützen und wiederherzustellen sowie Leiden zu lindern und Sterbenden bis zum Tod beizustehen.
Die ärztliche Verpflichtung zur Lebenserhaltung besteht jedoch nicht unter allen Umständen. Es gibt Situationen, in denen sonst angemessene Diagnostik und Therapieverfahren nicht mehr indiziert sind, sondern Begrenzung geboten sein kann. Dann tritt palliativ-medizinische Versorgung in den Vordergrund. Dies darf nicht von wirtschaftlichen Erwägungen abhängig gemacht werden.
Unabhängig von dem Ziel der medizinischen Behandlung hat der Arzt in jedem Fall für eine Basisbetreuung zu sorgen. Dazu gehören u.a.: menschenwürdige Unterbringung, Zuwendung, Körperpflege, Lindern von Schmerzen, Atemnot und Übelkeit, sowie Stillen von Hunger und Durst.
Art und Ausmaß einer Behandlung sind vom Arzt zu verantworten. Er muß dabei den Willen des Patienten beachten. Bei einer Entscheidungsfindung soll der Arzt mit ärztlichen und pflegenden Mitarbeitern einen Konsens suchen.
Aktive Sterbehilfe ist unzulässig und mit Strafe bedroht, auch dann, wenn sie auf Verlangen des Patienten geschieht. Die Mitwirkung des Arztes bei der Selbsttötung widerspricht dem ärztlichen Ethos und kann strafbar sein. (...)

I. Ärztliche Pflichten bei Sterbenden

Der Arzt ist verpflichtet, Sterbenden d. h. Kranken oder Verletzten mit irreversiblem Versagen einer oder mehrerer vitaler Funktionen, bei denen der Eintritt des Todes in kurzer Zeit zu erwarten ist, so zu helfen, daß sie in Würde zu sterben vermögen.
Die Hilfe besteht neben der Behandlung im Beistand und Sorge für Basisbetreuung. Maßnahmen zur Verlängerung des Lebens dürfen in Übereinstimmung mit dem Willen des Patienten unterlassen oder nicht weitergeführt werden, wenn diese den Todeseintritt verzögern und die Krankheit in ihrem Verlauf nicht mehr aufgehalten werden kann. Bei Sterbenden kann die Linderung des Leidens so im Vordergrund stehen, daß eine möglicherweise unvermeidbare Lebensverkürzung hingenommen werden darf. Eine gezielte Lebensverkürzung durch Maßnahmen, die den Tod her-

beiführen oder das Sterben beschleunigen sollen, ist unzulässig und mit Strafe bedroht. (...)

II. Verhalten bei Patienten mit infauster Prognose

Bei Patienten mit infauster Prognose, die sich noch nicht im Sterben befinden, kommt eine Änderung des Behandlungsziels nur dann in Betracht, wenn die Krankheit weit fortgeschritten ist und eine lebenserhaltende Behandlung nur Leiden verlängert. An die Stelle von Lebensverlängerung und Lebenserhaltung treten dann palliativ-medizinische und pflegerische Maßnahmen. Die Entscheidung über Änderung des Therapieziels muß dem Willen des einzelnen Patienten entsprechen.
Bei Neugeborenen mit schwersten Fehlbildungen oder schweren Stoffwechselstörungen, bei denen keine Aussicht auf Heilung oder Besserung besteht, kann nach hinreichender Diagnostik und im Einvernehmen mit den Eltern eine lebenserhaltende Behandlung, die die ausgefallene oder ungenügende Vitalfunktion ersetzt, unterlassen oder nicht weitergeführt werden.
Gleiches gilt für extrem unreife Kinder, deren unausweichliches Sterben abzusehen ist, und für Neugeborene, die schwerste Zerstörungen des Gehirns erlitten haben. Eine weniger schwere Schädigung ist kein Grund zur Vorenthaltung oder zum Abbruch lebenserhaltender Maßnahmen, auch dann nicht, wenn Eltern dies fordern.
Ein offensichtlicher Sterbevorgang soll nicht durch lebenserhaltende Therapie künstlich in die Länge gezogen werden. Wie bei Erwachsenen gibt es keine Ausnahmen von der Pflicht zu leidensmindernder Behandlung, auch nicht bei unreifen Frühgeborenen.

III. Behandlung bei sonstiger lebensbedrohender Schädigung

Patienten mit einer lebensbedrohenden Krankheit, an der sie generell trotz schlechter Prognose nicht zwangsläufig in absehbarer Zeit sterben, haben wie alle anderen Patienten ein Recht auf Beistand, Pflege und Zuwendung. Lebenserhaltende Therapie einschließlich - gegebenenfalls künstlicher - Ernährung ist daher geboten.
Dieses gilt auch für Patienten mit schwersten cerebralen Schädigungen und anhaltender Bewußtlosigkeit (appallisches Syndrom, „sogenanntes Wachkoma"). Bei fortgeschrittener Krankheit kann aber auch bei diesen Patienten eine Änderung des Therapiezieles und die Unterlassung lebenserhaltender Maßnahmen in Betracht kommen. So kann der unwiderrufliche Ausfall weiterer vitaler Organfunktionen die Entscheidung rechtfertigen, auf den Einsatz technischer Hilfsmittel zu verzichten. Die Dauer der Bewußtlosigkeit darf dabei nicht alleiniges Kriterium sein.

Alle Entscheidungen müssen dem Willen des Patienten entsprechen. Bei bewußtlosen Patienten wird in der Regel zur Ermittlung des mutmaßlichen Willens die Bestellung eines Betreuers erforderlich sein.

IV. Ermittlung des Patientenwillens

Bei einwilligungsfähigen Patienten hat der Arzt den aktuell geäußerten Willen des angemessen aufgeklärten Patienten zu respektieren, selbst wenn sich dieser Wille nicht mit den aus ärztlicher Sicht gebotenen Diagnose- und Therapiemaßnahmen deckt. Das gilt auch für die Beendigung schon eingeleiteter lebenserhaltender Maßnahmen. Der Arzt soll Kranken, die eine notwendige Behandlung ablehnen, helfen, die Entscheidung zu überdenken.
Bei einwilligungsunfähigen Patienten ist die Erklärung des gesetzlichen Vertreters z. B. der Eltern, des Betreuers oder des Bevollmächtigten, maßgeblich. (...)
Liegen weder vom Patienten noch von einem gesetzlichen Vertreter Erklärungen vor oder können diese nicht rechtzeitig eingeholt werden, so hat der Arzt so zu handeln, wie es dem mutmaßlichen Willen des Patienten in der konkreten Situation entspricht. (...)
Eine besondere Bedeutung kommt hierbei einer früheren Erklärung des Patienten zu. Anhaltspunkte für den mutmaßlichen Willen des Patienten können seine religiöse Überzeugung, seine Haltung zu Schmerzen und zu schweren Schäden in der ihm verbleibenden Lebenszeit sein. (...)
Läßt sich der mutmaßliche Wille des Patienten nicht anhand der genannten Kriterien ermitteln, so handelt der Arzt im Interesse des Patienten, wenn er die ärztlich indizierten Maßnahmen trifft.

V. Patientenverfügung und Vorsorgevollmacht

Patientenverfügungen, auch Patiententestamente genannt, Vorsorgevollmachten und Betreuungsverfügungen sind eine wesentliche Hilfe für das Handeln des Arztes.
Patientenverfügungen sind verbindlich, sofern sie sich auf die konkrete Behandlungssituation beziehen und keine Umstände erkennbar sind, daß der Patient sie nicht mehr gelten lassen würde. (...)

Quelle: „Sterbenden bis zum Tod beistehen" - Richtlinie der Bundesärztekammer zur Sterbebegleitung, in: Dt. Ärzteblatt 95 (1998) B 1852f.

Aufgaben:

1. Wer soll bei nichteinwilligungsfähigen Patienten die Entscheidung für einen Behandlungsabbruch treffen?
2. Gibt es Parallelen zur nationalsozialistischen Sterbehilfediskussion? Vergleichen Sie die BÄK-Richtlinie mit der Geschworenendiskussion im Film „Ich klage an" (M 109).

| M 112 | **Peter Singer: Euthanasie bei mißgebildeten Säuglingen** |

Es wurde gezeigt (....) „daß die Zugehörigkeit eines menschlichen Wesens zur Spezies Homo sapiens allein keine Bedeutung dafür hat, ob es verwerflich ist, es zu töten; entscheidend sind vielmehr Eigenschaften wie Rationalität, Autonomie und Selbstbewußtsein. Mißgebildete Säuglinge haben diese Eigenschaften nicht. Sie zu töten kann daher nicht gleichgesetzt werden mit dem Töten normaler menschlicher Wesen. Diese Schlußfolgerung beschränkt sich nicht auf Säuglinge, die wegen irreversibler geistiger Zurückgebliebenheit niemals rationale, selbstbewußte Wesen werden können. Bei unserer Erörterung der Abtreibung wurde deutlich, daß die potentielle Fähigkeit eines Fötus, ein rationales, selbstbewußtes Wesen zu werden nicht als Grund dagegen gelten kann, ihn in einem Stadium zu töten, in dem er diese Eigenschaften noch nicht hat - außer wir wären bereit, den Wert des rationalen selbstbewußten Wesens als Grund gegen Empfängnisverhütung und Zölibat gelten zu lassen. Kein Säugling - mag er nun mißgebildet sein oder nicht - hat in gleichem Maße Anspruch auf das Leben wie Wesen, die fähig sind, sich selbst als distinkte Entitäten zu sehen, die in der Zeit existieren. (...)
Eine Frau kann planen, daß sie zwei Kinder haben will. Wenn eines stirbt, während sie im gebärfähigen Alter ist, kann sie an seiner Stelle ein anderes empfangen. Angenommen, eine Frau, die zwei Kinder geplant hat, hat ein normales Kind und bringt dann ein hämophiles zur Welt. Die Belastung, die dieses Kind bedeutet, mag zwar den Verzicht auf ein drittes Kind unvermeidlich machen; sollte aber das mißgebildete Kind sterben, so würde sie noch ein Kind bekommen. Und es ist ebenfalls plausibel, daß die Aussichten auf ein glückliches Leben für ein normales Kind besser wären als für ein hämophiles.
Sofern der Tod des geschädigten Säuglings zur Geburt eines anderen Kindes mit besseren Aussichten auf ein glückliches Leben führt, dann ist die Gesamtsumme des Glücks größer, wenn der behinderte Säugling getötet wird. Der Verlust eines glücklichen Lebens für den ersten Säugling wird durch den Gewinn eines glücklicheren Lebens für den zweiten aufgewogen. Wenn daher das Töten des hämophilen Säuglings keine nachteilige Wirkung auf andere hat, dann wäre es nach der Totalansicht richtig ihn zu töten. (...)

Das Euthanasieproblem im Hinblick auf behinderte Neugeborene ist also recht kompliziert, und wir können es hier nicht ausdiskutieren. Der Kern der Sache ist freilich klar: die Tötung eines behinderten Säuglings ist nicht moralisch gleichbedeutend mit der Tötung einer Person. Sehr oft ist sie überhaupt kein Unrecht.

Quelle: Peter Singer: Praktische Ethik. Stuttgart 1994, S. 179-188

Aufgaben:

1. Wie begründet der Moralphilosoph Peter Singer das Lebensrecht von behinderten Menschen?
2. Wie werden die Begriffe „Person" und „Mensch" von Singer aufeinander bezogen? Diskutieren Sie diese Argumentation kritisch!
3. Setzen Sie sich mit der von Singer beispielhaft durchgeführten Beurteilung des Lebenswertes menschlichen Lebens unter dem Gesichtspunkt der größtmöglichen „Gesamtsumme des Glücks" auseinander!

M 113	**Peter Singer: Aktive und passive Euthanasie**

Wie 1974 vor einem Unterausschuß des US-Senats zu Protokoll gegeben wurde, läßt man jedes Jahr mehrere tausend geistig und physisch behinderte Kinder sterben. Die Frage ist: wenn es richtig ist zuzulassen, daß Kinder sterben, warum ist es dann falsch, sie zu töten? (...)

Die meisten mongoloiden Säuglinge sind relativ gesund und leben viele Jahre. Einige von ihnen jedoch kommen mit einer Sperre zwischen Magen und Darm zur Welt, und wenn diese nicht beseitigt wird, bleibt alles, was der Magen aufnimmt, unverdaut, was letztlich zum Tod führt. Diese sind Kandidaten für die passive Euthanasie. Doch ist die Sperre leicht zu beseitigen und hat nichts mit dem Grad der zu erwartenden geistigen Behinderung des Kindes zu tun. Überdies ist der Tod, der unter diesen Umständen bei passiver Euthanasie erfolgt, zwar gewiß, aber weder rasch noch schmerzlos. Der Säugling stirbt entweder an Wasserentzug oder an Hunger; es kann zwei Wochen dauern, bis der Tod eintritt.

In diesem Zusammenhang sei wiederum an unser früheres Argument erinnert, wonach die Zugehörigkeit eines Wesens zur Spezies Homo sapiens auch keine schlechtere Behandlung rechtfertigt als sie dem Mitglied einer anderen Spezies zuteil wird. Hinsichtlich der Euthanasie jedoch muß das eigens betont werden. Wir bezweifeln nicht, daß es richtig ist, ein schwer verletztes oder krankes Tier zu erschießen, wenn es Schmerzen hat und seine Chance auf Genesung geringfügig ist. „Der Natur ihren Lauf zu lassen", ihm eine Behandlung vorzuenthalten, aber sich zu weigern, es zu töten, wäre offensichtlich falsch. Nur unser unangebrachter Respekt vor der Lehre von der Heiligkeit des menschlichen Lebens hindert uns daran, zu erkennen, daß das, was bei einem Pferd offensichtlich falsch ist, ebenso falsch ist, wenn wir es mit einem behinderten Neugeborenen zu tun haben.

Passive Euthanasie führt also oft zu einem langen Hinausschieben des Todes. Sie bringt irrelevante Faktoren (wie zum Beispiel eine Sperre im Darm oder eine leicht zu heilende Infektion) bei der Auswahl derer ins Spiel, die zum Sterben verurteilt sind. Wenn wir fähig sind zuzugeben, daß unser Ziel ein schneller und schmerzloser Tod ist, sollte nicht der Zufall bestimmen dürfen, ob dieses Ziel erreicht wird oder nicht. Haben wir uns für den Tod entschieden, dann sollten wir sichergehen, daß er auf bestmögliche Weise eintritt.

Quelle: Peter Singer: Praktische Ethik. Stuttgart 1984, S. 200-209

Aufgaben:

1. Wie unterscheidet Peter Singer aktive und passive Euthanasie?
2. Aus welchen Gründen lehnt er die passive Euthanasie ab? Welche Gründe sprechen seiner Meinung nach für aktive Euthanasie? Diskutieren Sie diese Fragen anhand des im Text erwähnten Beispiels vor dem Hintergrund der Begriffe „Mensch" und „Person".
3. Wie ist nach Singers Definitionen die Sterbehilferichtlinie der Bundesärztekammer zu bewerten?
4. Vergleichen Sie Peter Singers Ausführungen mit der Drehbuchszene aus dem Film „Ich klage an"!

| M 114 | **Gedicht verfaßt von Eltern eines behinderten Kindes** |

Ich habe Angst - Ich habe Mut

*Ich habe Mut,
wenn ich in das Gesicht meines Sohnes sehe.
Ich habe Angst,
wenn andere ihn ängstlich anschauen.
Ich habe Mut,
wenn ich sein phantasievolles Spiel betrachte.
Ich habe Angst,*

daß andere seine Liebe zur Welt zurückweisen.
Ich habe Mut,
wenn ich ihn lachend, weinend, glücklich, wütend erlebe.
Ich habe Angst,
daß andere ihn als gefühllos bewerten.
Ich habe Mut,
wenn Johannes mit viel Vertrauen auf andere Menschen zugeht.
Ich habe Angst,
daß ihn eines Tages jemand mißbraucht.
Ich habe Mut,
wenn ich ihn in einem Regelkindergarten mit vielen Kindern,
Erzieherinnen gemeinsam leben und lernen sehe.
Ich habe Angst,
wenn Mütter ihren Kindern verbieten, mit Johannes zu spielen.
Ich habe Mut,
wenn ich erlebe, wie selbstverständlich Menschen Johannes annehmen
und mit ihm umgehen.
Ich habe Angst,
daß ein Anstötz und ein Singer vielen Menschen aus der Seele sprechen.
Ich habe Angst,
daß Zustände wie vor 50 Jahren entstehen.
Ich habe Angst,
weil ich nicht will, daß Johannes die wenigen Menschen, die ihn ernst
nehmen, immer brauchen wird, damit er so sein darf wie er ist.
Ich habe Angst,
immer Angst haben zu müssen, weil die Wissenschaft
eine Grenze ziehen will.
Ich habe Angst,
daß die Politik so eine Wissenschaft als Berechtigung für
menschenunwürdige Entscheidungen benutzt.
Ich habe Angst,
irgendwann keine Kraft mehr zu haben, mich gegen solche Strömungen
wehren zu können.

Ich bekomme Mut,
wenn ich EUCH HIER sehe und höre, wenn ich spüre, daß der
Widerstand mitgetragen wird.
Dann kommt so eine leise Ahnung von einem lebendigen
Leben gemeinsam mit allen MENSCHEN !!!

Ulla und Johannes Kreienburg - Anger

Quelle: Aus der Zeitschrift „zusammen" Heft 9/1989, S. 8

| M 115 | **Bischof Dr. Hubert Luthe: Für eine Kultur des Lebens** |

[Hinweis: Sollten schwerstbehinderte Neugeborene Kinder unmittelbar nach der Geburt getötet werden? Das Thema einer Deutscharbeit eines Gymnasiums sorgte Anfang 1998 für öffentliches Aufsehen. Die Grundlage der Klassenarbeit waren Texte von Peter Singer und Helga Kuhse. Der Bischof von Essen hat sich mit einem Brief in der Sache zu Wort gemeldet.]

Liebe Schwestern und Brüder!

Aus aktuellem Anlaß wende ich mich heute mit diesem Brief an Sie. Wie Sie vermutlich wissen, ist vor einiger Zeit Schülerinnen und Schülern (...) die Aufgabe gestellt worden zu erörtern, ob es erlaubt sei „schwerstbehinderte Neugeborene unmittelbar nach der Geburt schmerzfrei" zu töten.
Der Frage, unter welchen Bedingungen und in welcher Art der pädagogischen Behandlung es verantwortbar ist, ein solches Thema in der Schule zu erörtern, will ich nicht nachgehen. Es ist nicht zu bestreiten, daß junge Menschen mit umsichtiger Verantwortung und pädagogischem Takt zu einer selbständigen Urteilsbildung angeleitet werden sollen. Dies gilt besonders für Fragestellungen, die die Auffassung vom menschlichen Leben insgesamt berühren. Dazu gehören sowohl der Schutz des ungeborenen Lebens als auch die Sterbehilfe.
Die Tatsache, daß im Rahmen der Diskussion um die Sterbehilfe seit Jahren die Frage nach dem Lebenswert menschlichen Lebens und - weit darüber hinausgehend - auch die Frage nach der Erlaubtheit der Tötung eines Menschen gestellt wird, zeigt, daß der ethische Grundkonsens in unserer Gesellschaft ins Wanken geraten ist. Diese Entwicklung fordert uns Christen zur Wachsamkeit und zu Stellungnahme heraus. Wenn ich mich heute mit diesem Wort an Sie wende, so ist mir daran gelegen, sittliche Wahrheiten ins Bewußtsein zu rufen, die keine christliche Sondermeinung darstellen, die vielmehr als grundlegende Menschenrechte und Prinzipien unseres demokratischen Rechtsstaats gelten.

I.

Wir wissen, daß die Erfolge der Medizin, ihre weitreichenden diagnostischen Möglichkeiten und eine immer anspruchsvollere Technik am Anfang und am Ende des menschlichen Lebens in existenzielle Grenzsituationen führen können. Diese Entwicklungen werfen schwerwiegende Fragen auf. Wo liegt die Grenze zwischen Leben und Tod? Wann ist ein Verzicht auf künstlich lebensverlängernde Maßnahmen zulässig? Wie gehen wir mit dem Lebensrecht von Menschen um, die ihr Recht auf Selbstbestimmung noch nicht oder nicht mehr wahrnehmen können? Gibt es einen

Unterschied zwischen Sterbenlassen und aktiver Tötung? Wann ist es uns aufgegeben, uns mit dem Tod vertraut zu machen, ihn anzunehmen? Was ist ein menschenwürdiges, ein christliches Sterben? Nun wurde und wird im Rahmen der öffentlichen Debatte um die Sterbehilfe immer wieder auch die Forderung nach einer aktiven Euthanasie propagiert. Unter aktiver Sterbehilfe werden die bewußte Verabreichung von lebensverkürzend wirkenden Substanzen oder andere unmittelbare Einwirkungen verstanden in der Absicht, den Tod eines kranken und leidenden Menschen - sei es eines Erwachsenen, sei es eines Neugeborenen - herbeizuführen, um auf diese Weise dessen Leiden zu beenden. Mit Blick auf das Ende des Lebens haben die beiden Kirchen in ihrem „Gemeinsamen Wort zur Woche für das Leben 1996" davor gewarnt, „die Frage nach dem Sinn des Leidens durch die Forderung nach aktiver Sterbehilfe zu beantworten", und sie haben sich „für eine Ablehnung jeder Form von aktiver Sterbehilfe und für eine Förderung menschlich-christlicher Sterbebegleitung" eingesetzt. Diese Ablehnung ist begründet in einer Auffassung, die von der Würde und Unantastbarkeit des menschlichen Lebens ausgeht.

II.

Die Unverfügbarkeit des Menschen, seine Unantastbarkeit als Person, bedeuten die Einräumung eines unbedingten Lebensrechts. Sein Leben und das Eintreten seines Todes stehen nicht in der Verfügung anderer Menschen. Ohne solche prinzipielle Grenze für alle Eingriffe wäre die Würde des Menschen preisgegeben. Dies gilt es festzuhalten auch gegenüber jenen Menschen - die nicht mehr in der Lage sind selbstverantwortlich und selbstbestimmt ihren Willen zu bekunden - seien es behinderte Ungeborene oder Neugeborene, komatöse Patienten, geistig Behinderte oder geistig verwirrte alte Menschen. Grundsätzlich gilt: Keiner hat über Wert oder Unwert eines anderen menschlichen Lebens zu befinden. Diese fundamentale sittliche Einsicht hat sich niedergeschlagen im neuzeitlichen Menschenrechtsdenken und im Grundrechtskatalog unserer Verfassung (vgl. GG Art. 1, Abs. 1). Danach ist das Lebensrecht eines Menschen, unabhängig von seinem sozialen Status, seiner Leistungsfähigkeit, seinem Bildungsniveau, seiner Hautfarbe oder seinem Aussehen, seinem Geschlecht, seinem Alter oder seinem gesundheitlichen Zustand. Dieser Grundsatz von der gleichen Würde aller Menschen gilt ohne Einschränkung; auch für ungeborene oder geborene schwerstbehinderte Kinder.

Auf dem Hintergrund dieser Überzeugung ergibt sich, daß jene Auffassungen entschieden abzulehnen sind, die das Lebensrecht des Menschen von dem aktuellen Vorhandensein bestimmter Qualitäten abhängig machen. Seit einigen Jahren haben Thesen des australischen Philosophen Peter Singer Aufsehen erregt, der beim Embryo wie beim Neugeborenen dessen Interessen und schützenswerte Rechte in Frage stellt. Nach diesen Thesen ist der Schwangerschaftsabbruch und sogar die Tötung behinderter Neugeborener ethisch zulässig. Dem ist entgegenzuhalten, daß Glück oder Leiden, Annehmlichkeit oder Behinderung keine Kriterien für das Lebendürfen oder Sterbenmüssen eines Menschen sind; und daß die Unantastbarkeit des menschlichen Lebensrechts nicht gebunden ist an ein erkennbares „Interesse am Leben". Alle Auffassungen eines abgestuften Lebensschutzes gehen von einem reduzierten Personenbegriff aus; sie lassen sich nicht überzeugend begründen.

III.

Liebe Schwestern und Brüder! Die Ehrfurcht vor dem Leben, besonders die Anerkennung der Heiligkeit menschlichen Lebens gehört zum unverzichtbaren Kern des christlichen Glaubens. Diese Überzeugung wird durch das christliche Bild vom Menschen tiefer begründet. Theologisch gesehen bestimmt die Anerkennung des Menschen durch Gott den Menschen als Person. Das Ansehen vor Gott ist unabhängig von menschlicher Anerkennung und Einschätzung. Die Tatsache, daß jeder Mensch nach dem Bild Gottes geschaffen ist (Gen 1,26), begründet die Heiligkeit menschlichen Lebens (Gen 9,6). Gott kennt jeden Menschen und hält seine Hand bereits im Schoß seiner Mutter (Ps 139, 13-16). Unser Glaube erinnert uns daran, daß unser Leben von Gott her kommt und zu Gott hin führt. Er ruft uns dazu auf, im Alltag, besonders aber in extremen Grenz- und Konfliktsituationen, dem menschlichen Leben mit Ehrfurcht und Achtsamkeit zu begegnen. Er fordert uns auf, wachsam zu sein, gegenüber einer Haltung, die die Bewältigung von aussichtslosem Leiden nicht mehr im mitmenschlichen Beistand und in mitmenschlicher Gemeinschaft, sondern in der Tötung sucht. Die Herausforderung, vor der wir Christen stehen, beginnt nicht erst, wenn ein behindertes Kind geboren ist oder ein Mensch unmittelbar dem Sterben entgegengeht, sie erstreckt sich auf das menschliche Leben in allen seinen Phasen und Situationen, sie betrifft unsere ganze Kultur des Zusammenlebens.

Liebe Brüder und Schwestern, ich bitte und bestärke Sie, in Ihren Familien, in Ihrer Gemeinde, in Ihrer Umgebung, in Ihrer Nachbarschaft, den Weg zu einer Kultur des Lebens zu beschreiten, die - inmitten des Lebens - um Leiden, Sterben und Tod weiß und sie annimmt. Auf diesem Weg und in diesem Dienst am Leben begleite Sie der Segen des dreifaltigen Gottes, der ein Freund des Lebens und der die Fülle des Lebens ist.

+ Hubert Luthe, Bischof von Essen

Quelle: Ruhrwort, 28.03.1998

Aufgaben:

1. Wie begründet Bischof Luthe die Unverfügbarkeit und Unantastbarkeit des menschlichen Lebens?
2. Wie kann eine Kultur des Lebens aussehen? Nehmen Sie das Gedicht der Eltern eines behinderten Kindes (M 114) zum Ausgangspunkt Ihrer Überlegungen.

4. Menschenrechte
(Geschichte und Religion M 24, 27, 75, 87-89, 91, 98-103, 116, 117)

Angesichts der Verbrechen des Nationalsozialismus und der Katastrophe des Zweiten Weltkrieges wurde unmittelbar nach dem Ende des Krieges die Forderung nach einer international anerkannten Verankerung der Menschenrechte laut. Da die Rechtskultur auch von der Gedächtniskultur lebt, bedarf sie der historischen Erinnerung. In diesem Sinne kann der Einsatz für die Menschenrechte heute auch als verpflichtendes Erbe des Widerstandes gegen den Nationalsozialismus verstanden werden.

Historisch und systematisch lassen sich die Menschenrechte als Anwortversuche „auf elementare Unrechts- und Leiderfahrungen" verstehen: „Wo Menschen für die Leiden ihrer Mitmenschen wahrnehmungsfähig werden, beginnen sie zu fragen, auf welchen strukturellen Voraussetzungen solches Leid beruht und ob man ihm durch die Umgestaltung derjenigen sozialen und politischen Verhältnisse, die dieses Leid erzeugen oder begünstigen, abhelfen kann" (Für eine Zukunft in Solidarität und Gerechtigkeit, 1997; s. u. M 116).

Die Kodifikation der Menschenrechte erfolgte 1945 in der „Charta der Vereinten Nationen" und 1948 in der „Allgemeinen Erklärung der Menschenrechte der Vereinten Nationen". 1966 folgten zwei UN-Konventionen „über bürgerliche und politische Rechte" sowie „über wirtschaftliche, soziale und kulturelle Rechte." In der Folgezeit wurden diese Kodifikationen weiter entfaltet und in völkerrechtlich verbindlichen Verträgen geregelt. Die Wiener Weltmenschenrechtskonferenz von 1993 hat in ihrem Abschlußdokument die Universalität der Menschenrechte bekräftigt.

Die katholische Kirche vollzog hinsichtlich ihrer Stellung zu den Menschenrechten einen Wandel. Wie der Päpstliche Rat „Iustitia et Pax" im Dokument „Die Kirche und die Menschenrechte" feststellt, gab es „Zeiten in der Geschichte der Kirche, in denen die Menschenrechte in Wort und Tat nicht mit genügender Klarheit und Energie gefördert oder verteidigt wurden". Die katholische Kirche räumt ein, daß ihre Haltung „in den letzten zwei Jahrhunderten gegenüber den Menschenrechten nur zu oft durch Zögern, Einsprüche und Vorbehalte gekennzeichnet war. Gelegentlich kam es auf katholischer Seite zu heftigen Reaktionen gegen jegliche Erklärung der Menschenrechte im Lichte des Liberalismus und des Laizismus (...). Das führte manchmal sogar zu offener Feindschaft und Verurteilung(...)" (ebd.).

In historischer und systematischer Hinsicht bedarf die Genesis menschenrechtlicher Prinzipien und die Stellung der Kirche dazu einer differenzierten Betrachtung (vgl. u.a. die ideellen Grundlagen des Menschenrechtskonzeptes in Dekalog, NT und Naturrechtslehre). Die ausdrückliche Anerkennung menschenrechtlicher Prinzipien begann unter Papst Leo XIII (Rerum novarum, 1891). Die Anerkennung und Verteidigung der Menschenrechte erfolgte in der Enzyklika Pacem in terris von Papst

Johannes XXIII., im Zweiten Vatikanischen Konzil sowie in den Bischofssynoden von 1971 und 1974 und im Dokument des Päpstlichen Rates „Iustitia et Pax" Die Kirche und die Menschenrechte (1975).

Literatur zum Thema „Menschenrechte":

- Norbert Brieskorn. Eine historisch-philosophische Grundlegung, Stuttgart 1997
- Thomas Hoppe: Menschenrechte als Basis eines Weltethos? In: Brennpunkt Sozialethik, hg.v. Marianne Heimnach-Steins, Andreas Lienkamp und Joachim Wiemeyer, Freiburg u.a. 1995
- Franz Hutter und Carsten Tessmer: Die Menschenrechte in Deutschland. Geschichte und Gegenwart, München 1997
- Hans Maier: Wie universal sind die Menschenrechte? Freiburg u.a. 1997
- Zur Behandlung der Menschenrechte im Unterricht, RdErl. d. Ministeriums für Schule und Weiterbildung v. 14.2.1997 III B.5.36-24/0-382/96

Hilfswerke und Menschenrechtsorganisationen:

Zahlreiche Organisationen stellen Unterrichtsmaterialien zum Thema „Menschenrechte" und aktuelle „sheet cases" zur Verfügung und geben Anregungen für ein menschenrechtliches Engagement:

- Adveniat, Bischöfliche Aktion - Hilfe der deutschen Katholiken für die Kirche in Lateinamerika: Geschäftsstelle: 45127 Essen, Am Porscheplatz 7
- amnesty international, Sektion der Bundesrepublik Deutschland e.V., Heerstraße 178, 53108 Bonn
- Misereor, Mozartstr. 9, 52064 Aachen
- Missio. Internationales Katholisches Missionswerk, Pettenkoferstraße 26-28, 80336 München
- Missionszentrale der Franziskaner, Referat Bildung und Menschenrechte, Postfach 200953, 53139 Bonn
- Unesco, Poppelsdorfer Allee 55, 53115 Bonn

| M 116 | Für eine Zukunft in Solidarität
und Gerechtigkeit: Menschenrechte |

Nach christlichem Verständnis sind die Menschenrechte Ausdruck der Würde, die allen Menschen auf Grund ihrer Gottebenbildlichkeit zukommt. Die Anerkennung von Menschenrechten bedeutet gleichzeitig die Anerkennung der Pflicht, auch für das Recht der Mitmenschen einzutreten und deren Rechte als Grenze der eigenen Handlungsfreiheit anzuerkennen. Von der Verwirklichung der Menschenrechte kann nur dann gesprochen werden, wenn die staatliche Rechtsordnung die elementaren Rechte jedes Menschen unabhängig von seinem Geschlecht, seiner Herkunft oder seinen individuellen Merkmalen schützt und diese Ordnung von allen Beteiligten anerkannt wird. Die Pflicht zur Anerkennung und zum Einsatz für die Menschenrechte endet jedoch nicht an den Staatsgrenzen. Eine die Idee der Menschenrechte verwirklichende Gesellschaftsordnung wird erst erreicht sein, wenn diese Rechte weltweit anerkannt und geschützt werden. Davon sind wir noch weit entfernt.

Die „Entdeckungsgeschichte" der Menschenrechte zeigt, daß sie stets in Reaktion auf elementare Unrechts- und Leiderfahrungen formuliert worden sind. Wo Menschen für die Leiden ihrer Mitmenschen wahrnehmungsfähig werden, beginnen sie zu fragen, auf welchen strukturellen Voraussetzungen solches Leid beruht und ob man ihm durch die Umgestaltung derjenigen sozialen und politischen Verhältnisse, die dieses Leid erzeugen oder begünstigen, abhelfen kann. Weil die Bedeutung menschenrechtlicher Sicherungen erst dann voll erfaßbar wird, wenn man die Konsequenzen ihrer Beeinträchtigung erfährt, sind menschenrechtliche Mindestanforderungen stets verbesserungsbedürftig. Der geschichtliche Entwicklungsprozeß macht eine kontinuierliche Fortentwicklung des Menschenrechtsschutzes notwendig.

Dabei haben sich vor allem drei Arten von Menschenrechten herauskristallisiert:

– zum einen individuelle Freiheitsrechte, die den Schutz gegen Eingriffe Dritter oder des Staates in den Bereich persönlicher Freiheit gewährleisten: Religions-, Gewissens- und Meinungsfreiheit; Recht auf faire Gerichtsverfahren; Schutz der Privatsphäre und von Ehe und Familie; Freiheit der Berufstätigkeit und Freizügigkeit;

– zum anderen politische Mitwirkungsrechte, die Möglichkeiten eröffnen, selbst auf das öffentliche Leben Einfluß zu nehmen: Versammlungs- und Vereinigungsfreiheit, aktives und passives Wahlrecht, Pressefreiheit;

– schließlich wirtschaftlich-soziale und kulturelle Grundrechte, die den Anspruch auf Teilhabe an den Lebensmöglichkeiten der Gesellschaft begründen und Chancen menschlicher Entfaltung sichern: Recht auf Bildung und Teilnahme am kulturellen Leben, Recht auf Arbeit und auf faire Arbeitsbedingungen, Recht auf Eigentum, Recht auf soziale Sicherung und Gesundheitsversorgung, auf Wohnung, Erholung und Freizeit.

Die Gewährleistung dieser drei Arten von Rechten ist von unterschiedlichen Bedingungen abhängig. Umstritten ist insbesondere, inwieweit die wirtschaftlichen, sozialen und kulturellen Anspruchsrechte durch staatliche Maßnahmen gewährleistet werden können und sollen. Auf jeden Fall haben die Staaten die Verpflichtung, sich für die Realisierung dieser Rechte einzusetzen.

Die Wahrnehmung der individuellen Grundrechte (z.B. Freiheit der Berufswahl) wird in vielen Fällen erst möglich durch soziale Teilhabechancen (z.B. öffentliche Bildung). Die für eine dynamische Wirtschaft und Gesellschaft nötige individuelle Lern-, Anpassungs-, Mobilitäts- und Wagnisbereitschaft wird durch eine Absicherung gegen elementare Lebensrisiken gefördert. Die Einrichtungen des Sozialstaates, die soziale Sicherung und das öffentliche Bildungs-, Gesundheits- und Sozialwesen haben sich daher zu einem konstitutiven Element der westlichen Gesellschaftsordnung entwickelt. Ihnen wird ein eigenständiger moralischer Wert zugesprochen, da sie das solidarische Eintreten für sozial gerechte Teilhabe aller an den Lebensmöglichkeiten verkörpern. Der Sozialstaat darf deshalb nicht als ein nachgeordnetes und je nach Zweckmäßigkeit beliebig zu „verschlankendes" Anhängsel der Marktwirtschaft betrachtet werden. Er hat vielmehr einen eigenständigen moralischen Wert und verkörpert Ansprüche der verantwortlichen Gesellschaft und ihrer zu gemeinsamer Solidarität bereiten Bürgerinnen und Bürger an die Gestaltung des ökonomischen Systems. Dessen dauerhafte Leistungsfähigkeit und wachsender Ertrag sind wiederum Voraussetzungen dafür, daß die Einrichtungen des Sozialstaates finanzierbar bleiben.

Die Verwirklichung der Grundsätze von Demokratie, Rechtsstaatlichkeit und Sozialstaatlichkeit gelingt in der Praxis meist nur mit Einschränkungen. Nicht alle Bevölkerungsgruppen vermögen sich gleichermaßen zu organisieren und ihre Anliegen in die politischen Prozesse einzubringen. Nicht alle haben den gleichen Zugang zu Informationen. Dadurch entstehen dauerhafte Unterschiede der politischen und wirtschaftlichen Machtverteilung. Es sind vor allem Arbeitslose, Arme, Familien, Ausländer und Jugendliche sowie die mehrfach Benachteiligten, die es schwerer haben als andere, ihre Rechte im Rahmen eines immer komplizierter werdenden Rechtssystems einzufordern. Ohne kompetente Rechtsberatung und -vertretung vor Behörden und Gerichten, oft aber auch schon im Verhältnis zu anderen Privatpersonen lassen sich die durch die Rechtsordnung eingeräumten Chancen nicht wahrnehmen. Selbst im Bereich der sozialen Einrichtungen ist keineswegs gewährleistet, daß deren Leistungen in erster Linie den Bedürftigsten zukommen. Auch hier erreichen diejenigen mehr, die ihre Interessen wirksam zur Geltung zu bringen vermögen.

Die christliche Option für die Armen, Schwachen und Benachteiligten besteht gegenüber diesen Tendenzen auf der Pflicht der Starken, sich der Rechte der Schwachen anzunehmen. Dies liegt auch im langfristigen Interesse des Gemeinwesens und damit auch der Starken. Eine Gesellschaft, welche die nachwachsende Generation und deren Eltern vernachlässigt, stellt ihre eigene Zukunft aufs Spiel. Wer Arbeitslose und Ausländer ausgrenzt, verzichtet auf die Inanspruchnahme ihrer Fähigkeiten und Erfahrungen. Und wenn chronisch Kranken und Behinderten kein menschenwürdiges Leben ermöglicht wird, werden damit elementare Maßstäbe des Zusammenlebens in der Gesellschaft in Frage gestellt.

Quelle: Für eine Zukunft in Solidarität und Gerechtigkeit. Wort des Rates der Evangelischen Kirche in Deutschland und der Deutschen Bischofskonferenz zur wirtschaftlichen und sozialen Lage in Deutschland (=Gemeinsame Texte 9), Bonn 1997

Aufgaben:

1. Erläutern Sie den besonderen Charakter der Menschenrechte als elementare vorstaatliche Rechte!
2. Charakterisieren Sie die Eigenarten der im Text aufgeführten Arten der Menschenrechte.
3. Wie werden die Menschenrechte im Text begründet? Nennen Sie andere mögliche Begründungen der Menschenrechte!
4. Diskutieren Sie, wie ein wirksamer Menschenrechtsschutz heute möglich ist; berücksichtigen Sie die unterschiedlichen Möglichkeiten von Staaten und internationalen Organisationen, aber auch von einzelnen Menschen, die Geltung der Menschenrechte zu sichern, wiederherzustellen und ihre Verletzung zu mindern.

M 117 — Urgent actions - Internationale Eilaktionen der Menschenrechtsorganisation „amnesty international"

Es gibt vielfältige Möglichkeiten, sich aktiv für die Wahrung der Menschenrechte einzusetzen (vgl. auch die Anschriften der Hilfs- und Menschenrechtsorganisationen auf Seite 321). Eine mögliche Aktionsform ist die Teilnahme an Brief-, Fax- oder e-mail-Aktionen von amnesty international, einer weltweit tätigen Menschenrechtsorganisation, die im Jahre 1961 gegründet wurde.

„Seit 1973, als der erste Urgent-action-Aufruf zum schnellstmöglichen Appellschreiben von London aus in alle Welt verschickt wurde, um einen inhaftierten Brasilianer vor Folter und Tod zu bewahren, haben sich die Eilaktionen von amnesty international zu einem globalen Frühwarnsystem gegen Menschenrechtsverletzungen entwickelt. Von Kapstadt bis Reykjavik, von Sydney über Colombo bis Anchorage beteiligen sich über 80000 Appellschreiber regelmäßig an den Eilaktionen von amnesty international, die immer dann gestartet werden, wenn ai erfährt, daß Menschen in akuter Gefahr sind, Menschenrechtsverletzungen zum Opfer zu fallen, wenn sie von Folterungen oder Todesstrafe bedroht sind, wenn sie aus politischen Gründen festgenommen wurden, Morddrohungen erhalten haben oder sich ihr Gesundheitszustand in Haft verschlechtert hat."

Quelle: Wochenschau für die politische Erziehung, Sozial- und Gemeinschaftskunde, 49. Jahrgang, September 1998, Sonderausgabe Sek. I + II, Menschenrechte, in Zusammenarbeit mit ai, S. 74

Amnesty international: Urgent action aus dem Jahre 1999
[Informationen über aktuelle Urgent actions können bei ai abgerufen werden]

>
> amnesty international
> Sektion der Bundesrepublik Deutschland e.V.
> 53108 Bonn
> Telefon: 0228 1 983 73 - 0
> Telefax: 0228 163 00 38
>
> 7. Juli 1999
>
> DROHENDE FOLTER / GESUNDHEITSZUSTAND
> Türkei - Sirri Usta
>
> Am 6. Juli 1999 wurde Sirri Usta von Polizeibeamten in Zivil gewaltsam festgenommen. amnesty international fürchtet, daß er dabei verletzt wurde und nun überdies in Gefahr ist, in Polizeigewahrsam gefoltert oder mißhandelt zu werden.
> Sirri Usta wurde im Istanbuler Stadtteil Nurtepe festgenommen. Gegen 11.00 Uhr vormittags beobachteten Bewohner des Stadtteils, die mit ihm bekannt sind, wie Polizisten in Zivil vor einem Geschäft in der Nähe der Moschee fünf- bis sechsmal auf ihn schossen und versuchten, ihn anzufahren. Er wurde dann in einem der beiden Wagen, die die Polizisten benutzten, fortgebracht. Die Behörden haben seinem Anwalt und amnesty international gegenüber bestätigt, daß er jetzt in der Antiterrorabteilung der Istanbuler Polizeizentrale inhaftiert ist. In den vergangenen zwei bis drei Wochen wurde Sirri Usta von Personen verfolgt, die den Antiterroreinheiten der Polizei zugerechnet werden.
> Sirri Usta war bereits 1996 festgenommen und der Mitgliedschaft in einer verbotenen Organisation angeklagt worden. Später setzte man die Anklage auf Unterstützung einer verbotenen Organisation gemäß Artikel 169 des türkischen Strafrechts herab. 1998 kam er zwar aus dem Gefängnis frei, aber der Prozeß gegen ihn läuft weiter.

In der Polizeihaft hatte man ihn schwer gefoltert, und er hatte Anzeige dagegen erstattet. Bislang konnte amnesty international nicht in Erfahrung bringen, ob gegen die mutmaßlichen Folterer ein Verfahren eingeleitet wurde.

HINTERGRUNDINFORMATIONEN
Wer im Verdacht steht, gegen die Antiterrorgesetze verstoßen zu haben, kann seit der Novellierung des Strafrechts im März 1997 bis zu vier Tage ohne Kontakt zu Familienangehörigen, Freunden oder Anwälten in Polizeigewahrsam gehalten worden. Dieser Zeitraum kann bis zu sieben Tagen ausgedehnt werden. Während dieser Verlängerung haben die Gefangenen das Recht, einen Anwalt zu sprechen, was ihnen aber in den meisten Fällen verwehrt wird.
Zwischen den Verhören werden die Gefangenen unter unhygienischen Bedingungen in stickigen, überfüllten Zellen zusammengepfercht. Da sie keinen Kontakt zur Außenwelt aufnehmen können, sind sie den Verhörbeamten ausgeliefert, Folter kommt zur Anwendung, um "Geständnisse" oder Informationen über illegale Organisationen zu erpressen, um die Gefangenen zu Spitzeldiensten für die Polizei zu bewegen oder als "Strafe" für die mutmaßliche Unterstützung einer verbotenen Organisation. Zu den häufigsten Foltermethoden gehört es, die Gefangenen auszuziehen und ihnen die Augen zu verbinden, sie mit einem eiskalten Hochdruckwasserstrahl abzuspritzen, sie an den auf dem Rücken zusammengebundenen Armen aufzuhängen, ihnen Elektroschocks zuzufügen, sie auf die Fußsohlen zu schlagen, ihr Leben zu bedrohen oder sie sexuell zu mißhandeln.

EMPFOHLENE AKTIONEN: Schreiben Sie bitte Fax- bzw. Telebriefe, Telegramme oder Luftpostbriefe, in denen Sie
• sich über die Berichte besorgt zeigen, denen zufolge Sirri Usta bei seiner Festnahme verletzt wurde und die Behörden auffordern, sicherzustellen, daß er umgehend ärztlich behandelt wird, falls erforderlich;
• darauf drängen, daß Sirri Usta nicht gefoltert oder mißhandelt wird;
• darum bitten, über weitere mögliche Anklagen gegen ihn informiert zu werden: die türkischen Behörden an ihre Verpflichtungen gemäß Gesetz 4229 erinnern, demzufolge Personen, die in Polizeihaft gehalten werden, Zugang zu einem Rechtsbeistand gewährt werden muß sowie die Behörden drängen, sicherzustellen, daß diese Gefangenen innerhalb der im Gesetz 4229 vorgeschriebenen Frist einem Richter vorgeführt werden;
• die türkische Regierung an ihre Verpflichtung nach Artikel 3 der *Europäischen Konvention zum Schutze der Menschenrechte und Grundfreiheiten* ("Niemand darf der Folter oder unmenschlicher oder erniedrigender Strafe oder Behandlung unterworfen werden") erinnern, die sie als Unterzeichnerstaat eingegangen ist;
• um Informationen darüber bitten, ob aufgrund der Beschwerde, die Sirri Usta wegen der in der früheren Haft erlittenen Folter eingelegt hat, rechtliche Schritte gegen die mutmaßlichen Täter unternommen wurden. (...)

Jede urgent action beeinhaltet die Aufforderung, schriftliche Appelle zu richten an Personen und Behörden, deren Adresse sowie Telefon- ggf. Faxnummer angegeben sind. In dem dokumentierten Fall waren u.a. aufgeführt: die Anschriften des Polizeichefs von Istanbul, des Innenministers und des Justizministers der Republik Türkei, des Büros des Ministerpräsidenten in Ankara, der Kanzlei der Botschaft der Republik Türkei in Bonn.

Aufgaben:

1. Welche Menschenrechtsverletzungen werden in der oben dokumentierten Urgent action angesprochen? Und in welchen Erklärungen werden diese Menschenrechte garantiert (vgl. die Einführung S. 320f)?
2. Informieren Sie sich bei den Hilfs- und Menschenrechtsorganisationen (Adressen s.o.) über aktuelle Fälle von Menschenrechtsverletzungen.
3. Vergleichen Sie das oben dokumentierte Beispiel aus dem Jahre 1999 mit dem Schicksal von Nikolaus Groß. Arbeiten Sie Gemeinsamkeiten und Unterschiede heraus.
4. Schreiben Sie - orientiert an dem oben dokumentierten Fall - ein „case sheet", in dem Sie die wesentlichen Informationen über den Fall „Nikolaus Groß" zusammenfassen.
5. Richten Sie - auf der Grundlage dieser Fallbeschreibung - einen fiktiven Appell an die deutsche Reichsregierung, in dem Sie sich für die Freilassung des Gefangenen einsetzen.

5. Die Auseinandersetzung mit dem Neonazismus
(Geschichte: M 8 - 11, 17, 118-120)

Das Lernen aus der Geschichte gehört zu den zentralen Lernzielen eines zukunftsbezogenen Geschichtsunterrichts. Dazu gehört auch die konstruktive und informierte Auseinandersetzung mit allen Versuchen, die deutsche Geschichte dieses Jahrhunderts zu fälschen oder aus neonazistischer Sicht einseitig und schuldverleugnend zu interpretieren. Das folgende Unterrichtsbeispiel (M 118) soll dazu beitragen, die Auseinandersetzung mit dem Neonazismus in den Geschichtsunterricht zu integrieren und zu einem sachgerechten Umgang mit neonazistischer Propagandaliteratur zu befähigen (vgl. auch die Publikationen des Verfassungsschutzes, u.a. "Verfassungsschutzbericht des Landes Nordrhein-Westfalen über das Jahr 2000" zum Rechtsextremismus, S. 9-149; Internet: www.verfassungsschutz.nrw.de).

Es ist damit auch dem Appell verpflichtet, den Joseph Joos als langjähriger Wegbegleiter von Nikolaus Groß an seine Zeitgenossen im Jahre 1957 richtet (M 119). Der Impuls am Ende des Materialbereichs verbindet diesen Appell unter dem Leitwort "wie sollen wir (...) bestehen" mit einer Aufgabe, welche die Gewissenserforschung von Joseph Joos und Nikolaus Groß in die heutige Zeit überträgt (M 120).

| M 118 | Neonazistisches Bild vom Beginn des 2. Weltkrieges |

Der Angriff

Mitteilungsblatt der Deutsch - Völkischen Gemeinschaft (DVG)
Postfach 410 132   D -75 Karlsruhe 41

Nr.1 / 1978

DER ZWEITE WELTKRIEG:

Die Kriegsschuld Polens
Polen als Kriegsurheber und Anstifter des Septemberkrieges 1939

Die im August 1939 alle polnischen Schichten beherrschende Kriegswut und Kreuzzugsstimmung gegen Deutschland fanden in zahllosen Erklärungen und Zeitungsartikeln ihren besonderen Ausdruck, so auch in der Warschauer „Dspesza" vom 20. August 1939:
"Wir Polen sind bereit, mit dem Teufel einen Pakt abzuschließen, wenn er uns im Kampf gegen Hitler hilft. (...) Deutschlands maßvolles Verlangen nach Danzigs Rückkehr zum Reich wurde wütend in "Welteroberungsforderungen" umgemünzt und in die Welt hinausposaunt. Infolge dieser Machenschaften wie auch des damit verbundenen zügellosen Terrors wurde das Reich in eine schwierige Situation gebracht, die schnelle Entscheidungen notwendig machte. Mit der am 24. August beginnenden Mobilmachung hatte die Kriegspsychose in Polen ihren Höhepunkt erreicht. Polen war bereit, den Krieg mit Deutschland um jeden Preis zu erzwingen. Da das Reich die nicht mehr erträglichen mazedonischen Zustände an seiner Ostgrenze nicht mehr weiter hinnehmen konnte, erfolgte - k r i e g s a u s l ö s e n d - der erste Schwertstreich deutscherseits!
Darauf - auf diese e r s t e - deutsche Aktion hatten die internationalen Kriegstreiber geradezu brennend gewartet, um der ohnehin unwissenden Welt - und später den besiegten Deutschen - einbläuen zu können, der

"AGGRESSOR DEUTSCHLAND HABE DAS FRIEDLIEBENDE POLEN
BRUTAL ÜBERFALLEN!"

So oder ähnlich lauteten die sattsam bekannten Propagandasprüche, die bis heute nicht verklungen sind.

„DEUTSCHLAND ALS KRIEGSURHEBER UND DAHER
SCHULDIGER AM ZWEITEN WELTKRIEG"

das war genau das, was das „Weltgewissen" dringend brauchte und immer noch dringend braucht.
(S. Äußerung des Professor Theodor Eschenburg: „Wer die A l l e i nschuld Deutschlands am 2ten Weltkriege bezweifelt, zerstört die Grundlage der Nachkriegspolitik")
Eine Sintflut antideutscher Hetze ergoß sich über die Welt und machte grundlos viele Völker zu Feinden Deutschlands, denen das Reich stets wohlwollend und nur Gutes erweisend gegenübergestanden hatte.
Die internationalen Manipulanten verschweigen hierbei bis auf den heutigen Tag, daß damals - im Sommer 1939 - als das Leben eines jeden einzelnen Volksdeutschen in Polen bedroht und in höchster Gefahr war, für das Reich ein im Völkerrecht anerkannter übergesetzlicher Notstand vorlag, der dadurch begründet war, daß die polnische Regierung weder willens noch fähig war, den Schutz seiner volksdeutschen Staatsbürger hinreichend wahrzunehmen. Hinzu kam, daß sich der weitaus größte Teil des polnischen Volkes an der inszenierten Deutschenhatz beteiligte, sodaß der deutsche Einmarsch in Polen - genau genommen - nichts anderes war als eine Polizeiaktion gegen Terroristen, die ganz sicher Zehntausenden von Volksdeutschen das Leben gerettet hat.

Obige Ausführungen entstammen dem Buch: "Polens Schuld am 2ten Weltkrieg".
Für 10 DM erhältlich beim Verfasser Rudolf Trenkel, Reinickendorfer Str. 45b,
D-2000 Hamburg 73

Quelle: Henryk M. Broder: Deutschland erwacht - Die neuen Nazis. Aktionen und Provokationen Lamuv - Verlag, Querheft 5, Köln 1978, S. 68-69

Hitlers Ansprache vor den Oberbefehlshabern vom 22.8.1939

(...) Das Verhältnis zu Polen ist unerträglich geworden. Meine bisherige polnische Politik stand im Gegensatz zu der Auffassung des Volkes. Meine Vorschläge an Polen (Danzig und Korridor) wurden durch Eingreifen Englands gestört. Polen änderte seinen Ton uns gegenüber. Spannungszustand auf die Dauer unerträglich. Gesetz des Handelns darf nicht auf andere übergehen. Jetzt ist der Zeitpunkt günstiger als in 2-3 Jahren. Attentat auf mich oder Mussolini könnte Lage zu unseren Ungunsten ändern. Man kann nicht ewig mit gespanntem Gewehr einander gegenüber liegen. Eine von uns vorgeschlagene Kompromißlösung hätte von uns verlangt Gesinnungsänderung und gute Gesten. Man sprach wieder in der Versailler Sprache zu uns. Die Gefahr des Prestigeverlustes bestand. Jetzt ist die Wahrscheinlichkeit noch groß, daß der Westen nicht eingreift. Wir müssen mit rücksichtsloser Entschlossenheit das Wagnis auf uns nehmen. Der Politiker muß ebenso wie der Feldherr ein Wagnis auf sich nehmen. Wir stehen vor der harten Alternative zu schlagen oder früher oder später mit Sicherheit vernichtet zu werden.

Hinweis auf die früheren Wagnisse. Auch jetzt ist es ein großes Risiko. Eiserne Nerven. Eiserne Entschlossenheit. Der Gegner hatte noch die Hoffnung, daß Rußland als Gegner auftreten würde nach Eroberung Polens. Die Gegner haben nicht mit meiner großen Entschlußkraft gerechnet.
Unsere Gegner sind kleine Würmchen. Ich sah sie in München.
Ich war überzeugt, daß Stalin nie auf das englische Angebot eingehen würde. Rußland hat kein Interesse an der Erhaltung Polens, und dann weiß Stalin, daß es mit seinem Regime zu Ende ist, einerlei, ob seine Soldaten siegreich oder geschlagen aus einem Kriege hervorgehen.
Litwinows Ablösung war ausschlaggebend. Ich habe die Umstellung Rußland gegenüber allmählich durchgeführt. Im Zusammenhang mit dem Handelsvertrag sind wir in das politische Gespräch gekommen. Vorschlag eines Nichtangriffspakts. Dann kam ein universaler Vorschlag von Rußland. Vor vier Tagen habe ich einen besonderen Schritt getan, der dazu führte, daß Rußland gestern antwortete, es sei zum Abschluß bereit. Die persönliche Verbindung mit Stalin ist hergestellt. Von Ribbentrop wird übermorgen den Vertrag schließen. Nun ist Polen in der Lage, in der ich es haben wollte. (...) Ich habe nur Angst, daß mir noch im letzten Moment irgendein Schweinehund einen Vermittlungsplan vorlegt. Die politische Zielsetzung geht weiter. Anfang zur Zerstörung der Vormachtstellung Rußlands ist gemacht. Weg für den Soldaten ist frei, nachdem ich die politischen Vorbereitungen getroffen habe.
Die heutige Veröffentlichung des Nichtangriffspaktes mit Rußland hat eingeschlagen wie eine Granate. Auswirkungen sind nicht zu übersehen. Auch Stalin hat gesagt, daß dieser Kurs beiden Ländern zugute kommen wird. Die Einwirkung auf Polen wird ungeheuer sein.

Quelle: Hans-Adolf Jacobsen, Der Zweite Weltkrieg in Chronik und Dokumenten, 5. Aufl. Darmstadt,1961, S. 56ff.

Aufgaben:

1. Wie bewertet der Verfasser des Zeitungsartikels die Kriegschuldfrage?
2. Kontrastieren Sie den Inhalt des Zeitungsartikels mit der Ansprache Hitlers vor den Oberbefehlshabern am 22.8.1939 und geben Sie - auf der Grundlage einer vergleichenden Analyse von Primär- und Sekundärquelle - eine objektive Darstellung der Ereignisse, die zum Ausbruch des 2. Weltkriegs geführt haben.
3. Schreiben Sie einen fiktiven Leserbrief an die Zeitung "Der Angriff", in dem Sie die Ergebnisse Ihrer Untersuchung zusammenfassen und eine Gegendarstellung formulieren.
4. Sollte man nach Ihrer Auffassung die Verbreitung nationalsozialistischer Literatur (wie z.B. "Mein Kampf") und neonazistischer Propaganda strafrechtlich verfolgen oder grundsätzlich zulassen? Begründen Sie Ihre Meinung.

| M 119 | Joseph Joos über Nikolaus Groß |

Nikolaus Groß, darüber möchte ich etwas sagen - als Mensch, als Zeuge, als Mahner. Nikolaus Groß als Mensch. Ich wette, daß soundsoviele aus diesem Ort selbst, in dem er beheimatet war, ihn kaum gekannt, kaum beachtet haben. So still, so einfach, so selbverständlich gab er sich. Ich habe 13 Jahre mit ihm zusammengearbeitet. Ich habe ihn gut im Gedächtnis. Ich weiß, daß er ein bescheidener, demütiger, pflichtbewußter, gewissenhafter Mensch, Vater und Schriftleiter war (...).
(...) 1927 kamen gleich zwei zu uns in die Zentrale. Das waren Nikolaus Groß und Bernhard Letterhaus. Beide kamen von den christlichen Gewerkschaften her; beide waren Sekretäre, nicht Funktionäre, sondern wahrhaftige, führende Persönlichkeiten. Der eine war Nikolaus Groß, der Repräsentant, der Schützer und der Förderer der Jugend im Gewerkverein christlicher Bergarbeiter. Bernhard Letterhaus kam vom christlichen Textilarbeiterverband. Was hatte sie zu uns geführt zum Kettelerhaus? Warum haben sie die christlichen Gewerkschaften, die damals stark waren, verlassen? Sie kamen beide, weil sie in eine geistige Bewegung kommen wollten. Sie wollten - das war ihre Vorstellung - sie wollten mithelfen, den Werkmann, das Werkvolk geistig zu bereichern; ihm zu helfen, heraufzusteigen aus der Nacht des Nichtwissens, des Nichtverstehens (...)
Die Gesellschaft von damals unterschied sich noch sehr von der heutigen. "Ich will helfen, einen Typus zu schaffen von Arbeiter, fähig, eine neue Gesellschaft zu tragen". Mit dieser Intention kamen sie zu uns, nicht, um mehr zu verdienen, sondern um mehr zu tun in der e i n e n Richtung (...).

Wir sahen die Schwächen unserer eigenen Bewegung. Liebe Freunde, ich habe Eure Klagen heute gehört über diesen und jenen, der sie nicht versteht, auch im Klerus. Meint Ihr, Ihr hättet mir etwas Neues gesagt? Wir haben damals schon gesehen - 1930/31/32, wie der Geist aus dem sozial-gesinnten Klerus langsam wich. Und wir sahen mit Schmerzen, wie eine Richtung aufkam im kath.-sozialen Deutschland, die eine andere Auffassung hatte von den Dingen. Wir sahen einen Klerus, der sich mehr und mehr auf das Heiligtum zurückzog. Nicht auf die Sakristei. Das kam erst

später. Glaubt mir: Das war unser großer Schmerz, die wir ein Leben, unser Leben hineingelegt hatten in diese große Sache der geistigen Auferstehung im besten Sinne des Wortes: Arbeit für das werktätige Volk. Wir sahen die Demagogen aufsteigen (...)
Nikolaus Groß, Letterhaus, Dr. Müller und ich - wir saßen oft zusammen und haben uns Gedanken gemacht: Wie wird das weiter gehen? Was sollen wir tun? Wir waren einig in einem: Nikolaus Groß ist nicht zum Tode gegangen von ungefähr. Die Entwicklung hatte früher begonnen als wir erwarteten.

Wir haben uns geschworen: Wir geben nicht nach! Wir machen keine Konzessionen! Wir legen uns nicht hin wie das Gras, über das der Sturm hinweggeht! Es gab ja eine Theorie im Lande, die sagte: "Legt Euch hin! Muckt Euch nicht! Der Sturm geht über Euch hinweg und eines Tages (...)!" "Nein", haben wir gesagt, "wir sind dagegen, denn hier beginnt die Verderbnis!" Wir haben nur den Kampf gekannt. Und keine Anpassung! Nikolaus Groß wie wir anderen auch. Wir haben nach 1933 einen Kampf geführt um die Existenz. Nicht um die persönliche, aber um die Existenz der Idee: der Idee einer Kirche, die das Recht hat, im Leben zu stehen und für den Menschen dazusein und nicht für eine Kirche, die sich versteckt hinter der Gefahr (...)

Dann kam der Krieg, von dem wir wußten, daß er kommen würde, denn alles deutete darauf hin. Und von diesem Kriege sagten wir uns: Er ist die einzige Möglichkeit, dieses System loszuwerden (...)

Als Nikolaus Groß, Bernhard Letterhaus und Dr. Müller ihr Leben hingeben mußten, war das eine absolute Konsequenz, eine gerade Linie - Es mußte so kommen! Und ich laß mir von niemandem einreden: Wenn sie doch klüger gewesen wären! Ach, diese klugen Leute, die auch heute wieder aufstehen und uns plausibel machen wollen: Habt acht! Seid Klug! (...)

Aber ich spreche nur von dem Brief, von seinem wunderbaren Text. Dieser Brief ist ein Testament. Dieser Brief ist nicht nur Zeugnis, dieser Brief ist wahrhaftig auch Mahnung! Wofür war er eigentlich Zeuge? Sollen wir nun noch einmal die Frage aufwerfen: Wofür ist ein Zeugnis gegeben worden? Für den Menschen und für Gott, für eine Welt des christlichen Geistes hat er Zeugnis abgelegt, zu der er stand bis zum Tod. Für wahre Freiheit und Menschlichkeit ist er gestorben, für Recht, Gerechtigkeit und Liebe unter den Menschen. Er ist ein Beispiel, wie wir es brauchen. - Wir müssen es lebendig halten in Zeiten der Massengesellschaft, oder - wie man sagt, der Massendemokratie (...)

Nikolaus Groß sagte es mir hie und da - aber auch der Letterhaus: "Sage mal, jetzt haben wir wieder das Lied gesungen "Wunderschön prächtige" und haben die Worte gesungen "Blut, Gut und Leben will ich Dir geben, alles, was immer ich hab, was ich bin" - sind das leere Worte oder denken wir uns etwas dabei?" (...)

Wir müssen uns der Problematik unserer Welt so stellen, wie sich Nikolaus Groß der seinigen gestellt hat. Dann werden wir auch wie er vor dem Herrgott und vor unserem Volke bestehen können. Dazu möge uns Nikolaus Groß als Mensch, Zeuge und Mahner ergreifendes Vorbild sein.

Quelle: Joseph Joos, 20.11. 1957 in Niederwenigern, zitiert nach: K.-H. Rollhoff, Der St. Josef Knappenverein Ückendorf, Gelsenkirchen, 1992

Aufgaben:

1. Wie beurteilt Joos die Haltung des katholischen Klerus zum Nationalsozialismus in den Jahren vor der Machtergreifung?
2. Halten Sie seine Auffassung für nachvollziehbar? Nehmen Sie auf der Grundlage der Dokumente, die Sie im Unterricht analysiert haben, zu dieser Frage Stellung.
3. Joseph Joos richtet an seine Zuhörer den Appell: "Wir müssen uns der Problematik unserer Welt so stellen, wie sich Nikolaus Groß der seinigen gestellt hat." Welche Verpflichtungen ergeben sich für die Menschen in der Bundesrepublik Deutschland aus dem Widerstand und dem Glaubenszeugnis von Nikolaus Groß, Bernhard Letterhaus und Otto Müller?

| M 120 | **Ein Kapitel in einem Geschichtsbuch des Jahres 2050 über die 90er Jahre dieses Jahrhunderts** |

Aufgabe:

Mit der Frage "wie sollen wir vor Gott und unserem Volk bestehen" gibt Nikolaus Groß einen wichtigen Impuls für einen generationenübergreifenden Dialog. Versetzen Sie sich bitte in die Situation Ihrer Enkelkinder im Jahre 2050. Was werden sie in ihren Geschichtsbüchern über unsere Zeit lesen und werden wir vor ihnen bestehen können?

Schreiben Sie ein Kapitel über die 90er Jahre dieses Jahrhunderts! Berücksichtigen Sie in gleicher Weise die positiven und negativen Entwicklungen im politisch-gesellschaftlichen Bereich und verbinden Sie diese "politische Gewissenserforschung" immer auch mit der Frage, ob wir alle unsere Verantwortung "vor Gott und unserem Volk" wahrgenommen haben.

6. Erinnerung und Versöhnung als zukunftsbezogene Aufgaben
(Alle Fachbereiche: M 56-59, 94-97, 102, 103, 120-125)

Der geschichtsbewußte Dialog von Christen und Juden und die Aussöhnung zwischen den Völkern Europas gehören zu den bleibenden Verpflichtungen, die sich aus der deutschen Geschichte in diesem Jahrhundert ergeben. Dieses Thema ist außerordentlich komplex und vielschichtig, so daß es im Rahmen dieser Arbeitshilfe nur exemplarisch behandelt werden kann. Der erste Teil dieses Aufgabenbereiches ist eng verbunden mit dem Punkt II, 2.3.1.der historischen Dokumentation und sucht zukunftsbezogene Antworten auf die bohrende Frage "Wie sollen wir (...) bestehen" (M 59). Die projektbezogenen Formen von Erinnerung und Gedenken, die hier vorgestellt werden (M 121 und 122), werden ergänzt durch die Einladung zur Teilnahme an der Gewissenserforschung, zu der Papst Johannes Paul II. die Weltkirche am Ende des 2. Jahrtausends nach Christus aufgerufen hat (M 123).

Am Ende ihrer Erklärung zum 50. Jahrestag der Befreiung des Konzentrationslagers Auschwitz am 27.1.1995 entwerfen die katholischen Bischöfe die Vision von einem Europa, "dessen Vergangenheit durch die Shoah verdunkelt ist und das in Zukunft ein Kontinent der Solidarität werden soll". Im 2. Teil dieses Themenbereiches geht es daher schwerpunktmäßig um die Konkretisierung dieser Vision und damit um die Aussöhnung zwischen den Völkern Europas, die in den vielfältigen internationalen Partnerschaften von Schulen, Bistümern und Städten zum Ausdruck kommt (M 124). Auch die Überwindung einer ausschließlich nationalen Geschichtsschreibung, der Abbau von Feindbildern und die Schaffung eines europäischen Geschichtsbewußtseins sind wichtige Beiträge zur Aussöhnung (M 125).

| M 121 | „Ich gedenke: Margot Rosenkranz"
Gedenkblatt |

> Ich gedenke יזכור
>
> Margot Rosenkranz
>
> Margot Rosenkranz wurde am 17. Juni 1900 als erstes Kind von Karl und Laura Hartoch in Köln geboren.

... Im Jahre 1906 zog sie mit ihrer Familie nach Essen und wohnte mit Eltern und den sechs Geschwistern in der Renatastraße 22. Dort erlebte sie eine schöne Kindheit, geprägt vom Zusammenhalt einer intakten Familie. Sie war sehr fleißig und half ihrer Mutter im Haushalt. Margot war zudem sehr musikalisch und spielte Klavier, auch vierhändig zusammen mit ihrer Schwester Olga. Ihr Lieblingsstück war die „Petersburger Schlittenfahrt". Ferner sang sie im Synagogenchor, liebte Oper und Konzerte der Essener Symphoniker unter der Leitung Max Fiedlers. Bevorzugt hörte sie Musik von Haydn, Mozart und Schubert.
Mit Erfolg besuchte Margot die Luisenschule in Essen und arbeitete später als Büroangestellte bei der deutschen Reichsbahn.
Außergewöhnlich war, daß sie als junges Mädchen sehr national eingestellt war, denn während des 1. Weltkrieges hißte sie bei Siegen der deutschen Heere die schwarz-weiß-rote Fahne am Hause in der Renatastraße.

Im Jahre 1925 heiratete Margot den Prokuristen Samuel Rosenkranz; sie feierte eine Doppelhochzeit zusammen mit ihrer Schwester Olga. Nach der Hochzeit lebte sie mit ihrem Mann und der am 19. Oktober 1925 geborenen Tochter Hannelore in der Weyerstraße in Essen-Rüttenscheid. Während ihr Ehemann im Zuge geschäftlicher Verbindungen 1938 nach Holland auswandern konnte, fand Margot mit ihrer Tochter Unterkunft im elterlichen Hause in der Renatastraße. Im Jahre 1940 gelang es Samuel Rosenkranz, Frau und Tochter nach Hilversum zu sich zu holen, wo die Familie in der Spoorstraat 13 wohnte. Von dort aus versuchten sie verzweifelt, ein Visum nach Palästina zu bekommen, wo bereits einige Verwandte von Margot lebten. Obwohl schon alles im Hafen von Rotterdam bereitstand, wurde die Hoffnung endgültig durch die Besetzung Hollands zunichte gemacht. „Zur eigenen Sicherheit" evakuierte man Margot und ihre Familie zunächst in ein Ghetto in Amsterdam-Nord; von dort deportierte man sie 1942 wahrscheinlich nach Auschwitz oder Treblinka, wo sie ermordet wurden. Ihr Todestag wurde auf den 8. Mai festgesetzt.

Aufgabe:

Gestalten Sie ein Gedenkblatt für eine jüdische Familie!
Wenden Sie sich dazu an die ALTE SYNAGOGE (Essen):

Stichwort: **„Gedenkbuchprojekt"**

Adresse:

ALTE SYNAGOGE Essen, Steeler Straße 29, 45127 Essen
Tel. 0201 / 8845218 oder 8845223
Fax: 0201/ 8845225

| M 122 | **Wort der deutschen Bischöfe aus Anlaß des 50. Jahrestages der Befreiung des Vernichtungslagers Auschwitz am 27. Januar 1995** |

I. Am 27. Januar 1945 wurden die Konzentrationslager Auschwitz I und Auschwitz-Birkenau befreit. Unzählige Menschen sind dort auf schreckliche Weise umgebracht worden. Polen, Russen, Sinti und Roma sowie Angehörige anderer Nationen. Die überwiegende Mehrheit der Gefangenen und Opfer dieses Lagers waren Juden. Deshalb ist Auschwitz das Symbol für die Vernichtung des europäischen Judentums, die als „Holocaust" oder mit dem hebräischen Wort „Schoa" bezeichnet wird. Das Verbrechen an den Juden wurde von den nationalsozialistischen Machthabern in Deutschland geplant und ins Werk gesetzt. Das „präzedenzlose Verbrechen der Schoa" (Papst Johannes Paul II. am 9. Juni 1991) wirft noch immer viele Fragen auf, denen wir nicht ausweichen dürfen. Die Erinnerung an den 50. Jahrestag der Befreiung in Auschwitz ist für deutsche Katholiken Anlaß, erneut ihr Verhältnis zu den Juden zu überprüfen (...)

II. Schon in früheren Jahrhunderten sahen sich Juden Verfolgung, Unterdrückung, Ausweisung und selbst der Lebensgefahr ausgesetzt. Viele suchten und fanden Zuflucht in Polen. Doch verblieben auch Orte und Gebiete in Deutschland, in denen Juden relativ ungestört leben konnten. Seit dem 18. Jahrhundert bot sich in Deutschland eine neue Chance zu einem friedlichen Zusammenleben. Juden haben zur Entwicklung der deutschen Wissenschaft und Kultur Entscheidendes beigetragen. Dennoch lebte eine antijüdische Einstellung auch im kirchlichen Bereich weiter. Sie hat mit dazu geführt, daß Christen in den Jahren des Dritten Reiches nicht den gebotenen Widerstand gegen den rassistischen Antisemitismus geleistet haben. Es hat unter Katholiken vielfach Versagen und Schuld gegeben. Nicht wenige haben sich von der Ideologie des Nationalsozialismus einnehmen lassen und sind bei den Verbrechen gegen jüdisches Eigentum und Leben gleichgültig geblieben. Andere haben den Verbrechen Vorschub geleistet oder sind sogar selber Verbrecher geworden. Unbekannt ist die Zahl derer, die beim Verschwinden ihrer jüdischen Nachbarn entsetzt waren und doch nicht die Kraft zum sichtbaren Protest fanden. Jene, die bis zum Einsatz ihres Lebens halfen, blieben oft allein.

Es bedrückt uns heute schwer, daß es nur zu Einzelinitiativen für verfolgte Juden gekommen ist und daß es selbst bei den Progromen vom November 1938 keinen öffentlichen und ausdrücklichen Protest gegeben hat, als Hunderte von Synagogen verbrannt und verwüstet, Friedhöfe geschändet, tausende jüdischer Geschäfte demoliert, ungezählte Wohnungen jüdischer Familien beschädigt und geplündert, Menschen verhöhnt, mißhandelt und sogar ermordet wurden. Der Rückblick (...) erinnert daran, „daß die Kirche, die wir als heilig bekennen und als Geheimnis verehren, auch eine sündige und der Umkehr bedürftige Kirche ist" (Wort der deutschsprachigen Bischöfe aus Anlaß des 50. Jahrestages der Novemberprogrome 1938)

Versagen und Schuld der damaligen Zeit haben auch eine kirchliche Dimension. Daran erinnern wir mit dem Zeugnis der Gemeinsamen Synode der Bistümer in der Bundesrepublik Deutschland: „Wir sind das Land, dessen jüngste politische Geschichte von dem Versuch verfinstert ist, das jüdische Volk systematisch auszurotten. Und wir waren in dieser Zeit des Nationalsozialismus, trotz beispielhaften Verhaltens einzelner Personen und Gruppen, aufs ganze gesehen doch eine kirchliche Gemeinschaft, die zu sehr mit dem Rücken zum Schicksal dieses verfolgten jüdischen Volkes weiterlebte, deren Blick sich zu stark von der Bedrohung ihrer eigenen Institutionen fixieren ließ und die zu den an Juden und Judentum verübten Verbrechen geschwiegen hat. (...) Die praktische Redlichkeit unseres Erneuerungswillens hängt auch an dem Eingeständnis dieser Schuld und an der Bereitschaft, aus dieser Schuldgeschichte unseres Landes und auch unserer Kirche schmerzlich zu lernen" (Beschluß „Unsere Hoffnung", 22. November 1975). Wir bitten das jüdische Volk, dieses Wort der Umkehr und des Erneuerungswillens zu hören.

III. Auschwitz stellt uns Christen vor die Frage, wie wir zu den Juden stehen und ob unser Verhältnis zu ihnen dem Geist Jesu Christi entspricht. Antisemitismus ist „eine Sünde gegen Gott und die Menschen", wie Papst Johannes Paul II. mehrfach gesagt hat. In der Kirche darf es keinen Platz und keine Zustimmung für Judenfeindschaft geben. Christen dürfen keinen Widerwillen, keine Abneigung und erst recht keinen Haß gegen Juden und Judentum hegen. Wo sich eine solche Haltung kundtut, besteht die Pflicht zu öffentlichem und ausdrücklichem Widerstand.
Die Kirche achtet die Eigenständigkeit des Judentums. Zugleich muß sie selbst neu lernen, daß sie aus Israel stammt und mit seinem Erbe in Glaube, Ethos und Liturgie verbunden bleibt. Wo es möglich ist, sollen christliche und jüdische Gemeinden Kontakt miteinander pflegen. Wir müssen alles tun, damit Juden und Christen in unserem Land als gute Nachbarn miteinander leben können. So werden sie ihren unverwechselbaren Beitrag für ein Europa leisten, dessen Vergangenheit durch die Shoah verdunkelt ist und das in der Zukunft ein Kontinent der Solidarität werden soll.

Würzburg, den 23. Januar 1995

Aufgaben:

1. Stellen Sie dar, wie die deutschen Bischöfe die Haltung der katholischen Kirche in der Zeit der Judenverfolgung beurteilen.
2. Welche Verpflichtungen ergeben sich nach Ansicht der Bischöfe aus der Schuldgeschichte der Kirche für das Zusammenleben von Christen und Juden?
3. Am 3. Januar 1996 hat Bundespräsident Roman Herzog mit Zustimmung von Bundestag und Bundesregierung den 27. Januar zum ständigen Tag des Gedenkens für die Opfer des Nationalsozialismus erklärt und die Schulen aufgefordert, durch geeignete Gestaltung dieses Tages der Millionen Menschen zu gedenken, die durch das nationalsozialistische Regime entrechtet, verfolgt, gequält und ermordet wurden. In der Proklamation des Bundespräsidenten heißt es: "Die Erinnerung darf nicht enden; sie muß auch künftige Generationen zur Wachsamkeit mahnen. Es ist deshalb wichtig, eine Form des Erinnerns zu finden, die in die Zukunft wirkt. Sie soll Trauer über Leid und Verlust ausdrücken, dem Gedenken an die Opfer gewidmet sein und jeder Gefahr der Wiederholung entgegenwirken." - Überlegen Sie, wie Ihre Schulgemeinde einen Tag des Gedenkens gestalten könnte, der die vom Bundespräsidenten angesprochenen Aspekte berücksichtigt.

| M 123 | Die historische Gewissenserforschung der
Weltkirche am Ende des 2. Jahrtausends nach Christus |

Papst Johannes Paul II. bewegte seit längerer Zeit das Anliegen, daß die Kirche am Ende des zweiten Jahrtausends in einem „Akt der Aufrichtigkeit und des Mutes" ihr vielfaches Versagen in der Geschichte offen und selbstkritisch anerkennt und um Vergebung bittet. Das von der Kirche gefeierte "Heilige Jahr 2000" biete die Gelegenheit zu einer "Reinigung des Gedächtnisses" der Kirche "von allen Denk- und Handlungsweisen, die im Verlauf des vergangenen Millenniums geradezu Formen eines Gegenzeugnisses und Skandals" darstellten. Die Kirche könne "die Schwelle des neuen Jahrtausends nicht überschreiten, ohne ihre Kinder dazu anzuhalten, sich durch Reue von Irrungen, Treulosigkeiten, Inkonsequenzen und Verspätungen zu reinigen" (Apostolisches Schreiben "Tertio Millennio Adveniente" vom 10. November 1994). Am Sonntag nach Aschermittwoch des Jahres 2000 trug Papst Johannes Paul II. seine Vergebungsbitte zu den Verfehlungen in der Geschichte der Kirche vor.

In dem aus Anlaß der Vergebungsbitte von der Internationalen Theologischen Kommission herausgegebenen Stellungnahme "Erinnern und Versöhnen. Die Kirche und die Verfehlungen in ihrer Vergangenheit " heißt es in dem Abschnitt zum Verhältnis von Christen und Juden in Bezug auf die NS-Zeit: " (...) Die Schoah, der Judenmord, war freilich das Ergebnis der ganz und gar heidnischen Ideologie des Nationalsozialismus, der, getrieben von einem erbarmungslosen Antisemitismus, nicht nur den Glauben der Juden verachtete, sondern die Menschenwürde des jüdischen Volkes negierte. Dennoch kann man sich fragen, ob die Verfolgung der Juden durch die Nationalsozialisten nicht doch auch von antijüdischen Vorurteilen begünstigt wurde, die in den Köpfen und Herzen einiger Christen lebendig waren. Haben die Christen den Verfolgten und darunter besonders den Juden jede mögliche Hilfe gewährt? Zweifellos gab es viele Christen, die ihr Leben riskierten, um das Leben ihnen bekannter Juden zu retten und ihnen beizustehen. Auf der anderen Seite aber scheint es auch wahr zu sein, das neben all diesen mutigen Männern und Frauen der geistliche Widerstand und die konkrete Aktion anderer Christen nicht diejenige war, die man von einem Jünger Christi erwarten durfte. Diese Tatsache bedeutet für alle Christen von heute einen Appell an das Gewissen zu einem Akt der Reue (teschva). (...)"

Quelle: Internationale Theologenkommission, Erinnern und Versöhnen. Die Kirche und die Verfehlungen in ihrer Vergangenheit, ins Deutsche übertragen und herausgegeben von Gerhard Ludwig Müller, Freiburg 2000

Aufgabe:

Erörtern Sie das Problem von Schuld und Versagen der katholischen Kirche auf der Grundlage der Quellen, die Sie im Unterricht behandelt haben!

| M 124 | Städte- und Schulpartnerschaften in Europa |

Aufgaben:

1. Tragen Sie die Partnerstädte in eine Europakarte ein und stellen Sie fest, welche Länder eher überrepräsentiert oder unterrepäsentiert sind.
2. Erkundigen Sie sich im Rathaus Ihrer Stadt, seit wann die Partnerschaften existieren, welche Begegnungen in diesem Rahmen durchgeführt worden sind und welche Bedeutung die jüngere Geschichte in diesen Partnerschaftsbeziehungen spielt.
3. Informieren Sie sich über die Partnerschaftsbeziehungen Ihrer Schule und überlegen Sie, inwiefern die Begegnungen mit jungen Menschen aus anderen europäischen Ländern zum Abbau von Feindbildern und damit zur Versöhnung zwischen den Völkern beitragen können.

| M 125 | Aus dem Vorwort zu einem europäischen Geschichtsbuch |

Dieses Buch ist kein Schulbuch wie andere. Es wurde von zwölf europäischen Historikern unterschiedlicher Nationalität gemeinsam verfaßt. Sie sind mit mir davon überzeugt, daß die Geschichte Europas jenseits der Vergangenheit ihres eigenen Landes angesiedelt ist, auch wenn jede Nation gleichermaßen daran beteiligt ist und deshalb keine außer acht gelassen werden darf. Der Zufall wollte es, daß ich gleichzeitig als Brite, Franzose und Norweger zur Welt kam. Folglich sind die Gründe begreiflich, die mich veranlaßten, die Initiative für dieses Werk zu ergreifen. In der Schule schlug mir häufig das Mißtrauen meiner englischen und französischen Mitschüler entgegen, weil ich keiner Nation vollständig angehörte. Auf welche Seite sollte ich mich schlagen, wenn der Hundertjährige Krieg, der spanische Erbfolgekrieg oder die napoleonischen Kriege behandelt wurden?

Über derartige Probleme ist die Zeit längst hinweggegangen. Wir müssen aber noch mehr tun, um die nationalistischen Ausbrüche ein für allemal zu bewältigen, die bisweilen für antidemokratische Ausbrüche genutzt wurden. Das gilt auch bezüglich der Furcht, durch fremde Mächte beherrscht zu werden; solche Angst entsteht insbesondere mit der Vorstellung, daß sich die nationale Souveränität auflöse. Je mehr sich Europa über die Frage seiner Bestimmung vorantastet, umso deutlicher scheint etwas Ungreifbares seine Völker auf ihrem Weg der gegenseitigen Annäherung zu bremsen. Dieses undefinierbare "Etwas" setzt sich - je abgestuft - aus unterschiedlichen Wirtschaftsinteressen, verschiedenen Sprachen und kulturellen Traditionen zusammen. Gerade letztere besitzen ein zähes Leben. Sie werden innerhalb der Familien von Generation zu Generation weitergegeben, aber zu oft auch durch bestimmte Sichtweisen im Unterricht am Leben gehalten.

Natürlich beginnt der Lehrer mit der Geschichte des eigenen Landes. Steht sie nicht jedem am nächsten? Verkörpert sie nicht die Seele und das Erbe der Nation? Den nationalen Gedanken gibt es doch erst seit einigen Jahrhunderten. Häufig spielte die Erziehung bei der Verankerung und manchmal auch Übersteigerung des Nationalbewußtseins in den Köpfen junger Menschen eine entscheidende Rolle. Kann die Geschichte beim Zusammenwachsen Europas heute nicht eine ähnlich erzieherische Rolle spielen? Es ist ein empfindliches, aber gleichzeitig auch packendes Fach. Die Geschichte hilft uns, unsere Ursprünge zu begreifen und die Spannungen zu erkennen, die seit den Anfängen zu verzeichnen sind und die heute noch in einzelnen Teilen Europas wirksam sind. Aus der Vergangenheit können wir aber auch Gemeinsamkeiten ableiten, das heißt alles, was dem Wort "Europa" Sinn verleiht. So veranlaßt der Umgang mit Geschichte zum Nachdenken über die Gegenwart und noch mehr über die Zukunft (...)

Frederic Delouche

Quelle: Europäisches Geschichtsbuch / erarbeitet von 12 europäischen Historikern, Stuttgart 1992

Aufgaben:

1. Worin sieht Delouche die wesentlichen Unterschiede zwischen einer nationalistischen und einer europäischen Geschichtsbetrachtung?
2. Der Herausgeber des europäischen Geschichtsbuches führt u.a. aus: "Häufig spielte die Geschichte bei der Verankerung und machmal auch Übersteigerung des Nationalbewußtseins in den Köpfen junger Menschen eine entscheidende Rolle". Erläutern Sie diese Feststellung an Hand von Beispielen aus der deutschen und europäischen Geschichte.
3. Trifft es zu, daß wir uns im Geschichtsunterricht auf "eine bestimmte Seite schlagen", wenn es um internationale Konflikte geht?
4. Gibt es in unseren Geschichtsbüchern nach wie vor Feindbilder, die eine Versöhnung zwischen den Völkern Europas beeinträchtigen?
5. Das europäische Geschichtsbuch berücksichtigt nur am Rande die politischen Veränderungen, die im Jahre 1989 zur Überwindung der deutschen und europäischen Teilung geführt haben. Welche Perspektiven ergeben sich für unsere gemeinsame Zukunft, wenn es gelingt, die Geschichte der deutsch-polnischen und deutsch-russischen Beziehungen in eine europäische Geschichtsbetrachtung zu integrieren?
6. Mit der Einführung des Euro im Jahre 1999 haben die Menschen in Europa eine gemeinsame Währung erhalten. Könnten Sie sich - ergänzend zum Prozeß der wirtschaftlichen Einigung - einen Geschichtsunterricht vorstellen, der die Menschen in diesem Jahrtausend zu einem gemeinsamen europäischen Geschichtsbewußtsein führt und damit die Grundlagen für die Versöhnung zwischen den Menschen und für eine dauerhafte Überwindung nationaler Konflikte legt?
7. Wie müßte sich dieser Unterricht von dem heutigen Geschichtsunterricht unterscheiden?

7. Weitere thematische Optionen auf der Grundlage der vorliegenden Materialien

7.1. Kirche und Staat im 20. Jahrhundert
(Religion und Geschichte):

M 15-17, 31-34, 38, 41, 42, 52, 53, 73-79, 98-101

7.2. Die Geschichte der Arbeiterbewegung und der politischen Parteien von 1927/8 bis 1949 unter besonderer Berücksichtigung des Zentrums und der katholischen Arbeiterbewegung
(Geschichte und Religion)

7.2.1. Die Endphase der Weimarer Republik:

M 1 - 19

7.2.2. Die Zeit des Nationalsozialismus

M 20-50, 87-93

7.2.3. Der politische Neuaufbau nach dem Zweiten Weltkrieg:

M 84-86, M 98-104

7.3. Alltagsgeschichte im Bereich von Schule und Unterricht:
(Religion/Biologie/Geschichte/Erdkunde):

M 60-64, 125

7.4 Nikolaus Groß: Arbeiterführer - Widerstandskämpfer - Glaubenszeuge
(Religion und Geschichte):

M 1-3, 7, 11, 17-19, 23, 24, 26, 55, 85-93, 102, 103, 105, 106, 119

IV. ANHANG

1. Verzeichnis ausgewählter Gedenkstätten im Bistum Essen

A u s w a h l aus: Gedenkstätten für die Opfer des Nationalsozialismus. Eine Dokumentation. Band I, *(Autoren: Ulrike Puvogel / Martin Stankowski unter Mitarbeit von Ursula Graf)*, hrsg. von der Bundeszentrale für politische Bildung, 2. überarb. und erweiterte Auflage, Bonn 1995

> Die Auswahl der Gedenkstätten beschränkt sich auf den Bereich des Bistums Essen. - Für den Text zur ALTEN SYNAGOGE Essen und kritische Hinweise danken wir Frau Dr. Edna Brocke.

Bochum

An der Pauluskirche im Zentrum der Stadt Bochum erinnert seit 1956 die Figur einer trauernden Mutter an die Opfer und Toten des Krieges. Eine Metallplatte im Boden trägt den Text:

Den Opfern von Gewaltherrschaft und Krieg
1933-1945

Im Süden der Stadt, am Rand des Kemnader Sees, ließ die Stadtverwaltung aufgrund eines Bürgerantrags an einem Betriebsgebäude der ehemaligen Zeche Gibraltar in der Oveneystraße eine Mahntafel mit folgendem Text anbringen:

In diesem Gebäude der ehemaligen Zeche Gibraltar
hielten Bochumer Nationalsozialisten im Jahre 1933
politische Gegner gefangen.
Hier wurden Mitbürger grausam mißhandelt
und gefoltert.
Stadt Bochum 1983

Mehrere Straßen und Plätze der Stadt tragen die Namen früherer Gegner und Opfer der Nationalsozialisten. Der Dr.-Ruer-Platz (Fußgängerzone) ist nach dem ehemaligen Bochumer Oberbürgermeister benannt. Eine Gedenkplatte in der Platzmitte wurde in den Boden eingelassen; die Inschrift lautet:

Dr. Otto Ruer 1879-1933
Oberbürgermeister der Stadt Bochum 1925-1933
Von den Nationalsozialisten aus dem Amt entfernt und in den Tod getrieben

Otto Ruer (parteilos) wurde im April 1933 in Berlin verhaftet und in das Gefängnis des Bochumer Amtsgerichts in der ABC-Straße gebracht. Nach einem Monat Untersuchungshaft wurde er entlassen. Eine Verleumdungskampagne der Nationalsozialisten trieb ihn Ende Juli 1933 in den Selbstmord.

Auf dem Kommunalfriedhof Bochum-Weitmar, Heinrich-König-Straße 125, wurde 1976, zu seinem 90. Geburtstag, ein Gedenkstein für den hier beerdigten Bochumer Kommunalpolitiker Heinrich König errichtet, nach dem auch die Straße benannt ist. Die Inschrift lautet:

Heinrich König 1886-1943.
In Weitmar und in Bochum Kommunalpolitiker
der SPD
von 1919 bis 1933.
Von den Nationalsozialisten verfolgt, in die Emigration getrieben und ermordet.
Ein Kämpfer für Freiheit und Demokratie.

Heinrich König wurde in der Nacht vom 10. zum 11. März 1933 mit seinen beiden Söhnen verhaftet. Nach der Freilassung gelang ihm mit seiner Familie die Flucht ins Saargebiet. Einige Tage nach der Volksabstimmung am 13. Januar 1935, bei der rund 90 Prozent der Bevölkerung für die Rückgliederung des Saargebiets an das Deutsche Reich stimmten, flüchtete er nach Frankreich, wo er im Frühjahr 1943 an die Gestapo ausgeliefert und nach Bochum zurückgeschafft wurde. Am 7. Mai 1943 starb er im Gefängnis des Bochumer Amtsgerichts in der ABC-Straße an den Folgen der Mißhandlungen durch die Gestapo.

Auf dem Hauptfriedhof Freigrafendamm in Altenbochum sind über 1700 sowjetische und andere Zwangsarbeiter sowie Kriegsgefangene auf einem besonderen Gräberfeld beigesetzt, die während des NS-Regimes ums Leben kamen. Sie wurden nach dem Zweiten Weltkrieg hierher umgebettet. Hier sind auch in Einzelgräbern zahlreiche Widerstandskämpfer und Opfer aus Konzentrationslagern bestattet. Ein Mahnmal aus dem Jahre 1946 wurde 1964/65 durch eine Mahntafel ersetzt. Auf den Gräberfeldern 19 und 34 erinnern Gedenkplatten an ausländische Tote:

Hier ruhen
Angehörige fremder Völker
Opfer eines sinnlosen
Krieges
Sie mahnen
+ zum Frieden +

Gedenket der hier
ruhenden Kriegstoten
fremder Völker,
die gefangen und
verschleppt in
unserem Lande starben.
Überwindet den Haß
und suchet den Frieden.

Die Gräberfelder sind die einzigen Hinweise auf die KZ-Außenlager und Zwangsarbeiterlager in Bochum. Der Bochumer Verein war einer der führenden Hersteller von Geschützen und Granaten und setzte Tausende von Ausländern in mehreren Lagern als Zwangsarbeiter ein. In der Brüllstraße/Kohlenstraße wurde am 21. Juni 1944 ein Außenlager des Konzentrationslagers Buchenwald eingerichtet, dessen zahlreiche vor allem jüdische Häftlinge aus Buchenwald, Neuengamme und Auschwitz in der Rüstungsproduktion eingesetzt wurden. Vor den heranrückenden Alliierten wurden die Häftlinge im März des Jahres 1945 nach Buchenwald verschleppt. Mindestens 113 Gefangene sind zwischen Juni 1944 und März 1945 in Bochum umgekommen.

Duisburg

Am 2. Mai 1933, dem Tag nach dem traditionellen Arbeiterfeiertag, zerschlugen die Nazis im ganzen Reich die Gewerkschaften. Dabei wurden in Duisburg 22 führende Arbeitnehmervertreter verhaftet. Vier von ihnen, Julius Birk, Michael Rodenstock, Emil Rentmeister und Johann Schlösser, wurden in den Kellern des Gewerkschaftshauses in der Ruhrorter Straße 11 gefoltert und ermordet. 15 Gewerkschafter wurden durch die Innenstadt zum Polizeipräsidium an der Düsseldorfer Straße getrieben. Dort war die Duisburger Gestapo-Zentrale, in der mehrere politische Häftlinge ermordet wurden (Alfred Hitz, Emil Mahnert u.a.). An die Zerschlagung der Gewerkschaften und die Verfolgung und Ermordung der Gewerkschafter erinnern mehrere Mahntafeln und Gedenksteine in Duisburg: Am 2. Mai 1984 wurde am Duisburger Rathaus am Burgplatz ein Mahnmal zur Erinnerung an die vier oben genannten ermordeten Gewerkschafter und an alle Opfer des nationalsozialistischen Terrors enthüllt. Die Bronzeplastik der Düsseldorfer Künstlerin Hede Bühl, ein gefesselter menschlicher Torso, symbolisiert den gequälten, zum Schweigen gebrachten Menschen.

Zur Erinnerung an das ehemalige KZ-Außenlager in Meiderich-Ratingsee an der Westender Straße/Ecke Kornstraße wurde am Stadionvorplatz des Meidericher Spielvereins (MSV Duisburg) eine Gedenkplatte in den Boden eingelassen, auf der reliefartig Alltagsgegenstände und Symbole aus der Zeit des Nationalsozialismus (z.B. der Winkel für die Kennzeichnung von Häftlingen) sowie Fuß- und Stiefelspuren dargestellt sind. Auf einer Basaltstele sind typische deutsche, französische, niederländische, polnische und russische Vornamen eingeschrieben, stellvertretend für die zahlreichen ausländischen Häftlinge, deren Namen nicht mehr bekannt sind. Das Mahnmal wurde von sechs Kunststudenten und von Dozenten der Duisburger Universität entworfen, angeregt von einer Schülergruppe des Theodor-Heuss-Gymnasiums, die sich in der »Initiative wider das Vergessen« für eine Gedenkstätte eingesetzt hatte.

Duisburg war 1942/43 Einsatzort der I. und III. SS-Baubrigade, die im Herbst 1942 als Kommandos der Konzentrationslager Sachsenhausen bzw. Buchenwald aufgestellt und später verschiedenen Konzentrationslagern (Neuengamme, Buchenwald, Dora-Mittelbau und im Januar 1945 wieder Sachsenhausen) unterstellt wurden. Die Häftlinge des Duisburger Außenkommandos wurden in Duisburg und auch in anderen Städten vor allem zu Aufräumungsarbeiten nach Bombenangriffen eingesetzt. Das im Jahr 1942 eröffnete KZ-Außenlager in Meiderich wurde am 27. April 1943 bei einem Bombenangriff auf Duisburg vollständig zerstört. Dabei kamen 50 Häftlinge ums Leben.

Vor dem Rathaus in Duisburg-Rheinhausen wurde am 22. Mai 1994 im Beisein ehemaliger Zwangsarbeiterinnen aus der Ukraine, die für die Firma Krupp arbeiten mußten, ein Mahnmal zur Erinnerung an Leid und Tod ausländischer Zwangsarbeiterinnen und Zwangsarbeiter in Rheinhausen von 1941 bis 1945 eingeweiht. Es geht auf eine Krupp-Fraueninitiative zurück und wurde von dem ehemaligen Krupp-Chef Berthold Beitz unterstützt. Viele umgekommene Zwangsarbeiterinnen und Zwangsarbeiter liegen auf dem Trompeter-Friedhof beerdigt, darunter 36 Frauen, Männer und ein Kind aus der Ukraine, die bei der Bombardierung Rheinhausens am 22./23. Mai 1944 in den völlig ungeschützten Zwangsarbeiterbaracken ums Leben kamen.
Nach Duisburger Widerstandskämpfern sind folgende Straßen und Plätze benannt: Gottfried-Könzgen-Straße (Duisburg-Zentrum), Gustav-Sander-Platz (Duisburg-Ruhrort), Kurt-Spindler-Straße (Duisburg-Neumühl), Julius-Birk-Straße, Johann-Schlösser-Straße, Rodenstockstraße, Rentmeisterstraße (Duisburg-Marxloh), Alfred-Hitz-Platz (Duisburg-Rheinhausen).

Essen

ALTE SYNAGOGE
Seit dem 9. November 1980 befindet sich im Gebäude der vormaligen Neuen Synagoge am Steeler Tor die heutige Gedenkstätte sowie historisch-politisches Dokumentationsforum der Stadt Essen, die ALTE SYNAGOGE.
Der mächtige Kuppelbau hat eine wechselvolle Geschichte hinter sich. 1911 bis 1913 nach Entwürfen des Architekten Edmund Körner errichtet, zählte er zu den größeren Synagogen Deutschlands.

Wie etwa 1200 andere Bethäuser und Synagogen wurde auch die damals „Neue Synagoge" am Steeler Tor in der Nacht vom 9. auf den 10. November 1938 in Brand gesetzt.
Den gesamten Krieg hindurch widerstand das massive Gebäude auch den intensiven Bombardierungen der Alliierten und blieb, im Äußeren unversehrt, im Inneren ausgebrannt, im Zentrum Essens stehen.
Im Nebenbau, dem Haus des Rabbiners und späteren Stadtarchiv, richtete sich eine kleine Nachkriegsgemeinde ihre Büros und einen Gebetsraum ein.

Bis 1959 blieb die Ruine der ehemaligen Synagoge ungenutzt. In diesem Jahr ging sie in den Besitz der Stadt Essen über. Der Erlös für den Bau sowie die Rückgabe des Grundstücks Ruhrallee / Ecke Sedanstraße - auf dem bis 1942 das jüdische Jugendheim stand - machten den Bau der neuen, der Nachkriegssynagoge möglich.

Zugleich wurde der ausgebrannte Innenraum des damals schon als Alte Synagoge bezeichneten Baus dem damaligen Zeitgeist entsprechend „entkernt". Den teilweise noch erhaltenen Toraschrein, wie die Frauenempore, die Mosaikornamente im Kuppelbau und andere bauliche Elemente gestaltete man derart um, daß 1960 darin das Haus Industrieform eröffnet werden konnte. Zudem wurde auch das Plakatmuseum darin untergebracht.

Nach einem kurzschlußbedingten Brand 1979 beschloß der Rat der Stadt, das Gebäude einer anderen Nutzung zuzuführen, und widmete es zur ALTEN SYNAGOGE um.

Bis 1986 zeigte die ALTE SYNAGOGE als einzige Dauerausstellung „Widerstand und Verfolgung in Essen 1933 bis 1945". Im Jahr 1981 lud die Stadt zum ersten Mal jüdische ehemalige Essener für einen Besuch ihrer Geburtsstadt ein. Es reifte die Einsicht, daß es sich architektonisch um eine besondere Diskrepanz zwischen dem unversehrten Äußeren und dem völlig entstellten Inneren handelte. Es folgte der Wunsch, diese Diskrepanz bewußt zu gestalten. Die Umbauzeit zwischen 1987-88 endete mit einer ‚Rekonstruktion im Ansatz', d.h. mit der Wiederherstellung der architektonischen Form, ohne jedoch die Ornamente nachzubilden. Eine Ausnahme im Prinzip „Rekonstruktion im Ansatz" stellt die fast getreue Rekonstruktion des Toraschreins dar.

Die Wiedereröffnung der ALTEN SYNAGOGE 1988 wurde von der Eröffnung der neueren Dauerausstellung „Stationen jüdischen Lebens. Von der Emanzipation bis zur Gegenwart" begleitet.

Neben den Dauerausstellungen zeigt die ALTE SYNAGOGE eigene sowie übernommene Wechselausstellungen und führt ein reiches Veranstaltungsprogramm durch.

Am Gebäude selbst sind verschiedene Texttafeln angebracht, an deren Wortlaut und Entstehungszeit Schwerpunkte der nichtjüdischen Auseinandersetzung mit der eigenen, deutschen Geschichte ablesbar sind.

Als erstes Zeichen wurde bereits 1949 auf dem Treppenaufgang ein massiver Steinsarg aufgestellt. Christlich-abendländischer Tradition entsprechend war damit sicherlich ein positives Zeichen gemeint. Eine Tafel mit folgendem Text war Teil des Sarges:

Mehr als 2.500 Juden
der Stadt Essen mussten in den
Jahren 1933-1945
ihr Leben lassen.

Nach Umwidmung des Gebäudes zur Gedenkstätte wurde 1981 der Wortlaut des Textes wie folgt präzisiert:

Zum Gedenken an die
über 2.500 Juden der Stadt Essen,
die in den Jahren 1933-1945 vom
Nazi-Regime ermordet wurden.

Eine andere Tafel wurde in den 50er Jahren am Gebäude angebracht, lesbar von Seiten der Steeler Straße. Der Text lautet:

Dieses Haus
die ehemalige Synagoge
der Jüdischen Gemeinde
ist ein stummer Zeuge
eines furchtbaren
Geschehens
das wiedergutzumachen
uns allen
aufgetragen ist.

Einen weiteren Prozeß des Nachdenkens weisen zwei andere Tafeln auf, die unmittelbar nach der Neueröffnung 1988 dem Gebäude hinzugefügt wurden. Beide Tafeln befinden sich im Aufgang des Hauptportals und führen gewissermaßen ein „Zwiegespräch". Links wurde die Tafel der Einweihung von 1913 nachgebildet, in der das Selbstbewußtsein der damaligen Jüdischen Gemeinde zum Ausdruck kam. Rechts befindet sich eine Tafel, die mit einem Vers aus dem Buch des Propheten Habakuk beginnt und lautet:

„Denn ein Stein wird aus der Wand schreien"
Diese Synagoge wurde 1913
von der Jüdischen Gemeinde
eingeweiht und bildete 25 Jahre,
bis zur Pogromnacht im November 1938 ihr Zentrum.
Die Essener Juden wurden während
der dreißiger Jahre
schrittweise aus dem wirtschaftlichen und
gesellschaftlichen Leben der Stadt ausgegrenzt
und schließlich in die Ghettos und Vernichtungslager
verschleppt. Ausgrenzung und Verschleppung
fanden vor den Augen der Essener Öffentlichkeit
statt, wurden weithin mit Gleichgültigkeit
hingenommen, teils gebilligt, teils aktiv unterstützt.
Heute erinnern Grabsteine und dieses Haus an eine
einst bedeutende Jüdische Gemeinde. Nach 1945
kehrten nur wenige Überlebende nach Essen zurück.
Ihr Schicksal und das der Ermordeten mahnen uns,

*für eine bessere Gesellschaft einzutreten, in der wir
»den besseren Zustand aber denken als den,
in dem man ohne Angst verschieden sein kann«* (Theodor W. Adorno)

Wie beide Dauerausstellungen ausweisen, stellen Erforschungen zu den zwölf Jahren nationalsozialistischer Herrschaft sowie Vermittlung ihrer Ergebnisse, einen Schwerpunkt in der Arbeit der ALTEN SYNAGOGE dar. Bei dieser Arbeit wird vermieden, jüdische Geschichte als „Leidensgeschichte" darzustellen und die jüdische Geschichte in Deutschland allein aus der Rückschau nach der Schoah zu verzeichnen.
Zugleich ist die ALTE SYNAGOGE aber auch darum bemüht, sich nicht allein auf diese zwölf Jahre zu fokussieren, sondern den Blick in die Geschichte weit vor 1933 zu richten und Aufmerksamkeit zu wecken für die Entwicklungen seit 1945, sowohl im jüdischen wie im nichtjüdischen Kontext.
Um Lehrern, Studierenden und Schülern Hilfestellung zu leisten, unterhält die ALTE SYNAGOGE ein Sammlung von Ton- Video- und vielen anderen Dokumenten.
Neben Konzerten, Vorträgen, Wechselausstellungen, Lehrhausveranstaltungen und Donnerstagsgesprächen bietet die ALTE SYNAGOGE Mitarbeit im Gedenkbuchprojekt an oder Teilnahme am „Lehrhaus für Kinder"; sie unterstützt Schüleraustausch mit einer Schule in Tel-Aviv ebenso wie andere schulische Initiativen im Haus.

Gedenktafeln
In Essen gibt es eine außerordentlich große Zahl von Tafeln, die an Orte, Begebenheiten und Personen erinnern, die Opfer nationalsozialistischer Verfolgung wurden. Im Unterschied zu ähnlichen Objekten in anderen Städten steht bei den Essener Tafeln die Information im Vordergrund, weniger das Gedenken. Die Texte gehen ausführlich auf den Gegenstand der Erinnerung ein und stellen ihn in den historischen oder örtlichen Kontext.

DGB-Haus: Ausschaltung der Gewerkschaften
Am Haus des Deutschen Gewerkschaftsbundes (DGB-Haus), Schützenbahn 11-13, erinnert eine Hinweistafel an die Gleichschaltung der Gewerkschaften am 2. Mai 1933 durch die Nationalsozialisten. Der Text lautet:

*Am 2. Mai 1933 begannen auch in Essen
die Nationalsozialisten damit, die bis dahin
existierenden Gewerkschaften unterschiedlicher
weltanschaulicher Richtung zu zerschlagen
oder »gleichzuschalten«. Die SA besetzte
die Gewerkschaftsbüros und verhaftete die führenden
Essener Gewerkschaftsfunktionäre.
Einer von ihnen war Karl Wolf, der Bezirksleiter
des Deutschen Metallarbeiterverbandes.
Er wurde am 26. März 1942 im Konzentrationslager
Sachsenhausen umgebracht. Nach dem*

*Zusammenbruch des Nationalsozialismus
entschieden sich die Gewerkschafter
der ersten Stunde für das Prinzip
der Einheitsgewerkschaft.
Seit 1954 ist dieses Haus der Sitz
des Deutschen Gewerkschaftsbundes.*

Salzmarkt: Arbeitsamt im »Dritten Reich«
Gegenüber dem heutigen Finanzamt Essen Nord am Salzmarkt erläutert eine Hinweistafel die Rolle des Arbeitsamtes in der Zeit des Nationalsozialismus. Dort ist zu lesen:

*Hier befand sich während des Zweiten Weltkrieges
das Arbeitsamt Essen. Über diese Behörde
wurden zwischen 1939 und 1945 mehr als
70.000 ausländische Männer und Frauen,
vorwiegend aus der Sowjetunion, aber auch
aus Polen, Italien, Frankreich, Belgien,
den Niederlanden, der Tschechoslowakei, Ungarn,
Jugoslawien, Griechenland, Rumänien und
anderen Staaten Europas als Arbeitskräfte
an Essener Unternehmen »vermittelt«.
Industrieunternehmen, Reichsbahndirektion,
Stadtverwaltung, Handwerker, Landwirte
und andere Arbeitgeber forderten hier
die ausländischen Arbeitskräfte an,
die zum größten Teil durch Wehrmacht-,
SS- oder Polizeitruppen aus ihren Heimatländern
zur Zwangsarbeit nach Essen verschleppt wurden.
Mindestens 2.554 Ausländer, unter ihnen
2.130 sowjetische Männer, Frauen und Kinder,
starben während der Kriegszeit in Essen
an den Folgen der Unterernährung,
menschenunwürdiger Behandlung
und bei Bombenangriffen.
Sie hatten in der Regel keinen Zutritt
zu öffentlichen Schutzräumen.*

Hauptbahnhof: Die Deportation der Juden
Am Fußgängerübergang zum Hauptbahnhof, nahe dem Hotel Handelshof, erinnert eine Tafel an die Judendeportationen in den Jahren 1941 bis 1943. Der Text:

*In der Zeit vom 27. Oktober 1941
bis zum 9. September 1943*

*wurden von diesem Hauptbahnhof
und vom Güterbahnhof Segeroth aus
mit 9 Transporten mehr als 1.200 Essener Juden
in die Ghettos und Vernichtungslager
in Osteuropa deportiert.
Nahezu alle wurden ermordet.
Der Abtransport der Essener Juden
fand tagsüber statt, vor den Augen
von Passanten und Reisenden.
Bewaffnete Posten machten eine Flucht unmöglich.
Der normale Zugverkehr wurde nicht unterbrochen.*

Gerlingplatz: Die NS-Bücherverbrennung
Eine Hinweistafel erinnert in der Grünanlage des Gerlingplatzes im Essener Ostviertel an die Bücherverbrennungen im Jahre 1933. Dieser Platz, in der Weimarer Zeit der »Republikplatz«, war traditionsreicher Kundgebungsort der Arbeiterbewegung bis 1933. Der Tafeltext lautet:

*Am 21. Juni 1933 inszenierten
die Essener Nationalsozialisten,
angeführt von dem neu ernannten Leiter
der Stadtbibliothek, auf dem Gerlingplatz
eine Bücherverbrennung.
Zahlreiche Bücher, die zuvor
aus der Stadtbücherei entfernt worden waren,
wurden als »undeutsch« verbrannt.
Unter den in Essen und an anderen Orten
in Deutschland verbrannten Büchern
befanden sich unter anderem Werke
von Thomas Mann, Bertolt Brecht, Heinrich Heine,
Albert Einstein, Sigmund Freud, Stefan Zweig
und Erich Kästner.*

Franz-Sales-Haus: »Euthanasie« - Morde
Im Vorgarten des Franz-Sales-Hauses an der Steeler Straße 261 in Essen-Huttrop informiert eine Tafel über die »Euthanasie«-Morde an den sogenannten unheilbaren Kranken. Der Text lautet:

*Das Franz-Sales-Haus hat seinen Ursprung
in einem 1884 in Essen gegründeten
katholischen Verein, der die Pflege und Erziehung
geistig-seelisch Beeinträchtigter übernahm.
Zwischen 1940 und 1943 wurden 782 Kinder,
Jugendliche und Erwachsene aus dem
Franz-Sales-Haus in andere Heil- und
Pflegeanstalten verschleppt.*

> *Im Rahmen des nationalsozialistischen*
> *»Euthanasie«- Programms wurden viele von ihnen*
> *mit Gas oder medizinischen Mitteln,*
> *durch bewußte Vernachlässigung*
> *oder durch Entzug der Nahrung umgebracht.*
> *Es ist der mutigen und aktiven Fürsorge*
> *der Mitarbeiter zu verdanken,*
> *daß zahlreiche Bewohner des Franz-Sales-Hauses*
> *den Mordaktionen nicht zum Opfer fielen.*
> *Ein besonderer Dank gilt den Ordensfrauen*
> *aus der Gemeinschaft der Barmherzigen Schwestern*
> *von der Hl. Elisabeth, dem Direktor des Hauses,*
> *Hermann-Josef Schulte-Pelkum, und*
> *Prälat Paul Wolpers, damals Kaplan*
> *im Franz-Sales-Haus.*

Bergerhausen: Pax-Christi-Stätte (siehe M 103)

Ernst-Moritz-Arndt-Haus: Bekennende Kirche

Eine Hinweistafel am Ernst-Moritz-Arndt-Haus in Essen-Rüttenscheid, Julienstraße 39, erinnert an den evangelischen Kirchenkampf in der Zeit des Nationalsozialismus. Während reichsweit die Bekennende Kirche im Gegensatz zu den regimeangepaßten »Deutschen Christen« eine Minderheit war, zählte in Essen die Mehrheit der evangelischen Gemeinden dazu. Auf der Tafel ist folgendes zu lesen:

> *Hier im Ernst-Moritz-Arndt-Haus befand sich*
> *während der nationalsozialistischen Diktatur*
> *die Zentrale der Essener Evangelischen*
> *Bekenntnissynode unter der Leitung von*
> *Pfarrer Heinrich Held. Gegen Unterdrückung*
> *und Verfolgung setzten sich auch in Essen*
> *viele evangelische Gläubige mit ihren Pfarrern*
> *für die kirchliche Freiheit und Selbstbestimmung ein.*

Finanzamt Süd: Die Essener Gestapo-Zentrale

Im heutigen Finanzamt Essen-Süd, Kortumstraße 46, erinnert eine Hinweistafel an die Geschichte dieses Gebäudes, in dem in der NS-Zeit die Geheime Staatspolizei residierte. Der Text der Tafel lautet:

> *Im Haus Kortumstraße 46 hatte seit Mitte*
> *der 30er Jahre die Geheime Staatspolizei (Gestapo)*
> *ihren Sitz. Vorher befand sie sich*
> *im nahegelegenen Polizeipräsidium.*
> *An beiden Orten wurden zwischen 1933 und 1945*
> *zahlreiche Menschen brutal mißhandelt,*

*die aus politischen, »rassischen« oder
religiösen Gründen verfolgt wurden.
Viele von ihnen wurden vom Essener Landgericht
oder von anderen Gerichten zu
hohen Gefängnis- oder Zuchthausstrafen verurteilt.
Im Gerichtsgefängnis in der Krawehlstraße,
im Gestapohaus und im Polizeipräsidium
starben mindestens 24 namentlich bekannte Opfer
der nationalsozialistischen Diktatur.
Sie überlebten die Folter nicht, entzogen sich
den Mißhandlungen durch Selbstmord
oder wurden während des Zweiten Weltkriegs
in ihren Zellen durch Bomben getötet.
Die am 10. November 1938 von der Gestapo
verhafteten Juden wurden von hier aus
in das Konzentrationslager Dachau deportiert.*

Humboldtstraße: Ein KZ-Außenlager von Buchenwald
In Essen-Fulerum erinnert eine Tafel an die Existenz eines Außenkommandos des Konzentrationslagers Buchenwald. Das Lager selbst war 1943 für französische Zivilarbeiter eingerichtet worden, später waren russische Zwangsarbeiter und italienische Militärinternierte darin untergebracht. Das KZ-Kommando wurde im August 1944 hierherverlegt, und es war nicht das einzige in Essen. Ein zweites KZ-Außenlager mit etwa 150 Häftlingen, die zum Trümmerräumen eingesetzt wurden, existierte unter der Bezeichnung »Schwarze Poth 13, Kommando DEST Bauschuttverwertung« in der gleichnamigen Straße Schwarze Poth, die unter der heutigen Porscheplatte verlief und heute nicht mehr existiert. Die Tafel an der Humboldtstraße befindet sich gegenüber der Einmündung des Regenbogenwegs und trägt die Inschrift:

*Hier befand sich in den Jahren 1944/45 ein
Außenlager des Konzentrationslagers Buchenwald.
Es wurde innerhalb eines bereits bestehenden Lagers
für Kriegsgefangene und Zwangsarbeiter errichtet.
Die Häftlinge, 520 jüdische Frauen und Mädchen,
waren aus ihrer Heimat in Osteuropa nach Auschwitz
deportiert worden. Sie entgingen dem Gastod,
weil sie für den »Arbeitseinsatz« in Deutschland
ausgewählt wurden. In Essen lebten sie unter
den unmenschlichen Bedingungen eines SS-Lagers
und mußten bei der Firma Krupp Zwangsarbeit leisten.
Sechs dieser Frauen konnten in einer Bombennacht
fliehen. Sie wurden von mutigen Essener Bürgerinnen
und Bürgern gerettet. Die anderen wurden
im März 1945 in das Konzentrationslager
Bergen-Belsen gebracht. Viele von ihnen kamen um.
Für die Mehrzahl der Frauen brachte die Befreiung*

des Lagers Bergen-Belsen durch britische Truppen
im April 1945 die Rettung.

Hedwig-Dransfeld-Platz: Erinnerung an Zentrums-Politiker
Ein Gedenkstein auf dem Hedwig-Dransfeld-Platz in Essen-Altendorf erinnert an drei Altendorfer Bürger, die als christliche Gewerkschafter und Zentrumspolitiker vielfachen Pressionen der Nationalsozialisten ausgesetzt waren. Vor allem Heinrich Hirtsiefer (vgl. M 40), ehemals Mitglied des Preußischen Landtags und von 1921 bis 1933 Wohlfahrtsminister in Preußen, war den Nazis verhaßt. Er wurde im September 1933 in das Wuppertaler KZ Kemna und später in das Emslandlager Börgermoor (Niedersachsen) eingeliefert und starb 1941 in Berlin, nachdem ihm der Aufenthalt in seiner Heimatstadt Essen verboten worden war. Eine Tafel auf dem Gedenkstein trägt die Inschrift:

Zu Ehren der Altendorfer Bürger
Dr. Heinrich Hirtsiefer -
Christian Kloft - Heinrich Strunk.

Katholische Friedhöfe:
Auf zwei katholischen Friedhöfen in Essen, in Dellwig und in Borbeck, sind die Urnen von zwei Ordenspriestern beigesetzt, die Opfer nationalsozialistischer Gewalt wurden:

Am Eingang des katholischen Friedhofs in Dellwig an der Haus-Horl-Straße erinnert eine Hinweistafel an den Tod des Paters Reinhold Unterberg im KZ Sachsenhausen am 23. Mai 1940. Auf der Tafel ist zu lesen:

Johannes Unterberg (Pater Reinhold)

Johannes Unterberg, am 5. Oktober 1893
in Bottrop geboren, verbrachte Kindheit und Jugend
in Borbeck. Nachdem er im Bergbau
und in der Industrie gearbeitet hatte,
trat er in die Ordenskongregation der Salvatorianer ein. Am 2. Mai 1925
legte er die Heiligen Gelübde ab,
wurde am 4. August 1929 zum Priester geweiht
und nahm den Namen Pater Reinhold an.
Im Kloster Heilandsfriede in Sennelager
bei Paderborn wirkte er als Seelsorger,
Exerzitienmeister und Superior.
Mehrfache Aufforderungen der Gestapo,
die Namen der Teilnehmer an den Exerzitien
preiszugeben, mißachtete Pater Reinhold.
Unter falschen Anschuldigungen am
5. Oktober 1939 verhaftet, wurde er im

Dezember 1939 in das Konzentrationslager
Sachsenhausen verschleppt.
Dort kam er am 23. Mai 1940 ums Leben.

Auf dem katholischen Friedhof in Borbeck befindet sich das Grab des Priesters Theodor Hartz (vgl. M 82), der im Konzentrationslager Dachau ums Leben kam und dessen Asche erst nach langen Verhandlungen mit der Gestapo in der Grabstätte der Salesianer auf diesem Friedhof beigesetzt werden konnte. Die Hinweistafel neben dem Friedhofseingang informiert:

Theodor Hartz, Salesianer, geb. am 2. Januar 1887
in Lütten (Oldenburg), war von 1924-1938 und
1940-1941 Direktor des St. Johannes-Stiftes
in Essen-Borbeck. Er und die mit ihm hier tätigen
Patres der Salesianer zeichneten sich besonders
durch eine beispielhafte kirchliche Jugendarbeit aus.
Deshalb wurden sie nach 1933 von den
Nationalsozialisten überwacht, verwarnt und bestraft.
Am 5. August 1941 wurde das Johannes-Stift
von der Geheimen Staatspolizei beschlagnahmt.
Die Patres mußten innerhalb von zwei Stunden
das Haus verlassen und erhielten Aufenthaltsgebot
für die salesianische Niederlassung in Helenenberg
bei Trier. Hier wurde Theodor Hartz am
14. April 1942 verhaftet und später in das
Konzentrationslager Dachau verschleppt.
Dort kam er am 23. August 1942 ums Leben.

Die Straße, an der auch heute noch die Niederlassung der Salesianer liegt, wurde umbenannt in »Theodor-Hartz-Straße«. Hier wurde im Jahre 1971 von der katholischen Pfarrgemeinde St. Johannes ein Gedenkstein errichtet mit der folgenden Inschrift:

Wenn Du vorüber
gehst erinnere Dich
des im KZ Dachau
umgekommenen
Salesianers
Theodor Hartz
und gedenke der
Opfer von Not, Elend,
Krieg und Tod.
Pfarrgemeinde
St. Johann Bosco.

Gelsenkirchen

Im Gelsenkirchener Stadtgarten erinnert ein Mahnmal in einer etwa zwanzig Meter breiten halbkreisförmigen Anlage an die Verfolgten und Opfer der nationalsozialistischen Herrschaft. Das Mahnmal wurde im April des Jahres 1951 auf die Initiative der Vereinigung der Verfolgten des Naziregimes (VVN) Gelsenkirchen mit Unterstützung der Stadt errichtet. Der Text auf einer Gedenktafel lautet:

> *Zerstampft des Unrechts*
> *Drachensaat.*
> *Zerstört den Haß*
> *von Staat zu Staat.*
> *Versenkt die Waffen*
> *in Gewässern.*
> *Dann wird im*
> *Friedenssonnenschein*
> *die ganze Welt*
> *uns Heimat sein.*
> *Den Opfern der Nat.Soz.*
> *Gewaltherrschaft.*

In Buer existierte eine selbständige Jüdische Gemeinde, deren Synagoge an der Maelostraße stand, auf dem Gelände des heutigen Hallenbades. Sie wurde in der Nacht vom 9./10. November 1938 verwüstet, die Inneneinrichtung brannte vollständig aus. Anläßlich des 50. Jahrestages der Pogromnacht griff die Stadt Gelsenkirchen eine Initiative der Evangelischen Kirchengemeinde Buer auf, vor dem Hallenbad eine Gedenkstätte zu errichten: eine Anlage mit einer konkaven Wandscheibe und darauf eine Gedenktafel mit dem Text:

> *»Mein Haus ist ein Haus der Gebete für alle Völker«*
> *(Spruch am Eingang der zerstörten Synagoge)*
> *Nicht weit von hier stand die am 10.11.1922*
> *eingeweihte Synagoge der Jüdischen Gemeinde Buer.*
> *Als roher Judenhaß unter uns wütete, wurde sie in der*
> *Pogromnacht vom 9. zum 10. November 1938 von*
> *nationalsozialistischen Gewalttätern geschändet*
> *und zerstört.*
> *Zum Gedenken an die jüdischen Menschen dieser*
> *Stadt, die in den Jahren von 1933 bis 1945 entrechtet,*
> *entehrt, vertrieben und ermordet wurden.*

Auf dem ehemaligen jüdischen Friedhof, Teil des Kommunalen Friedhofs in Gelsenkirchen-Buer an der Mühlenstraße, befindet sich in der Nähe des Nordringes ein Gedenkstein mit hebräischer und deutscher Inschrift. Die Gräber wurden bis 1945 alle zerstört, heute ist hier eine Rasenfläche mit einigen Bäumen. Auf dem

Stein ist neben den Namen von 62 KZ-Opfern aus Buer und Westerholt die Inschrift zu lesen:

*Das Andenken
der Gerechten
ist zum Segen
zum ewigen Gedenken
an unsere feige dahingemordeten
Schwestern und Brüder.*

Im Jahre 1932 lebten in Gelsenkirchen etwa 1440 Juden, in Buer, das 1928 mit Gelsenkirchen vereinigt worden war, etwa 150 und in Horst, ebenfalls seit 1928 zu Gelsenkirchen gehörend, etwa 90 Juden. Es bestanden Frauen- und Männervereine, zwei jüdische Schulen, Jugend- und Sportvereine und der Reichsbund jüdischer Frontsoldaten. Nachdem die Nationalsozialisten an die Macht gekommen waren, verdrängten sie zunehmend die jüdischen Bürgerinnen und Bürger aus dem öffentlichen Leben und verfolgten und vertrieben sie aus der Stadt. Am 26./27. Januar 1942 wurde an den städtischen Ausstellungshallen auf dem Wildenbruchplatz der erste »Judensammeltransport« zusammengestellt. Unter den 506 Juden aus dem Präsidialbezirk Recklinghausen befanden sich etwa 350 Gelsenkirchener Juden, die deportiert wurden. Die meisten sind in den Konzentrationslagern Riga, Auschwitz und Buchenwald ermordet worden.
Etwa die Hälfte aller 1932 in Gelsenkirchen lebenden jüdischen Frauen, Männer und Kinder wurden deportiert, fast alle wurden umgebracht, nur 50 überlebten die Konzentrationslager. Einige hatten sich durch »Auswanderung« ins Ausland retten können. Ein Teil dürfte jedoch in den von Deutschland besetzten Ländern den Nationalsozialisten in die Hände gefallen und von dort in die Konzentrationslager deportiert worden sein.
Der Leopold-Neuwald-Platz in Gelsenkirchen-Mitte ist nach dem jüdischen Kaufmann Leopold Neuwald benannt, einem der Deportationsopfer des Transportes vom 27. Januar 1942.
An den Vikar Heinrich König erinnert die Heinrich-König-Platz in der Innenstadt. Der Priester bemühte sich in der Zeit des Nationalsozialismus, die Gelsenkirchener Kolpingfamilie zusammenzuhalten, wurde nach einer Denunziation verhaftet und ins Konzentrationslager Dachau gebracht, wo er am 24. Juni 1942 umkam.

Gladbeck

Am 8. Mai 1987 wurde im Wittringer Wald ein Mahnmal für die Opfer des Nationalsozialismus eingeweiht, das als Kontrast unmittelbar vor ein im Jahre 1934 errichtetes Ehrenmal für die Kriegstoten gesetzt wurde. Die vier Meter hohe Stahlstele enthält Auszüge aus der Rede des damaligen Bundespräsidenten Richard von Weizsäcker vom 8. Mai 1985 vor dem Deutschen Bundestag, in der er der Opfer der nationalsozialistischen Gewalt gedachte und insbesondere an die vergessenen Verfolgten und Opfer erinnerte.

Im Januar 1991 wurde auf Initiative einer Schülergruppe des Gladbecker Heisenberg-Gymnasiums an der Europa-Brücke oberhalb ihrer Schule ein Denkmal aufgestellt, das an die Geschichte der zahlreichen Zwangsarbeiter und ausländischen Häftlinge erinnert, die in der Zeit des Nationalsozialismus aus ihrer Heimat verschleppt wurden und in den Rüstungsbetrieben und Zechen Gladbecks arbeiten mußten.

Insgesamt waren mehr als 20.000 Zwangsarbeiter und Kriegsgefangene in der Stadt, die auf über 30 Lager verteilt waren. Das Mahnmal der Künstlerin Tisa von der Schulenburg besteht aus einem Naturstein mit einem Bronzerelief hinstürzender Menschengestalten.

Hattingen (Ruhr)

Im Jahre 1988 wurde an der Bahnhofstraße eine Gedenkstätte eingeweiht an dem Platz, an dem früher die Synagoge stand. Sie war in der Reichspogromnacht vom 9. auf den 10. November 1938 von SA-Leuten geschändet und zerstört worden. Dabei nahmen diese einige jüdische Männer fest - in »Schutzhaft«, wie die Nazis das zynisch nannten - und verschleppten sie für Wochen in ein Konzentrationslager.

Nikolaus-Groß-Haus
In Niederwenigern wurde am 8. Mai 1999 das Nikolaus-Groß-Haus eingeweiht. Es befindet sich in einem Nebengebäude des Pfarrhauses und enthält eine Ausstellung über Nikolaus Groß, seine Herkunft und Familie, seine beruflichen Tätigkeiten, seinen Widerstand gegen das 3. Reich, Haft, Prozeß und Tod sowie das spätere Gedenken an ihn.

Das Nikolaus-Groß-Haus kann in Absprache mit dem Pfarramt besichtigt werden: St. Mauritius, Domplatz 2, 45529 Hattingen, Tel. 02324 / 40120; Fax. 02324 / 947279.

Mülheim (an der Ruhr)

In der Pfarrgemeinde St. Barbara am Schildberg 84 in Mülheim-Dümpten erinnert ein Kreuz mit den Portraits von Dr. Otto Müller, Bernhard Letterhaus und Nikolaus Groß an den Widerstand der katholischen Arbeiterbewegung gegen den Nationalsozialismus. Zum 100. Geburtstag von Nikolaus Groß im Jahre 1998 gestaltete die Pfarrgemeinde ein Musical.

In der Grünanlage Luisental erinnert ein Mahnmal an die Opfer des Nationalsozialismus.

Am Gebäude der Stadtsparkasse am Viktoriaplatz wurde im Jahre 1978 eine Gedenktafel zur Erinnerung an die in der Reichspogromnacht im November 1938 zerstörte Synagoge angebracht. Im Jahre 1988 wurde beschlossen, in einem freiwerdenden Raum in diesem Gebäude eine weitere Gedenktafel mit den 240 Namen der ermordeten Mülheimer Juden aufzustellen und diesen Raum als Gedenkraum an die frühere Jüdische Gemeinde zu nutzen. Der Viktoriaplatz wurde 1990 in »Viktoria-Platz an der Alten Synagoge« umbenannt.

Oberhausen

Gedenkhalle Oberhausen

Im Jahre 1962 wurde in einem Seitenflügel des Oberhausener Schlosses, Konrad-Adenauer-Allee 46 (früher Sterkrader Straße 46), eine Gedenkhalle für die Opfer der NS-Diktatur eingerichtet. Im Mittelpunkt steht eine Dauerausstellung »Faschismus kommt nicht über Nacht ... - Verfolgung und Widerstand während der NS-Diktatur 1933 bis 1945 in Oberhausen«. Thematisch gliedert sie sich in sechs Blöcke, von den Ursachen bzw. dem Entstehen des Nationalsozialismus und dem Ende der Weimarer Republik über die »Machtergreifung« in Oberhausen, die Judenverfolgung und den Widerstand aus politischen und religiösen Gründen bis zum Krieg und den Kriegsauswirkungen. Anhand von Einzelbiographien aus Oberhausen werden sowohl die Folgen der nationalsozialistischen Politik als auch der Widerstand in unterschiedlichen gesellschaftlichen Lagern präzisiert. Mehrere Kunstobjekte im Eingangsbereich der Gedenkhalle gehören als ständige Teile zur Ausstellung. Außerdem gibt es Wechselausstellungen.

Am Hintereingang des St. Josef-Hospitals in der Elsa-Brändström-Straße hängt eine Gedenktafel zur Erinnerung an Oberhausener Jungen und Mädchen, die 1933/34 im Keller des Krankenhauses eine illegale Druckerei betrieben. Die jugendlichen Kommunisten druckten hier Flugblätter gegen die Nationalsozialisten, während einige von ihnen Kohlen schaufelten, um die Geräusche der Schreib- und Abzugsmaschine zu übertönen. Im November 1934 wurden 19 Jugendliche, die mit dem Heizungskeller in Verbindung gebracht wurden, verhaftet und zu langjährigen Haftstrafen verurteilt. Sechs wurden in das Konzentrationslager Sachsenhausen gebracht, zwei kehrten nicht mehr lebend zurück. Auf der Gedenktafel ist der nachfolgende Text zu lesen:

Im Keller dieses Hospitals unterhielten
jugendliche Widerstandskämpfer(innen)
in der dunkelsten Zeit deutscher Geschichte
eine geheime Druckerei.

*19 von ihnen wurden am 22. Juni 1935
zu insgesamt 66 Jahren Zuchthaus
oder Gefängnis verurteilt;
sechs kamen in ein KZ;
zwei von ihnen kehrten
nicht mehr zurück.
Ihr mutiger Einsatz
gegen Unterdrückung und Krieg
soll uns Mahnung bleiben!*

Mehrere Straßen in Oberhausen erinnern an Menschen, die von den Nationalsozialisten wegen ihrer Überzeugung oder Religion verfolgt worden sind, beispielsweise:
In Styrum hält der »Kaplan-Küppers-Weg« die Erinnerung an den katholischen Jugendpfarrer wach, der mehrfach verhaftet wurde wegen seiner Predigten und bis zum Kriegsende im Konzentrationslager Dachau eingesperrt war. Die »Otto-Kohler-Straße« erinnert an den katholischen Priester, der 1944 ins KZ Dachau kam, weil er jüdischen Menschen zur Flucht verholfen hatte. In Alt-Oberhausen wurde die »Hermann-Albertz-Straße« nach dem sozialdemokratischen Politiker bezeichnet, der als Reichsbanner-Mitglied von den Nazis verfolgt und im Konzentrationslager Bergen-Belsen umgebracht wurde. Die »Ramgestraße« ist benannt nach dem sozialdemokratischen Stadtverordneten Rudolf Ramge, der 1944 im Konzentrationslager Sachsenhausen »verschollen«, d.h. umgebracht worden ist.

2. Zeittafel

Die Zeittafel enthält Daten der deutschen allgemeinen, der regionalen und der Katholizismusgeschichte ab 1918. Sie erhebt keinen Anspruch auf Vollständigkeit. Ab 1930 ist sie ausführlicher, um so einen Überblick über die für den politischen und sozialen Katholizismus relevante Entwicklung zu geben.

Der **Fettdruck** zeigt Daten der allgemeinen Geschichte an, der *kursive **Fettdruck*** Ereignisse der Regional- bzw. Lokalgeschichte, der *Kursivdruck* Ereignisse im Laienkatholizismus und der Kirche.

09.11.1918	**Philipp Scheidemann ruft die Republik aus**
	in Ruhrgebietsstädten bilden sich Arbeiter- und Soldatenräte
13.11.1918	*preußische Regierung (MSPD/USPD) fordert Trennung von Staat und Kirche*
26.11.1918	*Preußen hebt geistliche Schulaufsicht auf*
29.11.1918	*Erlaß des preuß. Kultusministers Hoffmann (USPD): nur noch freiwillige Teilnahme am Religionsunterricht erlaubt*
20.12.1918	*preußische Bischöfe protestieren im Hirtenschreiben gegen Schul- und Religionspolitik und rufen Gläubige zum Widerstand auf*
09.01.1919	*Ministerpräsident Hirsch (MSPD) verschiebt Aufhebung der geistlichen Ortsschulaufsicht*
19.01.1919	**Wahl zur Nationalversammlung**

Zentrum	19,7 %
SPD	37,9 %
USPD	7,6 %
DNVP	10,3 %
DDP	4,4 %
DVP	18,5 %
Sonstige	1,6%

11.02.1919	**Friedrich Ebert (MSPD) erster Reichspräsident**

20.06.1919	**Rücktritt der Reichsregierung wegen der Friedensvertragsbedingungen von Versailles**
23.06.1919	**Nationalversammlung (mit Stimmen von USPD / MSPD / Zentrum) billigt Unterzeichnung des Friedensvertrages**
17.07.1919	*Nationalversammlung lehnt Antrag der USPD auf Trennung von Staat und Kirche ab*
19.01.1920	*1. Reichsparteitag des Zentrums: u.a. Streit wegen der Koalition mit der "atheistischen" SPD*
24.02.1920	**Parteiprogramm der NSDAP**
13.03. - 17.03.1920	**Kapp-Putsch anschließender Generalstreik**
27.03.1920	**neue Reichsregierung Hermann Müller-Franken (SPD) aus SPD, Zentrum, DDP**
06.06.1920	**Reichstagswahlen mit Verlusten für die Weimarer Koalition**

Zentrum/BVP	**13,6%**
DNVP	**15,1%**
DVP	**13,9%**
DDP	**8,3 %**
SPD	**21,7%**
USPD	**17,9%**
KPD	**2,1%**
Sonstige	**7,4%**

25.06.1920	**Regierung Fehrenbach (Z) aus Zentrum, DDP und BVP**
27.06.1920-1928	*Reichsarbeitsminister Heinrich Brauns (katholischer Priester)*
20.11.1920	*10. Christlicher Gewerkschaftskongreß in Essen: Stegerwald fordert Umwandlung des Zentrums in eine interkonfessionelle Volkspartei*
	Denkschrift des Episkopates zur ungelösten Schulfrage

04.05.1921	Rücktritt der Regierung Fehrenbach aus außenpolitischen Gründen
05.05.- 08.05.1921	*2. Kongreß der Katholischen Arbeitervereine in Würzburg: Bekenntnis zur Weimarer Verfassung*
10.05.1921	Regierung Josef Wirth (Zentrum) aus SPD, Zentrum, DDP
26.08.1921	Ermordung des Reichsfinanzministers und Unterzeichners des Versailler Vertrages Matthias Erzberger (Z) durch Freikorpsmitglieder
26.10.1921	2. Kabinett Wirth (Z, SPD)
07.11.1921	*in Preußen Regierung Otto Braun (SPD, Zentrum, DDP, DVP)*
24.06.1922	Ermordung von Reichsaußenminister Rathenau Reichskanzler Wirth dazu: „Der Feind steht rechts!"
26.06.1922	Verordnung Eberts zum Schutz der Republik: Landesbehörden sollen Kundgebungen verbieten, die gegen die Republik oder Regierungsmitglieder gerichtet sind
04.07.1922	Gesetz zum Schutz der Republik
27.08.1922	*Kontroverse zwischen Erzbischof Faulhaber von München und Konrad Adenauer, Oberbürgermeister von Köln, auf dem Münchener Katholikentag über die Republik*
22.11.1922	Regierung Wilhelm Cuno (DVP, Z, DDP, BVP)
11.01.1923	Ruhrbesetzung
19.01.1923	Beginn des passiven Widerstandes
13.08.1923	Regierung Gustav Stresemann (DVP): SPD, DDP, Z, BVP
26.09.1923	Ende des passiven Widerstandes wegen völliger Zerrüttung der Wirtschaft
06.10. - 23.11.1923	2. Regierung Stresemann

09.11.1923	Hitler-Putsch in München
15.11.1923	Einführung der Rentenmark, Ende der Inflation
23.11.1923	Verbot der NSDAP
01.04.1924	Hitler vom Volksgericht München zu 5 Jahren Festungshaft verurteilt
04.05.1924	**Reichstagswahlen**

Zentrum/BVP	16,6%
DNVP	19,5%
DVP	9,2%
DDP	5,7%
KPD	12,6%
SPD	20,5%
Sonstige	15,9%

24.10.1924 *Bamberger Kongreß der KAB bekennt sich zur Außenpolitik des Zentrums, zur christlichen Demokratie mit starker Staatsautorität*

07.12.1924 **Reichstagswahlen**

Zentrum/BVP	17,4 %
DNVP	20,5 %
DVP	10,1 %
KPD	9,0 %
DDP	6,3 %
SPD	26,0 %
Sonstige	10,7 %

Preußische Landtagswahlen

Zentrum	17,6 %
SPD	24,9 %
KPD	9,6 %
DDP	5,9 %
DVP	9,8 %
DNVP	23,7 %
Völkische Liste	2,5 %
Sonstige	6,0 %
Wahlbeteiligung	78,6 %

20.12.1924	Hitler auf Bewährung aus der Haft entlassen
15.01.1925	Kabinett Hans Luther (parteilos) Z, BVP, DDP, DVP, DNVP
30.01.1925	*2. Kabinett Braun in Preußen (SPD, Z, DDP)*
18.-26.02.1925	*Preußische Regierung Marx (Z)*
27.02.1925	Neugründung der NSDAP durch Hitler
28.02.1925	Tod von Reichspräsident Friedrich Ebert
29.03.1925	Reichspräsidentenwahl, kein Kandidat erreicht absolute Mehrheit
04.04.1925	*Otto Braun nach vergeblichen Versuchen wieder zum preußischen Ministerpräsidenten gewählt*
26.04.1925	Wahl Hindenburgs zum Reichspräsidenten
31.07.1925	*Die letzten französischen Truppen verlassen das Ruhrgebiet*
24.08.1925	*Früherer Reichskanzler Josef Wirth verläßt Zentrumsfraktion, da er mit der Rechtskoalition als Vertreter des „sozialen und republikanischen" Flügels nicht einverstanden ist*
20.01.1926	Regierung Luther: Z, BVP, DVP, DDP
31.01.1926	2,5 Millionen Arbeitslose
17.01.1926	Regierung Marx (Z, DDP, DVP)
21.01.1927	*Zentrumsfraktion billigt Auftrag Hindenburgs an Marx, bürgerliche Regierung zu bilden und fordert neues Reichsschulgesetz zur Erneuerung der Schule „aus dem christlichen Glauben"* *SPD fordert bekenntnisfreie weltliche Schule*
29.01.1927	Regierung Marx (Z, DVP, DNVP)

07.07.1927	Gesetz über Arbeitslosenversicherung und Arbeitsvermittlung (H. Brauns)
16.07.1927	Entwurf des neuen Reichsschulgesetzes
02.12.1927	Reichsschulgesetz scheitert an DVP
20.05.1928	<u>Reichstagswahlen</u>

SPD	29,8 %
DNVP	14,3 %
Zentrum/BVP	15,2 %
KPD	10,6 %
DVP	8,7 %
DDP	4,9 %
NSDAP	2,6 %
Sonstige	14,0 %

<u>Preußische Landtagswahlen</u>

Zentrum	14,5 %
SPD	29,0 %
KPD	11,9 %
DDP	4,5 %
DVP	8,5 %
DNVP	17,4 %
NSDAP	1,8 %
Sonstige	12,4 %
Wahlbeteiligung	76,4 %

28.06.1928	Regierung Hermann Müller (SPD) aus SPD, DDP, Z, DVP, BVP
15.08.1928	SPD-Fraktion verurteilt Bau des Panzerkreuzers A
06.10.1928	*Rücktritt von W. Marx als Zentrumsvorsitzender*
08.12.1928	*Auf 5. (Kölner) Parteitag wählt das Zentrum den Prälaten Ludwig Kaas zum Vorsitzenden*
28.02.1929	**über 3 Millionen Arbeitslose**

03.07.1929	Verbot der Mitgliedschaft in KP- oder NS-Organisationen für preußische Beamte
25.10.1929	**"Schwarzer Freitag" an der Börse in New York**
02.11.1929	**Erfolg des Volksbegehrens gegen den Young-Plan**
17.11.1929	*Erfolge der NSDAP bei preußischen Gemeinde- und Provinziallandtagswahlen*
05.12.1929	*Heinrich Brüning wird neuer Vorsitzender der Zentrumsfraktion im Reichstag*
27.03.1930	**Rücktritt des Kabinetts Müller wegen Streit zwischen SPD und DVP um Finanzierung der Arbeitslosenversicherung**
28.03.1930	*Regierung Brüning (Z), an keine Regierungskoalition gebunden, mit Vertretern von Z, BVP, DDP, DVP, DNVP, Wirtschaftspartei*
14.09.1930	<u>Reichstagswahlen</u>

SPD	24,5%
Zentrum/BVP	14,8%
DNVP	7,0%
KPD	13,1%
DVP	4,5 %
DDP	3,8%
NSDAP	18,3%
Sonstige	16,6%

14.09.1930	<u>Preußische Landtagswahlen</u>
	(Brüning lehnt Regierungsbeteiligung der NSDAP ab)
05.03.1931	*Kundgebungen der Kölner Kirchenprovinz zur Behandlung von Nationalsozialisten*
10.03.1931	*Bischöfe der Kirchenprovinz Paderborn veröffentlichen Erklärung gegen die NSDAP*
28.03.1931	*Hirtenbrief der Paderborner Kirchenprovinz gegen den Nationalsozialismus*

10.10.1931	Regierung Brüning mit geringer Parteibindung
11.10.1931	Gründung der Harzburger Front: DNVP, NSDAP, Stahlhelm
13.03.1932	Wahl des Reichspräsidenten: Hindenburg verfehlt knapp die nötige absolute Mehrheit; Hitler erzielt das zweitbeste Ergebnis
10.04.1932	2. Wahlgang zur Reichspräsidentenwahl: Hindenburg siegt mit den Stimmen u.a. von SPD und Zentrum
	Innenminister General Groener verbietet die SA und SS
24.04.1932	*Preußische Landtagswahlen*

Zentrum	*15,3 %*
SPD	*21,2 %*
KPD	*12,8 %*
DDP/Dt. Staatspartei	*1,5 %*
DVP	*1,5 %*
DNVP	*6,9 %*
NSDAP	*36,3 %*
Sonstige	*4,5 %*
Wahlbeteiligung	*82,1 %*

30.05.1932	Rücktritt Brünings
01.06.-17.11.1932	Regierung von Papen „Kabinett der Barone"
04.06.1932	Reichstagsauflösung
16.06.1932	Aufhebung des Verbotes von SA und SS
20.07.1932	*Preußenschlag. Papen setzt die Regierung Braun-Hirtsiefer ab*
bis Juli 1932	Straßenschlachten zwischen Nationalsozialisten und Kommunisten

31.07.1932	<u>Reichstagswahlen</u>

SPD	21,6 %
Zentrum/BVP	15,7 %
KPD	14,3 %
NSDAP	37,7 %
DDP	1,0 %
DVP	1,2 %
DNVP	5,9 %
Sonstige	3,7 %

10.08.1932	Hindenburg lehnt die Ernennung Hitlers zum Reichskanzler ab
13.08.1932	Hitler fordert vom Reichspräsidenten die gesamte Staatsgewalt
17.08.1932	*Protokoll der Fuldaer Bischofskonferenz bekräftigt Verdikt über die NSDAP*
12.09.1932	Papen löst den Reichstag auf
06.11.1932	<u>Reichstagswahlen</u>

NSDAP	33,1 %
DVP	1,9 %
DNVP	8,5 %
Zentrum/BVP	15,0 %
DDP	1,0 %
SPD	20,4 %
KPD	16,9 %
Sonstige	3,8 %

08.11.1932	*Zentrumsführer Kaas: Ergebnis der Reichstagswahlen sei „eine vernichtende Absage an das jetzige System"*
18.11.1932	Rücktritt Papens
	Kaas im Gespräch mit Hindenburg: das Ziel einer nationalen Konzentration einschließlich der Nationalsozialisten sei eine Notwendigkeit
	Hindenburg lehnt Hitler als Reichskanzler ab

22.11.1932	Hindenburg erteilt Hitler den Auftrag, eine parlamentarische Regierung zu bilden; Hitler lehnt ab
24.11.1932	Hindenburg lehnt ein Präsidialkabinett Hitlers ab
28.11.1932	*Verhandlungen zwischen Zentrum und NSDAP in Preußen*
03.12.1932	Präsidialregierung General von Schleicher
15.12.1932	*DNVP lehnt parlamentarische Unterstützung einer Regierung Göring in Preußen ab*
04.01.1933	Papen schlägt Hindenburg Ernennung eines Koalitionskabinetts Hitler vor; Unterredung Papen - Hitler
23.01.1933	Hindenburg verweigert Schleicher die Auflösung des Reichstags
27.01.1933	*KAB fordert Hindenburg auf, die verfassungsmäßige Rechtsgrundlage des Staates zu wahren und Anschläge darauf zu verhindern*
28.01.1933	Rücktritt Schleichers
30.01.1933	Hindenburg ernennt Hitler zum Kanzler einer Koalition aus DNVP und NSDAP
01.02.1933	Reichstagsauflösung
04.02.1933	Verordnung zum Schutz des deutschen Volkes schränkt Versammlungsfreiheit und Pressefreiheit ein
17.02.1933	*Wahlaufruf katholischer Verbände gegen die NSDAP*
27.02.1933	Reichstagsbrand
28.02.1933	Reichstagsbrandverordnung „zum Schutz von Volk und Staat", setzt politische Grundrechte außer Kraft

05.03.1933	Reichstagswahlen	
	Zentrum/BVP	13,9 %
	SPD	18,3 %
	KPD	12,3 %
	NSDAP	43,9 %
	DNVP	8,0 %
	DVP	1,1 %
	DDP	0,9 %
	Sonstige	2,5 %
05.03.1933	Preußische Landtagswahlen	
	Zentrum	14,1 %
	SPD	16,6 %
	KPD	13,2 %
	DDP/Dt. Staatspartei	0,7 %
	DVP	1,0 %
	DNVP*	9,7 %
	NSDAP	43,2 %
	Sonstige	1,5 %
	Wahlbeteiligung	88,7 %

* Die DNVP kandidierte nicht mehr. Statt dessen stellten sich zur Wahl: *Hindenburg für ein nationales Preußen* (0,9 %) und *Kampffront Schwarz-Weiß-Rot* (8,8 %).

08.03.1933	Hitler hebt die Reichstagsmandate der KPD auf
12.03.1933	*Kommunalwahlen in Preußen: Verluste für SPD (von 20%) und KPD (von 40%) zugunsten der NSDAP; in Westfalen und im Rheinland bleibt das Zentrum stärkste Partei*
21.03.1933	Tag von Potsdam Regierungserklärung Hitlers
24.03.1933	Ermächtigungsgesetz
28.03.1933	*Hirtenwort der Fuldaer Bischofskonferenz: Es hebt das Beitrittsverbot zu NS-Organisationen auf*
01.04.1933	Boykott jüdischer Geschäfte

02.04.1933	*Gespräch Hitler - Kaas über ein Reichskonkordat*
07.04.1933	*Kaas verläßt Deutschland*
	Gesetz zur Wiederherstellung des Berufsbeamtentums (Arierparagraph, politisch mißliebige Beamte können entlassen werden)
08.04.1933	*Papen bietet Rom Konkordatsverhandlungen an*
12.04.1933	*Pius XI. verhandelt mit Papen und Göring*
9., 12., 15.4. 1933	*Kundgebungen mehrerer Bischöfe gegen die politischen Säuberungen*
01.05.1933	**Tag der nationalen Arbeit**
02.05.1933	**Verbot der freien Gewerkschaften**
Juni 1933	**Auflösung der christlichen Gewerkschaften**
22.06.1933	**Verbot der SPD**
27.06.1933	**Selbstauflösung der DNVP**
01.07.1933	*Verbot katholischer Hilfsorganisationen des Zentrums in Preußen*
02.07.1933	*Beginn der Konkordatsverhandlungen in Rom*
05.07.1933	**Selbstauflösung von Zentrum, BVP und DVP**
08.07.1933	*Paraphierung des Reichkonkordats*
14.07.1933	**Gesetz gegen die Neugründung der Parteien**
	Gesetz zur „Verhütung erbkranken Nachwuchses" (Sterilisation)
20.07.1933	*Unterzeichnung des Reichskonkordates*
02.09.1933	*Galen wird zum neuen Bischof von Münster geweiht*

10.09.1933	Das Reichskonkordat tritt in Kraft
19.10.1933	*Der Vatikan protestiert gegen die Unterdrückung katholischer Vereine*
24.01.1934	Alfred Rosenberg (Mythus des 20. Jahrhunderts) wird zum "Beauftragten des Führers für die Überwachung der gesamten geistigen und weltanschaulichen Schulung und Erziehung der NSDAP" ernannt; sein politischer Einfluß bleibt gering
07.02.1934	*Rosenbergs „Mythus" wird auf den Index gesetzt*
26.03.1934	*Hirtenwort Galens mit Verteidigung der 10 Gebote*
21.05.1934	Gründung der Deutschen Glaubensbewegung Ziel: religiöse Erneuerung des Volkes „aus dem Erbgrunde der deutschen Art", antichristliche Zielsetzung
17.06.1934	Marburger Rede Papens
25.06.1934	*Beginn der Verhandlungen des Episkopates mit der Regierung über die Ausführung des Konkordates*
27.06.1934	*Hitler verspricht katholischen Bischöfen Schutz der Kirche*
30.06.1934	sog. „Röhm-Putsch" *u.a. Ermordung der aktiven Laienkatholiken Erich Klausener und Adalbert Probst sowie des Autors der Marburger Rede, Edgar Jung*
01.08.1934	Carl Schmitt: „Der Führer schützt das Recht", Rechtfertigung der Morde
02.08.1934	Tod Hindenburgs Hitler übernimmt das Amt des Reichspräsidenten und vereidigt die Reichswehr auf sich
20.01.1935	*Predigt Galens gegen die Sterilisation*
Januar 1935	Saarabstimmung
28.01.1935	*erfolgloses Ende der Gespräche über den Konkordatsschutz für katholische Vereine*

04.02.1935	*Einleitung der Devisenprozesse gegen katholische Institutionen*
03.03.1935	*Verbot der Wochenschrift des Katholischen Jungmännerverbandes*
März 1935	**Wiedereinführung der Wehrpflicht**
24.3.-7.4.1935	*„Frühjahrsoffensive" der HJ im Gebiet Ruhr-Niederrhein*
05.05.1935	*Verbot der katholischen Amtsblätter in Preußen wegen eines Hirtenbriefes für die Bekenntnisschule*
	Hetz-Schrift von Rosenberg: „An die Dunkelmänner unserer Zeit"
23.07.1935	*Uniformverbot für konfessionelle Verbände und Verbot einer Betätigung im nicht-kirchlichen Raum*
20.08.1935	*Hirtenwort der Fuldaer Bischofskonferenz „Steht fest im Glauben"*
23.08.1935	*Hirtenwort der Fuldaer Bischofskonferenz an die katholischen Verbände*
15.09.1935	**Nürnberger Gesetze**
01.01.1936	*herzliches Neujahrestelegramm von Kardinal Schulte (Köln) an Hitler*
06.02.1936	*Verhaftung von Prälat Ludwig Wolker, Präses des Katholischen Jungmännerverbandes (KJMV) und weiterer 57 Personen wegen angeblich kommunistischer Kollaboration*
09.02.1936	*Protest Galens bei Predigt in Xanten*
07.03.1936	**Einmarsch der Reichswehr ins entmilitarisierte Rheinland**
20.08.1936	*Hirtenwort der Fuldaer Bischofskonferenz zur Verteidigung der Bekenntnisschule*
August 1936	**Olympiade in Berlin**

15.09.1936	Katechismuswahrheiten (erstellt im Generalvikariat Köln)
10.11.1936	Hirtenwort der Bischöfe der Kölner und Paderborner Kirchenprovinz gegen den Kampf gegen Bekenntnisschule und kirchliche Vereine
01.12.1936	**Reichsgesetz macht die Hitlerjugend zur Staatsjugend**
14.03.1937	Enzyklika „Mit brennender Sorge"
27.10.1937	Die Gestapo löst den Diözesanverband Münster des katholischen Jungmännerverbandes auf
bis Ende Nov. 1937	Sittlichkeitsprozesse: 837 schwebende Verfahren und 221 Verurteilungen und 136 Freisprüche bzw. Verfahrenseinstellungen
12.03.1938	**Einmarsch in Österreich**
14.03.1938	Verbot der Ketteler-Wacht (bis 1935 WAZ)
18.03.1938	feierliche Erklärung der österreichischen Bischöfe zugunsten des Anschlusses Österreichs
19.08.1938	Hirtenbrief der Fuldaer Bischofskonferenz gegen die NS-Hetze mit den Sittlichkeitsprozessen
29.09.1938	**Münchener Abkommen über die Abtretung des Sudetenlandes ans Deutsche Reich**
02.10.1938	Glückwunschtelegramm Bertrams an Hitler zur „Sicherung des Völkerfriedens"
09.11.1938	**sog. „Reichskristallnacht" nach Zerstörungsbefehl an die SA**
Nov. 1938	endgültiges Verbot der Ketteler-Wacht
15.03.1939	**Einmarsch in die Rest-Tschechoslowakei Protektorat Böhmen-Mähren**
09.04.1939	Verbot kirchlicher Morgenfeiern im Rundfunk
18.04.1939	Die katholischen Bekenntnisschulen werden unter Bruch des Reichskonkordates in Gemeinschaftsschulen umgewandelt

23.08.1939	**Hitler-Stalin-Pakt**
01.09.1939	**Kriegsbeginn: Angriff auf Polen**
10.05.1940	**Beginn des Krieges im Westen**
	erste Klosterbeschlagnahmungen
Mai/Juni 1940	*erste britische Luftangriffe aufs Ruhrgebiet*
22.06.1941	**Deutscher Angriff auf die UdSSR**
13.07.1941	*Predigt Galens gegen den Klostersturm*
03.08.1941	*Predigt Galens gegen die Euthanasie*
11.12.1941	**Kriegserklärung an die USA**
20.01.1942	**„Wannsee-Konferenz" zur „Endlösung der Judenfrage"**
20.03.1942	*Hirtenwort des Episkopates zur Verteidigung kirchlicher und allgemeiner Rechte*
12./13.12.42	*Hirtenwort der Kölner Kirchenprovinz und Preysings zur Verteidigung von Kirchen- und Menschenrechten*
ab Ende 1942	Gespräche im Kettelerhaus über Umsturzpläne des Goerdeler-Kreises
14.- 24.01.1943	**Konferenz von Casablanca: Forderung nach bedingungsloser Kapitulation Deutschlands**
25.01.1943	**Stalingrad - Kriegswende**
Febr. 1943	Vertreter des Kölner Kreises (Groß, Letterhaus, Müller) treffen sich mit Goerdeler und J. Kaiser im Kettelerhaus
06.06.1944	**Beginn der Westoffensive der Alliierten**
20.07.1944	**Attentat Stauffenbergs auf Hitler**
25.07.1944	Verhaftung von Bernhard Letterhaus

12.08.1944	Verhaftung von Nikolaus Groß
13.11.1944	Verurteilung von Letterhaus zum Tod durch den Volksgerichtshof
14.11.1944	Hinrichtung von Letterhaus in Plötzensee
15.01.1945	Verurteilung von Nikolaus Groß zum Tod durch den Volksgerichtshof
23.01.1945	Hinrichtung von Nikolaus Groß in Plötzensee
15.04.1945	*Betriebsräte-Konferenz in Gelsenkirchen-Buer beschließt Gründung einer Bergarbeiter-Einheitsgewerkschaft*
08.05.1945	**bedingungslose Kapitulation des Deutschen Reiches**
17.01.1946	*Britische Verordnung zur Errichtung von Entnazifizierungsausschüssen*
17.07.1946	*britische Militärregierung beschließt Gründung Nordrhein-Westfalens*
13.10.1946	<u>erste Kommunalwahlen (Angaben in %)</u>:

<u>Dortmund</u>
Zentrum	CDU	SPD	KPD	FDP
2,4	35,1	46,3	12,6	3,6

<u>Essen</u>
Zentrum	CDU	SPD	KPD	FDP
11,2	38,9	34,2	12,1	3,6

Jan/Febr. 1947	*Brennstoffmangel und Hungersnot im Ruhrgebiet*
01.01.1947	Bizone eingerichtet
Februar 1948	Höhepunkt der Ernährungskrise
20./21.6.1948	Währungsreform
8.5.1949	Annahme des Grundgesetzes durch den Parlamentarischen Rat
14.08.1949	1. Bundestagswahl

Arbeitsbücher für Schule und Bildungsarbeit

Helmut H. Koch; Marlene Kruck
"Ich werd's trotzdem weitersagen!"
Prävention gegen sexuellen Mißbrauch in der Schule (Klassen 1–10). Theorie, Praxisberichte, Literaturanalysen, Materialien
In diesem Buch geht es darum, Erfahrungen und Möglichkeiten aufzuzeigen, die sich für die präventive Arbeit mit Kindern und Jugendlichen im schulischen Rahmen bieten. Eine Mischung aus theoretischen Informationen und praktischen Anregungen wird vorgestellt, wobei die AutorInnen an eigene Erfahrungen mit der schulischen Präventionsarbeit anknüpfen. Nachdem zu Beginn ein Überblick über den gegenwärtigen Diskussionsstand gegeben wird, liegt im folgenden der zentrale Schwerpunkt des Buches in der Vorstellung praktischer Unterrichtsprojekte. Um für die Präventionsarbeit möglichst konkrete Anregungen zu bieten, wird ein Teil der in den Projekten verwendeten Arbeitsmaterialien in die Erfahrungsberichte mit aufgenommen. Darüber hinaus finden sich in dem Band vielfältige weitere Materialien für die präventive Arbeit (Musik, Filme/Theaterstücke, Kinder- und Jugendbücher zur Sexualerziehung und zum sexuellen Mißbrauch). Zusätzlich stellen die AutorInnen exemplarische Analysen von Kinder- und Jugendbüchern zum Thema "sexueller Mißbrauch" vor.
Bd. 2, 2000, 280 S., 34,80 DM, br., ISBN 3-8258-4310-6

Thomas Körbel; Albert Lampe; Joachim Valentin (Hrsg.)
Heilsuche und Erlösungssehnsucht
Esoterische und christliche Landschaften exemplifiziert am Raum Freiburg
Auch in Deutschland ist der Markt religiöser Anbieter diesseits und jenseits des christlichen Glaubens zunehmend unübersehbar geworden. Selbst Fachleute tun sich schwer mit Gesamtdarstellungen der religiösen Szene.
Diese regionale Momentaufnahme leistet nicht nur eine informative und fundierte Darstellung der vielen in Freiburg i. Br. und Umgebung vertretenen christlichen und esoterischen Gruppierungen, sondern bietet auch Ansätze einer ersten religionssoziologischen und theologischen Reflexion.
Sie eröffnet, weit über Freiburg hinaus, für die Weltanschauungsarbeit ebenso wie für den interessierten Laien, für die pädagogische wie für die pastorale Arbeit vor Ort, neue Einblicke in die religiösen Landschaften unserer Gesellschaft.
Bd. 3, 2000, 208 S., 34,80 DM, br., ISBN 3-8258-4789-6

Burkhard Homeyer (Hrsg.)
Den Kindern von Tschernobyl
Eine Ost-West-BürgerInnenbewegung in weltweiter Solidarität. Den Kindern eine Zukunft – Eine Chance dem Frieden. Für eine Welt ohne atomare Bedrohung
Die vorliegenden Beiträge verstehen sich als Beiträge zum Frieden – in einer Welt mit neuen globalen Herausforderungen. "Tschernobyl" kennzeichnet den Beginn eines "unsichtbaren Krieges", der gegen uns alle geführt wird. Doch nicht Gewalt hat das letzte Wort, auch nicht die Erfahrung der Gigagewalt von Tschernobyl.
Die "Blume" – Symbol der weißrussischen Bürgerinnenbewegung, der Belarussischen Gemeinnützigen Stiftung "Den Kindern von Tschernobyl", das weltweit verbindet – ist das Zeichen der Kindheit, bunt und voller Leben. Darüber liegt der Schrecken der atomaren Gefahr mit ihrem tödlichen Schwarz. Noch aber ist das endgültige Aussehen der "Blume" nicht entschieden. Kämpfen wir – die Bürgerinnen in Ost und West, damit die "Blume" blüht.
"...war sehr beeindruckt von der Sammlung von Beiträgen...Ich bin überzeugt davon, dass Ihr einen sehr wichtigen stellvertretenden Kampf führt – nicht nur in Belarus, sondern in Europa."
Prof. Dr. Konrad Raiser, Genf Generalsekretär des Ökumenischen Rates der Kirchen
"Liebe Irina! Ihnen und Ihren Nächsten, Freunden und Mitarbeitern, die die Kinder von Tschernobyl betreuen, wünsche ich von ganzem Herzen Erfolg, Freude und unversiegbare Kräfte... Aber damit, was Sie und Ihre Freunde im Ausland tun, tun Sie auch eine große internationale Sache, Sie verwirklichen Volksdiplomatie, sie stellen unmittelbar gute Beziehungen zwischen den Völkern her, zwischen den Menschen guten Willens..."
Lew Kopelew, Brief an Irina Gruschewaja
Bd. 4, 2001, 218 S., 29,80 DM, br., ISBN 3-8258-5399-3

Soziale Ungleichheit und Benachteiligung
herausgegeben von
Prof. Dr. Karl August Chassé (Universität Erfurt),
Prof. Dr. Gerhard Iben (Universität Frankfurt)
und Prof. Dr. H. Pfaffenberger (Universität Trier)

Martina Bodenmüller
Auf der Straße leben
Mädchen und junge Frauen ohne Wohnung
"Auf der Straße leben" heißt, in einer existentiellen Notlage zu sein. Alltägliche Dinge wie Essen, Schlafen oder Duschen fehlen und müssen mühsam organisiert werden, oft durch illegale Praktiken. Für Mädchen und junge Frauen bedeutet dies gleichzeitig, der Stigmatisierung und

L**IT** Verlag Münster – Hamburg – Berlin – London
Grevener Str. 179 48159 Münster
Tel.: 0251 – 23 50 91 – Fax: 0251 – 23 19 72
e-Mail: lit@lit-verlag.de – http://www.lit-verlag.de
Preise: unv. PE

Diskriminierung als "Straßenmädchen" ausgesetzt zu sein – von seiten der Szene, durch Passanten, aber auch durch die Jugendhilfe. Dennoch scheint das Straßenleben immer noch erträglicher zu sein als das, was die Mädchen und jungen Frauen in ihren Familien oder Heimen vorher erlebt haben. Und auch die Angebote der Jugend- und Wohnungslosenhilfe bieten anscheinend oft nicht das "Zuhause", was die Mädchen und Frauen suchen – warum sonst ziehen sie die Schlafplätze bei Bekannten oder in Parks immer wieder den betreuten Angeboten vor?
Martina Bodenmüller hat Mädchen und junge Frauen befragt, die auf der Straße leben. In lebensgeschichtlichen Interviews erzählen die Betroffenen von ihrem Alltag, ihrem Leben, ihren Erfahrungen, Wünschen und Hoffnungen. Aus der Auswertung ergeben sich Ansätze für pädagogisches Handeln, das an den Bedürfnissen der Mädchen und jungen Frauen ansetzt und ihrer Lebenswelt gerecht wird.
Bd. 5, 2. Aufl. 2000, 152 S., 24,80 DM, br., ISBN 3-8258-2668-6

Kahraman Gündüzkanat
Die Rolle des Bildungswesens beim Demokratisierungsprozeß in der Türkei unter besonderer Berücksichtigung der Dimli (Kirmanc Zaza) Ethnizität
Zu den wenig bekannten ethnischen Minoritäten im Osten der Türkei gehören die Dimli, auch Zaza oder Kırmanc genannt. Als Volksgruppe mit eigener Sprache und Kultur, jedoch ohne schriftliche Überlieferungen sind die Dimli dem Assimilationsdruck seitens des türkischen Staates ausgeliefert, dessen Bildungswesen Erziehung ausschließlich im Sinne türkisch-nationaler Normen vollzieht. Eine bilinguale, kritisch-interkulturelle Pädagogik könnte den egalitären und basisdemokratischen Traditionen der Dimli und der alevitischen Religionsgemeinschaft zu ihrem Recht verhelfen und sie in den Prozeß der Demokratisierung der türkischen Gesellschaft einbringen.
Bd. 6, 1997, 250 S., 48,80 DM, br., ISBN 3-8258-3132-9

Margot Fahmy
Frei und doch unfrei
Lebensrealität von weiblichen Asylsuchenden in Hessen am Beispiel von Iranerinnen und pakistanischen Ahmadis
Nur 20–30% aller Flüchtlingsfrauen weltweit gelingt die Flucht in eines der reichen europäischen Industrieländer. Glückt ihnen die Einreise nach Deutschland, erhalten nur wenige ein legales Bleiberecht, da sich das hiesige Asylrecht nach wie vor am männlichen Flüchtling orientiert und sowohl Gründe und Bedingungen der Flucht von Frauen als auch die geschlechtsspezifische Situation im Exilland ausklammert. Das vorliegende Buch setzt sich detailliert mit der Vorflucht und Fluchtsituation auseinander und veranschaulicht deutlich, welche psycho-sozialen Auswirkungen bundesdeutsche Asylpolitik auf das Leben der Flüchtlingsfrauen hat. Es klagt Toleranz und Humanität im Umgang mit Andersdenkenden ein und ist ein Plädoyer für den Widerstand gegen eine diskriminierende Abschreckungs- und Ausgrenzungspolitik.
Bd. 7, 1997, 176 S., 29,80 DM, br., ISBN 3-8258-3313-5

Sybille Herzog
Augusto Boals Zentrum des Theaters der Unterdrückten in Paris
Theaterarbeit in der Erwachsenenbildung
Bd. 8, 1997, 120 S., 19,80 DM, br., ISBN 3-8258-3472-7

Gerd Iben (Hrsg.)
Demokratie und Ethik wohin?
Antworten auf die Globalisierung. Mit Beiträgen von F. Hengsbach, E. Eppler, H. Dubiel, H. Kessler, E. K. Huster, H. Brunkhorst, K. Dörner und W. Oswalt
Das vorliegende Buch ist aus einer Vortrags- und Sendereihe an der Johann Wolfgang Goethe-Universität und im Hessischen Rundfunk hervorgegangen. Die Beiträge befassen sich mit der gegenwärtigen Krise unserer Gesellschaft vor dem Hintergrund der Globalisierung. Der Wettlauf der Staaten als Wirtschaftsstandorte führt zu einem Abbau der sozialen, demokratischen und rechtsstaatlichen Errungenschaften, der Abstand zwischen Arm und Reich wächst, die Demokratie ist gefährdet. Die Ideologie des Neo-Liberalismus führt zu einem Rückzug der demokratischen Politik, so daß auch die Soziale Marktwirtschaft ihre ausgleichende Funktion verliert.
Der ungebremste Kapitalismus zerstört mit dem Abbau des Sozialstaates auch sein eigenes Fundament. Gesellschaft und Wirtschaft sind auf einen ethischen Konsens und auf demokratische Institutionen, die den Umgang der Menschen untereinander und mit der bedrohten Natur regeln, nachweisbar angewiesen.
Welche Wege führen aus der Krise? Wissenschaftler aus unterschiedlichen Fachrichtungen geben Antworten.
Bd. 9, 1998, 216 S., 34,80 DM, br., ISBN 3-8258-3523-5

Sarah Buchholz
"Suchen tut mich keiner" – Obdachlose Jugendliche in der individualisierten Gesellschaft
"Suchen tut mich keiner" meint David, 15 Jahre alt, und mit dieser Meinung steht er nicht allein da. Die Medien berichten von einer bedrohlich zunehmenden Zahl immer jünger werdender ob-

LIT Verlag Münster – Hamburg – Berlin – London
Grevener Str. 179 48159 Münster
Tel.: 0251 – 23 50 91 – Fax: 0251 – 23 19 72
e-Mail: lit@lit-verlag.de – http://www.lit-verlag.de
Preise: unv. PE

dachloser Kinder und Jugendlicher, die ihren Lebensmittelpunkt auf die Straße verlegt haben. Was ist wahr an den spektakulären Berichten und erschreckenden Statistiken? Wo liegen die Ursachen? Aufbauend auf den Forschungsergebnissen der letzten Jahre und im Rückgriff auf Originalaussagen betroffener Kinder und Jugendlicher geht es in dieser Untersuchung um die Verknüpfung praxisnaher Analysen der "Straßenkinder"-Problematik mit einer soziologischen Theorie der Gegenwartsgesellschaft, der Individualisierungstheorie von Ulrich Beck. Sie liefert die sozialstrukturellen Rahmenbedingungen für die Analyse jugendlicher Obdachlosigkeit in der heutigen Gesellschaft, wirft aber auch zahlreiche Fragen auf und erscheint ergänzungsbedürftig. Wovon ist es in einer Zeit, in der Ausbildungs- und Arbeitsplätze und kind- und jugendgerechte Bedingungen des Aufwachsens Mangelware sind und sich Werte und Lebensmuster pluralisieren, abhängig, daß ein Großteil Jugendlicher (noch) mit diesen Risiken und Verunsicherungen umgehen kann, ein wachsender Teil jedoch die Straße als Lebensmittelpunkt vorzieht?
Bd. 10, 1998, 192 S., 39,80 DM, br., ISBN 3-8258-3872-2

Gerd Iben (Hrsg.)
Kindheit und Armut
Analysen und Projekte
Das Buch entstand aus der Feststellung, daß trotz der wachsenden Armut kaum neuere Forschungen zur Auswirkung von Armut auf die kindliche Entwicklung vorlagen, so daß wir vor etwa fünf Jahren mit eigenen Recherchen in einem studentischen Forschungsprojekt begannen. Auch die seit Ende der 80er Jahre publizierten Armutsberichte boten kaum Situationsanalysen von Kinderschicksalen. Diesen gingen wir nach unter den Themen: Schule und Armut, Straßenkinder, Migrantenkinder und -jugendliche, Erziehungsprobleme in Armutsmilieus, Auswirkungen von Langzeitarbeitslosigkeit auf Kinder sowie den Stand der Armutsforschung auf diesem Sektor. Der II. Teil enthält anregende Praxisprojekte, an denen Studenten und Doktoranden beteiligt sind. Das Buch will dem Verdrängen des Armutsskandals begegnen und zugleich Handlungsimpulse geben.
Bd. 11, 1998, 208 S., 29,80 DM, br., ISBN 3-8258-4024-7

Gerd Iben; Peter Kemper; Michael Maschke (Hrsg.)
Ende der Solidarität?
Gemeinsinn und Zivilgesellschaft
Unter dem Titel dieses Buches wurde im Sommersemester 1998 an der Johann Wolfgang Goethe-Universität Frankfurt eine Vortrags- und Sendereihe realisiert und anschließend von hr2 als Folge ausgestrahlt. Der vielbeschworene und von Abnutzung bedrohte Begriff der Solidarität gehört zu den Grundpfeilern des Sozialstaats und ist wie dieser von Erosion bedroht. Das angebliche Verschwinden der Solidarität im Strudel des Wertewandels wirft heute die Frage nach dem Ausmaß und den Ursachen dieses Verschwindens auf. Mit der neoliberalen Aufweichung des Wohlfahrtsstaats, mit der Entfesselung des Marktes als zentralen Regulativ und einem verschärften Konkurrenzdenken angesichts der Herausforderungen von Globalisierung mußte ein Wert wie Solidarität in eine Krise geraten. In den Beiträgen von Friedhelm Hengsbach, Dieter Wunder, Bert Rürup, Horst Eberhard Richter, Oskar Negt, Iring Fetscher, Hans-Ulrich Deppe, Christian Pfeiffer, Rosi Wolf-Amanasreh und Gerd Iben werden mögliche Antworten auf diese Herausforderung gegeben.
Bd. 12, 1999, 160 S., 24,80 DM, br., ISBN 3-8258-4177-4

Bettina Hoffmann; Jessica Wiegand
Burkina Faso – Kinder und Jugendliche zwischen gestern und morgen
Ein Großteil der Bevölkerung in Burkina Faso kann, im Vergleich zu Gesellschaften in "reicheren" Staaten, als sozial benachteiligt bezeichnet werden. Besondere Beachtung finden in diesem Buch jedoch die Kinder und Jugendlichen, die neben ihrer sozialen Benachteiligung und ihren Problemen des "Erwachsen-"werdens zudem noch zwischen traditionellen Elementen und westlichen Einflüssen hin- und hergerissen sind.
Das Spektrum dieser Problematik, ihre Ursachen und Randbedingungen werden aufgezeigt sowie Handlungsmöglichkeiten diskutiert.
Bd. 13, Herbst 2001, 200 S., 29,80 DM, br., ISBN 3-8258-5270-9

Thomas Kurek (Hrsg.)
Lebensorte
Photographien von Karin Powser und Thomas Kurek
In dem Gesicht des Alten mit dem Hut drückt sich für mich überraschend eine große Gelassenheit und Weitsicht aus, gepaart mit einem Schuss ironischer Resignation. Er wird erzählen, er will ein Zimmer haben und wenn man es ihm besorgt hat, dann will er es doch wieder nicht. Die Straße ist für ihn zum **Lebensort**, zur Heimat geworden. (...) Der Philosoph Baudrillard spricht von einer "mentalen Wüstenform", vom Verlust des Sozialen, die vierte Welt ist mitten unter uns! Manche Gesichter wenden sich ab von dieser Welt und blicken verängstigt, trotzig gegen diese Welt an! (...) Die 60 Photographien von Karin Powser und Thomas Kurek zum Thema Wohnungslosigkeit und Armut sind parteiisch! (...)
Gerade in einer Zeit, in der viel von Sicherheitspartnerschaft oder eben auch konkret von

L**IT** Verlag Münster – Hamburg – Berlin – London
Grevener Str. 179 48159 Münster
Tel.: 0251 – 23 50 91 – Fax: 0251 – 23 19 72
e-Mail: lit@lit-verlag.de – http://www.lit-verlag.de

Preise: unv. PE

Vertreibung aus den Innenstädten die Rede ist unter dem Motto "Man muss die Ängste der Bürger Ernst nehmen", sprechen diese Bilder für sich. Die Ängste signalisieren, dass nicht mehr konkrete Straftaten, sondern subjektive Empfindlichkeiten zum Ausgangspunkt politischer Intervention werden. Wenn die Menschen süchtig, aggressiv, krank werden, bricht der Normalbürger in noch stärkerem Maße den Kontakt zu ihnen ab. Die Moral- und Sicherheitsdiskurse in vielen Städten unserer Republik sind gekennzeichnet von der Angst bestimmter Gruppen um ihre Macht und vor dem Aufweichen der Normalitätsstandards. Wer hat die Macht über bestimmte angeeignete Räume auch in unserer Stadt? (...)
Walter Lampe
Bd. 14, 2001, 80 S., 24,80 DM, br., ISBN 3-8258-5206-7

Sozialpädagogik / Sozialarbeit im Sozialstaat
herausgegeben von
Prof. Dr. Hans Pfaffenberger (Universität Trier)
in Verbindung mit
Prof. Dr. Rudolph Bauer (Universität Bremen)
und Prof. Dr. Franz Hamburger (Universität Mainz)

Christian Carls
Das "neue Altersbild"
Interpretationen zur Inszenierung:
'Wissenschaftliche Aufgeklärtheit in vorurteilsumnachteter Gesellschaft'
Bd. 5, 1996, 168 S., 29,80 DM, br., ISBN 3-8258-2667-8

Holger Adolph
Entwicklung zum modernen Sozialstaat in Spanien
Regionale sozialstaatliche Entwicklung am Beispiel der autonomen Gemeinschaft des Baskenlandes
Der spanische Wohlfahrtsstaat hat in seiner jüngsten Geschichte starke Veränderungen erfahren. Der Übergang zur Demokratie in Spanien stellt dabei die entscheidende Zäsur in der sozialpolitischen Entwicklung des südlichen EG-Landes dar. Die Autonomen Gemeinschaften Spaniens gestalten seitdem neue Mechanismen der Sozialen Sicherung in eigener Kompetenz, die neben der älteren Sozialversicherung bestehen. Die Studie untersucht die Entwicklungen und Veränderungen beider sozialpolitischer Mechanismen. Der in der deutsch-sprachigen Literatur bislang vernachlässigte förderale Teil des spanischen Wohlfahrtsstaatsmodells, wird am Beispiel der Entwicklung Sozialer Dienste in der Autonomen Gemeinschaft des Baskenlandes untersucht. Im Mittelpunkt des zweiten Teils der Untersuchung steht die "Asistencia Domiciliaria", ein ambulanter Altenpflegedienst im Grenzbereich zwischen Gesundheitspolitik und Sozialpolitik. Im Rahmen der Diskussion um die soziale Dimension der EG/EU leistet die Arbeit einen hervorragenden Beitrag zum Verständis des spanischen Wohlfahrtsstaates, der sich nicht in die gängige triadische Sozialstaatstypologie einfügen läßt.
Bd. 6, 1997, 152 S., 39,80 DM, br., ISBN 3-8258-3096-9

Bernd Steinmetz
Über den Wandel der Arbeit und das Problem der Arbeitslosigkeit
Bd. 7, 1998, 440 S., 49,80 DM, br., ISBN 3-8258-3552-9

Michael Mattern
Die Absicherung "sozial Schwacher" im US-amerikanischen und deutschen Gesundheitssystem – Vergleich und kritische Bewertung
Die vorliegende Arbeit untersucht das US-amerikanische und das deutsche Gesundheitswesen daraufhin, ob und in welchem Umfang den Sozial Schwachen der Gesellschaft im Krankheitsfall Hilfe gewährt wird. Während in Deutschland in diesem Fall meist die Sozialhilfe greift, gibt es in den USA ein spezielles Programm, das auf Teile dieser Zielgruppe zugeschnitten ist, das sogenannte Medicaid-Programm. Der Empfängerkreis, die Art und der Umfang der Hilfe differieren jedoch in den beiden Ländern sehr stark, so daß erst eine genaue Analyse unter Einbeziehung politischer Hintergründe wirklich Aufschluß über die Situation der Sozial Schwachen geben kann. Darüber hinaus werden Möglichkeiten diskutiert, in welcher Form auch in den USA ein für möglichst alle Bevölkerungsteile wirkungsvolles Krankenversicherungsnetz etabliert werden könnte und inwieweit das deutsche Krankenversicherungswesen auch in Zukunft leistungsfähig bleiben kann.
Bd. 8, 1998, 224 S., 34,80 DM, br., ISBN 3-8258-3615-0

Volker Brinkmann
Intermediäre Engagements als Herausforderung an die Sozialpolitik in Deutschland
Volker Brinkmann untersucht in seiner Studie niederschwellige Non Profit Organisationen in den Formen der freiwilligen sozialen Arbeit, der Selbsthilfe, der Tauschagenturen sowie des Bürger(schafts)engagements. Für diese Formen entwickelt er den organisationssoziologischen Begriff des Intermediären Engagements. Intermediäre Engagements werden einerseits als zivilgesellschaftliche Chance und anderseits als Entlastung der Wirtschafts- und Sozialhaushalte

LIT Verlag Münster – Hamburg – Berlin – London
Grevener Str. 179 48159 Münster
Tel.: 0251 – 23 50 91 – Fax: 0251 – 23 19 72
e-Mail: lit@lit-verlag.de – http://www.lit-verlag.de
Preise: unv. PE

von Politikern über alle Parteigrenzen hinweg eingefordert. Damit bewegt sich Intermediäres Engagement in der Spannung zwischen instrumentellen Zwängen und Sparbeschlüssen und der Hoffnung auf Erweiterung sozialpolitischer Gestaltungsräume. Die Studie setzt sich mit der Beschreibung der kooperativen Leistungsfähigkeit und Relevanz des Intermediären Engagements in einer Sozial-Wirtschaftspolitik des Welfare Mix auseinander.
Bd. 9, 1998, 224 S., 39,80 DM, br., ISBN 3-8258-3612-6

Karl-Heinz Lindemann
Objektivität als Mythos
Die soziale Konstruktion gutachterlicher Wirklichkeit. Eine Analyse der sprachpragmatischen Strukturen in Gutachten und Berichten der Sozialarbeit/Sozialpädagogik
Gutachten und Berichte der Sozialarbeit erheben den Anspruch, objektiv zu sein. Wie aber kann Fachlichkeit der Gutachten begründet und eine Gleichbehandlung der Adressaten garantiert werden, wenn die Annahme aufgegeben wird, daß die Welt objektiv zu erfassen ist. Wie kann, wenn die erkenntnistheoretische Grundlage der Gutachten bezweifelt, die Objektivität als Mythos dechiffriert wurde, Willkür durch den einzelnen Gutachter ausgeschlossen und Machtmißbrauch des berichterstellenden Sozialarbeiters verhindert werden? Der Autor setzt sich in seiner Untersuchung kritisch mit diesen Fragen auseinander. Er greift bewußt die durch den radikalen Konstruktivismus vorgegebene Argumentation auf, verknüpft sie mit dem sprachpragmatischen Wahrheitskonzept von Jürgen Habermas und kann damit gleichsam ein theoriengeleitetes Untersuchungsinstrument und ein differenziertes Anforderungsprofil für fachlich ausgewiesene Gutachten begründen.
Bd. 10, 1998, 176 S., 34,80 DM, br., ISBN 3-8258-3827-7

Manfred Drees
Eltern, deren Kinder in Heimerziehung leben
Eine empirische Untersuchung in einer Einrichtung der stationären Erziehungshilfe zur Frage der Verfügbarkeit elterlicher Ressourcen und ihrer Nutzung
Zentrale Fragestellung ist, ob und inwieweit Eltern, deren Kinder in Heimerziehung leben, über Ressourcen verfügen, ob und inwieweit diese genutzt werden bzw. optimaler genutzt werden können. Dazu wird unter explizitem Theorie- und Methodologiebezug in einer ausgewählten Untersuchungseinheit in Erfahrung gebracht, wie die persönlichen elterlichen Netzwerke hinsichtlich Mikrostruktur, Ressourcenqualität und als Ressourcenquelle funktionieren. Damit sollen u. a. spezifischere Erkenntnisse gewonnen werden, unter welchen Bedingungen eine Unterstützungsleistung als hilfreich erlebt wird, welche Schwierigkeiten der Annahme einer Hilfeleistung entgegenstehen und wie professionelle Hilfegeber von seiten der Klienten bewertet werden.
Bd. 11, 1998, 352 S., 39,80 DM, br., ISBN 3-8258-4095-6

Hans Pfaffenberger (Hrsg.) unter Mitarbeit von G. Hey und S. Schreyer
Identität – Eigenständigkeit – Handlungskompetenz der Sozialarbeit/Sozialpädagogik als Beruf und Wissenschaft
In einer Zeit der Krisenstimmung und Krisendiskussion des Sozialstaates und viel berufener Umbrüche und Paradigmenwechsel der Sozialarbeit/Sozialpädagogik/ sollten in der Reihe "Sozialarbeit/Sozialpädagogik im Sozialstaat" grundlegende, liegengebliebene und unerledigte Diskurse wiederaufgenommen und weitergeführt werden.
Acht Jahre nach Erscheinen von Band 1 greift Band 12 Fragestellungen und Probleme von damals wieder auf:
Die aktuellen Probleme von heute sind die ungelösten Probleme von gestern! Zu den Fragen nach Identität und Selbstverständnis von Sozialarbeit/ Sozialpädagogik als Profession und Wissenschaft und nach der Eigenständigkeit der Sozialpädagogik/Sozialarbeitswissenschaft als wissenschaftliche Disziplin, für die die Entwicklungsprozesse der Verwissenschaftlichung und Professionalisierung auch heute noch (oder wieder) relevant sind, kommt die damals auch schon angesprochene Frage des Theorie-Praxis-Verhältnisses mit einer ausführlicheren Behandlung der professionellen sozialpädagogischen Handlungskompetenz, ihrer Teilkomponenten und ihrer Herstellungsbedingungen in der Ausbildung sowie die Differenzierung von wissenschaftlichem und professionellem Wissen und die Unterscheidung von professionellem Wissen und Können (=Handlungskompetenz) zum Tragen.
Bd. 12, 2001, 224 S., 39,80 DM, br., ISBN 3-8258-4519-2

Roland Merten
Lebenszeit – Weltzeit
Hans Pfaffenberger als Zeitzeuge der Nachkriegsentwicklung der Sozialarbeit/Sozialpädagogik in Deutschland. Mit einer Gesamtbibliographie Pfaffenberger 1951–1999
Bd. 13, Herbst 2001, 160 S., 39,80 DM, br., ISBN 3-8258-4520-6